中华文化特质

ETHOS OF CHINESE CULTURE

王柯平 著

陕西新华出版
陕西人民出版社

图书在版编目（CIP）数据

中华文化特质/王柯平著.—西安：陕西人民出版社，2025.2
ISBN 978-7-224-15201-2

Ⅰ.①中… Ⅱ.①王… Ⅲ.①思想史—研究—中国 Ⅳ.①B2

中国国家版本馆CIP数据核字（2023）第235458号

出 品 人：赵小峰
总 策 划：关　宁
策划编辑：韩　琳
责任编辑：王　倩　武晓雨
封面设计：侣哲峰

中华文化特质
ZHONGHUA WENHUA TEZHI

作　　者	王柯平
出版发行	陕西人民出版社
	（西安北大街147号　邮编：710003）
印　　刷	中煤地西安地图制印有限公司
开　　本	720mm×1020mm　1/16
印　　张	24.5
字　　数	350千字
版　　次	2025年2月第1版
印　　次	2025年2月第1次印刷
书　　号	ISBN 978-7-224-15201-2
定　　价	99.80元

如有印装质量问题，请与本社联系调换。电话：029-87205094

自 序

2000年以降，在改革开放的有力推动下，中华民族在复兴之路上大踏步前进，这不仅提升了国人的生活质量，而且影响到国外日常生活。比较突出的影响，一方面来自物化形态的中国制造（Made in China），另一方面涉及思想形态的中国文化（Chinese culture）。由此助推的中外跨文化视野与交流，伴随着全球化流布的正负效应，以不同程度和方式遍及世界各地。

笔者由于工作原因，每年应邀参加的国际学术会议日渐增多。为了确保每次与会讲演的交流沟通效果，笔者至少需要尽力去做四件事：一是根据会议要求确定合适的论题；二是就此论题展开相关研究；三是阅读中文原典与外译文献；四是转换运思方式并直接使用英语表述。如此一来，考虑到时间与精力有限，笔者每年只选择两次出国参会。在少数年份，笔者因受国家相关部门的委派，就多加一次出国参会演讲的任务。

这一切实则事出有因。记得在2000年的一次聚餐论学中，李泽厚先生特意对笔者建议说：国内对外国思想了解较多，而国外对中国思想知之甚少。为了逐步改变这种不平衡现象，就有必要多参加国际会议，多讲讲中国的东西。这一建议对笔者来讲，既是期望，也是鼓励。对此，笔者勤而行之，不顾长途车马劳顿，在过去20年里，时常出国参会或讲学，直到新冠肺炎疫情暴发才戛然而止。

迄今，21年过去，"弹指一挥间"。但回头来看，既感意外亦觉欣喜。在此期间，笔者虽在研习柏拉图道德诗学方面用功甚勤，但也择机撰写中国传统思想的英语论文。现在汇总起来，撰述计36篇，其中18篇专论中国思想文化，18篇专论中华诗学美学，大多发表于国外学刊或专题论集。

另外，还应约为国家英文月刊 China Today（《今日中国》）撰写了 12 篇专栏文章，专论中国人的生活情趣与实用智慧。这组文章后来汇集成册，取名为 Chinese Philosophy on Life（《中国人生哲学》），由外文出版社付梓发行全球，并作为英文读物推荐给世界各地的孔子学院。当然，以上所列，并不包括同时期笔者用中英文撰写的其他论文与著作。

时至 2007 年，为了满足国外读者的需要，笔者曾将当时发表过的 8 篇专题论中华思想文化的论文（外加 2 篇专论美学的论文）整理成集，冠名为 Ethos of Chinese Culture，呈交外文出版社付梓发行海内外。其后，笔者陆续收到外国读者寻购此书的电子邮件数封，随之将其转发给外文出版社相关编辑，不久发现该书再版一次，距今已十余载。2021 年早春，受陕西人民出版社邀约，笔者将英文原版与新近撰写的相关英语论文一并译成汉语，首次结集由陕西人民出版社付梓发行。

此书英文原版的中文译名是《中国文化精神》，这次中文版易名为《中华文化特质》，其缘由有四：一是避免与 2015 年国内出版的一部专著重名；二是中华文化传布广远，其涵盖范围超过国别所辖；三是原英文书名中所用 ethos 一词，主要意指"精神特质"，而"精神"通常代表"主要风貌与基本特质"；四是本书所论，基于具体而重要的思想专题，连缀起来可以窥知中华文化的要旨与特质。总体而言，此番经过取舍扩增，旨在借助现代国际语境与社会问题意识，重估和阐释中华古今思想文化中的一些核心概念与理论学说，借此提供一种不同于西方文化特质及其思维传统的替代性与建设性参照系。在本书英译汉过程中，笔者仅就些许论说稍加整理和补充外，仍保留原文的基本架构与旧貌，甚至没有删除少数例证重复之处。

需要说明的是，笔者的学术兴趣，主要是从"轴心时期"的"人文化成"说发散而来。在此时期，中国与希腊文明相映生辉，各自的思想天才继往开来，奠定了人类精神追求与思想文化的根基理路。总体而论，在中国先秦时期，"人文化成"的目的在于凭借"六艺""经学"来成就理想的人格修养；在希腊古典时期，"人文化成"（paideia）的目的在于通过"七科教育"来塑建完善的公民素质。① 若从溯本探源或返本开新的角度出发，这方面的研究显然需要"阐旧邦以辅新命"的学术意识。

另外，笔者本人既看重"温故而知新"的重要性，也看重"知新而温故"的必要性。这两种思路，都需要关注现实问题，关注现代社会、政治、民族、生态环境、多种文明与文化心理等领域里现存的重要问题。与此同时，需要以具体问题为切入点，来研究和对比古今的思想观念与应对策略，致使"阐旧邦以辅新命"落在实处，而非沦为知识考古学的"出土展品"。

再者，过去常论"西学东渐"，如今兴谈"东学西渐"。实际上，对于中西之间的创造性转化或转化性创造而言，这两者并行不悖，如同车之两轮、鸟之双翼。根据个人有限的英文写作与学术交流体验，笔者初步以为需要重思"东学西渐"的转向机制。这里暂且点出四个向度：一是运思范围，二是论证方式，三是话语策略，四是中国贡献。一般说来，运思范围需要拓展思维空间与价值空间。因为，囿于狭小或单一的思维和价值空间，无法形成跨文化、跨历史、跨国际的交流沟通格局，只会落入自以为是或"美者自美"的尴尬坎陷。论证方式需要基于历史经验与实际需要进行有效转向。已往中国学者在"西学东渐"的坐标上，偏于采集中学的相关材料来旁证西学的相关理论，如今在"东学西渐"的进程中，则需要以西学的相关理念来印证中学的相关学说。话语策略需要针对相关问题的具体性相，采用"批评与自我批评"的话语形式，由此凸显具有建设性和追求真理性的客观目的性。因为，单纯的赞誉与宣扬，如同自娱自乐的传唱，难以构成思想交流的反思性与文化沟通的有效性。至于中国贡献，则需要针对西方工具理性的内在缺失和西方强权政治的种种弊端，用中国传统思想智慧提供建设性和替代性的理论或方案，借此补救工具理性泛滥所导致的诸

---

① "轴心时期"（the Axial Period）是指公元前 800 年到公元前 200 年这一人类文明发展时期。"六艺"代表先秦的传统教育门类，包括"礼、乐、射、御、书、数"。"经学"在这里既包括"六经"（诗、书、礼、乐、易、春秋）之学，也包括先秦诸子之学。"七科教育"是指古希腊的七种教育科目，包括诗乐、体操、数学、几何、天文、和声学与哲学（论辩术）。

多文化心理问题，矫正强权政治妄为所造成的世界秩序混乱现象。

总之，在当前"百年未有之大变局"中，世界在影响中国，中国也在日益影响世界；世界需要了解中国，中国也需要深入了解世界。在这种交互作用与相互理解的动态过程中，中国至少应当关注三点：一是"大其心，以体天下之物"。这需要立足于大格局与天下观，深入理解天下万物的客观规律和真正体悟世界民众的生存状况。二是"虚其心，以受天下之善"。这需要在确立自信的同时，克服自满的情绪，真诚研习和借鉴世界先进文明文化的优秀部分和成功经验，结合自身的实际情况与需求，将中国建设得更好、更美、更强。三是"尽其心，以谋天下之事"。这需要大国担当意识，需要竭尽自身所能，持续发展和充分利用现有的实践智慧与科学技术，贡献经得起历史考验的中国智慧与方案，以期构建更趋合理、公正、平等的世界秩序，普惠人类命运共同体的和谐发展。国主国本，民务民事。具体到今日吾侪，则需要"尽其力，以务可为之事"。此事无论难易，无论大小，只要以十足的责任感与事业心尽力而为，便可谓无愧我心。在这方面，委实需要慎思和践履老子的建言："天下难事，必作于易；天下大事，必作于细。"

闲言碎语，忝列为序。所呈撰述，自当虚衷求益，就教于读者诸君。在其付梓之际，谨向陕西人民出版社辛勤劳作的编辑诚表谢忱！

王柯平
2021 年中秋

目 录

提 要 / 1

第一部分　思想与视域

一　"天人合一"说重估　/ 002
    1. 三重意指：天地、天道与天下　/ 003
    2. 二维导向：自然人化与人自然化　/ 012
    3. 一种实用选择　/ 017

二　"和而不同"的多元文化策略　/ 022
    1. 东西方交会的假设　/ 023
    2. "和而不同"的特质　/ 027
    3. 探求新的爱智创艺意识　/ 032

三　社会哲学视野中的仁德观　/ 038
    1. 仁德作为互惠性仁爱的原因　/ 040
    2. 仁德作为社会性仁慈的来源　/ 045
    3. 仁德作为崇高型仁人的律令　/ 052
    4. 仁德作为创造性转换的参照　/ 056

四　天下主义背后的驱动力　/ 060
    1. "天下"观及其历史性践行　/ 061
    2. 天下主义作为替代选择　/ 064
    3. 和谐论作为关键驱动力　/ 070

五　趋向智慧人生之道　/ 081
　　1. 参照框架：人道、天道与圣人之道　/ 082
　　2. 追求圣德：实用智慧与圣人智慧　/ 088
　　3. 通向自由：对待生死的态度　/ 094

六　庄子的寓言思维方式　/ 099
　　1. 鲲鹏与无限逍遥　/ 100
　　2. 化蝶与自我解放　/ 112

七　柏拉图与庄子如是说　/ 119
　　1. 登梯观美的理路　/ 120
　　2. 游心闻道的进程　/ 126
　　3. 两种修为模式之比较　/ 134

八　儒道释的福乐观　/ 142
　　1. 祸福相依　/ 143
　　2. 知足常乐　/ 144
　　3. 大小之辩　/ 145
　　4. 至乐境界　/ 147
　　5. 人生三乐　/ 148
　　6. 乐于仁　/ 149
　　7. 至福与顿悟　/ 153

第二部分　战争与和平

九　告别广岛核爆与国之利器　/ 156
　　1. 对广岛核爆的诗性反思　/ 157
　　2. 对"国之利器"的哲学审视　/ 163
　　3. 历史记忆的必要性　/ 167

十　早期道家的反战哲学　/ 171
　　1. 广岛之后的哲学　/ 171

2. 治国与用兵之道 / 172

3. 国之利器乃不祥之器 / 176

4. 战争与杀戮的后果 / 179

5. 强与弱的转换 / 182

6. 防卫三原则 / 185

结　语 / 190

第三部分　传统与转化

十一　"治大国"的现代启示 / 194

1. "治大国"的"三驾马车" / 195

2. "治大国"的实用智慧 / 199

3. "治大国"的因革之道 / 203

十二　"德治"在当今的可能效应 / 206

1. 两种范式的互动作用 / 206

2. 德治的传统意识 / 209

3. 德治与德育问题 / 211

十三　方东美探求的文化理想 / 215

1. 文化理想与九层塔喻 / 217

2. 跨文化探索与转化型超人 / 221

3. 艺术教育作为发端与支点 / 229

4. 二次反思与三重性历程策略 / 235

十四　李泽厚后期的实用理性观 / 242

1. 第一论证 / 243

2. 第二论证 / 248

3. 一种哲学替代理论 / 254

4. 独特的世界图像 / 263

十五　仁政新说与实用理性　／267
　　1. 法治作为基础　／268
　　2. 贤明领导的必要性　／273
　　3. 实用理性的关联性　／277

十六　效政理据与融合型转化　／282
　　1. 效政乃当务之急　／283
　　2. 效政的基本理据　／285
　　3. 中国的民主模式　／291
　　4. 融合型转化的构想　／295

十七　重思和谐论　／300

十八　在和谐与公正的背后　／314
　　1. 一种层次考量　／315
　　2. 三种和谐形态　／319
　　3. 背后的动因何在？　／330

主要参考文献　／340
主题词索引　／348

提　要

第一部分　思想与视域

一　"天人合一"说重估

中华思想史历来注重探索天人之间的交互作用，由此形成"天人合一"这个代表中华哲学基本精神的核心概念。这一概念的意义与时俱进，随着社会文化语境的变化得以引申。"天人合一"所言的"天"，隐含天命、天意、天地、天道、天下，等等。这里所论的"天人合一"说的"三重意指"，是从其重要意义和现实意义出发，限定在天地、天道与天下三大范畴之内。

"天地"的字面含义是构成宇宙或自然整体的天和地。在庄子、孟子与董仲舒的笔下，天地作为大自然，在先验意义上是善而美的。若将三位先哲的相关哲思纳入自然主义视域的话，我们发现，庄子迷恋于审美自然主义，董子注重于神秘自然主义，孟子偏向于实用自然主义。相对而言，审美自然主义往往为了夸大天地的至美而忽视了人类的积极作用，神秘自然主义往往为了突出天人之间的相似性而把人类的情感投射其中，实用自然主义往往为了人类生存这一终极目的，为确保一种平衡的发展而特别强调天人之间的互惠作用以及彼此的相对独立性。在20世纪90年代，由于面临生态环境保护压力和人类生存困境，"天人合一"说得到广泛关注和重估。在许多人看来，"天地"作为大自然，可被看成宇宙秩序图式的有机整体，可根据"可持续发展"的立场重新审视"天人合一"思想。

"天道"作为"人道"的更高参照框架，指向人类的道德发展或道德修养。在传统思想中，"天道"呈现在"天地"运行之中，"人道"体现在君子所为之中。"天道"假定通过"人道"得以落实或具体化，从而达到"天人合一"的境界并形成君子的理想人格。现代儒家为了道德重建，尝试恢复宋儒的思想方式。譬如，牟宗三不遗余力地重释"天人合一"的道德期待，特别强调"天德"与"人德"之间的会通，也就是"天道"下贯与"人道"上达的互动应和。

儒道两家都把"天下"当作政治概念，而非单纯的地理概念。事实上，狭义的"天下"是指由许多诸侯国组成的中国，广义的"天下"则被延伸为整个世界。对中国文人而言，"天下"概念不可或缺，因为它作为宇宙论的理念和人生使命的最终目标，深植于他们的内在精神之中。这一使命本身由修、齐、治、平(或"三纲八目")诸项任务组成，通常涉及修养人格、管理家庭、治理国家和维护天下秩序或世界和平。

就"天地"作为大自然而论，当今人类生存不可忽视"自然人化"与"人自然化"所构成的二维导向。"自然人化"在本质上是与人类文明或文化的发展携手并进的过程，它包含人类实践和自然之间的历史关系，并将自然物直接或间接地转化为审美对象。在这方面，狭义的"自然人化"是通过人类劳动和技术创新来运作实施的，以此为广义的"自然人化"提供了基础。换言之，这是改变天人关系的基本起因。要知道，只有狭义的"自然人化"到了一定历史阶段，才开始出现广义的"自然人化"。这一历史过程离不开"人文化成"的助推作用。

"人自然化"是"自然人化"的对应部分，两者呈现出人类文化历史发展过程的两个向度。从历史上看，"自然人化"是"人自然化"的前提条件，"人自然化"特别指向个体发展，意在实现人性的完满或整全发展。"人自然化"至少包括两个方面。首先，它由三类活动组成：一是在人与自然之间建立共存和谐的互动关系，将自然视为生存和居住的庇护所；二是回归自然，凝照美景，爱护动植物，协助其正常生长；三是学会如何自然地呼吸(譬如通过适当练习气功和瑜伽),以使人的身心节奏与自然的节奏相契合,由此达到"天人合一"的状态。其次,"人自然化"存在于审美实践之中,存在于自由享受之中。

由"天人合一"衍生的"天地境界",象征一种具有宇宙观和世界主义思想的人格的修养结果。原则上,"天地境界"关注的是"天人合一"的卓越德行。因此,举凡上达"天地境界"之人,既可服务于社会和人类,也可服务于宇宙与万物。这样,他会自觉自愿地尽其所能,以便让众人和万物各得其所。他所追求的目标,若用孟子的话说,那就是"天民"之所为,具有"亲亲而仁民,仁民而爱物"与"曲成万物而不遗"的胸怀和使命感。人们期望这种"天民"超越种族、民族、国家疆域或政治分界的传统限制。

二 "和而不同"的多元文化策略

作为探寻世界性理解而研究东西方交会的结果,美国思想家诺思罗普得出的结论,是一种认识论意义上的关联性结论。这一结论基于两大假设,涉及两大组成部分:审美部分和理论部分。审美部分是东方文化精神的象征,理论部分是西方文化精神的象征。按照诺思罗普的说法,前者追求的是人与宇宙之间情感的、审美直觉的与不可言说的精神特质,后者追求的是假设、推理、逻辑分析的和实验证明的科学方法。因此,前者有利于艺术的发展和艺术家的生成,后者有利于经济的发展和科学家的生成。最终通过调和过程,一种实践智慧将会应运而生,由此促成审美部分和理论部分的互补关系,消除人与人之间的差异,最终可能构建一个人类共存的社会。在这方面,西方国家所提供的较高生活标准,将同东方圣人和诸多谦谦君子特有的恻隐之心、对美的普遍敏感性及其精神的泰然自若和平静快乐结合在一起。

东西方交会的可能性与互补性,在理论和实践中均需要借鉴或采取"和而不同"的多元文化策略加以体现。作为一种建设性的替代方式,"和而不同"的原则具有创造性转换的特点,有助于促使不同成分在一个有机和谐整体内互动、互补、互惠。究其本质,"和而不同"的原则是接纳性的和包容性的，而非强制性的和排他性的；它能够吸收新的资源或养分，能够取长补短和相互交会，因此富有可持续发展的活力与历久弥新的动力，能够为了人类的共同福祉而不断地创新融合。

在这方面，需要确立新的爱智创艺意识。这种意识在本质上是文化性的，人们可借此来重估自身习以为常的惯例，超越传统的意识与心态，拓宽局限性或制约性的视域。如同人类学家时常所述，文化在广义上是一种生活方式，其主要构成要素包括物质、语言、制度与观念等四大层面。文化的历史演进与积淀，是一动态的有机发展过程。我们在现实中发现，举凡在相同社群享有相同生活方式的人们，通常习惯如此，想当然如此，故而遵从和偏好自己的生活方式而非其他生活方式，热衷于"各美其美"的接受性鉴赏活动。在全球化语境中，社会交往与文化交流的频度增加，这将引导具有文化多样化背景的人们，在彼此熟悉和相互合作的基础上变得更加容易产生移情作用，因此在文化意义上学会"美人之美"的共鸣性鉴赏能力。最后，人们将异质文化作为参考架构，借此来深刻洞察同质文化的精髓实质与相关问题，并借助异质文化资源中的有益性与互补性因素，进行转换性创造或转换性融合，助力互动性和互惠性鉴赏活动，上达"美美与共"的境界。因为，在理想情况下，凡在同一社群享有相同生活方式的人们所标示的和追求的是多边性的敏悟能力，跨文化的移情作用，相互对话的精神，世界主义的观念以及人类世界的相互理解。为此，需要确立一种大的格局或胸怀，理应"大其心，以体天下之物"，"虚其心，以受天下之善"，"尽其心，以谋天下之事"。

三 社会哲学视野中的仁德观

现代意义上的社会关系与儒学意义上的人际关系之间存在基本区别。前者基于社会契约，涉及法律准则或相关律条。后者基于人情，关乎文化习俗或规范礼仪。依据儒学传统，"圣人者，人伦之至也"。这意味着圣人是德行的最高体现，最能协和人际关系，最能维系人际关系的运行效用。果真如此的话，这显然有助于稳定整体性的社会结构，有助于协和社会互动与集聚的现实状态。

从儒学角度看，有关人际关系与社会关系之间的区别，在理论与实践中显得模糊不清。这是因为儒家倾向于持守如下信念：社会世界是由众多个体组成，社会管理在本质意义上就是处理人际关系。再者，儒学具有政治、道德和宗教三位一体的互动融合特点，时常信奉人类个体在仁德方面积极修为，就会在协和人际关系方面发挥重要作用，由此促成社会和谐与社会稳定。这主要是根据如下理据：人类个体作为社会成员，只要具有良好的修养并得到正确的领导，就会在组织和管理社会世界的过程中发挥决定性的有效职能。换言之，只要人际关系得到和谐构建、适当对待与有效维系，社会世界的组织结构、制度架构与行政管理就会相应发挥积极而实在的效能。当然，这主要取决于儒学仁德的个人修为与持久实践，因为仁德的实质就在于"泛爱众"与"爱人"的行事立世之道。上述辩证性联系，代表儒学在社会哲学意义上的基本立场，即：无论社会世界的组织结构及其制度系统的设计和宣传是多么出色，若无发展良好的或缺乏仁德根基的人际关系，那将很有可能无法实现其所预定的目标。要知道，仁德作为道德根基，在此被视为君子人格的核心要素；儒学推举的君子人格，在某些方面类似于柏拉图倡导的那种富有卓越德行的完善公民。

儒家仁德在社会关系领域里的可能作用，至少涉及四种性相或特点：仁德作为互惠性仁爱的原因，有助于促进与协和社会世界里的人际关系；仁德作为社会性仁慈或同情的来源，有助于在社会成员之间滋养善好的人道敏感性；仁德作为崇高型仁人的绝对律令，有可能在人格修养方面设置"杀身成仁"或"舍生取义"的理想范式；仁德作为追求人性完善的道德理想，在当下人际关系稀薄化的现实生活语境里，有可能成为推动创造性转化的参照。

上列论点，不仅是在社会哲学视域重估仁德的传统意义，而且是从社会伦理学角度重思仁德的现实意义。其主要目的就是从中华哲学资源中提取某种值得深思的"精神食粮"，设置一种来自非西方传统的替代性视野，以期走出当代西方探索某些社会哲学问题的习惯性老路。

四 天下主义背后的驱动力

西方学界对中国"天下"观的讨论，勃兴于20世纪60—70年代，代表人物是英国著名历史学家汤因比和美籍奥地利历史哲学家沃格林，相关思想主要见诸前者所撰的《人类与大地母亲》和后者所著的《天下时代》。两人相继论述的天下主义（ecumenism），在词源学上衍生于"ecumene"一词。该词实则是希腊语词 *oikoumenē* 的拉丁化书写形式，意指"人所居住的世界"。天下主义旨在追求所有国家和地区之间的和平合作与全人类的共存共荣。就其至要的目的论意义而言，它大致类似于中国"天下"观的意涵。如今，一些历史学家和思想家也从积极角度出发，在全球化语境中重思和新探天下主义的可能向度。

汤因比认为，天下主义在人类历史上的首次实践，可以追溯到汉初，高祖刘邦（前202—前195年在位）推行开创性的外交政策与政治实践，并由此造就了国际交往中的成功范例。有鉴于此，天下主义可作为促进全球和平与秩序的手段，有助于解决现存的世界问题，有望造福于整个人类共同体。

需要指出的是，汤因比是从宏观历史角度来看待汉匈之间天下主义式和解模式的，但从微观历史角度来看，这种和解模式实则是难以持久的失衡模式。从双边利益关系看，这种模式对匈奴的好处大于对汉朝的好处，且不论西域诸国家大多沦为匈奴的猎物这一历史事实。从地缘政治角度看，这种局面必会破坏地区稳定与政治平衡，进而引发无休无止的冲突或战争。也就是说，这种局面以小国的利益为代价，引发了丛林法则的过度运用。

古代中国有句箴言："物极必反"。在汉武帝刘彻统治时期，汉朝采取了新的政策来对抗匈奴。最初的对抗颇为艰难，胜少败多，甚至危机四伏。后来的战役接连告捷，扭转危局，致使边防稳固。汉军前后经过六次主要的艰苦战役，最终将拒绝招降的匈奴部落逐出靠近中国边境的地区，将其驱至遥远的漠北一带（今蒙古国北部），获得"封狼居胥"的历史性战果。正是在这样的情况下,汉朝减轻了沉重的外敌入侵压力,恢复了真正意义上的完整主权。所以,直到汉武帝刘彻治下的兴盛时期,一种平衡的天下主义模式才得以建立。这有助于"凿空西域",开辟丝绸之路,与更多国家进行贸易和文化交往。

另外,汤因比将天下主义背后的根本动因归于"同情感"或孟子所言的"恻隐之心",实际上理应归于儒家所倡的和谐论。这种和谐论至少涉及范导、辩证、整合与接受等四种模式。它不仅是天下主义在过去成为可能的关键驱力,也是天下主义在现在与未来成为可能的根本动因。现代意义上的和谐论,旨在联结、调整与协和不同的组成部分,或助推国家各行各业人士相互协作,或助推地球村里所有民族国家合作共赢。从社会学角度来看,和谐论提供了一种协调人际关系的策略。从目的论角度看,和谐论可谓天下主义的基本理据,追求"国泰民安"这一终极目标。自不待言,"国泰民安"是一种社会政治抱负,是中国从古至今孜孜以求的社会政治抱负。

五 趋向智慧人生之道

老子哲学思想聚焦于"道"。从老子的整个思维方式来看,"道"的含义超出了伦理和社会领域。人们发现其引申性含义,涉及宇宙的起源(天地之母)、万物的根基(创生本源)、自然变化和社会发展的规律、治国理政与用兵征伐的谋略,尤其是人类生存的智慧或真理,等等。这就是说,"道"的范围由此扩充,既涉及人间诸事的经营治理,故此统称为"人之道"(人道),也关乎宇宙万物的变化发展,故此谓之为"天之道"(天道)。

《道德经》第七十七章指出:"天之道,损有余而补不足。人之道则不然,损不足以奉有余。""天之道"和"人之道"截然两分。前者在德行意义上,自我彰示为自然、无私和公平的象征;后者则恰恰相反,是人类文明的消极产物。从相关语境来看,"天之道"不唯是对"人之道"的拒斥,而且是一种终极标准或参照框架。这即是说,"天之道"被理想化为一种供人效仿、追随和遵照的范本。老子之所以提出这一观点,或许是因为他对当时频遭灾变之苦的百姓深表关切与同情,这当然也是老子进一步强调"天道无亲,常与善人"的原因所在。有鉴于此,与"人之道"完全对立的"圣人之道"便应运而生。

根据老子的说法,"圣人之道"的典型德行就在于"为而不争"。在类比意义上,"圣人之道"可谓"天之道"这棵树上结出的果子。但是,此树此果是由"善人"或"有德之人"所种植、所收获,而非"无德之人"所欲为所能为。所谓"善人"或"有德之人",亦如老子所言的"唯有道者",即奉行"天之道"和践履"圣人之道"的真人、圣人。这类人属于纯粹意义上的给予者,自身具备特有的博爱、慷慨和助人为乐等美德。这类人少私寡欲,乐善好施,持守独特的"舍得"哲学,坚信"既以为人己愈有,既以予人己愈多"的善报理念。

老子所言的"天之道""人之道"和"圣人之道",涉及三种智慧,即神性智慧、实用智慧和圣人智慧。具体而言,"天之道"体现的是神秘沉奥的神性智慧,"人之道"体现的是世俗的实用智慧,"圣人之道"体现的是某种超越性的圣人智慧。在人类文明背景下,神性智慧是建立在人对自然现象人格化描述基础上的理想化参照框架,实用智慧最为频繁地出现在社会实践和日常生活当中,圣人智慧则是道家圣人孜孜以求的精神修养的最高目标。对人生而言,圣人智慧则是人类智慧的最高形式,其为人类生存和精神滋养提供了或显或隐的启蒙与导向。

在老庄哲学中,通向精神自由的不二法门就在于对待生死的超然态度。在这方面,"出生入死"与"气聚而生,气散而死"等论断,从不同角度表明了老庄对待生死的自然而然的态度。说到底,早期道家对于生死的态度就是因任自然、循道而行,据此方知出生入死的本义就是出世为生,入地为死。事实上,人只有在勘破生死的本质是自然与必然的现象时,才有可能获得真正意义上的精神自由。或者说,只有看破生死的人,才有可能是自由的人。当然,这个论点对任何批评与反证均持开放立场。

六 庄子的寓言思维方式

在古往今来的所有中国思想家中,早期道家庄子(前369—前286)尤喜寓言说理,惯用寓言思维,常以象征或喻说手法来阐发其人生哲学。其文风富有想象,寓意精巧;其所论晦涩沉奥,歧义甚多。尽管如此,每位认真的读者,都会在细读《庄子》之际灵思飞扬,依据各自生命体验、主体视角以及对人生真谛的深刻理解,从中获得新的感悟与发现。这当然需要因循庄子自设的理路,即探索何以上达精神自由与独立人格之道的理路。

本章将着重探究《庄子》一书中的两则寓言——"鲲鹏之志"与"庄周梦蝶"——的象征意味。"鲲鹏之志"所采用的描述结构,是从鲲转向鹏,由鹏转向蜩类、小鸟,再由蜩类、小鸟转向言行类似的人类。其中不仅包含对生命精神的富有意义的具象化表达,而且涉及对理想人格的可能发展的喻说性肯定。就鲲鹏转化和迁徙的过程而言,我们起码可以将其分为三个阶段,即形体转化、动力转化和精神转化。从逻辑顺序上讲,第三阶段的精神转化,是以形体转化和动力转化为前提的。精神转化的主要目的在于促进个人修养的最终发展,由此导向大彻大悟和无限逍遥的自由境界。为了实现庄子提出的这一目标,人们理应齐万物,任自然,等观一切价值。达此境界者,在本体论意义上属于人格独立与精神自由之人。他们能驭万物而无所依赖,能齐万物而与天地同一,能离形去知而与"道"同在。

对于"庄周梦蝶"寓言里的"物化"一说,迄今存在许多解释。要把握"物化"的喻义,应当将其置于庄子的整体哲思语境中予以解读,同时应当从庄子关注的自我解放或精神自由方面入手。庄子所言的"物化",是指向万物的,包括人类在内。其喻义在于表明遭受束缚的自我,是如何通过自我转化进入不受束缚的自我的这一过程。

庄周梦蝶,毕竟是自悦于蝴蝶形象及其生活形态,因此对自我转化的体验喜不自胜。这种情景不言自明,令人联想良多,至少涉及生物、审美与精神三个层面。在生物层面,蝴蝶属于完全变态类昆虫,其化生化育过程，要经历四个不同阶段。庄子以蝴蝶为例来图解"物化"之说，兴许是因为蝴蝶最能体现"物化"的变异性与戏剧性等特征。在审美层面，人们关注的焦点在于蝴蝶的优美形象。这种优美形象，主要源于蝴蝶自身优雅的体态和斑斓的色彩。事实上，蝴蝶是大自然造化的奇迹之一，通常被看作美的象征。庄子以蝴蝶作为隐喻并非巧合，因为这只小活物在传统意义上与美的理念相关联，其感性形象本身就意味着魅力和优雅。在精神层面，自我转化看似在于形体，实则导向精神，其结果就是引致自我解放或精神自由。若自我转化在身份上是从旧到新的转化，那么，自我解放在精神上则是从有约束到无约束的转化。它们都是借由蝴蝶的转化过程得以具象化的。在此语境中，蝴蝶不仅是从毛毛虫变形生成的美之象征，其翩翩然游戏般快乐的飞姿也象征自由。当庄周在梦中感到自己与一只蝴蝶发生身份错位或互换时，其自我转化便以隐喻的方式完成了。当他快活地看到自己像蝴蝶一样自由飞舞时，其自我解放便在心理意义上实现了。

七　柏拉图与庄子如是说

本章尝试讨论两种善生的修为模式：一是柏拉图的登梯观美模式，涉及一种益智、养善、求真的认知发展过程；二是庄子的游心闻道模式，涉及一种虚心妙悟至道的精神修养过程。无论从思维方式还是从论述方式来看，柏拉图与庄子所推举的两种修为模式似乎迥然相异。作为善好生活（善生）的选择方案，它们吸引的是不同受众，运作的理路具有不同特征。

登梯观美模式代表哲学训练的认知发展过程，是以认识为基、以理智为本的思想启蒙活动。通常，这一过程伴随着知识增多的快乐感受。这种感受因人而异，既取决于登梯的高度，也取决于观美的类别。在获得洞透美自体的卓见之际，这种感受终会转化为超凡入圣的狂喜之境。美自体等于美的本质，是打开各类美的万能钥匙，蕴含统摄所有美的共相。可见，阶梯喻说显然具有认识论架构特征。其中各种类别美，代表层级结构，具有有相应价值的真理性内容。爱美者越是顺梯向上攀登，就越能采集到更多的真理性内容之果，就越会体验到更多的快乐或福祉。最终，他将会实现目的论追求，进入不朽的王国。在柏拉图看来，不朽不仅意指诸神的独特属性，而且喻示人向神生成的完善程度。

游心闻道模式，代表一种假借道家宁心冥想之法提升精神修养的进程。这更多属于显现为直观型的精神性体验，而不是推理型的认识论探索。其中涉及三个主导要素：第一要素是"真人"作为"至道"和"真知"化身的道家逻辑。"真知"的对象是"道"，是"虚构出来的人的主观精神"，具有浓厚的神秘主义以及虚无主义色彩。由"道"体道，实乃由精神到精神，由神秘到神秘，由虚无到虚无，唯此才可传可受。事实上，"真知"亦如"去知"，旨在实现内心世界的明澈，引致主体妙悟和践行大道。第二要素是修养过程中显而易见的目的论思索。在这方面，游心是为了闻道得道，而非为了扩展知识。第三要素源自对最高人生境界的孜孜探求。这一境界主要通过经验艺术化来升华精神修养，而不是透过知识论发展来提高认知能力。

就上述两种修为模式而言，它们之间彼此会通、兼容互补之处大抵如下：首先，从缘起论角度看，两者均以爱美欲求为动机，一方发端于爱上一个特殊的形体美，另一方发端于企羡返老还童的容色美。其次，从目的论角度看，两者的激励机制虽然涉及不同概念和方法，但其所追求的目标均是益于善好生活的智慧。再者，颇为巧合的是，登梯观美需要攀登七层方可上达真理，游心闻道也需要经历七阶方可彻悟妙道。为了抵达自我升华的目的地，两种模式所设途径虽然有别，或注重认知发展，或强调直觉冥想，但双方均需引导追求者从外在世界进入内心世界。然而，在目的论的终极意义上，登梯观美模式鼓励真正的爱美者上达顶端、向神生成，成为柏拉图心目中的哲学家；而游心闻道模式则期待真正的求道者燕处超然、向道生成，成为具有道家风范的静修真人。

八 儒道释的福乐观

在中华哲学和宗教中，"福"和"乐"是表示幸福或快乐的主要概念。

儒、道、释三家对福、乐问题都有各自的思考与洞察。

道家引导人们游走于"福"与"祸"这两极之间，借助一种辩证性的实践智慧，应对福与祸的交互或转化关系。这种智慧主要来自老子的箴言："祸兮福之所倚，福兮祸之所伏"。道家劝导人们寻求快乐的另一途径，就是"知足者常乐"。其内含的启示在于：你拥有的欲望越少，你就越容易满足，从而就会获得更多的快乐。这一思想可以追溯到老子的"知足之足"哲学。"知足之足"涉及两个层面：物质性满足与精神性满足。前者使人"时足"，后者使人"常足"。鉴于有人难以知足而乐，庄子提出"至乐无乐"的劝诫。在这里，"至乐"超越了通常的价值观，是一种净化了一切欲望、摆脱了一切枷锁的心态，是以绝对的精神自由和独立人格为特征的，在错误的快乐或幸福观缺席之处发挥着作用。

早期儒家孔子与孟子，喜好论说获得幸福的实际手段，于是分列出日常生活中的"三乐"要诀。孔子曾说：一个人若能享受三件事，他便可获益不浅，即"乐节礼乐，乐道人之善，乐多贤友，益矣"。大体说来，第一件乐事是指为稳固社会秩序而提升礼仪文化，为完善个人修养在音乐中进行自我教育。第二件乐事是要乐于欣赏、推介和学习他人有德行的善好言行。第三件乐事涉及与君子或有德之人结为朋友，因为人以群分，近朱者赤，个人的修养与言行总是受到朋伴的影响和引导。孟子继而指出："君子有三乐，而王天下不与存焉。父母俱存，兄弟无故，一乐也；仰不愧于天，俯不怍于人，二乐也；得天下英才而教育之，三乐也。"第一种快乐与孝敬父母和敬爱兄长的天伦之乐相伴随；第二种快乐源自个人于精神领域和社会领域中的自我实现结果；第三种快乐反映的是一个成功教师惜才、爱才与育才之情以及欣慰之感。孔孟所言，其关注焦点是道德准则、个人修养与社会服务。后来宋儒所倡的"孔颜乐处"，则是另外一种特殊范式。

佛教声称人的终极快乐就是悟得佛性，进入极乐世界。出于这一现实缘由，禅宗创设了修佛者进入涅槃境界的"顿悟"路径。这一豁然开朗的觉解开悟，是一种特殊的心智，否定一切现象，持守一个信念：一切人等，按其本性，皆可成佛。此乃一种潜在的菩提心或获得般若智慧的内在能力。在严格的宗教意义上,中华文化缺乏对神性的关注。在中国本土的宗教中,也没有人格神的塑造与崇拜。实际上,中国哲学与宗教,彼此交集一起,没有明确界线。因此,中国人倾向于从精神意义上思考哲学,从哲学意义上思考宗教。这样一来,此界的与彼界的、世俗的与神圣的、道德的与超道德的等诸多对应范畴,也都彼此杂糅在一起。但其中关键的共同点,就是对道德修为与人格精神的高度重视。

第二部分 战争与和平

九 告别广岛核爆与国之利器

集体记忆总是同集体意识与良知密切关联,这是人类的特性所致。对于震惊世界的事件或人为灾难,情况更是如此。二战期间广岛核爆所引发的一切惨痛后果,皆存留在人们的集体意识中。这次核爆不仅摧毁了城市建筑,杀伤了大量民众,而且严重损坏了整个人类的亲和力。广岛核爆之后的诗性反思,一方面表达了对原子弹爆炸的受害者的深度同情,另一方面揭示了此次致命轰炸与战争浩劫对人类的肆意践踏。与之同时,它亦引发我们进一步研究战争的原因、军事行动的肇始和过度用武的种种问题。

在道家哲学看来,战争的本质从古至今基本相似。无论出于何种名义的战争,皆具同样的危险性和杀伤力,而且,野蛮暴力和屠杀的首要受害者是大多数无辜的百姓。再者,战争必将带来混乱、疾病等诸多苦难,同时还会引发长年饥荒。因此,早期道家老子持守反战态度,尽管他本人通晓战争的全部艺术。据此,他建议人们避免炫耀武力,除非为了自卫或自保不得已而用之。即便如此,他警告交战取胜的一方,切勿滥用野蛮手段,否则将会遭受灭顶之灾。古人所谓的"利器",在某种意义上喻指现今所谓的"黩武"或"过度用武",由是观之,老子认为"国之利器"乃"不祥之器",建议不要公开炫耀或招摇。因为炫耀利器将会引发诸如军备竞赛、潜在冲突甚至流血战争等问题。所有这些,似乎都与我们目前所居住的这个矛盾重重的世界以及当前形势息息相关。

借助道家的反战思想来审视广岛核爆的历史记忆,具有非同寻常的现实意义。在道家看来,战争是灾难,是流血牺牲。那些以战争为乐的人,与那些以杀戮为乐的人并无二致。战争无论如何都是一把双刃剑。不管军事行动如何不对称或不均衡,参战双方都注定要遭受伤害。如果我们非要在这一点上做出分别,那无非是强势的一方杀的多死的少,弱势的一方杀的少死的多而已。美国发动的伊拉克战争与阿富汗战争,就是有力的明证。

有鉴于此,当那位抨击核爆的诗人呼唤"告别广岛"时,我们还可以进而一起呼吁"告别战争""告别利器"或"告别黩武"。面对遍布世界各地的不同规模的战争与冲突,我们不得不追问这样一个问题:如果盲目地一意孤行,他们、我们和全人类将会面临什么样的后果呢?我们到底应该何去何从呢?所有这些难题正需要从全世界得到可能并且可行的解决方案。

十　早期道家的反战哲学

生活在战争时代的老子,对战争洞若观火。他关于"以奇用兵"的经验观察和总结,与治国理政的"正"道形成对比。借此,老子将"正""奇"两者当作两种普遍性策略,意在表明这一观点:采取合适而正确的方法,实现预定的目标,是自然而然的事情与做法。尽管老子看似精通兵法或战争艺术,但他实际上对战争并无兴趣。进一步研究发现,老子对于战术与战争的评说,只不过是就事论事而已。他在这方面的相关评说,在数量上也远不及他对战争的批判言论。这些言论构成其反战哲学的重要部分。譬如,老子认为战争是人类历史上最具灾难性的行为,将其视为人类所遭遇的最大磨难。因此,他倡导"以道佐人主者,不以兵强天下"。他在此显然将"道"视作为政原则,同时强烈谴责寻求霸权的战争。

老子的反战哲学思想,以直接或间接的表述方式,与其推崇的道论相关联。在老子那里，道的运动与功用，表现为对立双方相互变化和转化的辩证规律。诚如下述两条基本原则所示："反者道之动，弱者道之用。"这里所言的"反"，意指对立双方之间的关系，也表示回归根本或对立统一的结果。前者揭示的是相反的状态，后者表示的是转化或变化的状态。老子敏锐地发现，事物之间和事物内部都会发生变化，事物往往在不断的变化过程中成为自身的对立面。值得注意的是，在自然界和人类社会里，凡事一旦到达巅峰，便注定开始衰落，走向对立的一面。所有这些可能性，似乎都与"物极必反"的中华传统观念相关联。

老子的反战哲学，突出地反映在"好战逞强必殆"的辩证论断之中。如其所言："是以兵强则灭，木强则折。强大处下，柔弱处上。""强梁者不得其死，吾将以为教父。"乍一看来，此类说法有些荒唐，因其违反常识。因为在大多数情况下，强大的军队总是容易取胜的一方。然而，老子却持不同看法。他从内在发展和潜在变化的角度来看待事物，并告诫人们：强大的军队之所以会毁灭，是因为它惯于展示自身的强大，四处滥用军力，不断消耗自己。长远地看，一支强大而好战的军队，每次与别的军队交战，多少都会遭到损伤，久而久之，它就会每况愈下，最终会自行消亡。再者，强大的军队总是野心勃勃，这会刺激其所攻击的目标国家，致使后者设法不断壮大自己，为了自我保护而奋力抵抗来犯之敌。

老子的反战思想，也体现在防御策略上。如其所言："我恒有三宝，持而保之：一曰慈，二曰俭，三曰不敢为天下先。"这里所列"三宝"，是指与个人行为和政治治理密切相关的三项主导原则，有助于形成三种相应的德性——勇敢、慷慨、退让或不争。老子称第一宝为"慈"，以其意指慈爱、同情乃至宽容。通常，一个人因为"慈"，就会变得"勇"。在此语境中，勇者敢于谦逊、妥协和防卫，而不是张牙舞爪、气势汹汹。如此一来，他会广结善缘，各种福分不邀而至。如果国家的统治者或军队将领诚恳而不倦地培养并珍视这一品德，他就会善于创造和平而不是与邻国发生冲突，那就有可能与邻为伴，长治久安。

第三部分　传统与转化

十一　"治大国"的现代启示

老子《道德经》里有诸多建言，是从取法乎上的视域出发，为当政者陈说当时社会现实利害，阐述何以国泰民安的治国理政之道、经世济民之策。所言"治大国若烹小鲜"，意指治理大国，如同烹制小鱼，以不乱翻腾、掌握分寸、恰到好处为妙诀，这样便可确保小鱼完整而不破碎、形美而成佳肴。从《道德经》第六十章全文语境来看，"治大国"需要"以道莅天下"。此"道"代表能使"其鬼不神（不作祟）""亦不伤人（不伤害人）"和"为而不争"的"圣人之道"。其中喻示的为政要略，在于安静无扰，因为频扰则害民，害民则积怨，积怨则生乱，生乱则国危。

通常，误国害民之政，必然天怒人怨，灾祸迟早降临。若能"清静无为"以图善治，就会使人人遂其愿、乐其业、善其身，彼此相安无事，避免灾祸发生。从现代政治学角度审视，这种"治大国"之道，理应是惠及民生、以人为本、追求国泰民安的善政效治。在具体实践中，这种"治大国"之道，主要体现在治国理政的正确国策和良好制度之中。可以说，国策与制度这两大维度，如车之双轮、鸟之两翼，缺一则不可远举高飞。

从历史和现实的角度看，特别值得我们回顾和反思的是20世纪80年代的巨变。当时，美国总统里根力推"三减一降"改革，成绩斐然，终结"冷战"。英国首相撒切尔夫人奉行自由主义市场经济思想，力推企业私有化运动，为英国经济走出停滞注入了活力。中国领导人邓小平抓住这一千载难逢的历史机遇，持守"以经济建设为中心"的国策，悬置"以阶级斗争为纲"的路线，实则是以"善行无辙迹"的实用智慧，有效地贯彻了"治大国若烹小鲜"的治国理念，从而使中国快速走出困境，让人民逐步走向富裕，将国强民富的愿景真正付诸实施。

中国改革的实践证明，由"治大国若烹小鲜"引申出来的治国之道，在具体实践中离不开两大密不可分的维度，那就是正确国策与良好制度。在中国当下的政治语境中，所谓"良好制度"，我的理解是良好的法律制度与健全的党纪制度。反观数十年来中国改革开放与治国理政的基本走向，总体上是以正确国策作为主要支撑，取得了举世瞩目的成就。但要看到，在这些成就的背后，也伴随着不可忽视的经验教训，或者说，始终存在着制度建设不甚完善的缺憾，由此滋生的一些社会、政治与经济问题，使国家与人民付出沉重代价。这一教训不仅需要认真深刻的历史反思，更需要补苴罅漏的制度建构。

克罗齐断言：一切历史都是现代史。这不仅意味着以古鉴今，而且意味着历史的融合性统摄着过去、现在与未来的交互关系，同时还意味着一切历史是人们思想和行动的参照。但要看到，过去、现在和未来三位一体的历史交融性，总是处在永恒的动态流变之中；相应地，已往成功的历史经验与至今有效的历史意识，总离不开与时俱进的开放和进取精神。

十二　德治在当今的可能效应

20世纪90年代后期，在政治文化论坛上，凸显出两种为政之道：一是法治（依法治国），一是德治（以德治国）。从理论逻辑上推导，这两者相辅互补，如能并重且运作得当，可谓理想的组合模式。从传统政治哲学角度来看，法家"以法为本"，故力倡法治，视其为治国要略，认为"抱法处势则治，背法去势则乱"。相反，儒家重仁义道德，故推崇德治，奉其为立国之本，标举"修齐治平"的"内圣外王"之道，认为"道之以德，齐之以礼"或"施仁政于民"，国家便会长治久安，外可抵御敌国、列强入侵，内可促成大道流行，天下为公，实现"大同"。法儒两家的治国理念显然彼此抵牾，但细究起来，法家法治思想中所包含的"法、术、势"三大要素，儒家德治思想中所涉及的法、礼、政相互关系，均隐含着"人治"的潜流。

应当承认，在推行和完善法治的过程中，我们不能不正视"法治"与"法制"的基本差异。为了简明起见，这里有必要在汉译时将两者予以区隔，譬如将"rule of law"译为"法治"（因"治"字形构而俗称"水治"），将"rule by law"译为"法制"（因"制"字形构而俗称"刀制"）。在具体实施中，前者通常用来管治所有人，尤其是限定统治阶层的权力；后者一般用来管制整个社会，尤其是控制被统治阶层的言行。

但要看到，在中国现代条件下，追求"法治"或"民主政治"的社会制度所具有的制约作用，几乎不可能使"以德治国"的举措简单或人为地重复历史，即回到以"贤人政治"或"人治"为基本导向的"德治"老路上去，根据中国现实的政治社会语境，至少需要关注反客为主、橘生淮北与德育挂空这三方面的潜在问题。

在目的论意义上，所谓法治德治，说是治理国家，实为治人育人，力图使人的社会行为符合法律和道德律的基本要求。一般说来，法治强制于外，重在依法治人；德治感化于内，重在以德育人。两者内外结合，互动互补。但若法治失去公正，德治华而不实，那就要另当别论了，其结果或许正如王弼所描述的那种在中国历史上重复不断的政治游戏："巧愈思精，伪愈多变。攻之弥甚，避之弥勤。"

十三　方东美探求的文化理想

在20世纪的主要新儒家中，方东美是率先研究和倡导怀特海文化哲学的思想家之一。他基于中国新文化运动的遗教，执着于一种使命感，参照西方的文化特征，力图改良中华文化传统。沿着这一思路，方东美继而借助跨文化转换与跨文化创构的视域，凝神沉思完成这一任务的方法路径。他探求一种新的文化理想，并提出了自己独有的哲学思想。这种思想基于世界主义和谐论立场，以跨文化探索与创化整合为特征，借助溯本探源的艺术与文化成果，论证和追求一种会通而广备的文化理想。

有趣的是，方东美将自己创设的文化理想，以图示的方式浓缩在"九层塔喻"和"人与世界之间的关联结构"之中，这里面意涵丰富，值得关注的要点甚多。譬如，塔喻代表一种关乎人生质量的存有论或本体论假设。其中六境喻示六种人格品性，三界象征三种精神生活。"劳动人"对应物理生活领域,"创作人"对应生理生活领域,"理智人"对应心灵生活领域。这三种人格属于自然人,这三种领域归于自然的层次,表明社会层次的进展。随着人的位格不断向上提升,自然人转化为凌越自然之上的人,并在文化层次的上扬过程中,进入超越的层次。在这里,"符号人"对应艺术生活领域,"诚意人"对应道德生活领域,"宗教人"对应宗教生活领域。比较而言,前三种领域主要存于具有普遍性的自然世界之中,很大程度上基于科学文化;后三种领域主要存于具有超越性的精神世界之中,很大程度上基于哲学文化。分开来看,每个领域都意味着一种存在状态或生活质量。综合来讲,所有领域又都体现出自下而上的不同层次,是提供给人类发展与人格修养的参照坐标。

再如,"人与世界之间的关联结构"示意图是双向展开的,显现出"上达下贯"的特征:一方面是经由人文化成的有机过程,逐步修为,不断升华,最终上达神秘莫测或玄而又玄的神境;另一方面则通过无限宇宙精神的创生力量,将"生生之德"下贯到世界里面,将神性本质下贯到人性之中,从而成就道德人格、艺术人格、宗教人格。在此双向活动中,人下学上达,最终与神性精神融合无间;神应和下贯,最终将神性精神注入人心。此时,人的禀性气度将会充满神的禀性气度,自然人就会转化为精神超越之人。也就是说,达此境界者,将会实现自己的所有潜能,不仅可以像理智人那样建功立业,而且可以像神明那样得大自在。当然,此人的所作所为,不只是为了完善个人的修养,更是为了提升整个世界的价值意义。假如此人作为艺术家,那就会同时具备人的能力与宇宙创造者的能力。这样一来,他就会享有天才与灵感,就会创作出第一流的伟大的艺术作品。

方东美所标举的转化型超人,与"九层塔喻"中的理想人格颇为相似,是整合希腊、欧洲与中国哲学三慧的结果。据方氏所言,这种基于三类文化之长的创造性转化历程,离不开"闻、思、修"三种途径,也就是通常所说的研习、体悟与修行成慧三法。其中辩证关系,切中要义,颇有玄机,值得注意。但需指出的是,方氏所倡导的超人理想人格和跨文化转换之道，虽高妙超拔，但绝非易事。从三类文化的有机性创化与选择性和合角度来看，我认为这里起码涉及一项三重性历程策略。该策略分阶段循序渐进，首先是跨文化认知的比较阶段，其次是跨文化认同的移情阶段，最后是跨文化转换的创构阶段。完成这项任务，需要反复验证，其间离不开先验理论的假设、循序渐进的内化、建构性的层次以及必要的取舍等。这绝非毕其功于一役的急功近利之为，而是一个长期的、创造性的、互动性的实践历程。在原则上，需要打破文化的疆界，需要摒弃本土文化中心论，需要以世界主义的观念来推动跨文化的转换创构。

十四　李泽厚的实用理性观

李泽厚后期的大部分著述，既心系中国现实，又关注人类境况。在寻求解决相关难题的过程中，李泽厚的哲学探索彰显两大特点：一是实践期待与理论假设密切互动；二是借鉴西方思想资源重新发现原典儒学传统。据此，在中国和全球的双重语境下，有望探寻一条解决社会文化心理和人类关切之诸种问题的可能路径。

这一切比较集中地体现于李泽厚的实用理性观。其所论要素既相互有别，又彼此互补，先后见于第一论证和第二论证。第一论证主要源自儒学思想，侧重审视实用理性的典型特征；第二论证展现出李泽厚的洞察卓见，借此将中华传统的实用理性转化为历史本体论的实用理性。这方面主要涉及三大假设：历史建理性，经验变先验，心理成本体。

在李泽厚看来，中国的实用理性，可理解为"一个活生生过程中的创造原则"，可意指一种历史积累、文化和心理积淀，其中包含"客观和普遍必然性得以发展的绝对价值或道德规范"。概而言之，中国的实用理性虽内生于早期儒学，却与时俱进，在总体上呈现出如下六大特征：伦理性、有用性、情理不分、历史意识、准宗教性和开放性。

李泽厚从实用理性角度出发，先后提出"度""乐感文化"与"情本体"等重要概念。据笔者观察，"度"的概念在三大层面产生作用。首先，"度"作用于物质和符号操作层面，涉及物质与精神实践，这一切都指向"理性凝聚"和"理性内化",是人类充分利用理智能量和不断劳动的结果。其次,"度"服务于辩证智慧层面,因为它经过实践领域直达存在领域。再次,"度"运用于独特创造层面。在这里,"度"具有不多不少、恰到好处的特点,可在艺术表现上构成艺术美,可培养审美凝照者的美感。就此而言,人类的大量活动,就是利用"度"以成其美,这些活动包括物质生产与生活行为等等。

李泽厚宣称,"乐感文化"和"度"具有典型的中华传统特征,对于处理当前人类社会的问题不无裨益。中国语境中的"乐感文化",至少具有三重意涵。首先,"乐感文化"体现着中华传统的基本精神取向,是关乎"世间幸福、人际和谐的文化",当然也是关乎人类生存和物质生活的文化。其次,"乐感文化"意味着一种"乐观文化",因为它聚焦于"人活着"的基本命题,从人道的和乐观的视角探究其可能性,因此对人的力量和主动性抱有切实的信心。再次,"乐感文化"象征着一种"音乐和审美的文化",因为汉字"乐"(le)也读作"乐"(yue)。在中国传统中,快"乐"是音"乐"的本质和功能象征,根据对最终快乐或幸福的目的论追求,二者都被视为人性与人生不可或缺的部分。相应地,依靠最佳的音乐品鉴和审美鉴赏力,"乐感文化"被视为有助于人性完满实现的审美文化。

但要看到,"乐感文化"的核心基质,是源自儒家传统的"情本体"。"情本体"喻指化育能力或生长潜力的本根,与人道的形成、审美形而上学的基础以及乐感文化的模式息息相关。中国古代的郭店竹简指出:"道"由"情"生。这表明人道来自人情,尽管人道依靠道德准则与社会规范的内在互动作用,试图将人情驯服到适度恰当的程度。另外,人性的本体不是理性而是审美,即情与理相互融合而产生的审美。故此,"情本体"对人类更具有决定意义,因为它被置于狭义的"理性积淀"中,而非伦理学意义上的"理性凝聚"中。

十五 仁政新说与实用理性

近些年来,欧美政治学界时兴讨论"善政"。对治国理政而言,"善政"

几乎是"良治"的同义词。历史地看，古今中外的思想家，对善政良治问题甚为关切，并且留下诸多思想遗产，由此构成历史这面镜子，有待后世在温古知今或与时俱进的过程中反思或重思。

举例说来，在关乎善政良治问题上，孔子与亚里士多德的下述说法流布广泛，影响深远。孔子倡导为政者要端正自己，率先垂范，其他人就会追随其后，不敢不端正自己。从内在意义上的道德讲，"正"主要是指为政者的自身修为和表率作用，故此更注重于"德治"。相比之下，亚里士多德推举"法治"，坚信"诉诸法治之人，可被尊为只诉诸神治与理性统治之人；而诉诸人治之人，就等于给兽性附加一种因素"。故此，亚氏崇"法治"而贬"人治"，既是上述执政原则的主导理念所倡，也是雅典政治的历史教训使然。

在当今中国现实语境中，关于全球地域化的思考，反映在对于涉及人文关切的"仁政"的探索当中。这种为政方式基于两种重要维度：一是引自西方民主政体的"法治"，二是源自中国儒家传统的"贤明"。原则上，由此构建的"仁政"是整合性的，一半是中国意义上的传统思想，一半是西方意义上的现代意识。

若从实用理性的角度来充分考虑中国具体的社会背景，我以为"仁政"的可能性主要有赖于"法治"。但是，"法治"在中国尚未完全成熟，依然处在建构过程之中。这样一来，"贤明"就具有互补功能，可被用作一种权宜之计，在实际执政中不可或缺。因此，我们可将"仁政"比作一副圆规，一边是"法治"，具有持续的重要性；另一边是"贤明"，具有关键的必要性。还有，在儒家传统中，"贤明"与"内圣外王之道"相联结。"内圣"指的是内在的修养和道德上的完善，"外王"指的是政治智慧和执政技能。这两个维度的有机整合和协同作用，便有可能产生"圣王"型人格。在部分意义上，"圣王"一方面类似于柏拉图在《理想国》中推崇的"哲人王"理念，一方面类似于亚里士多德在《政治学》中举荐的"优秀统治者"理念。

当前中国政治文化的趋势显示，传统和现代在某些方面是相互交叠的。任何与中国特色相关联的东西，既是现代的又是传统的，即便各自的比重因为具体情境不同而不同。就"贤明"而言，人们期望统治者具有与人为善、道德正义、法律公正、政治智慧和公众信任等核心品质或德行。我们在此所关注的品质，主要源自儒家政治道德传统，是在全球地域化的中国语境中以法治为基础予以促成的东西。实际上，它们可以隐而不显但持之以恒的方式，转化成为对领导者的道德制约与道德期待。

中国犹如逆流行舟，为了成功抵达全面发展的彼岸，一方面在踏踏实实地前行，另一方面也在与时俱进，改良自身的执政哲学和政治意识形态。在此领域，从实用理性角度采取最为适宜的方式来推行"仁政"，具有重要意义和显著帮助，因为这种为政方式，设定在跨文化特性与实践有效性的基础之上。

十六　效政理据与融合型转化

在今日中国，社会现状快速变化，民众需要日益多样，各种挑战不断涌现。这便对如何改善社会管理与政治文化施加了持续上升的压力，同时也成为国家近年来十分关切的重要对象和紧迫任务。在笔者看来，所有这一切既加快了探寻效政建设这一当务之急的步伐，同时也加快了推行全面深化改革的进程。

效政策略在很大程度上源自两种主导性思想资源：一是儒家政治思想中的仁政理想，二是西方政治哲学中的善政观念。在实践意义上，仁政理想主要呼吁贤明领导力和依靠贤能践行者。这些践行者作为治国理政者，重视道德修为，富有政治智慧。善政观念主要取决于构成公共理性和现代社会伦理的价值系统，其中包括法治、社会公正、平等、自由与责任、透明性与民主等等。

值得注意的是，仁政的决定因素源自中国的传统文化，涉及儒家实用理性与政治理想；善政的决定因素则源自西方的现代意识，涉及适用于中华传统和中国现状的民主模式。在文化意义上，前者是本土的，后者是外来的。有鉴于此，就需要从跨文化视域出发，对两种思想来源予以重新评估与激活。这实际上需要吸纳两者的有效成分，促成融合型转化的可能。

但在当今中国，这种转换是否可行，取决于三种实践活动，即：制度改革，意识调整，民主教育。因为，任何思路单一的复制或重复仁政、善政的做法，在全球地域化的政治文化语境里，不仅难以取得预期的成果或功能，反倒会走上墨守成规或抱残守缺的老路。

在中国文化语境与政治生态中，旨在促进公益和确保效政的民主模式，至少需要设置三项原则。在理论和实践上，第一原则真正关注的是民心或民众内心的期待，这是赢得大部分民众自愿支持的基础。第二原则真正关注的是民本或以民为本的行政管理，这需要在制定国策时认真考虑民生民意问题。第三原则真正关注的是民享或民众分享社会经济成果的意识，这需要为民众提供公正平等的诸种机会（譬如在工作、福利、教育、就医、工作、休闲、娱乐等领域），以此来满足民众各自不同层次的物质需求、社会需求、审美需求、精神需求、自我完善与利他主义的需求等等。所有这一切都涉及国内外政治文化中现代与传统组成部分的互动融合，只有通过这种互动融合，方可为中国的效政建设打下必要而坚实的基础。

需要指出的是，以法治为前提条件的效政，有利于确保自体的立法基础，并在实践意义上成为合乎情理的可行之道。但要切记，这种效政也有赖于如前所述的那些必不可少的决定性因素与条件。换言之，这些因素与条件不可分开单独应用，而需依据中国目前的全球地域化情势或语境，进行融合型转化或改良性转化。就相关社会现实而论，这里有必要采取关联性行动或举措，协助融合型转化。这些行动或举措，至少涉及三种实践活动，即：制度改革，意识调整，民主教育。

十七 重思和谐论

在中华传统文化中，尚"和"意识贯通古今。要进一步理解和谐论在中华传统文化中的功用，就需要逐一辨析构成和谐论主旨的七种模式，即：宇宙模式，化育模式，范导模式，辩证模式，整合模式，容纳模式，情操模式。

宇宙模式的关注焦点是宇宙之和，意在强化天、地、人之间的积极合作与互动互补关系。为实现这一目的，通常会采用三种方法：一是通过模拟表现天地和谐的声音节奏来作乐，二是通过效仿存乎天地之间的分别差异来制礼，三是为了自然万物的共同福祉与维系天、地、人之间的和谐共存而综合有效地使用礼乐。

化育模式的本性在于生产与繁衍，其所依据的是诸多要素之间的互动力量。这些要素虽然彼此不同，但都趋向于和谐或合作，因为它们享有互补关系，涉及转换性创造的可能性。它们的象征性表现符号通常包括天地、阴阳、男女、强弱、高低、明暗、五味(甜酸苦辣咸)与五音(宫商角徵羽)等等。

范导模式植根于中国的礼乐文化传统，突出"和"在治国理政方面的影响。在这方面，"和"之为用，大多体现为治国理政的指导方针，有赖于典章制度与行为规范等礼制的辅助。儒家将"和"确立为中国政治文化中的至高境界，意在追求和维护社稷的和平稳定，在此基础上实现国家的进步与发展，提升民生的水平与质量，最终使每个社会成员，无论长幼、孤寡与病残，都能自足、公平、幸福地生活。

辩证模式强调"象""反""仇""和"等几种力量之间的交互作用，呼唤一种解决矛盾或化解冲突的和解的合理方式。具体说来，世间的万事万物(象)之间，客观地存在着对立关系(反)；对立关系必然反映在彼此不同的功能作用(为)上，并在一定条件下演变为某种冲突关系(仇)；当冲突关系达到一定程度时，就需要借助协调或和解方式(和)予以纾缓或消减。这种因"象"而生"反"，因"反"而成"仇"，因"仇"而趋"和"的过程，在逻辑上呈现出一种朴素的辩证统一链接，在效应上凸显出和则互利的实用智慧。

整合模式并非一味突出"和"与"同"之间的区别，而是着力寻求整合不同元素的合理方式。中国古代政治家晏婴借用"和如羹焉"的喻说方法，来类比"和"与"同"之间的关系。在晏婴看来，仅凭一味原料无法烹制出美味的羹汤，同理，仅靠一个音符无法创作出动听的乐曲。故此需要掌握好"和"的原则，使不同材料各尽其用而互不妨碍，相互协调而有机统一。

整合模式与容纳模式两者是相辅相成的。整合模式强调不同元素之间在功能意义上的配合协调，容纳模式着眼于道德意义上不同立场间的互相理解与包容吸纳。孔子曾用君子和小人的不同处世方式来凸显其中隐含的深刻道理。如其所言："君子和而不同，小人同而不和。"此论不仅关乎"君子"与"小人"两种截然相反的人格，而且涉及"和"与"同"两个相互对立的范畴。这一方面暗示出两种迥然有异的道德取向，另一方面意味着两种基于不同价值观念的进取之道。

情操模式涉及道德修养与操守，强调个人对于各种情感的节制和把控。儒家所倡导的"中道""中节"或"中和"原则，实为节制人类情感或情绪的伦理方针。按常理而论，我们人类既是情感动物，也是理性动物，故当我们受到特定刺激时，自然会生发出喜怒哀乐诸情。如果这些情感能得到合理的表达与疏导，自然对人有所裨益；如若这些情感过于偏执或过度放纵，自然对人产生危害。举凡具有修养的自我节制者，在情感发作时有望达到"中与"或"和"的境界，故能中行无偏，践行中道，感化他人，产生"所过者化，所存者神"的积极效应。如此一来，天地万物与人伦世界都将各安其位，各尽其能，各得其所。

十八　在和谐与公正的背后

在从跨文化视域出发探讨东西方伦理学的新近思索中，李泽厚提出"和谐高于公正"（情感和谐高于理性公正）的命题，涉及原典儒学的理想，关乎人类社会的未来。质而言之，"和谐高于公正"的命题，并非一种价值判断，而是一种层次考量。所谓层次考量，就是根据人类需求层次的分布，将和谐作用置于公正作用之上。它设定和谐作为儒家政治理想的至高范式，对应于公正作为社会伦理的绝对律令，遵循的是先有公正后讲和谐的逻辑顺序。因为，公正是现代社会性伦理的基本原则，是实现人类关系和谐的前提条件。在这里，唯有公正得到充分落实，和谐才会有望得以贯彻。

需要指出的是，尽管"理性公正"是实现"情感和谐"的前提条件，并在公共理性与"现代社会性道德"领域里起着必不可少的作用，但它与理性至上式公正并不等同。实际上，李泽厚对西方意识中理性至上倾向表示怀疑，多次批评工具理性与理性至上的负面效应和泛滥现象，而且断言仅靠理性至上式公正，既不足以适当应对所有人类事务，也不足以满足人类的所有需求。为了解决这一问题，他有意拓展了"情本体"的范围，将其设立为一种替代方式，用以平衡理性至上与公正膜拜的偏差。他反复倡导"情感和谐"的思想理念，明确表示"和谐"在丰富人际关系和构建社会共生形态方面的独特作用。在我看来，李泽厚的相关思考，均指向他自己念兹在兹的最终目的。也就是说，他力图将中国思维方式和价值观念中的优秀部分转化为今日社会本体论的不可或缺的互补性组成部分。另外，他将其奉为一种成果性贡献，设想协助人类应对目前所遇的种种挑战。简而言之，李泽厚是从跨文化立场出发，凭借转化性创造来设立一种有利于人类共存的整全伦理范式。

那么，和谐背后的核心驱力何在？李泽厚将其归于"中国宗教性道德"。这种道德会引致一种"转换性创造"，改良性地创造或创立一种新的伦理道德与政治经济体制。在现代社会伦理语境中，可将"中国宗教性道德"当作一种"范导原理"，借以适当构建"现代社会性道德"和政治经济体制，使其首先在中国成长，然后逐渐慢慢地普适全人类。也就是说，它们能够用来深化和提升"中学为用"，影响和补充"西学为体"。

从目的论上讲，李泽厚所追求的目标至少可分为三个向度。他将"中国宗教性道德"视为"范导原理"，将"现代社会性道德"视为"构造原理"。源自中国思想资源的宗教性道德，涉及"三本""五位""五伦""十义"等主要内容，同时关乎人际、身心与天人三种和谐形态。比较而言，源自西方思想资源的"现代社会性道德"，主要是由平等、自由、人权与民主所构成，关注的主要是公正的有效性。在实用意义上，"中国宗教性道德"与"度"这一实际操作艺术有关，同时与"情本体"这一哲学基础相联。当其作为"范导原理"时，就有可能如其所期待的那样，有助于范导适当构建"现代社会性道德"。

无独有偶，李泽厚与桑德尔都坚持认为公正原则在实践中具有根本性，但其仍不足以实现人所追求的最终目的。因此，他们都提议将道德与宗教判断作为补充或范导原理，以期确保公正社会的完整。颇为不同的是，李泽厚是在东西方文明互鉴的背景下沿着原典儒学的思路前行，桑德尔则是在美国社会现状的背景下沿着亚里士多德的思路前行。此外，李泽厚与桑德尔的不同之处就在于李泽厚是以人类学历史本体论的名义立论。在李泽厚看来，人是历史存在，人性是人文发展的结果。作为人文的部分成果，道德或伦理不仅指向人应该如何作为的规范与习俗，而且指向人应该如何生成的情理结构和文化心理结构。若将道德或伦理应用于社会领域中的人类实践，这种人类学历史本体论就会对社会制度的组织和运作产生关联性的影响。

第一部分

思想与视域

一 "天人合一"说重估①

> 人是堕落的,而大自然岿然屹立,如同一支显示差别的温度计,检测着人类神圣感的存在或缺失。
>
> ——梭罗

大抵是因目前生态环境压力的缘故,人们格外关注自然与人类之间的关系。中华思想史历来都在探索天人之间的交互作用,由此形成"天人合一"这个代表中华哲学基本精神的核心概念。这一概念的多义性,随着社会文化语境的变化而扩充。在现阶段,重估天人合一之关联性的趋向,一般是通过温故而新解的方式展开的。如此一来,这一重估趋向就成为一项开放性的和无止境的活动,吸引人们为了人类的共同福祉而对其隐含的普遍性进行"二次反思"(second reflection)。

本篇将通过追溯其思想渊源,借鉴新近的相关诠释,进而重估"天人合一"说的本质内涵和现实意义。文中所论,涉及三个方面:"天人合一"说的三重意指、二维导向及其实用选择。

---

① 本文原用英文撰写,题为"A Rediscovery of Heaven-and-Human Oneness",是作者于2005年国际普适对话学会(ISUD)在芬兰赫尔辛基大学举办的"自然、文化和人性"世界大会上所做的主旨演讲。此文于2007年发表于 *The American Journal of Economics and Sociology*(《美国经济学和社会学杂志》),Blackwell,Vol.66,Dec.2006,随后被收入 Steven V. Hicks & Daniel E. Shannon(ed.s), *The Challenges of Globalization*(《全球化的挑战》),Oxford et al: Blackwell Publishing Ltd., 2007。高艳萍博士将其译成中文,作者对其进行了修订。

1. 三重意指：天地、天道与天下

中华文化源自游牧传统，继而进入农耕时期。有鉴于此，"天"便成为古代先民的崇拜对象。因为，从食物生产与人类生存的角度看，"天"一方面被视为支配性力量，另一方面被当作依赖性对象。按照远古思想，天在上，地处下，从而构成宇宙或大自然的整体，滋生和化育着万事万物以及人类自身。于是，从古至今，三方或四方互动关系一直是中华思想中的探讨焦点。譬如，儒家关注的"三才"，包括天、地、人。道家关注的"四大"，包括天、地、人、道。在萨满教或巫术传统里，"天"被视作天命（divine mandate）的体现，被概念化为"天帝"（the lord of heaven）。但"天帝"是经由巫术的神秘力量，与人、物、部落与社会建立联系并进行交往。这样一来，"天帝"既未超出经验的领域，也未被人格化为像基督教上帝那样的超越性力量。天人之间如此密切互动关联，在先秦时期形成了"天人合一"的观念。一般说来，这一观念本身可以追溯到孟子与庄子那里，后来在董仲舒那里得到进一步发展，特别是在11世纪至13世纪之间，宋儒以形而上方式将天人关系道德化了。相应地，"天"的理念引申为一丛概念，诸如天命、天意、天地、天道、天下等。在此，我仅检视其中三个概念，窃以为它们对当今人类的基本关切更具重要性和关联性。此三者便是天地、天道与天下，它们构成了中华"天人合一"说的三重意指。

（1）天地及其自然主义性相

天地的字面含义是构成宇宙或自然整体的天和地。该概念在诸多中华典籍中被频繁使用，经常出现在那些有关自然和人类相互关联的语境之中。

比如说，在道家典籍《庄子》里，我们看到如下描述："天地与我并生，而万物与我为一。"①"天地有大美而不言，四时有明法而不议，万物有成理而不说。圣人者，原天地之美而达万物之理。"②天地孕育万物。万物得到天地庇护。天地与万物的集合，便构成大自然的整体，而大自然又与人类结成融合为一的关系。凭借这种合一关系，庄子试图论证万物无差别的原则，由此达到"齐物"之目的，因为他坚信宇宙的秩序或和谐只能由此得以实现。在许多情况下，庄子建议那些追求绝对自由和独立人格的人务必顺应自然或"与天为徒"。这不仅是因为他所说的自然特质在于"自然而然"，而且也因为他所说的天地拥有大美而不言的德性。在这里，天地作为大自然，不仅是人类生活与活动的场所，也是人类审美鉴赏的对象。因此，圣人作为道家的理想化人格，既是天地（自然）的成员，也是天地（自然）美的发现者。在《逍遥游》与其他篇章里，庄子十分重视天地（自然）美的审美价值，因其对精神自由具有滋养作用。事实上，庄子亲近自然而拒斥人工。在诸多场合，他断言自然事物充满怡情悦性的魅力，而人工事物（如驯养的耕牛之类）则遭到恶意可恶的扭曲。这一切引致的结果，就是他对审美自然主义的哲学思索。

在《春秋繁露》中，董仲舒指出："中者，天地之美达理也，圣人之所保守也。……心和平而不失中正，取天地之美以养其身。"③这似乎是说，天地（自然）美是天地之和的体现，任何心意平和、行动正当的人，都可通过这种美来滋养其身体。在其他地方，董仲舒还以一种非常温情的语调强调说："为人者天也，人之人本于天，天亦人之曾祖父也，……人之血气，化天志而仁；人之德行，化天理而义。"④不难看出，董氏所言的"天"，代表天地，意指现在所说的大自然。他将其喻为人类的"曾祖父"，视为"万物之祖"，意在拉近人与天（天地或大自然）的"血缘"关系，凸显天与人之

---

① Zhuangzi, "On the Equality of Things," in *A Taoist Classic: Chuang-tzu* (trans. Fung Yu-lan, Beijing: Foreign Languages Press, 1989), p. 49. 庄子：《齐物论》，见陈鼓应注译：《庄子今注今译》，北京：中华书局，1983年，页71。
② 庄子：《知北游》，见陈鼓应注译：《庄子今注今译》，页563。
③ 董仲舒：《循天之道》，见《春秋繁露》，上海：上海古籍出版社，1989年，页91—93。
④ 董仲舒：《为人者天》，见《春秋繁露》，页64；《王道通三》，见《春秋繁露》，页67。

间的高度相似性(strong resemblance),借此劝诫人们尽力洞识天地之美,提高自身修为,成为仁德之士。在董氏心目中,天有日月,人有双眼;天有四季,人有四肢;天有四种情感力量,如春之喜,夏之乐,秋之怒,冬之悲,人亦如此。因此,"以类合之,天人一也"。"天人同有之,有其理而一用之,与天同者大治,与天异者大乱"。① 上述比拟显然牵强,从逻辑上讲也颇显荒唐,但要看到,董氏意在指出人对天的依赖关系以及人与天的内在关联。另外,董氏对天人之间相似性的强调,也并非毫无意义,这至少让人明白这样一个道理:人要像爱护自己一样爱护天(大自然)。换言之,是希望人对天持有必要的崇敬和关爱态度。从历史上看,董仲舒是率先构造"天人一也"这一概念的思想家,其所论被视为中华思想史上有关天人关系学说的里程碑。与庄子相类,董仲舒承认天地(自然)美有赖于适度和谐原则,发现这种美在诸多方面是有益的。譬如,其在审美意义上令人欣然而乐,在生理意义上有益于养生,在道德意义上有助于生成。换言之,它满足审美需要,滋养身体,通过其丰富的资源和多样的功能促成人之为人。但是,董仲舒的这种思索,表现出一种神秘自然主义倾向,因为他所倡的天人合一说,主要建立在阴阳学说的基础之上。他对"天"的拟人化阐释,是某种神秘化而非神圣化的范例。同样,他对天地(自然)美的凝思观照,也表露出某种神秘的欢天喜地的感受。

  相比之下,孟子乃是倡导"天人合一"说的早期中国思想家之一。他主要是基于原典儒学立场来理解上述观点,力图通过揭示天人之间的互惠互动作用来维系一种平衡关系。从认识角度看,孟子声称:"尽其心者,知其性也。知其性,则知天矣。存其心,养其性,所以事天也。夭寿不贰,修身以俟之,所以立命也。"②这一论述揭示了人和天是如何相互作用的。尤其从人这一方面来看,它要求人具有一种使命感和更强的主动性,以发展自身的认识,修养自己的人格,竭力遵从自然规律来服务和成就天下万

---

① 董仲舒:《阴阳义》,见《春秋繁露》,页71。
② Mencius, *The Works of Mencius*, in *The Four Books*, 13.1 (trans. James Legge, Changsha: Hunan Press, 1992). 另参阅杨伯峻译注:《孟子译注》,北京:中华书局,1988年,页301。

事万物。

在孟子那里,"天"从抽象意义上讲包含"天命",从实体意义上讲意指"万物"。按照实用观点,孟子提出"仁民而爱物"的思想。① "仁民"是指感情从父母扩大到一般他者的结果。"爱物"意味着根据互惠原则善待一切存在物。比如,"不违农时,谷不可胜食也;数罟不入洿池,鱼鳖不可胜食也;斧斤以时入山林,材木不可胜用也。"② 唯有如此,这些日用之物在保护利用中才会得到繁衍生息,人也可享有足够的生活资源并过上可以持续的美好生活。否则,滥用自然资源,剥夺自然化育能力,将会招致破坏性后果。在中华谚语中,经常以隐喻方式将这种贪婪之举比作"杀鸡取卵"。

在上述三位思想家眼里,作为大自然的天地在先验意义上是善而美的。与庄子对审美自然主义(aesthetic naturalism)的迷恋和董仲舒对神秘自然主义(mystical naturalism)的期冀不同,孟子似乎偏向于标举实用自然主义(pragmatic naturalism)。相对而言,审美自然主义往往为了夸大天地的至美而忽视了人类的积极作用,神秘自然主义往往为了突出天人之间的相似性而把人类的情感投射其中,实用自然主义则往往囿于人类生存这一终极目的,为确保一种平衡的发展而特别强调天人之间的互惠作用以及彼此的相对独立性。

在20世纪90年代,探讨"天人合一"说的兴致再次重现。其产生的背景是中国和世界所面临的生态环境保护的压力。为了提高公众对自然环境生态的保护意识,许多思想家重新审视了"天人合一"说的理据。他们将大自然视为宇宙秩序图式的有机整体,建议从"可持续发展"(sustainable development)的立场出发,为保护生态环境而重新审视"天人合一"思想。在他们看来,大自然这一有机整体应当得到人类的精心呵护,因为每一个人都是大自然的一部分,没有哪一个人是一座孤岛,人人都有责任保护大自然。就"可持续发展"这一基本目标而论,它不仅建立在经济基础之上,而

---

① Mencius, *The Works of Mencius*, in *The Four Books*, 13·45. 另参阅杨伯峻译注:《孟子译注》,页298。
② Mencius, *The Works of Mencius*, in *The Four Books*, 1·4. 另参阅杨伯峻译注:《孟子译注》,页5。

且建立在道德基础之上，因为它旨在确保整个人类后代的共同福祉。

（2）天道及其道德伦理期待

中华传统中所言的"天道"（heavenly way），意指通过"人道"（human way）得以具体化或得以落实的"天道"。"天道"作为"人道"的更高参照框架，指向道德发展或道德修养。这一理念可以上溯到《易经》的相关阐释，如："大人者与天地合其德，与日月合其明，与四时合其序，与鬼神合其吉凶，先天而天弗违，后天而奉天时。"①这里强调的似乎是天人之间相互作用的和合关系。事实上，其要意隐含在人的德行与天地的一致性中。恰如"乾"和"坤"两卦所示，人的德行有望融会天地这两个对应部分。相关的代表性说法便是"天行健，君子以自强不息"②，"地势坤，君子以厚德载物"。③ 可见，"天"富有活力的行动，是通过四季的无尽循环来实现的；而地的支撑力，是通过山水和其他存在物的承载力来实现的。如此种种暗指"天地之德"，这些德行相聚而成"天地之道"，简称为"天道"。君子这种理想化人格，通过学习"天道"而成为其所是。他竭力像"天"那样，持之以恒地发展自己，同时也努力像"地"那样，养成慷慨无私的德行，以便帮助他人发展成长。他的这种行为旨在确立追求道德成就的"人道"。

这种思路已然贯穿整个中华思想史。譬如，孟子将其提升为用于品格塑造的道德要求。他指出："夫君子所过者化，所存者神，上下与天地同流，岂曰小补之哉？"④在这里，"人道"体现在君子所为之中，"天道"呈现

---

① Cf. *Book of Changes*（trans. James Legge, Changsha: Hunan Press, 1993）, *Qian*（The Creative）. Also see *The Classic of Changes*（trans. Richard John Lynn, New York: Columbia University Press, 1994）, Hexagram 1: *Qian*, p. 138. 另参阅黄寿祺、张善文译注：《周易译注》乾卦，上海：上海古籍出版社，2012年，页14。

② Cf. *Book of Changes*（trans. James Legge）, *Qian*（The Creative）. Also see *The Classic of Changes*（trans. Richard John Lynn）, Hexagram 1: *Qian*, p. 130. 另参阅黄寿祺、张善文译注：《周易译注》乾卦，页7。

③ Cf. *Book of Changes*（trans. James Legge）, *Kun*（The Receptive）. Also see *The Classic of Changes*（trans. Richard John Lynn）, Hexagram 2: *Kun*, p. 144. 另参阅黄寿祺、张善文译注：《周易译注》坤卦，页24。

④ Mencius, *The Works of Mencius*, 13·12, in *The Four Books*（trans. James Legge）.

在"天地"运行之中。前者假定达到后者的相应水准,致使"天人合一"的境界在此得以完成,君子的理想化人格也因此得以实现。同样的观点也见于《中庸》,如:"唯天下至诚,为能尽其性;能尽其性,则能尽人之性;能尽人之性,则能尽物之性;能尽物之性,则可以赞天地之化育;可以赞天地之化育,则可以与天地参矣(ternion)。"①这一过程展示的是"人道"如何与"天道"交织在一起的假定性因果关系。它始于至诚之德,可转化或善化自我和他人;接着,它以利他主义的方式延展或放射开来,有益于人类、动物乃至万事万物,使其依据各自本性或特点而发育成长;最后,它促成德行完满的人达到最高境界,也就是"赞天地之化育"或"曲成万物而不遗"的境界,这样便使人可"与天地参",构成真正意义上天、地、人"三才"互动互补的有机互惠关系。这一语境中的"参"或"叁",涉及天、地、人三个成分的联合或和合。事实上,它再次暗示了"天人合一"这种人之为人的使命感。为了实现这种合一与使命,它要求一种循序渐进的追求超越过程和由低到高的自我修为过程。

儒家特别关注"天道"和"人道"之间的相互作用。这一传统由儒家因革至今。宋儒普遍认同取消"天道"与"人道"之间的区别。这就是说,他们倾向于对这两者不做区分,由此确定两者之间的合一关系。例如,张载认为,"天道"和"人道"似乎在尺度上有所不同,但本质上彼此一致,因为正是通过"人","天"才得以理解和经验。故曰:"上天之载,有感必通;圣人之为,得为而为之应。"②程颢直接拒绝区分两者。他认为:"天人本无二,不必言合。"③这等于说,天和人本质无二,实是一回事,根本无须思考它们的离合。程颐进而以确切的话语来界定这两者的关系,认为"道未始有天人之别,但在天则为天道,在地则为地道,在人则为人道"④。

---

① Cf. *The Doctrine of the Mean*, in *The Four Books* (trans. James Legge), p. 22.
② 张载撰,王夫之注:《张子正蒙注》,北京:中华书局,1975年,页94。
③ 程颢、程颐:《二程语录》卷2(11),见中国社会科学院哲学研究所中国哲学史研究室编:《中国哲学史资料选辑》宋元明部,北京:中华书局,1982年,页220。
④ 程颢、程颐:《二程语录》卷2(18)。

最近几十年，现代儒家为了道德重建，尝试恢复宋儒的思想方式。譬如，牟宗三不遗余力地重释"天人合一"的道德期待，特别强调天德与人德之间的会通，也就是"天道"下贯与"人道"上达的互动应和。在牟氏看来，个体生命理应与宇宙生命完全融通。因此，他确信这种融通的结果既可以完善道德，也可以成就内圣。为了实现这一目的，人务必遵循天道，由此成其自性。这如何可能呢？牟氏的解释引致发展的循环。这一循环由四个要素组成：位于下方的是充满可能性的个体生命的形成，位于上方的是兼有宗教"超越"和道德"内在"的天道运行，位于右边的是与"仁"和"真"相联系的道德实践过程，位于左边的是持续运动的天命。诚然，道德实践的过程和天命的运动，使得个体生命和天道之间相互转化的运动，通过想象而成为可能。在这里，作为"仁"与"真"的实践结果，个体生命进而将自己与天道结合，这便滋养出一种道德之心，并将之转化为"真实的生命""真实的主体"或"真我"。与此同时，天道已经转变为形上实在，并透入人性，从而打破了这种陌生化，继而引致个体生命和天道的谐和。① 通俗地讲，位于下边的个体生命，可通过道德实践上达，以至于同天道遇合；而位于上边的天道，则通过持续的运动下贯，以至于同人的个体生命遇合。这便创造了两者之间的调和或和合。其中，天道将其自身转化为形上实在，而个体生命则被转化为道德存在或"真我"。这一理想化结果的关键在于真诚、持续地践履"仁"与"真"两德。否则，天道就无法成为形上实在，只能停留在空妙而抽象的直观阶段；同样，个体生命也将无法成为道德存在，只能停留在肉体存在阶段。

究其本质，诸多儒家学者在其话语中总会用到天道和人道这些说法。但是，出于道德目的，他们经常会以人道来阐明天道，并将两者等同视之。事实上，这种思路源自孔子倡导的学习策略。当谈及自己与子贡时，

---

① 牟宗三：《中国哲学的特质》，上海：上海古籍出版社，1997年，页20—32、74—81、114—117。

孔子坦言："不怨天，不尤人，下学而上达，知我者其天乎。"①这一坦言反映出孔子的学习态度、策略和目标。他关注的是所学的东西及取得的进步，而不在乎别人怎么谈论他自己。这段话中最重要的一点是"下学而上达"。这里，"下"意味着人间事务或社会职责，"上"意味着"仁""义"等德行。据孔子所言，"学"既是认知过程，也是实践过程。该过程始于认识人间事务和社会行为，但必须透入高深之处，进而基于"仁""义"德行，促使"上达"目的得以实现与践履。最终，伴随这一过程的则是"转知为德"的转化过程。"仁""义"之德以天道来象征，实则是以人道来实施。在这方面所达成的融合结果，一方面显示出人之为人所能取得的最高成就，另一方面则建议人要在实践活动中采取现实主义态度，在道德修养中持守理想主义立场。当然，这也要求人们把追求道德超越作为品格建构的重要组成要素。

（3）天下及其世界主义理想

儒道两家都把"天下"当作政治概念，而非单纯的地理概念。"天下"的英文直译是"all under sky"或"all below heaven"。事实上，狭义的"天下"是指由许多诸侯国组成的中国，广义的"天下"则被延伸为整个世界。对中国文人而言，"天下"概念不可或缺，因为它作为宇宙论的理念和人生使命的最终目标，深植于他们的内在精神之中。这一使命本身由修、齐、治、平（或"三纲八目"）诸项任务组成，通常涉及修养人格、管理家庭、治理国家和维护天下秩序或世界和平。相关的整个理念，在儒家经典《大学》里所述如下：

> 大学之道，在于明明德，在亲民，在止于至善。……古之欲明明

---

① Confucius, *The Analects* (trans. D. C. Lau, London: Penguin Books, 1979), Book XIV, 35. Also see Confucius, *The Confucian Analects* 14·35, in *The Four Books* (trans. James Legge). 另参阅杨伯峻译注：《论语译注》，北京：中华书局，1988年，页156。

德于天下者,先治其国。欲治其国者,先齐其家。欲齐其家者,先修其身。欲修其身者,先正其心。欲正其心者,先诚其意。欲诚其意者,先致其知。致知在格物。物格而后知至,知至而后意诚,意诚而后心正,心正而后身修,身修而后家齐,家齐而后国治,国治而后天下平。自天下以至于庶人,壹是皆以修身为本。①

从《大学》所勾画的这幅图景中可见,"大学之道"所追求的基本目标是"明明德""亲民"与"止于至善",此三者被统称为"三纲"。随之有八个由近及远、从低到高的主要步骤或逻辑序列,通常简称为"八正道"或"八目"。第一步是格物,第二步是致知,第三步是诚意,第四步是正心,第五步是修身,第六步是齐家,第七步是治国,第八步是平天下。所有这八个步骤形成了一种受因果律支配的发展过程。其中,学习过程始于认知动机(即因),接着引向第二步获得知识(即果)。以同样的方式,经过其他步骤,下学而上达,以便实现最终目标。这意味着所有其他七个步骤或任务,皆是第八步"平天下"的前提条件。为了"平天下",最具决定意义的是"修身"。它是其他一切的根本。因为,拥有这样逐步陶冶塑造出来的人格的人,不仅是能干和博学的人,而且是一个有德和儒雅的人。没有这样的人格,就无法管理好家庭,也无法治理好国家,更无法建立和维护天下秩序或世界和平。实际上,大学所言的整个修为过程,证实了儒家"内圣外王"的基本图式。相对而言,前五个步骤或"正道",致力于培养体现最高仁义之德的"内圣";后三个步骤或"正道",致力于恰当处理家庭、国家和天下大事,由此达成代表贤明圣断之能的"外王"。

按孔子所言,"温故而知新"——重读古书有助于更好地认识和理解新

---

① *The Great Learning* 1, in The Four Books(trans. James Legge), p. 1. 英译文据汉语原文稍加改动,如理雅各(James Legge)将"天下"译为"empire",这里译为"the world"。理雅各将"天下平"译为"the whole empire was made tranquil and happy",这里译为"the world was kept in peace"。一些译者倾向于译"the whole world was brought into peace"。另参阅朱熹:《四书章句集注》,北京:中华书局,1983年,页3—4。

的情势。其中的可能性在于通过反思现状来扩充文本的意涵。就上述讨论来看,其中最富吸引力的并不是学习过程本身,而是"平天下"的传统理想。在审视"天下"的外延含义时,我们习惯于将其与现代政治中广受推崇的国家概念进行比较。从地理学和意识形态上讲,国家一般是指民族国家(nation-state),受限于已然确定的国界或疆域。相比之下,"天下"观原则上是以世界为导向的,其突出特征在于推崇一种世界主义视域。乍一看来,此说可能带有理想主义色彩,但其在国际关系领域里显得更富有建设性和互惠性。毕竟,它鼓励树立一种新的世界观,有益于提高人们的世界主义意识,也就是全世界各民族相互协作与和平共存的意识。

就上述的三个性相而言,"天地"说隐含一种顺应自然的宇宙图式,要求人类依据互惠原则采取行动;"天道"说意指一种精神教养的道德图式,要求人类追求自我完善;"天下"说表示一种世界主义意识的政治图式,要求人类拓宽自身的视域。可以说,这一思路会发挥一种基石的作用,协助受过良好教育者形成新的文化心理结构。不过,"天下"说的寓意是与时俱进的,向来对重估与重释保持开放态度。

2. 二维导向:自然人化与人自然化

李泽厚从马克思的实践哲学角度出发,借助天人关系与"实用理性"(pragmatic reason)等传统思想理路,基于人类学历史本体论的哲学立场,比较深入地论述了"自然人化"(humanization of nature)与"人自然化"(naturalization of humankind)的问题,由此形成一种二维导向的新视域。

(1)自然人化

按照李泽厚的说法,自然从概念上可分为外在的和内在的两种。外在自然(the external nature)代表人类的生活环境,而内在自然(the internal nature)代表人类的身体器官。在1999年,李泽厚以隐喻方式借用"硬件"和

"软件"这一对术语,来解释外在自然和内在自然的人化。

就外在自然的人化而论,"硬件"喻指人类对自己赖以生存的自然环境的改造,例如水库、运河、人工湖、畜牧业和农业等等。时至今日,这种实践活动持续发展,譬如借助现代技术进入植物与蔬菜的转基因领域等。至于"软件",在此喻指自然和人类之间相互关联中发生的重要变化。上述"硬件"发展的结果是:人类对自然因素、事物和现象的恐惧与崇拜,在文明发展的过程中逐渐消失,取而代之的则是审美亲和力(aesthetic affinity)与其他功利性期待(utilitarian expectations)。因此,人类发现并开始欣赏自然景观之美。在这里,李泽厚从"历史本体论"出发,认为历史发展改变了天人关系,并使"自然人化"成为可能。在此意义上,"人化"不是单纯概念性或主观性的东西,其本质上属于人类学本体论的东西。也就是说,自然和人类之间的客观关系,已经在历史意义上被改变了,从而使自然成为人类生存的组成部分。最终,自然从一个自在的和令人恐惧的对象变成了自为的和人类可以接近的对象。在人类的主体性意识中,所有这些都是"自然人化"的根本而客观的基础。① 在《美学四讲》中,李泽厚从广义和狭义的视角来阐述下列观点:

> 广义的"自然的人化"是一个哲学概念。天空、大海、沙漠、荒山野林,没有经人去改造,但也是"自然的人化"。因为"自然的人化"指的是人类征服自然的历史尺度,指的是整体社会发展达到一定阶段,人和自然的关系发生了根本的改变。"自然的人化"不能仅仅从狭义上去理解,仅仅看作是经过劳动改造了的对象。狭义的"自然的人化"即经过人改造的自然对象,如人所培植的花草等,也确乎是美,但社会越发展,人们便越要也越能欣赏暴风骤雨、沙漠、荒凉的风景等等没有改造的自然,越要也越能欣赏像昆明石林这样似乎是杂乱无章的奇

---

① 李泽厚:《说自然人化》,见《历史本体论/己卯五说》,北京:三联书店,2003年,页242—243。

特美景，这些东西对人有害或为敌的内容已消失，而愈以其感性形式吸引着人们。人在欣赏这些表面上似乎与人抗争的感性自然形式中，得到一种高昂的美感愉快。①

"自然人化"在本质上是与人类文明或文化的发展携手并进的过程，它包含人类实践和自然之间的历史关系，并将自然物直接或间接地转化为审美对象。在这方面，狭义的"自然人化"是通过人类劳动和技术创新来运作实施的，以此为广义的"自然人化"提供了基础。换言之，这是改变天人关系的基本起因。要知道，只有狭义的"自然人化"到了一定历史阶段，才开始出现广义的"自然人化"。② 举例说，原始人很难欣赏山水花鸟这些自然景观，那是因为他们生活在恐惧自然的情致中，他们所面对的自然既非广义的人化自然也非狭义的人化自然。

在"内在自然人化"方面，李泽厚继而以"硬件"与"软件"的喻说方式对其予以分析。他用"硬件"喻指身体器官、DNA结构之类的转化。这涉及"感官的人化"。结果，五官便被人化了，我们人类因此有音乐的耳朵以便欣赏音乐，艺术的双手以便创作绘画，文学的眼睛以便阅读诗歌，等等。这意味着这些官能的本能性与感性效用渐渐降低，反过来却被非功利性功能所改变，其中包括审美敏感性和鉴赏趣味。在此语境中，"软件"主要喻指"情欲的人化"。人文化成的历史过程将人类和动物区别开来，尽管人类与动物依然拥有某些共同特征。具体说来，制造-使用工具与社会群体发展的漫长历史，已经使人的身体机制和功能有别于动物的相应部分。这一差别主要在于动物性与人文性的混合，由此产生的"文化心理结构"，积淀着动物心理与人文成就，同时也积淀着社会性（理性和文化性）和个体性（感性和动物性），等等。常见而熟知的例子，就是动物的单纯性爱本能发展成人类的情爱德性。从道德角度看，"内在自然的人化"才使人真正成其

---

① 李泽厚：《美学四讲》，北京：三联书店，1989年，页88—89。
② 李泽厚：《美学四讲》，页91。

为人。

在这里，人的伦理或实践理性可以说是"内在自然的人化"的核心①；若从审美角度看，与之相关的则是人的鉴赏趣味或新感性②。这是因为外在自然与内在自然的人化，均是人类社会整体历史的成果。在美学意义上，"外在自然的人化"使客观世界成为美的现实，这是生成美的根本起因；"内在自然的人化"则使主体心理体验到审美感，此乃引发美感的本质起因。它们都是通过整个社会实践的历史来取得的。③ 上述论点表达了李泽厚历史或审美积淀论的主要性相，近几十年里，这一论说经常遭到国内外其他哲学家的挑战和批驳。由于篇幅所限，这里仅予以简述，不再展开评析。

（2）人自然化

李泽厚所论的"自然人化"，虽然是源自马克思，但主要是从历史本体论角度予以扩展；李泽厚所论的"人自然化"，虽然是受中华传统思想中"天人合一"说的启发，但也主要是从（人类学）历史本体论角度予以深化。根据李泽厚的观点，"人自然化"是"自然人化"的对应部分，两者呈现出人类文化历史发展过程的两个向度。从历史上看，"自然人化"是"人自然化"的前提条件，"人自然化"特别指向个体发展，意在实现人性的完满或人性的整全发展。

相应地，"人自然化"至少包括两个方面。首先，它由三类活动组成：一是在人与自然之间建立共存和谐的互动关系，将自然视为生存和居住的庇护所；二是回归自然，凝照美景，爱护动植物，协助其正常生长；三是学会如何自然地呼吸（譬如通过适当练习气功和瑜伽），以使人的身心节奏与自然的节奏相契合，由此达到"天人合一"的状态。④ 所有这些皆与某种

---

① 李泽厚：《说自然人化》，见《历史本体论/己卯五说》，页248—259。
② 李泽厚：《美学四讲》，页110—125。
③ 李泽厚：《美学四讲》，页112—113。
④ 李泽厚：《美学四讲》，页95—96。

审美感受或心思意趣相联系，在其中，理性和感性、主观与客观相融合，社会意识和个人自由相伴随。总之，通过"人自然化"，人类就会回归自然，"诗意地栖居"在大地上，从而摆脱工具理性的控制，摆脱拜物教对人的异化，摆脱权力、知识、语言等系统对人的奴役。

其次，"人自然化"存在于审美实践之中，存在于自由享受之中。这种享受源自个人的文化心理结构，而个人在这里是指带着人化与社会化的心理回归自然的个人。与人化的感官和情感的作用相比，"人自然化"使人因任自然，欣然而乐，沉浸在审美和精神意义上的自由享受之中。为此，李泽厚断言，审美高于认知和伦理。因为，审美既非理性的内在化（认知），也非理性的凝聚（伦理），而是理性和感性的积淀。既如此，它有助于促进"七情正"和"天人乐"。换言之，引致"自由享受"的美学，既不是伦理的（并非理性控制感性），也不是认知的（并非理性塑造感性），而是完全开放的个体创造。在其中，理性和大量的心理因素（比如感知、想象、欲望、情感和无意识）彼此相渗相交。这种创造性皆有益于认知和伦理，因为它用于"以美启真"和"以美储善"两途。① 在此语境中，"真"有益于发现真知与智慧，"善"有益于修养道德人格。

我们不妨打个比方，"自然人化"和"人自然化"犹如车之双轮，象征着趋向自我实现或全面发展这一终极目标的人文历史发展进程。在此进程中，人类作为高等物种，驾驭着这辆前行的马车，借此促动"外在自然的人化"，同时促动"内在自然的人化"，继而开启了认知的领域（自由直觉）和伦理的领域（自由意志）。所有这一切进而得到拓展，与"人自然化"交织在一起，从而奠定了审美的领域（自由享受）。结果，在历史积淀的协助下，就产生了文化心理结构。正是基于历史本体论和哲学心理学的视界，李泽厚揭示出"天人合一"说所含的新意。②

---

① 李泽厚：《说自然人化》，见《历史本体论/己卯五说》，页263—264。
② 李泽厚：《说自然人化》，见《历史本体论/己卯五说》，页266—267。

在我看来，这里特别值得重视的一点，关系到人对艺术思想和情感的表达方式。在人类历史上，这种表达方式大致可分为三种。起初，既无图像也无文字，人们通过声音和姿势来表达自己，这便衍生出乐舞艺术样式中采用的声音表达方式（audio expression）。尔后，人们开始学习如何画图与创制符号，意在保存记录或表达自己的感受，这便衍生出绘画艺术样式中采用的视觉表达方式（visual expression）。再到后来，文字得以发明并投入使用，于是就衍生出文学诗歌艺术样式中采用的语言表达方式（verbal expression）。最近几个世纪，人类往往受到文字的羁绊，受到其他任何一种可以想象得到的语言的钳制，每况愈下，以至于落到"话在说人"而不是"人在说话"的田地。也就是说，人们懒于运思，惯于鹦鹉学舌，拾人牙慧，结果导致视听能力与反思能力的退化。这或许要归咎于官能与感觉的过度人化或过度文明化（over-humanized or over-civilized）。因为，现代城市居民囚居于高楼之中，与自然的直接接触甚少，譬如在月明风清、星河灿烂的秋夜，不少人只限于透过窗户朝天空皓月瞥上一眼。在此情况下，"人自然化"就变得必不可少，因为它会唤起人的敏感性，特别是审美意义上的敏感性。这就是说，当一个人回归到自然之中，在面对自然风景或聆听自然音响时，他的视听觉敏感性就会得到激活和提高。在某种程度上，所有这些都可被视作"天人合一"观引出的积极效应。

3. 一种实用选择

如上所述，三重意指和二维导向皆与"天人合一"的理据相关。从中推出的所有假定，都是人之为人所追求的最高成就。它被称为"天地境界"，可直译为 the heaven-earth realm，可意译为 the cosmic realm of being，以此来象征一种具有宇宙观和世界主义思想的人格的修养结果。原则上，"天地境界"关注的是"天人合一"的卓越德行。因此，举凡上达"天地境界"之人，既可服务于社会和人类，也可服务于宇宙与万物。这样，他会自觉自愿地尽其所能，以便让众人和万物各得其所。他所追求的目标，若用孟子的话说，那就是"天民"之所为。① 人们期望这种"天民"超越种族、民族、国家疆域或政治分界的传统限制。

简而言之，"天地境界"基于某种"事天"的使命，旨在"曲成万物而不遗"，尽力辅助万物在宇宙中自然而然或适性自得地成长或发展。那些热衷这一境界的人们，不仅是社会存在（social beings）或历史存在（historical beings），而且是宇宙存在（cosmic beings），他们同时担负着社会责任与宇宙责任。如此一来，他们会欣然洞悟人类本性，谙悉人与宇宙的相互关系。在精神意义上，他们就像是从有限的"小我"进入无限的"大我"之境界，由此就有可能生活在自由性而非必然性之中，成为"从心所欲不逾矩"的道德性自由存在（morally free beings）。

诚然，"天地境界"显得过于抽象，听起来颇具理想主义色彩。但是，当其具体到"仁民而爱物"的层面时，就显得不难理解了。如此看来，这在一定程度上倾向于宇宙意识和生态保护，因此可从天人互动规律出发，将其奉为一种实用选择（a pragmatic alternative），借以应对生态环保这一重大问题。

在我看来，这一选择的可行性是以"知天理"和"善人心"的动机为先决条件的。这里，"天理"意指宇宙原则，"人心"意指利他主义仁爱。认识"天理"，有助于人们在使用自然资源时采取理性行动；善化"人心"，则有助于引领人们以平等亲近之心来对待人和物。相对而言，前者要求"大其心"和"洞察力"，即通过"格物致知"的方式来广泛研究万事万物，以便洞察与把握它们各自的原理。后者则要求"仁其心"和"诚其意"，要以仁爱之心和诚实之意来处理世事和辅助万物。此两者都涉及使命感和互惠关系的自觉意识。要看到，我们人类是自然界的一部分，我们极易受到其他物种

---

① 从等级上看，根据冯友兰的比较，"天地境界"高于其他三个范畴，即关注人性价值和正义的"道德境界"，关注利害得失的"功利境界"，关注欲望和需求之满足的"自然境界"。参阅冯友兰：《新原人》，见《贞元六书》第2卷，上海：华东师范大学出版社，1996年，页568—649。

和事物的影响，反过来，我们的所作所为也会影响到对方。

我们应当承认，在实施"仁民而爱物"的过程中，无论是为了社会文化发展还是为了生态环境保护，"人心"总是起着重要作用。不妨想象一下，如果人心仅仅局限于一般的人类福利，那就太过狭隘与自私自利了，因其不会考虑除人类之外其他物种的福利。这种狭隘的人心或人类中心主义，往往为了满足人类自身的需要，过分开采自然和海洋资源。如此一来，生态发展就会失去平衡，生态环境就会遭到破坏。最近的例子就是过度农牧导致的草原沙漠化。大面积的沙漠化，又必然使沙尘暴愈演愈烈，殃及人类的生命与健康。面对这一恶性循环现象，我们认为通过提升人心修养本身，将会实现某种突破，以便维系经济与环境、人类与自然之间的相对平衡关系。

接下来的问题是：如何将人心修养提高到我们所期望的程度？在我看来，这需要一个过程，至少涉及三个根本阶段。首先，人类个体需要"大其心，以体天下之物"。这包含了一种基本态度。我的理解是，"大"意指"开阔或宏大"，与"狭"或"小"相对立。"心"指的是"人心"。这里，"大其心"指的是人类要尽力开阔自身的心灵、胸襟与眼界，要知道人心之大，可以囊括宇宙。这种心灵与宇宙的关系，当然是想象性的或精神性的，而非物理性的或空间性的。其超越性的追求，可让心灵变得宏阔，视野变得远大，以至于窥探万象，无所不包，甚至达到"观古今于须臾，抚四海于一瞬"的程度。

那么，这样做的目的何在呢？一句话，是为了让人类能"体天下之物"。眼下地球变暖的现实境况，直接或间接地体现了人类的生存状况。只有当我们具有相关的认知或产生移情作用之时，才有可能"体天下之物"。在这里，认知在于研究一切事物之间的关系，移情在于将感受投射到周围的环境之中。有了这种心态与觉解，人类就可以将自己融入世间万物之中，进入物我为一的境界，借此开启和育养一种珍视万物的良知或自觉。值得注意的是，张载的观点也表示出某种否定性的意味。他之所以呼唤人们"大其心"或开阔心灵，是因为人类心灵往往囿于个人私利与得失的狭小范围之内。这种狭隘的心灵，容易滋生自我中心主义或人类中心主义，譬如，人们会自夸"人是万物的灵长"或"衡量万物的尺度"。这可能吗？果真如此，其后果又将如何呢？"人定胜天"的唯意志论及其导致的严重后果，让我们所吃的苦头难道还少吗？由此可见，"大其心"的修养是必要和必需的重要一步。

其次，人类个体理应"虚其心，以受天下之善"。"虚其心"可直接英译为 making the mind empty，但其真实含义是双重的：一是祛除自负和自私之心，二是让心态变得谦逊和开放。当人的心灵得以净化或虚静时，他们将会欣然和自觉接受天下所有他人与他物的良善德行和优点长处。显然，这种"善"不仅来自人类和社会事件，而且来自其他存在物和自然物。它既要求人们虚心学习他人的德行和经验，以便为他人行方便做善事。与此同时，也要求人们欣赏他人的善德及其善助，从而在"见贤思齐"、提高自身修养的同时，学会以感恩的心态来回报他人或反馈社会。总而言之，善有善报。人类如此，他物亦然。譬如，若无植物释放出的大量氧气，人类就无法生存。因此，善待植物如同善待自己。否则，就会导致恶有恶报的结果，这如同老话所言："搬起石头砸自己的脚。"

再者，人类个体务必"尽其心，以谋天下之事"。"尽其心"包含两种意思：一是通过重新发现"本心"或"良心"以"尽其心"，二是以合适恰当的实际行动尽心尽力而为。儒家坚信人性本善，人心亦然，但有时会被欲望尘垢所遮盖蒙蔽，由此趋向不良行为。如果欲望得以消减，原初的本性善心便可重见天日，这就如同一面蒙尘而不能映鉴、除尘即可照人的镜子一样。不过，上述过程要求以道德性的"诚"来修养"本心"。因为，心的作用具有双向性，若善则为良，若不善则为恶。以善心尽力谋天下之事，不仅是为己，更是为人。为了实现这一使命，人应最大程度地发挥自己的良知与才能，以便为天下众人与万事万物谋良策、图发展。当然，从逻辑次序上讲，发端是"大其心，以体天下之物"，继而是"虚其心，以受天下之善"，随后是"尽其心，以谋天下之事"。但至为重要的基点是设法培养"仁民而爱物"的"仁心"或仁爱、仁慈之心。

总而言之，从"天人合一"角度看，"天地境界"的特征就是"仁民而爱物"。这作为一种假设，可望创造性地发展成为一种关乎人类自我实现和生态环境保护的实用选择。从实践意义和终极目的来看，人类若能真切地意识到"天"或"大自然"是自身须臾不可离的养育者和栖息地的话，他们就会变得越来越具有宇宙天地情怀与仁民爱物本心，这无疑有利于改善人类赖以生存的自然环境，有利于提高人类的生活与生存质量。

二 "和而不同"的多元文化策略①

20世纪末期,人们曾期待新千年是一个充满和平与发展希望的时代。然而,适得其反的是,新千年伊始,全球反而陷入恐怖袭击所衍生的恐惧、仇恨、紧张、冲突与战争等诸多困扰之中。世界和人类到底错在哪里?悲惨和痛苦的可能根源何在?通常,一些佛教信徒会认为一切恶果皆因人类贪欲无限与激情作祟所致,故将世间生命本身视为诸种苦难的源头。与之类似,一些道家思想的追随者也或多或少持有这一观点:"彼以生为附赘悬疣,以死为决疴溃痈。"②这些思想观念在消极意义上似乎与人性的弱点或人生的局限密切相关,而与人类当下的生存状况似乎无关。不过,这些近乎"黑色幽默"的特殊言论,与其说是在发人深省中逗人一乐,不如说是在无可奈何中催人泪下。

就今日现状而言,最具破坏性和最盲目的能量之一,应该在于各种文化与价值之间的彼此误解或相互理解的缺失,这自然会导致信奉暴力或"丛林法则"(the law of jungle)的极端现象。历史已然证明,诸如此类的激进信仰或极端现象,除了引起非人道行动和灾难性后果之外,还会使这种形势不断恶化以至危害泛滥。解决这类问题委实棘手,但总不能以勘破红尘的超然态度冷眼旁观。在应对上述困局时,我们应当尽其力以谋可为之

---

① 本文原用英文撰写,题为"A Multicultural Strategy: Harmonization without Being Patternized",刊于 *The Greek International Journal of Skepsis*,XV/i-2004。高艳萍博士将其译成中文稿,作者对其进行了适当的修改与补充。
② 庄子:《大宗师》,见《庄子》(英汉对照版),汪榕培英译,秦旭卿、孙雍长今译,北京:外文出版社,1999年。

事。换言之，这一世态至少要求我们充分重视如何通过跨文化交流和学习来促进相互理解，要求我们先行探寻某些基本指导原则或有效策略作为可能或可行的起点。

本篇首先讨论的是诺思罗普（F. S. C. Northrop）所倡的比较哲学，随之探究的是儒家推崇的"和而不同"观点。在我看来，"和而不同"是多元文化策略或哲学原则之一，可用来审视和应对与当前全球化（globalization）或全球地域化（glocalization）相关的这个近乎失序的时代。

1. 东西方交会的假设

大众媒介目睹了今日全球化铺天盖地进入公众视野的发展过程，在诸多领域，我们随处可见诸多堂而皇之的文化景观。譬如，全球化常被人们喻为"地球村"（global village）。这对我们地球人的影响不可回避，以致我们不得不借用各式各样的方法来思考它的积极或消极影响。对于"地球村"的认知，遍布全球的"潜在村民"（potential villagers）很难达成共识。相关的主要差异在于：一些人将"地球村"视为真实的存在；一些人将其视为某种理想主义的奇思妙想；一些人认定它是一种诱使弱势文化按照强势文化塑造自身的话语权；一些人谴责它是借用甜蜜诺言来施行"丛林法则"的隐匿怪兽，实则为后殖民主义的隐形推手；一些人采取或激进或温和的行动，欲强行将其放回潘多拉的魔盒，以期终止其可能引发的种种灾难。不同的态度和立场，代表着不同的价值、判断和利益，从而引发无休无止的争论与辩驳。

在我看来，所谓"地球村"的假设性概念，实则建立在一枚滚动的鹅卵石上，因为这个村庄并不存在于现实当中，其蓝图宛如爱丽丝神游的梦境。自不待言，整个世界在文化和地理上依旧分为两个重要的半球，即东方和西方。吉卜林（Joseph R. Kipling）曾对此这样描写：

东是东，西是西，

此两者永不交会。①

如今，关于东西方传统界限的武断论点已然过时。全球不计其数的学者为了消除两者之间的界限，正在不遗余力地提出必要的和建设性的综合方略。其中，诺思罗普(F. S. C. Northrop)的观点较富前瞻性，因为他率先启动关于跨文化转化之可能性的哲学思考。诚如其《东西方的交会》(The Meeting of East and West)一书所示，他试图打破吉卜林的上述教条，有针对性地提出自己的反论。若将其概括为如下两行诗句，显然与吉卜林的上列诗句形成对照：

东是东，西是西，
此两者为何不交会。②

诺思罗普经历了两次世界大战，敏锐地观察到20世纪40年代两大阵营(即传统的西方制度和共产主义苏联)之间的意识形态冲突，预感到冷战时代的前夕已经降临。但是，作为一位理想主义与和平主义者，他未能看清政治权力及其主导势力的全部性质。相反，他追求自己的理想观念，倡导相互理解、跨文化交流和东西方之间互补性互动的重要性和必要性。当时，他在忧患之中保持着某种乐观的情怀，在忧思之中表达出某些深刻的见解。在其所著《东西方的交会》的前言中，他直接而清晰地指出：

> 如果意识形态的种种冲突可能得到解决的话，现在已经到了直面这些冲突的时候了。否则，社会政策、道德观念和人类的宗教情怀，

---

① F. S. C. Northrop, *The Meeting of East and West* (New York: MacMillan Company, 1946, rep. 1960), p. 454. 吉卜林的原诗题为"The Ballad of East and West"，原文为："Oh, East is East, and West is West, and never the twain shall meet, /Till Earth and Sky stand presently at God's great Judgment Seat; /But there is neither East nor West, Border, nor Breed, nor Birth, /When two strong men stand face to face, /though they come from the ends of the earth!"
② "East is East West is West. And why not the twain shall meet."

会因为彼此之间的不相容性，将继续衍生误解与战争，而不是相互理解与和平……这些冲突的根源很难在议会大厅的实践中或热火朝天的商业行动中予以解决和消除；在那里，标语四处随意张贴，特殊利益蠢蠢欲动，热情容易得到煽动，除非能对诸种问题进行追根溯源，然后在心平气和的研究中，从理论上解决这些问题。譬如，对"民主制度"与"共产主义"这些词语的含义，理应予以仔细厘定，这样才能较为客观地审视借用这些词语所界定的问题。亦如本书副标题所示，其所关注的正是当下这项重要而困难的任务。①

本书副标题是"关于世界性理解的探索"（An inquiry concerning world understanding）。从上段引言可见，诺思罗普深切关注甚至忧心忡忡的是误解的破坏力——误解来自意识形态冲突这一战争的隐性根源。与此同时，他充分意识到相互理解的作用以及和平的可能性。他强烈呼吁填补东西方之间的沟壑，指陈实践和理论对这项工作的可能影响。不过，由于他对实践运用持有某种怀疑主义态度，于是更多强调的是理论本身。他注重进行心平气和之研究的可靠性，强调探索东西方文化之根基或精神的重要性。他假设，有了充足的知识以及对两种主要文化的互补性综合之后，人们便有可能抵达世界性理解的境界。在我看来，其中隐含一种各文明与各文化之间对话的潜在形式。

作为探寻世界性理解而研究两种主要文化的结果，诺思罗普得出的结论是一种认识论意义上的关联性结论。这一结论基于两大假设，涉及两大组成部分，即审美的部分和理论的部分。审美部分是东方文化精神的象征，理论部分是西方文化精神的象征。按照诺思罗普的说法，前者追求的是人与宇宙之间情感的、审美直觉的与不可言说的精神特质，后者追求的是假设、推理、逻辑分析和实验证明的科学方法。因此，前者有利于艺术的发展和艺术家的生成，后者有利于经济的发展和科学家的生成。最终通

---

① F. S. C. Northrop, *The Meeting of East and West*, pp. ix-x.

过调和过程，一种实践智慧将会应运而生。换言之，就像艺术和经济、艺术家和科学家一样，审美部分和理论部分将会促成一种互补关系。如同诺思罗普所确认的那样，东西方这两大部分"在社会中将以显著方式相互补充……如此一来，人与人之间的差异都同样真实和重要，这便不会致使他们相互破坏或彼此摧毁，而是最终可能构建一个人类共存的社会。在这方面，科学上最为发达和理论上领先的西方国家所提供的较高生活标准，将同东方圣人和诸多谦谦君子特有的恻隐之心、对美的普遍敏感性及其精神的泰然自若和平静快乐结合在一起"。① 不难看出，诺思罗普主要依据中华文化和印度文化的某些重要物质来印证自己的见解，这难免会将东方文化过于简单化和笼统化了；另外，他凭借西方文化的明显优势，满怀信心地侈谈科学技术的神话。不过，他在东西方之间架起桥梁的善良意图，理应得到认可与推举。另外，他相信，东西方之间的联通，可以确保世界和平、社会美好和人类自由。而这种自由得以实现的基础，在于利用经济手段来满足实际需要，通过艺术手段来满足精神需要。也就是说，所有这一切便是获得幸福生活的哲学基础。

不过，值得注意的是，诺思罗普对这种基于上述两大术语之关系的判断失之偏颇。即使他为了孕育自己的世界主义而竭力接近和理解其他文化，但其所言仍然存在着一种隐匿的西方中心主义或欧洲中心主义。嗣后，在他的著作《民族驯化：国际政策的文化基础研究》②里，这种中心主义又与某种美国中心主义交融在一起。在该书的末章，他标举一种具有中心主义色彩的观点，宣称条条道路通费城，特意采用隐喻方式将费城这个美国城市视为世界参照的楷模。这本书因此遭到日本思想家中村元的抨击，因为它极易将读者置于美式文化帝国主义的强权之下。③ 尽管如此，诺思罗普为了获得世界性理解而对异质文化进行必要的思考和理解的建设

---

① F. S. C. Northrop, *The Meeting of East and West*, pp. 495-496.
② F. S. C. Northrop, *The Taming of Nation: A Study of Cultural Bases of International Policy* (New York: Macmillan, 1953).
③ 中村元：《比较思想论》，吴震译，杭州：浙江人民出版社，1987年，页140。

性努力，确然不可否认。他的任务尚未完成，因此需要我们积极思考在当下语境中其他可能有效的选择。这无疑是当务之急，因为无所不在的恐怖和冲突的阴影，已然笼罩着全球。就此而言，人类实则生活在前所未有的巨大危险之中。

2. "和而不同"的特质

对东方文化的这种关注，使诺思罗普得出这一结论：审美因素体现东方文化的精神。就直觉思维，尤其是艺术创作而言，这一见地基本上是正确的。不过，这并不是整个东方文化的全部故事，只不过是其中一个插曲而已。作为中华文化基石的儒家文化，其突出特征是折射在伦理与政治学说里的实用理性（pragmatic reason）。

昭示这种实用理性的是儒家的终极目标，也就是儒家所追求的"和"这一社会理想。① 相形之下，作为儒家伦理核心的"仁"的至要价值，反而因为自身"克己复礼"的工具性而屈居次位。其他儒家教义的情况也是如此，譬如作为正确性原则（principle of correctness）的"中庸之道"与用于道德修养和人格发展的"礼乐"文化等。

质而言之，儒家的政治哲学是实用主义的。在儒家那里，"和"作为文化成就的最高形式，旨在确保社会秩序或社会稳定，此乃社会可能进一步发展的基础，也是男女老少可能过上善好与公正生活的基础。要实现"和"这一理想，在制度意义上离不开基于"礼""乐"两种原则构建的文化系统。这一系统的职能在于规范行为和教化人心。此外，"礼""乐"两种原则旨在通过自律与自我修养来完成人格、滋养仁德、协和人伦。礼的本质在于别异，与社会分层相关。"乐"的本质则在于协和，使不同社会阶层和睦相

---

① 另一位研究儒学的学者骆承烈也有相同的看法，参阅骆承烈：《孔子的思想核心——和》，见复旦大学历史系编：《儒家思想与未来社会》，上海：上海人民出版社，1991年，页315—326。

处。"一旦这两个要素有机地联结起来,它们之间就会相互制约、相互调节,使社会臻达完美秩序的状态……这有助于维护各种关系,团结各种力量,开展相互合作。这便是儒家的社会理想。"①如此说来,只要人们热衷于培养仁德,自觉地协和人伦,和谐社会的理想就有可能实现。儒家的这一逻辑序列,取决于实用理性而非审美直觉。

从缘起上看,"和"的观念可上溯到《易经·乾卦·象辞》中首次提出的"太和"概念,其意旨在表明万物通过乾道的转换,找到自身存在的最终与适当目的,即:刚柔相互协调与结合,产生出完美的和谐,万物借此得以创生和繁荣,同时给世界带来最终的和平。②

在孔子那里,"和"的理想是据诗学、政治哲学和伦理学提出的。在《论语》中,"和"的概念被反复申说和强调,在不同场合共出现八次,其中两次表述最为根本。第一次是孔子与同时代的有子所见略同,故此借后者之口道出"和"的如下特性:

> 礼之用,和为贵。先王之道,斯为美;小大由之。有所不行,知和而和,不以礼节之,亦不可行也。③

"和"为何如此重要呢?我们知道,古代中国的"礼",在某种程度上是一种综合性表演艺术。这种表演不仅涉及礼仪的规则,而且涉及乐舞的规则。在其有机合作和整体实践进程中,"和"是多样统一的终极目标。其自身魅力与适度原理,决定于诸规则的恰当运用、音乐和乐器的合适选择、舞者的规定人数和排列方式等等。但是,"和"的意义并非囿于审美静观或

---

① Yu Dunkang, "The Concept of 'Great Harmony' in *The Book of Changes*," in Silke Krieger & Rolf Trauzettel (ed.), *Confucianism and the Modernization of China* (Mainz: v. Hase & Koehler Verlag, 1991), p. 51.
② Yu Dunkang, "The Concept of 'Great Harmony' in *The Book of Changes*," in Silke Krieger & Rolf Trauzettel (ed.), *Confucianism and the Modernization of China*, p. 53.
③ 杨伯峻译注:《论语译注》,页17。英译参考了如下两书:Confucius: The Analects, (trans. D. C. Lau, London: Penguin Books, 1979), p. 61; Confucius, *The Confucian Analects*, in *The Four Books* (trans. James Legge, Changsha: Hunan Press, 1995), p. 69.

欣赏的艺术表演，而是相应引申到政治和为政领域。在那里，作为善政的基石，"和"既向上层传布，也向下属传播，以期促进社会各界的协调和团结。这就是古代圣王将"和"的原则视若治国理政良方的原因所在。为了让"和"的功能持续发挥作用，他们按照具体情形变化，借助仪式进行适时调整。否则，单纯"为和而和"，简单统摄一切动态差异，到头来就会使"和"的功能丧失殆尽。

除了政治维度之外，"和"的原则亦可运用到人际关系之中。孔子在《论语》中提出另一有趣论点。当谈及君子与小人之间的重要区别时，孔子认为协调人伦要遵循"和"的原则，而拉帮结派则遵循"同"的原则。他就此指出："君子和而不同，小人同而不和。"①在这里，盲目追随他人的"同"，意在结成朋党，实际无视人际关系的和谐以及人类的正义原则。君子则不然。君子"推己及人"，站在他人的立场思考问题和处理事情，致力于社会的共同福祉。相比之下，小人只关心个人利益，蔑视公共伦理，惯于党同伐异，不顾社会正义。换言之，自私和狭隘如小人者，常为一己之私，与狐朋狗友沆瀣一气，以所属圈子的利益为界，无视社会共同福祉。这类人无论如何不会欣赏或理解真正的和谐，全然不知这种和谐作为道德规则是建立在仁义基础之上的。相反，他们通常将"和"歪曲为"同"。

可见，"和"与"同"这两个范畴，代表两种不同理想。前者基于仁义之德，趋于追求社团共同福祉，为此，只有当个人修为发展到君子的最高阶段且能超越个人利益之时，它才有可能实现；后者受"欲""利"的驱使，趋于追求个人私利，常为满足自己私利而不惜牺牲他人利益。另外，"和"与"同"都意味着一种以个人价值为先决条件的手段。不过，"和"意在有机地协调整合某些事物，以期实现与集体中多数人相关的更高目标；"同"意在强制性地同化所有事物，以便实现与那些自私自利的少数人相关的低级目标。因而，作为有德的君子，往往会周全恰当地处理事情，合乎情理地说

---

① The English rendering is rephrased with reference to the above two versions apart from a bilingual one by Cai Xiqin and Lai Bo. See *The Analects of Confucius*, Beijing: Sinolingua, 1994. 另参阅杨伯峻译注：《论语译注》，页 17。

服人们。君子由于才德出众、值得信任，故能赢得支持、尊重、合作，甚至为他人所臣服。小人是自我中心者，总想把自己的意志强加于他人，惯于采用强制方式同化某个朋党或帮派之内的心理和行为模式。若不然，小人就会为了维持貌似和谐的关系，百般讨好或取悦周围的人，全然不顾做人做事的相关原则和条件。他所孜孜以求的"和谐"关系，无疑是虚假而短暂的，因为它掩盖了意在满足私心或个人利益的真正目的。因此，孔子将这种类型的人格斥之为"乡愿"（这种人表面上装得诚实谨慎，事实上却是狂妄自大的沽名钓誉者或言而无信的骗子）。质而言之，这种人是没有任何德行的"德之贼也"。①

从上述说法来看，孔子所论的"和"与"同"两个概念，全然已被道德化了，并且仅限于人际关系、个人修养和治国理政的范围之内。若追溯其源头，就会发现"和"本身包含更多意味。譬如，齐国晏婴对"和"与"同"两个范畴的描述，见于下列著名"羹喻"：

> 和如羹焉，水火醯醢盐梅以烹鱼肉，燀之以薪。宰夫和之，齐之以味，济其不及，以泄其过。君子食之，以平其心。君臣亦然。君所谓可而有否焉，臣献其否以成其可。君所谓否而有可焉，臣献其可以去其否。是以政平而不干，民无争心。……先王之济五味，和五声也，以平其心，成其政也。声亦如味，……君所谓可，据亦曰可。君所谓否，据亦曰否。若以水济水，谁能食之？若琴瑟之专一，谁能听之？同之不可也是如。②

诚如此喻所示，没有人能够仅凭单一成分，做成一道美味的羹汤，也没人能用一种乐音，谱写出一曲美妙的音乐。相反，由多种成分烹饪而成

---

① Confucius, *The Confucian Analects*, 17:13, in *The Four Books* (trans. James Legge). 另参阅杨伯峻译注：《论语译注》，页184。
② 《左传》昭公二十年，见杨伯峻编著：《春秋左传注》第四册，北京：中华书局，2011年，页1419—1420。

的羹汤才会成为美味。这种美味的主要特征是五味有机相融，每一味既保持自身味道，同时又与其他味道相渗相合，由此化合而成美味的羹汤。五音相合的优美旋律也是因循此法。这就是说，多种成分依据"和"的原则相互融合，就会形成诸多优势与益处。同样，"和"作为一范畴，内含多重意味。

首先，它体现出一种互补关系，其中所有成分都互动、互惠。这既见诸羹与乐的制作，也见诸君臣合作的政事。即便君臣双方观点不同，判断有异，他们也会根据"和"的原则，从对方角度来考虑问题。在追求共同利益的过程中，彼此肯定的东西得到恰当结合，相互否定的东西暂且悬置起来。通过这种"和而不同"之"和"，就会在治国理政实践和决策过程中减少失误的概率，增加成功的可能。因此，"和"总是被奉为中国传统领导艺术或政治哲学中的最高策略。相反，若臣盲从于君，为和而和，就会造成彼此达成一致的虚伪姿态或和谐假象，这实则是为同而同的做法。那么，从现实情境来看，他们的决策与行为就会成为偏颇性的或误导性的。显然，"同"与"和"的上述特征，在效应上是相互背离的。

其次，"和"的策略意味着创造性转化的动态过程。在这个过程中，一切参与因素会经历一种转换性综合，即在保存自身特性或身份的同时，与其他因素一起变化结合。羹汤的味道显示，盐溶于中而其味尚存，而且与其他成分(如醋)相混合，由此产生更加独特而可口的美味。在真正意义上，这样的过程是创造性的和生产性的。它以一种"和而不同"的方式，呈现出多样性和丰富性的结果。这里所兼容的不同要素，均被当作必要和独立的东西加以对待，由此构成一个有机的整体，其中的多种成分相互作用，彼此催化，在一种重构和再生的系统中生成新的事物。这不仅会引起连锁反应，而且有益于可持续发展。相反，"同"拒斥别的因素，仅接纳同类成分。因此，其特点是同质或同类事物的机械叠加，既不内含催化因素，也不产生化学反应，更不会造成整合作用。正如"羹喻"所示，单一成分无法烹调出丰富诱人的佳肴。这便表明，"同"化的一律性是静止的与短命的，"和"谐的多样性是动态的与恒久的。

最后,"和"的范畴涉及一种对立统一的辩证关系。这让上述有关"和"的所有作用及其进一步的发展成为可能。不过,必须指出的是,晏婴对"和"这一原则的描述,聚焦于对立统一的肯定性一面。换言之,他对事物辩证关系之认识的局限性,致使他未能看到对立各方的内部斗争或彼此冲突。由此看来,他所描述的羹汤,实则是以和谐比例调制而成的"什锦汤"(collected soup)。同样,他对辩证统一的理解,也只是停留在协调的层次上。不过,他的这种实用哲学显然是有意为之,是为国策制定或国家治理方略提供一种理论基础。在我看来,与大肆宣传的流血革命或文明冲突相比,这种贵"和"的方略反倒更值得关注与重视。

3. 探求新的爱智创艺意识

前后先行讨论了诺思罗普关于东西方交会的世界主义理想,继而重估了儒家尚"和"的理想以及与此形成对照的"同"的观念。现在,我们可从当前社会文化背景中引申出某种关联意义。

不言而喻,时下全球化无处不在,几乎蔓延到世界的各个角落。在某些情形下,全球化的主要功能如同一把双刃剑。这就是说,全球化或作为一种干预性力量,用来同化世界各地的价值观念;或作为防御性动力,用来激起全球地域化的发展。面对这一悖论式情境,我们需要开启一种新的"爱智创艺"(*philosophos poiesis*)意识。这里是在希腊语义上使用这一术语——*philosophos* 意为爱智与求真,*poiesis* 表示创制行为或创制技艺,可简称为创艺,两者合起来意指一种以爱智求真为导向的创构技艺。相应地,这种新的爱智创艺意识,对于跨文化重思秉持开放态度,目的在于滋养和孕育跨文化敏感性、世界主义观念和转换性创造,追求和实现人类社会或世界性理解的最终目的。

进而言之,这种新的爱智创艺意识,在本质上是文化性的。人们可借此来重估自身习以为常的惯例,超越传统的意识与心态,拓宽局限性或制约性的视域。如同人类学家时常所述，文化在广义上是一种生活方式，其主要构成要素包括物质、语言、制度与观念等四大层面。文化的历史演进与积淀，是一动态的有机发展过程。我们在现实中发现，举凡在相同社群拥有相同生活方式的人们，通常习惯如此，想当然如此，故而遵从和偏好自己的生活方式而非其他生活方式。无论怎么要求和鼓励他们接受另外一种有别于他们自身文化的异质文化，他们均有可能偶尔出于好奇尝试一下，随后不久便弃之不顾，回到自己习惯性的老路上去。在极端情况下，他们会对自己的文化采取一种中心论膜拜态度，而对于其他文化则采取一种封闭性拒斥态度，这意味着对他者带有偏见的排他性鉴赏行为。自不待言，他们会局限于一种充满民族情感、历史荣耀与优越情结的观念模式。他们的偏好与选择看似合乎情理，没有什么怨艾可言。不过，在某些情况与条件下，习以为常的生活方式有所调整变化总是好事。譬如，每当他们与其他社群的成员发生更多交往时，就有可能从对方的异质文化中了解到不同的性相或特征。颇有可能的是，他们由此会变得更为宽容，会对不同文化持更为自由的立场。换言之，他们在欣然拥抱自己文化传统的同时，也会对其他文化传统抱持开放性态度。这将会引致一种所谓的"各美其美"的接受性鉴赏活动。这样的结果具有积极意义，因为这会催生文化共存，激励合理互动，提升跨文化意识，为双向交流与交会铺平道路。在全球化语境中，社会交往与文化交流的频度增加，这将引导具有文化多样化背景的人们，在彼此熟悉和相互合作的基础上变得更加容易产生移情作用。他们因此在文化意义上学会"美人之美"，不拘一格，知晓各自文化的利弊，能在共鸣性鉴赏活动中，使自己适应于多种多样的文化生活境遇。这实则代表一种互动性或互惠性鉴赏活动，由此促成高效的多边交际与交会模式。在此阶段，人们就有条件自觉地追求更高的成就。例如，他们在将异质文化作为参考架构的同时，进一步深刻洞察同质文化的实质与问题，并借助异质文化资源中的有益性与互补性因素，进行转换性创造或转换性融合。这种互动性和互惠性鉴赏活动的最终目的，就是达到"美美与共"的境界，不同文化相互包容和彼此分享各自优秀与美好的成分，由此体现出文化多元性的目的论原则。因为,在理想情况下,其所标示和追求的是多边性的敏悟能力、跨文化的移情作用、相互对话的精神、世界主义的观念以及人类世界的相互理解。这在一定程度上,应和了诺思罗普所倡的建构方式:以互惠互补的方式,将代表西方文化精神的理论假设同代表东方文化精神的审美假设有机地会通与整合起来,从而建构一种更为周全的世界文化,以便为人类创设一种既能满足物质需要又能满足精神需要的更为善好的生活。

那么,怎样才有可能实现相互理解这一终极目的呢?我个人在这方面的感知结果是如前所述的"和而不同"的多元文化策略。鉴于全球化是由强势文化所主导,其作用方式与其说是协和其他文化,不如说是同一其他文化。因此,我将"和而不同"的多元文化策略视为一种建设性的替代方式。另外,按照我的理解,"和而不同"的原则与"多样统一"的原则并行不悖,两者均表现出一与多的相互关系。我之所以坚信该原则具有创造性转换的特点,是因为它有助于促使不同成分在一个有机和谐整体内互动、互补、互惠。究其本质,"和而不同"的原则是接纳性的和包容性的,而非强制性的和排他性的;它能够吸收新的资源或养分,能够取长补短和相互交会,因此富有可持续发展的活力与历久弥新的动力,能够为了人类的共同福祉而不断地创新融合。

自不待言,"和而不同"作为一种多元文化策略,我们也期待其能在诸如道德实践、人际关系、文化冲突和国际事务等领域中发挥积极作用。与将整个世界推入险境的文明冲突相比而言,上述策略本身代表一种促进对立各方互动协和的辩证理路,这在张载的下述假设中得到昭示:

> 有象斯有对,对必反其为;有反斯有仇,仇必和而解。①

我们不妨想象一下,如果冲突(仇)无法得以调和(和)或解决(解),

---

① 张载,《太和篇》,参阅张载撰,王夫之注,《张子正蒙注》,页25。

情况将会如何呢？无疑，这种冲突将继续发酵或激化，继而引起其他形式的严重冲突或战争。就其源起而言，提出这一假设时所参照的是宇宙万物，因此涉及万物如何诞生、变化、和解以及因"气化"而共生或并存等隐形性相。这里，作为物质或生命能量的"气化"至为重要，因为它是一种潜隐的推动者(a hidden mover)。王夫之进而对此解释道：

> 以气化言之，阴阳各成其象，则相为对，刚柔、寒温、生杀，必相反而相为仇；乃其究也，互以相成，无终相敌之理，而解散仍返于太虚。以在人之性情言之，已成形则与物为对，而利于物者损于己，利于己者损于物，必相反而相仇，然终不能不取物以自益也，和而解矣。气化性情，其机一也。①

在这个假设中不难发现一种辩证特征。它揭示了物或人相对各方的自然存在，以及对立各方之间的相互依赖关系。在对立各方的彼此作用下，对立和冲突便产生了。然而，如果对立各方通过和谐或协调（和）而达统一，那冲突也就随之消除了。在这个语境中，"和"与"同"显然相异。前者为了追求共同基础，乐于接纳和协调各种差异；后者拒斥任何差异，试图通过某一参考框架来同化一切，仿佛它们本就应当如出一辙。在这方面，强调和谐或协调（和），与古代中华思想传统中关注统一价值的习惯相一致，这在人类实践的诸多领域中具有重要的启示意义。

在政治文化领域，"和而不同"原则倾向于鼓励从具体的社会环境和文化传统出发，进行法治和德治的有机综合。在实际运作中，该原则求同存异，尽可能建立一种互补关系。当然，这在很大程度上是有条件的，因为它意在整合肯定性和建设性要素之时，抛开或悬置那些否定性和破坏性成分。然而，它并不否定或掩盖对立的存在和潜在的冲突，而是采用适当引导和调控的方式，让对立因素相互作用、相互磨合，最终进入协和互补、

---

① 张载：《太和篇》，参阅张载撰，王夫之注：《张子正蒙注》，页25。

互惠互利的状态，而不是放任自流，令其坠入混乱无序的失控境况。另外，它充分考虑文化土壤的可适应性问题。历史已然证明，某种法治体系在某种政治文化土壤中可能运行良好，但在另一种政治文化土壤中则由于条件不适而无法正常或有效运行。假如无视具体环境而强制移植，那将会导致扭曲与无效等后果。这就如同水土不服的花卉一样，强行移栽必然会萎谢枯死。这让我们想到一则中华传统寓言：

> 橘生淮南则为橘，生于淮北则为枳，叶徒相似，其实味不同。所以然者何？水土异也。[①]

这则寓言的主要喻义在于：如果无视当地生态环境条件而盲目移植橘类果树，其所长出的枝叶与结出的果实虽然在表象上看似一样，但其实质却千差万别。具体而言，生于淮南的橘是甜酸可食的水果，长于淮北的枳是苦涩不可食的药材。如果依此来审视上述政治文化土壤与法律制度移植的问题，就不难想象最终的可能结果了。有鉴于此，跨文化转化的创造性模式是符合现实需要的，因其会充分考虑相关的文化差异与可行性研究。在此情况下，真正可以充当指导原则之一的就是"和而不同"的哲学基础，因为"和谐"过程（harmonization）就是跨文化转化和协调文化差异的过程。这与"同化"过程（patternization）形成鲜明对比。在追求政治霸权的地缘政治里，"同化"过程倾向于推崇"强权即公理"（Might is right）的意识形态，热衷于施行弱肉强食的"丛林法则"（the law of the jungle），其所作所为意在强行统摄或抹除一切差异，因为差异被其视为通向绝对同一的障碍。相应地，"同"作为一种与"和"相对的原则，在解决由文化差异造成的冲突方面并非都是全然无效的东西。在某些情况下，这一策略如果得到强力支持，也有助于消除诸如文化或文明之间的某些冲突。但是，通过强力消除的冲

[①] 晏子：《晏子春秋》内篇杂下第六（十），见汤化译注：《晏子春秋》，北京：中华书局，2011年，页403。

突，宛如火烧野草，春风一吹又会再次生发。此外，借助强力的"同化"过程，也会引发诸多问题。其作用亦如同用利剑砍杀九头怪兽，在其中一个头被砍去的瞬间，两个或更多的头随即迸发出来。考虑到今日世界的微妙处境，我们不难推测，借助激进的"同化"方式来处理文明之间的某种冲突，可能会使这种冲突非但难以解决，反倒像雪球一样越滚越大，结果会催生出形形色色的宗教性圣战。这无疑是破坏性的和悲剧性的，我们绝对不希望发生此类事情。

总而言之，鉴于思想交流和文化互动已然使纯东方或纯西方的幻想失去根基，这里提议在"和而不同"的原则之上让东西方交会或会通。如今，在东方文化或生活方式中，融入某些西方因素不再是什么稀罕事，反之亦然。事实上，东西方之间的思想交流和文化互动，已然激发出许多新的发现和跨文化创构。以约翰·杜威（John Dewey）为例。他的实用主义哲学无疑是美国式的。但他声称其思想灵感在很大程度上来自中国，因为从1919年到1921年间，杜威在中国北平讲学，对当时的中国现状有亲身体验与深入观察。他对当时中国的认识不仅来自中华典籍，而且来自当地的生活、社会和文化。他的女儿简·杜威（Jane Dewey）在回忆录中证实，其父亲在中国的经历意义非凡，他借此重新激起自己的思想和认知热情。因此，他把中国视为最接近他心灵的第二祖国。引用这段回忆录，不是为了证明中国对杜威及其哲学发展的重要性，而是意在说明一切文化对人类智慧的贡献都可能是互惠互利的。这种智慧如同充盈的流泉，总是给漫游天南地北的饮者提供方便；另外，这种智慧就像一团海绵，可从各种现有资源中汲取不同养分，从而变得更加丰富和滋润。也许，我们的确需要一种新的"爱智创艺"意识，需要参照吉卜林和诺思罗普的东西方概念对其加以改造。这里权且借用几行诗句予以概述：

> 东不全是东，西不全是西，
> 这两者理应彼此交会，
> 从而让世界多样有序、和而不同。

三 社会哲学视野中的仁德观①

在理论思辨方面,社会哲学类似于道德哲学与政治哲学。从社会世界与社会组织本体论角度看,社会哲学在内在意义上与社会伦理学相关联。在探讨人类个体之间的社会互动与社会集聚两个领域里,上述关联尤为紧密。

按照贝蒂特(Philip Pettit)所述,社会互动与社会集聚的形式,既不是纯粹物质性的,也不是纯粹非社会性的。相反,这两种形式"要求相关之人持有某些意向性态度"②。在社会生活中,诚如非社会原子论者所认为的那样,社会依赖性主宰着社会个体的推理和思考能力。此能力应据理性信念与需求行事。如此一来,这些信念与需求就会塑建"某些意向性态度"。反过来,这些态度将会直接或间接地影响社会互动与社会集聚,同时影响社会实践与社会关系。在这一点上,笔者大体赞同非社会原子论者的观点,即:每个人有赖于社会关系的原因,就在于为了显现各自独有的人性能力。若此言不差,那便可以假定:每个人都会通过社会关系的经验成为自己所是的状态,与此同时,每个人还会在伦理意义上养成个人修为的自觉性;这一切旨在将每个人所处的社会关系调整到积极而健康的程度。

言及社会世界的本体论,这里有意从儒学视域出发对其加以审视。笔

---

① 此文原用英文撰写,题为"The Confucian Virtue of *Ren* in Human Relationships",刊于 *The Journal of Skepsis*, XXXIII, 2013, 后收入 Australian Academy of Humanities (ed.), *Learning from the Other: Australian and Chinese Perspectives on Philosophy*, (e-publication) 2016。作者在汉译此文时,对其进行了补充论证与适当调整。
② Ted Honderich (ed.), *The Oxford Companion to Philosophy* (Oxford: Oxford University Press, 1995), p. 832.

者以为，社会世界本体论的重要组成部分，来自人类个体。因为，他们既是社会成员，也是道德存在。这里内含的逻辑关系如下：社会世界即社会组织，该领域的本体论一方面旨在研究社会组织结构、制度与管理如何生成且以何种模式有效运行，另一方面旨在探索该领域里引致这一模式的决定性起因。

值得注意的是，现代意义上的社会关系与儒学意义上的人际关系之间存在基本区别。前者基于社会契约，涉及法律准则或相关律条。后者基于人情，关乎文化习俗或规范礼仪。依据儒学传统，"圣人者，人伦之至也"。这意味着圣人是德行的最高体现，最能协和人际关系，最能维系人际关系，最能确保其运行的最佳效应。果真如此的话，这显然有助于稳定整体性的社会结构，有助于协调社会互动与集聚的现实形态。不过，从儒学角度看，有关人际关系与社会关系之间的区别，在理论与实践中显得模糊不清。这是因为儒家倾向于持守如下信念：社会世界是由众多个体组成，社会管理在本质意义上就是处理人际关系。再者，儒学具有政治、道德和宗教三位一体的互动融合特点，时常信奉人类个体在仁德方面积极修为，就会在协和人际关系方面发挥重要作用，由此促成社会和谐与社会稳定。这主要是根据如下理据：人类个体作为社会成员，只要具有良好的修养并得到正确的领导，就会在组织和管理社会世界的过程中发挥决定性的有效职能。换言之，只要人际关系得到和谐构建、适当对待与有效维系，社会世界的组织结构、制度架构与行政管理就会相应发挥积极而实在的效能。当然，这主要取决于儒学仁德的个人修为与持久实践，因为仁德的实质就在于"泛爱众"与"爱人"的行事立世之道。上述辩证性联系，代表儒学在社会哲学意义上的基本立场，即：无论社会世界的组织结构及其制度系统的设计和宣传是多么出色，若无发展良好的拥有仁德根基的人际关系，那将很有可能无法实现其所预定的目标。要知道，仁德作为道德根基，在此被视为君子人格的核心要素；儒学推举的君子人格，在某些方面类似于柏拉图倡导的那种富有卓越德行的完善公民。

本章主要讨论儒家仁德在社会关系领域里的可能作用。根据仁德特定所指，至少涉及四种性相：仁德作为互惠性仁爱的原因，有助于促进与协和社会世界里的人际关系；仁德作为社会性仁慈或同情的来源，有助于在社会成员之间滋养善好的人道敏感性；仁德作为崇高型仁人的律令，有可能在人格修养方面设置"杀身成仁"或"舍生取义"的理想范式；仁德作为追求人性完善的道德理想，在当下人际关系稀薄化的现实生活语境里，有可能成为推动创造性转换的参照。这不仅是从社会哲学视域重估仁德的传统意义，而且是从社会伦理学角度重思仁德的现实意义。其所追求的主要目的，就是从中华哲学资源中提取某种值得深思的"精神食粮"，设置一种来自非西方传统的替代性视野，以期走出当代西方探索某些社会哲学问题的习惯性老路。

1. 仁德作为互惠性仁爱的原因

从词源学上讲，儒家所倡的"仁"，源于中华象形文字的原初形态，可分为两个组成部分，通常被释为"从二从人，相偶之义也"①。换言之，"仁者，从二人，犹言人与人相处，多人相处也。人生不能不多人相处。"②因此，"仁"作为一个特殊用语，意指一种至少由两个以上人类个体参与的互惠互动行为。倘若仅有一人，没有社会互动，这种德行也就无处发生，与此相关的"仁者"也就无从生成。鉴于仁德这一概念在人际关系或社会互动中具有独特地位，在英语里被译为"互惠性仁爱"（reciprocal benevolence）与"人道性仁慈"（humane compassion）等。

上述要义在儒学原典中得到认可和发展。譬如，在《中庸》里，当鲁哀公询问如何理政时，孔子回应如下：

---

① 谭嗣同：《自序》，见《仁学》，北京：华夏出版社，2002年，页1。
② 钱穆：《四书释义》，北京：九州出版社，2017年，页56。

> 文武之政，布在方策，其人存，则其政举；其人亡，则其政息。人道敏政，地道敏树。夫政也者，蒲卢也。故为政在人，取人以身，修身以道，修道以仁。仁者人也，亲亲为大。义者宜也，尊贤为大。亲亲之杀，尊贤之等，礼所生也。[1]

从中可见，良政善治是选贤任能所成就的结果。这些贤能之人，据道修为，也就是依据道德真理性来修身和作为，故此在处理国家政务时，既正义合宜，亦明智合理。老百姓对事关民生的为政状态十分敏感，犹如大地对树木敏感一样，能够透过巧言伪装或夸饰看清其实质与要害。为政贤才的道德根基，就是仁德或仁爱之德，此乃贤才特有的素养品质。仁德的初始性实践活动，源自爱护亲族长辈或家人亲戚，随之在社会化过程中逐步外延，普惠众人。这种以亲缘关系为本位的仁爱或亲情，在很多情况下自然而真切，但会随着亲缘关系的疏远而逐步减弱。同样，在尊贤方面，尊重的程度也会随着贤能的大小而发生变化。在此类情境下，礼仪规范就随之出现。这些礼仪规范代表礼制，内含典章制度、道德律令与行为规范等内容。这一变化与发展过程，呈现出基于亲缘关系的仁爱虽然重要，但不足以治理整个国家或社会。因此，出于协助的需要，就得在社会各界施行礼制，借此维系社会秩序，追求社群公共利益。这种礼制，在一定程度上具有助力中国式社会契约的实用机制。

《论语》对仁德的讨论，多于对其他诸德的讨论。在不同场景中与不同弟子讨论时，孔子强调了仁德的一些主要特征。譬如，"樊迟问仁，子曰：'爱人'。"[2]这显然是对仁德最为简明的界定。这里所说的"爱人"，不再囿于"亲亲"，而是要延伸到众人。在《论语》另外一处，孔子重复强调类似理念，意在劝诫年轻弟子修德立身。譬如，"弟子，入则孝，出则悌，谨而信，泛爱众，而亲仁。行有余力，则以学文。"[3]可见，这里倡导的"泛爱

---

[1]《中庸》（第十九章）。
[2]《论语·颜渊》12·22。
[3]《论语·学而》1·6。

众",意指普惠性仁爱模式,而非限于亲缘家庭亲情。自不待言,这种普惠性仁爱模式,是通过逐步推进得以塑建;在此过程中,仁爱会体现为不同而相关的形态。譬如,它首先以孝敬父母长辈的方式彰显,其次以关心兄弟姐妹和家族亲戚的方式彰显,再次以爱护朋友、邻居和公民同胞的方式彰显,最后以广泛体恤世人万众的方式彰显。

鉴于"泛爱众"的外延特征与"亲仁"的特殊关系,朱熹将"仁"释为"爱之理,心之德"。宋儒崇理,尊其为万物本源与最高范畴。于是,这一阐释意味着"仁"具有包容性与整全性,因而被视为诸德之首或德中之德。如此一来,修仁践仁之道,一方面需要洞察人类亲情这一衍生诸多人文价值观念的源头,另一方面需要持之以恒地修为互惠性仁爱的善举,以便服务于"大我"(人类总体)而非"小我"(人类个体)。关于孔子要求弟子"亲仁"(亲近仁德之人)的建言,在此语境里意指一种辅助力量,有助于推进上述仁德修为的过程。这种力量与"学文"(学习文献知识)的建言相辅相成,因为后者涉及历史典籍(立言成果),包含值得深思的道德教诲与思想资源。

在这里,人们兴许会借助血缘性亲情、互惠性仁爱与普世性仁爱等视域,继而弄清儒家仁德的具体含义。在孔子那里,仁德"一以贯之",统摄所有道德思索,主要组成部分至少包括孝、悌、忠、恕等四项原则。

那么,这些原则到底意指什么?就孝、悌而言,此二者关乎仁爱德行。在谈到君子品格时,孔子的门生有子将自己的看法归纳如下:"君子务本,本立而道生,孝悌也者,其为仁之本与!"①按照中华文化习俗,"孝"是孝顺父母的德行原则,"悌"是敬爱兄长的德行原则,这两者构成仁爱这一最高美德的基础,因为孝、悌以关爱亲属亲戚为特征,由此必然引致血缘宗族式家庭亲情(亲亲)的成长。

从经验上说,家庭亲情与生俱来,经由文化得以人化,这便为发展广义的社会性关爱提供了坚实的基础。也就是说,没有家庭亲情这一必要基础,"泛爱众"几乎没有可能。实际上,孔门特别重视人性情感的培育,重

---

① 《论语·学而》1·2。

视动物性(欲)与社会性(理)的交融统一。在这方面,"孝"作为"亲子之情",可以说是"最后实在的伦常关系",是用来建立"人"——"仁"的根本。由此衍生的"五伦关系",辐射交织,组建各种社会性—宗教性情感。这种注重培植人性情感的教育,作为社会根本,便成为华夏文明的重要传统。若从社会性伦理和人类历史本体论角度看,这涉及一种"情本体"的渊源与塑建。①

质而言之,"孝"与"仁"均是道德化的情感。前者以"亲子之情"为特征,在人类情感培养上是人性的本源;后者以"仁爱之情"为特征,在情感心理上是最崇高的"情",在社会行为上是最高尚的"德"。而上述"情本体",在功能意义上既作为心理有机体,也作为道德有机体;不仅涉及情绪、感受与敏感性,而且关乎理解、认知与理性。这里面,情中融理,理不拒情,在情理不分、合情合理的现实追求中,形成中华文化心理与意识里内含的"情理结构"。总之,儒家对人性情感培育的强调,实则成为建构社会结构与社会关系的重要基石。

在孔子那里,"泛爱众"是基于仁德的行为,其外延性是无限追求的目标。孔子曾告知弟子曾参,"吾道一以贯之"。曾参继而向其他询问者解释说:"夫子之道,忠恕而已矣。"②此处所言的"夫子之道",意指仁德之道。在整部《论语》里,孔子讨论和解释仁德超过百次;在其他儒家经典里,仁德的出现也相当频繁。通常,"夫子之道"或仁德之道,取决于两个基本原则,那就是"忠"与"恕"。所谓"忠",经常等同于仁者的行为准则或律己准则,那就是"己欲立而立人,己欲达而达人"。③ 这一准则彰显出一种强烈而周延的社会性互动意识。就其语境而言,知行守"忠"的美德,可被视为相互考虑周到或相互体贴的道德原则,用现代的时髦话语来说,其目的在于采用合作共赢的立场或态度,来对待受益双方或利益攸关者。

---

① 李泽厚:《论语今读》,合肥:安徽文艺出版社,1998年,页18—20。
② 《论语·里仁》4·15。
③ 《论语·雍也》6·30。

至于"恕"的德行，孔子断言其典型表现是"己所不欲，勿施于人"。①在其他地方，孔子在与弟子仲弓交谈时，再次确认类似理念："出门如见大宾，使民如承大祭。己所不欲，勿施于人。在邦无怨，在家无怨。"②由此可见，行之有"恕"的道德原则，讲究相互关切，在社会性交往中推崇利他主义的互惠性。这几乎与《圣经》里倡导的"黄金法则"（golden rule）③相若。不过，这种利他主义的互惠性原则，根植于儒家的实用理性之中。这种理性的主要特征包括伦理性、有用性和讲求实际作为的述行性（performativeness），要求在俗世生活中日用而不辍，凡事应照拂。相比之下，"黄金法则"被纳入基督教的世界观，在神性指向上予以倡导推崇。在宗教信仰者那里，该法则与其说是被当作一条实用性律令，毋宁说是被奉为一条精神性律令。在普罗大众的俗世生活中，这条律令的可应用性令人存疑，不仅难度甚大，而且践行不易，大多流为一句用意高妙但失之空泛的"口头禅"。

值得注意的是，孔子在论仁德之际，将"恕"这一利他性互惠原则应用于世俗性的家国生活之中。在中华传统中，家与国密切关联，同等重要。事实上，儒学的主导理想之一是"修身齐家治国"。④ 古代所说的"家"，一方面是指当时卿大夫的统治区域，故有"天下之本在国，国之本在家，家之本在身"⑤之说；另一方面是指宗法制意义上的大家庭，其中皇室构成"家天下"之"家"，其他家族构成数世同堂之"家"，这里面存在复杂的相互关联网络。如此一来，"齐家"就要求所有家庭成员彼此亲和，保持稳定的血缘亲属关系，这绝非一件易事。在现实中，"国"是涉及各行各业的大型社群，"家"是组成社会组织或管理系统的单元。按照儒学理据，倘若每一家得以"齐"（整顿），那"国"就会得以"治"（善治），"民"自会过上幸福

---

① 《论语·卫灵公》15·24。
② 《论语·颜渊》12·2。
③ "黄金法则"亦称"黄金定律"，其曰："所以无论何事，你们愿意人怎样对待你们，你们也要怎样对待人，因为这就是律法和先知的道理。"参见《圣经》里的《马太福音》第七章第十二节。
④ 《大学》1。
⑤ 《孟子·离娄上》7·5。

而和平的生活。一旦"家"陷入混乱与冲突,"国"自然会被拖入其中,"民"生就会受到影响,甚至难以为继。因此,在儒家看来,"家"与"国"本质上是人为产物,是社会单元与组织,主要依靠人类活动。"修身齐家治国"的事业,在很大程度上有赖于社会成员或人类个体"修身"这一根本要素(修身为本)。而"修身"必然涉及情感、人伦、道德、教育、法治和社会管理等领域。

这里会引出下列追问:"儒家仁德的最终目的何在?"显然,这是一个涉及目的论判断的问题。无论是从儒家所倡"修身齐家治国"的角度看,还是从其强调"和为贵"①的立场出发,我们均可假定,儒家所标举的仁德,作为互惠性仁爱或普惠性仁爱之德,其终极目的在于协和人际关系,稳定社会秩序,实现社会和谐。这一目标经常被描述为"国泰民安"。为了实现这一终极目标,儒家所倡仁德通常以三重模式发挥作用,其中包括三个相互关联的原则,即:基于父子兄弟孝悌的家庭亲情原则,指向社会性互动和双赢策略的守"忠"知行原则,在日常生活中注重为人厚道的践"恕"利他原则。最新研究认为,"忠"与"恕"是为人做事、待人对己的基本道理和原则,两者似乎可用"宗教性私德"与"社会性公德"予以分别阐释。"前者作为个体对天地神祇以及君长父兄某种无条件的绝对律令的服从;后者则是维持社会群体处理人际关系的基本准则……盖其时宗教性私德与社会性公德混然同体,去古未远,宗教性高于一切,且常与伦常和政治混在一起,为同一事物,从而一直是宗教性道德(私德)涵盖、包摄、吞并社会性道德(公德)。"②

2. 仁德作为社会性仁慈的来源

如前所示,仁德在建构与功能上是综合性的,涉及孝、悌、忠、恕诸

---

① 《论语·学而》1·12。
② 李泽厚:《论语今读》,页114。

德。不过，在数个场域，孔子将仁德视为最完善和最重要的美德。譬如，他珍视礼乐文化及其教化力量，坚信恰当运用礼乐便可达到良政善治的目的。但是，他鄙视不讲仁德原则随兴滥用礼乐的做法。如其所言："人而不仁，如礼何？人而不仁，如乐何？"①以此表明，礼乐之用需要以仁德作为出发点和目的性追求。

另外，孔子时常将仁德与其他德行相比较。例如，当樊迟问仁时，孔子回答说："居处恭，执事敬，与人忠。虽之夷狄，不可弃也。"②随之，孔子给出如下忠告："刚、毅、木、讷近仁。"③由此可见，成就仁德的方法，就是要将上列诸德应用于日常生活和社会服务之中。首先，这需要笃实恒定的态度和行为(恭)，需要严肃认真的工作伦理(敬)，需要真诚踏实的工作表现(忠)。其次，在前述基础上，要想成就仁德，还需要在追求和践履过程中，落实坚定不移的"刚""毅"品性和质朴谦逊的"木""讷"作风。在我看来，这一切正是孔子将仁德确立为完善美德的明证。换言之，仁德在此被设置为所有其他美德的衡量尺度和综合结果。为近仁成仁，就要持之以恒地切实修为，这无疑是一不断追求的过程。

孔子谈及仁德时，还关注哪些核心美德呢？对此问题无法简单回答，因为孔子倡导多种美德，所强调的内容，总是因人而异，也就是根据对话人物和所处场合的不同而有所不同。尽管如此，我发现仁、知(智)、勇三种美德位列显著，孔子特意凸显这三者，其曰："君子道者三，我无能焉：仁者不忧，知者不惑，勇者不惧。"④孔子每次谈到自身修为时，总是自谦如斯。每次开导和教诲别人时，他总是借以提醒和鞭策自己，竭力提升自己的修为。论及"君子之道"，关乎仁、知、勇三德，他总是毫不犹豫地坦承自己尚存差距。

就上列三德而言，仁德使人解除忧愁，能够摆脱名利得失的困扰；知

---

① 《论语·八佾》3·3。
② 《论语·子路》13·19。
③ 《论语·子路》13·27。
④ 《论语·宪问》14·28。

德使人免受迷惑，不为现象性外观或幻象所蒙骗；勇德使人果敢不惧，面对各种艰难困苦与挑战，能够勇往直前。若从现代心理学角度讲，"仁"可视作情感，"知"可视作知识，"勇"可视作意志，由此构成知、情、意三位一体的心理结构。而这三者中间，"实以情为主。情感者，心理活动之中枢也。真情畅遂，一片天机，故曰'仁者不忧'矣"。①

另外，这里需要指出四点。第一，"仁者不忧"是说怀有仁德之人不为己忧，不为个人名利得失而忧，能够超越个人的利益诉求，摆脱私欲滋生的焦虑不安，涤除患得患失的忧愁烦恼。第二，仁者虽不为己忧，但常为他人忧，为天下忧，这与其家国情怀、社会关切以及和民众疾苦相关联的忧患意识有关。举凡这类忧者，志在天下为公，克己私而崇公益，先他人而后自己，轻个体而重天下。这种"仁人之心"，在范仲淹看来，"不以物喜，不以己悲，居庙堂之高则忧其民，处江湖之远则忧其君。是进亦忧，退亦忧。然则何时而乐耶？其必曰'先天下之忧而忧，后天下之乐而乐'乎！"②第三，"知者不惑"，按朱熹所注，是说"明足以烛理，故不惑"。所谓"明理"，在宋儒那里通常表示"明白天理"，但在原典儒学那里主要意指"明道达义"，即明白仁道且通达义德。即便据"明白天理"说，若明白万事万物发生与变化的原理和特征，其中自然也就包括仁德的原理和特征。如此一来，这在逻辑上便可融通，由此可推演出仁、知两者之间的关系，继而得出知仁方可修仁、修仁方可行仁、行仁方可成仁的假设。值得一提的是，原典儒学将"知"等同于"智"，那就说明"知"并非单纯的知识（knowledge），而是明达的智慧（wisdom），是敏于辨伪和善于判断的能力。一般说来，博学多识的有知识者，不等于多谋善断的有智慧者。第四，仁德其容乃大，势必包含勇德。但就仁德与勇德的内在关系而论，孔子认为"仁者必有勇，勇者不必有仁"③。这是因为仁德比勇德更为完善，根基更为深厚。另外，"仁"得于内，无待乎外，而必有外；"勇"显于外，虽依乎内，

---

① 钱穆：《四书释义》，页63。
② 范仲淹：《岳阳楼记》。
③ 《论语·宪问》14·4。

但未必有内。

众所周知，孟子上承孔子思想，积极倡导仁德，将其奉为最完善、最高尚的美德。有鉴于此，孟子十分关注人性情感与道德行为，力图透过心理探索人性与人心，将仁德与其他美德联系起来反思、重思。关于"性善"问题，孟子最有影响的论说之一如下所述：

> 性善乃若其情，则可以为善矣，乃所谓善也。若夫为不善，非才之罪也。恻隐之心，人皆有之；羞恶之心，人皆有之；恭敬之心，人皆有之；是非之心，人皆有之。恻隐之心，仁也；羞恶之心，义也；恭敬之心，礼也；是非之心，智也。仁义礼智，非有外铄我也，我固有之也，弗思耳矣。故曰："求则得之，舍则失之。"①

依据上述，人性善良，人心亦然。人生来具有源自情感的善意良知。这类情感会激发人们采取行动。相应的情感会激发相应的行动，而善良的情感就会激发善良的行动，因此引致基于善念的实践活动。正是通过这种自我修为，情感经由实践转化为美德。譬如，恻隐之心转化为仁德，羞恶之心转化为义德，恭敬之心转化为礼德，是非之心转化为智德。上列四种情感应和上述四种美德，这四种美德取决于个人对善良、正义与正直的判断或认识。在另外一处，孟子提出"四端说"，断言人之为人，若无恻隐、羞恶、辞让和是非之心，那人就不能成其为人。因为，

> 恻隐之心，仁之端也；羞恶之心，义之端也；辞让之心，礼之端也；是非之心，智之端也。人之有是四端也，犹其有四体也。有是四端而自谓不能者，自贼者也；谓其君不能者，贼其君者也。凡有四端于我者，知皆扩而充之矣，若火之始然，泉之始达。苟能充之，足以

---

① 《孟子·告子上》11·6。

保四海；苟不充之，不足以事父母。①

孟子一再宣扬性善论，据此所言"四端"，"仁之端"位列其首，本于"恻隐之心"。作为一种道德情感，"恻隐之心"与生俱来，具有道德本能性、直觉性和无私性。预料不到的突发事件，会引发人们的这种"恻隐之心"，并会将其导向并用于不曾认识的他者。有鉴于此，可以假定这种情感在社会意义上具有互动性，在普遍意义上具有应用性。因为，在类似的现实情境中，人们会做出类似的情感反应。简而言之，"恻隐之心"在本质意义上与其说是私人性的，毋宁说是社会性的。另外，在积极主动的意义上，"恻隐之心"不仅以同情和怜悯为特征，而且以热心和践行为特征。这里采取的自发性行动，是为了帮助需要帮助之人。这些人或许是认识之人，或许是陌生之人，当他们处于危难与困境（如严重事故、致命疾病、自然灾害、战乱、饥馑等）中时，具有恻隐之心者就会出于良知或仁德，采取适当行为救助这些受困之人。再者，人皆有"四端"或"四心"，这均属自为，不可推卸；唯修养亲为，方为美德。凡此"四端"，犹如方燃之星火，始流之泉水，故需扩充，如若不济，既难以安天下，亦无法养父母。

依照孔子的思路，孟子一再重申仁、义、礼、智四德的情感基础。在我看来，孟子似乎越过情感发展的中转阶段，直接抵达"四德"的结果，就好像理当如此似的。孔子此前在回应颜渊问仁时，就曾指出："克己复礼为仁，一日克己复礼，天下归仁焉。为仁由己，而由人乎哉？"②在此语境里略加反思，至少需要关注三点：其一，"克己"意指克制自己的欲望、情感、野心与私心。这有别于新教伦理所倡的"自我克制"（self-denial）。虽然两者均与控制或抵制利己主义有关，但"克己"是借助礼法习俗（典章制度与行为规范等）与道德修养在世俗生活中来落实，而"自我克制"是借助宗教信仰与道德戒律在神性意识中来兑现。相比之下，儒家倡导的"克

---

① 《孟子·公孙丑上》3·6。
② 《论语·颜渊》12·1。

己",类似于古希腊柏拉图推举的"节制美德"(aretē sōphrosunē)。

其二,"复礼"意味着恢复夏、商、周三朝实施的礼制传统,其中包括礼仪系统、行为准则与典章制度。在这方面,孔子与苏格拉底所探求的对象颇为近似,那就是何为正义、何为善好的问题。不过,孔子看来对此相当确定,认为正义与善好就内在于上述礼仪制度之中。因此,他建议人们从互惠性仁爱和普世性仁爱立场出发,凭借恰当的伦理选择和社会义务,来选择或推断他们正当的路径与行为的准则。相比之下,苏格拉底借助自己的辩证理性,采用怀疑论方法,或在诘难中探求,或在探求中诘难,由此进入不断追问与不断否定的启发性思辨过程。他虽未忽视传统美德的实践价值及其已有界说,但喜好从认识论角度对其进行批判性反思和诘问。因为,他坚信真知必然会导致善好与正义。另外,孔孟是在生活世界或世俗社会中探讨美德的育养和发展,而苏格拉底和柏拉图虽在世俗世界里探求同一对象,但他们眼中的世俗世界却处在神性世界的暗影里。举例来说,孔孟这两位思想家将美德发展与君子的卓越人格修养联系在一起,而希腊这两位思想家则将美德发展与神性理性的适当运用联系在一起,并将这种理性看作神赐予人的特殊礼物。到头来,儒学最为关注的对象是:在世俗或物质世界里,人之为人所能取得的最高成就。而柏拉图主义主要关注的对象是:在可见与不可见世界里,人之为人何以像神一样超凡入圣。[1]故此,儒家认为身心一体,持守一元论,而柏拉图主义则是灵肉两分,持守二元论。按照芬格莱特(Herbert Fingarette)与葛瑞汉(A. C. Graham)所说,研究孔子的有利条件之一,就是跳出西方灵肉两分的惯例化窠臼。西方的这种惯例化做法,惯于将灵肉划为个体的内在与外在部分。但在孔子那里,灵肉被视为不可分离的整体。如此一来,就有助于研究孔子的西方学者"摆脱盲目不辨的身心二元论,摆脱分化世界的二元论方式,同时否定

---

[1] Plato, *Republic* 199c-500d, *Theaetetus* 176a-177a, *Laws* 792d, 897b, 902b, etc.

'心灵'这一半享有的实在性"。①

其三,从"克己"到"为仁",是从"复礼"过渡而来,涉及自我修为过程。这一过程在原则上需要正确教育和引导。在此领域,孔子与柏拉图在某种程度上所见略同,彼此都认同并倡导教育的积极作用,均相信人只要通过正确教育(orthen paideia),就会育养美德,成为良善之辈。不过,在关乎人性的问题上,这两位思想家和教育家迥然有别。孔子对人性持乐观态度,认为人性本善,可以塑建。柏拉图则对人性持悲观态度,认为人类意志薄弱(akrasia),自身存在弱点,这与其心灵三分说中的激情和欲望有关。在自我修养思路方面,孔子与柏拉图分道扬镳。孔子假定自我修养发端于自然欲求与情感,继而通过礼乐文化教育发展成亲情或爱意,再依据人际关系进行调谐而上达合情合理的境界,最后在道德意识和社会义务的协力推动下转化为仁德。这样,儒家所倡的仁德,就成为至高的美德,内含合情合理的结构,因为仁德根植于家庭亲情与亲属仁爱之中,随后上升到以社会为导向的合情合理性,继而表现为互惠性仁爱与普世性仁爱(泛爱众)。

相比之下,柏拉图认为自我修养过程取决于正确教育(orthen paideia)。在此期间,人要充分运用神性理性与道德训练,监督心灵中的激情与欲望部分。在柏拉图那里,道德哲学依据心灵三部分(理智、激情、欲望)和谐的模式发挥作用,重点在于依靠理性或理智部分来统摄心灵中的其他两个部分(激情与欲望)。倘若理性不足以担当此任,就得求助于成文的法律和不成文的习俗,借此来强化教育职能和品格塑建。如此一来,柏拉图所推举的公正德行,是所有其他德行的综合结果,内含一种理性加法理的生成结构。这一结构的基础是以实践理性为主导,所主导的是心灵中的激情和欲望两部分;与此同时,通过法律教育和强制,这一结构最终得以巩固。

---

① Herbert Fingarette, "Response to Professor Rosemont," in *Philosophy East and West*, vol. 28, no. 4 (1978), p. 512. See also A. C. Graham, *Disputers of the Tao: Philosophical Argument in Ancient China*, Illinois: Open Court, 1989, pp. 26–27.

总之，在柏拉图心目中，矢志追求公正德行之人，唯有通过竭力和深入研习哲学(爱智之学)，方能成为万事顺遂的哲学家(爱智者)，方能升华到神性般完善或像神一样超凡的高度。①

这里尚需注意的另外一点是：无论是儒家所说的"亲亲"之情，还是柏拉图主义所说的"激情与欲望"，都需要一种衡量尺度予以关照或监护。颇为巧合的是，这一衡量尺度源自"适度"原则，其在儒家那里就是常说的"中庸"或"过犹不及"，其在柏拉图或希腊传统里就是常说的"中度"(*mesos*)或"不多不少"(never too much, never too little)。有趣的是，上述原则一直是中国人和希腊人各自思维方式和行为准则的潜在基质。

3. 仁德作为崇高型仁人的律令

仁德作为诸德基准，与其他几德结成不同关系，相比之下，仁德与勇德的关系尤为独特和重要。前文对此已有简述，这里仍需澄明内旨。

谈及仁、勇两德，人们时常会问："仁者必有勇"，那会"勇"到何种程度呢？要回答这一问题，先应弄清"仁人"的典型特质。所谓"仁人"，泛指怀有仁德之人。具体说来，他们内循"仁心"，外遵"仁道"，内外兼修，知行合一。按钱穆所释，自"仁者"内部言之，则人与人相处所共有之同情曰"仁心"；自其外部言之，则人与人相处所公行之大道曰"仁道"。凡能具仁心而行仁道者，方称"仁人"。②

孔子为"仁人"设定的目标，极其卓越超拔。据其所述，"志士仁人，无求生以害仁，有杀身以成仁"③。按朱熹所注，仁人是成德之人。理当死而求生，损害其德，于心不安。理当死而死，心安而德全。这里是就心安理得的道德心理而言。实际上，真正的仁者无所畏惧，外在诱惑再大不为

---

① Plato, *Laws* 817-8; *Republic* 586a-b, 618c-621d.
② 钱穆：《四书释义》，页56—57。
③ 《论语·卫灵公》15·9。

所动,生死攸关之际敢于直面。为了成仁取义,舍生忘死,笑傲一切悲剧;为了攻坚克难,勇往直前,不畏一切艰险。促成这一切的关键在于:"仁人"是天下为公的典范,志在从社群公益出发,不惜为"大我"而舍"小我",面临生死抉择之际,总以是否有利于社群公益为决断前提。对此,钱穆的解释切中要点。其曰:"小己处大群之中,有舍己为群之义务焉。求生害仁者,贪小己之生命而害大群者也。杀身成仁者,牺牲小己之生命以利大群者也。"当然,"知仁者有时杀身而不必定杀身。吾人之死不死,当审其有利于群与否。非谓仁必死,非谓死则仁也"①。可见,真正"杀身以成仁",需要根据利群原则审时度势,并非悬置利群原则不管不顾,一味"求仁而杀身"。

除了以上所述,我以为"仁人"如此作为,还涉及另外两大要因:其一,"仁人"坚信仁德,勇于践行仁德,义无反顾,深知"仁则荣,不仁则辱"的要理。② 其二,"仁人"崇敬仁德,具有殉道精神,杀身成仁或舍生取义成为自觉的道德律令。对于修成仁德、上达完善境界的"仁人"而言,这一律令堪称超级律令(super imperative),可使道德情感内化为心理动力,让殉道精神内化为自觉意识,由此塑建成儒家道德化的"自由意志",有别于康德所倡的那种基于实践理性和神学伦理的绝对律令(categorical imperative)。实际上,杀身成仁的超级律令,在道德奉献意义上类似于克己奉神的宗教精神,只不过其导向是道德理想和世俗善举,而非宗教信仰和神性超越。

在我看来,孔子所倡的"志士仁人",尤其是"有杀身以成仁"的"仁人",是一种崇高型仁人范式。这种范式以舍己为人的高尚精神、天下为公的道德品行、令人崇敬的伟大人格为特征。对此,孔子进而提出诸多要求并做出诗性描述,譬如"三军可夺帅也,匹夫不可夺志也"③,"岁寒,

---

① 钱穆:《四书释义》,页62。
② 《孟子·公孙丑上,》3·4。
③ 《论语·子罕》9·26。

然后知松柏之后凋也"①。孟子上承孔子思想，将仁德发扬光大，将仁人品格具体化，将成仁的个体人格力量神圣化。譬如，孟子要求仁德由近而远，经由"亲亲而仁民，仁民而爱物"的过程推而广之。② 此外，仁者应有"大丈夫"的道德品格，应当"居天下之广居"以立仁，"立天下之正位"以遵礼，"行天下之大道"而守义。若能"得志，与民由之；不得志，独行其道。富贵不能淫，贫贱不能移，威武不能屈"。③ 再者，仁者应当"善养浩然之气"。"其为气也，至大至刚，以直养而无害，则塞于天地之间。"同时要"配义与道"，"集义所生"，否则就无力而疲苶。④ 另外，仁者应如君子，一方面要胸怀天下，力行己任，做到"天下有道，以道殉身；天下无道，以身殉道"⑤；另一方面要成全仁德，率先垂范，能够"所过者化，所存者神，上下与天地同流"⑥，由此实现移风易俗、经世济民的目的，上达感天动地、超凡入圣的境界。

最新研究表明，孟子所阐述和倡导的个体人格力量，本源出于远古巫师所夸扬的内在心灵能上天通神的巨大神秘力量，只不过孟子将其理想化和世俗化了，将其说成是凡人均可具有的个体的独立人格。孟子的说法确实空前绝后，无人能比，对中国后世影响极大，成了中国历代士大夫和现代知识分子的伟大传统和心魂骄傲，一直有着极其巨大的影响和现实意义，也恰好成为伦理学的要害所在。⑦

的确，孟子所倡"以身殉道"的道德律令，类似于孔子所倡"杀身成仁"的道德律令，此二者均可视为志士仁人确立和塑建崇高型人格的超级律令。不过，人们或许要问，在中国历史上到底有没有这类志士仁人，切身践行这种超级律令或实际印证其"影响和现实意义"呢？熟悉中国历史的人

---

① 《论语·子罕》9·28。
② 《孟子·尽心上》13·45。
③ 《孟子·滕文公下》6·2。
④ 《孟子·公孙丑上》3·2。
⑤ 《孟子·尽心上》13·42。
⑥ 《孟子·尽心上》13·13。
⑦ 李泽厚，《伦理学新说述要》，北京，世界图书出版公司，2019年，页69—70。

们都知道，在身陷内外战乱、纷争不断的艰难时刻，在事关国家兴亡、社稷民生的危机面前，中国的志士仁人总是不畏艰险，勇于担当，舍生忘死，前赴后继。

譬如，在古代春秋时期，齐国的太史兄弟因秉笔直书而遭残杀，常被视为"杀身成仁"的代表人物。据《左传·襄公二十五年》记载，齐庄公因好色而惹怒重臣崔杼，因暴戾而得罪侍人贾举。这两人后来合谋，设计杀死庄公，犯下弑君之罪。齐国太史兄弟秉笔直书，先后招来杀身之祸。据载，"太史书曰：'崔杼弑其君。'崔子杀之。其弟嗣书而死者，二人。其弟又书，乃舍之。南史氏闻太史尽死，执简以往。闻既书矣，乃还。"

这里是说：太史作为史官，在史书里照实写下"崔杼杀了他的国君"。崔杼担心此事入史，就会传于后世，等于给自己留下犯上作乱的千古骂名，因此，他强迫太史将其删除。但太史不畏强权，断然拒绝，结果被杀。太史的弟弟闻知兄长因此被杀，毅然决然照样书写，结果也被崔杼所杀。太史还有一个弟弟，得知两位兄长为此而死，依然照样记载，崔杼只好作罢，没有再杀。南史氏听说太史兄弟均被杀死，于是带着照样写好的竹简来到齐国，得知已经照实记载，这才原路返回。可见，古代史官不顾身家性命秉笔直书，这种精神与忠臣死谏、武将死战的精神相仿。后来的著名史官（如司马迁）效仿前贤，从而留下了一些可靠而宝贵的历史遗产，为后世"以史为鉴"奠定了不可多得的基础。

再如，在近代晚清时期，为"戊戌变法"而被朝廷问斩的六君子中，人们熟知的谭嗣同堪称忧国忧民的代表人物。在上感国衰、中伤旧制、下哀民智的特殊历史背景下，他著有《仁学》诸篇，援引西学思想，批判封建仁学，揭露旧制国体之弊，力陈变法图强之道。得悉清廷迫害诸君，宁愿以死惊天下，而不避难于外邦，在道德上恪守的是"无求生以害仁，有杀身以成仁"的超级律令。行刑之际，他视死如归，其"仁人之心"与崇高气魄，有诗为证："我自横刀向天笑，去留肝胆两昆仑。"这让人不由得想起宋代烈士文天祥的慨然气度与临刑绝笔——"人生自古谁无死，留取丹心照汗青"。

谭嗣同卒于 1898 年，李大钊生于 1889 年，二者可谓跨越历史、前仆后继的志士仁人典范。民国时期，李大钊为了救国救民，宣扬革命思想，传播马列主义，于 1927 年被反动军阀逮捕入狱，受尽各种酷刑拷问，但他始终坚贞不屈，最后惨遭绞杀，时年 38 岁。李大钊舍生求道的伟大精神，常被形象地概括为"铁肩担道义，妙手著文章"。这"道义"，是创建中国共产党的道义，是推翻三座大山的道义，是救民于水火的道义。这"文章"，是志在救亡图存的文章，是追求马列真理的文章，是助力中华复兴的文章。

历史上无数志士仁人，"苟利国家生死以"，维护公理，宁死不屈，前赴后继。一个个鲜活的身影，一座座屹立的丰碑，以其大义凛然、视死如归的伟大气节，铸就了中国人不屈不挠的魂魄，勇往直前的精神，崇敬英烈的传统。自不待言，这一切均与儒家推崇杀身成仁、舍生取义的崇高型仁人范式和道德理想密切相关。

4. 仁德作为创造性转换的参照

综上所述，儒家仁德发端于"亲亲"之情，延展为互惠性仁爱与社会性仁慈，进而塑造崇高型仁人。作为诸多美德的根本与综合，仁德被早年的汉学家理雅各（James Legge）英译为"perfect virtue"（完善的美德）。美国后来的中华思想史家史华慈（Benjamin I. Schwartz）就此评注说：

> 人们在这里会看到某种平行的东西，即：表示美德的两个词 *virtus* 与 virtue，均源自拉丁语词 *vir*。看来，仁德在孔子那里所包含的意思，与苏格拉底应用于个体道德生活的善之理念一样，都是某种含义广泛而且最终显得神秘的东西。人所获得的这种人性卓越的美德（在其存在之处）是一整体，涵盖所有单独分开的美德。如此一来，在孔子那里，这种完善的美德也必然涵盖所有社会性美德，同时涵盖以适当精

神履行礼制的能力。正是这一社会性相,引致人们将"仁"这一术语翻译成仁爱、仁慈与人道(love, benevolence and humanity)。但要承认,在后来的中华思想里,正是"仁"的这一方面——能使个体在所有社会生活交往中表现良好的这一方面——得到强调与凸显。①

上述说法令人想到芬格莱特这一卓见——仁德是"一种在公共时空中采取行动的指导性力量(directed force)"。②笔者认同这一观点,同时也发现仁德与其他美德所驱动的"爱好实践"(philopraxis)言行,贯穿于整部《论语》。这便致使芬格莱特将孔子看作引领一种道德哲学的向导,这种哲学着意强调语言的述行功能及其同社会惯例的相互依赖关系。③不过,这只是芬格莱特所述故事的一半。我在此附加上另外一半,即:仁德也是一种自觉性力量(self-conscious force),同时也运行在家庭内部的私人时空里。另外,仁德修于内,行于外,可同行共振在私人与公共时空或场域之中。

需要注意的是,仁德在儒学里被设置为人性完善的一种理想。接近和成就这一理想,需要真心诚意的追求和持之以恒的实践。恰如钱穆所说,读《论语》就是学"做人"。在我看来,这里所说的"做人",就是竭力去实现人之为人所能取得的最高成就。这一最高成就意指不断践履仁德、追求人性完善的过程。孔子赞赏颜回所为就是明证:"贤哉,回也!一箪食,一瓢饮,在陋巷,人不堪其忧,回也不改其乐。"颜回"其心三月不违仁,其余则日月至焉而已矣"④。颜回虽生活困顿,但心怀理想,能苦中作乐,竟然连续三个月不离弃仁德。三个月不仅意味着一长段时间,而且展现出一种精神性与行为上的习惯化,这一习惯化能使人习惯而自发地恪守和践行仁德。相比之下,孔子其余的弟子充其量也就一天、一个月做一次仁德

---

① Benjamin I. Schwartz, *The World of Thought in Ancient China*, Cambridge, Mass.: Harvard University Press, 1985, pp. 75-76.
② Herbert Fingarette, *Confucius: The Secular as Sacred*, New York: Harper and Row, 1972, p. 55.
③ Herbert Fingarette, *Confucius: The Secular as Sacred*, vii. Also see A. C. Graham, *Disputers of the Tao: Philosophical Argument in Ancient China*, p. 23.
④《论语·雍也》6·11、6·7。

之事。众所周知，让一个人偶尔去做一件好事并不难，难的是长期做好事，更不用说一生做好事了。故此，从上述说法中可暂且推导出这一结论，即：上述语境里的习惯化，内含强烈的道德自觉意识，类似于亚里士多德与黑格尔所倡的习惯化或惯习化概念。

那么，儒家仁德在当今社会有何现实意义呢？我个人以为，其现实意义在于关注我们今日充满问题的生活境遇，重新评估儒家仁德的社会价值。在如今的生活境遇里，激烈的竞争、烦扰的焦虑、长期的沮丧、紧张的氛围与自我防范的心理等因素，使人际关系日渐稀薄化。有鉴于此，每个现代人均需拂镜自照，既要审视自己的真实面目，同时也要反观他人的真实面目。在隐喻意义上，仁德就是这样一面镜子，或者说，这面镜子可借用仁德的上述特质与实用价值予以设定。落实这一提议，无疑需要真心诚意的自我修养和持之以恒的践行精神。不过，除此之外，我认为还需要以上述仁德为参照，以现代社会及其问题为背景，设想一种创造性转换的可能途径。何以助推这一设想呢？要而言之，这一方面需要从跨历史角度出发，借鉴人类不同历史发展阶段的多元义化传统，综合思索何为正当与善好这一道德问题；另一方面需要从跨文化视野出发，借鉴人类创构和共享的所有积极和健康的价值观念，比较分析德治与法治（法制）彼此交融或整合的善政良治方略。

譬如，从社会哲学角度看，日渐稀薄化的人际关系，必然会对社会互动与社会集聚乃至社会结构与社会管理产生消极影响或破坏作用。在缓解这种稀薄化趋向方面，"恕"作为仁德的有机组成部分，基于自身利他性互惠特征，就具有可观的现实意义和助推力量。看得出，这一传统思想资源，不仅关乎善化人格的修为，而且从中可以开启一种适用于现代社会世界的建设性伦理。也就是说，社会个体可以竭尽所能，将社会伦理中的利他性互惠原则同社会契约原则整合在一起，由此创构一种积极健康的社会环境，从中可以共享平等、自立、互助、互敬、互利和互惠的生活。倘若这一整合取得成功，那在最佳情况下就会转化为一种高度自觉与客观需要的社会意识，借此改善人际关系的现状和提高人类生活的质量。不过，这无法单靠社会伦理或社会契约来完成，而是需要从这两个领域里汲取一种互补性力量。实际上，要有效调节现代社会中的复杂人际关系，在工具意义上单靠社会契约与法律监督显然不够，在目的论意义上单凭最低限度的道德也同样不够，因此需要调动多方合理因素，借助彼此互补的方式取得可能的成效。当然，这番作为绝非易事，但坐视不为只会坏事。

四　天下主义背后的驱动力[①]

西方学界对中国"天下"观的讨论，勃兴于 20 世纪 60—70 年代，代表人物是英国著名历史学家汤因比（Arnold Toynbee，1889—1975）和美籍奥地利历史哲学家埃里克·沃格林（Eric Voegelin，1901—1985），相关思想主要见诸前者所撰的《人类与大地母亲》（*Mankind and Mother Earth*）和后者所著的《天下主义时代》（*The Ecumenical Age*）。两人相继论述的天下主义（ecumenism），在词源学上衍生于"ecumene"一词。该词实则是希腊语词 *oikoumenē* 的拉丁化书写形式，意指"人所居住的世界"。天下主义旨在追求所有国家和地区之间的和平合作与全人类的共存共荣。就其至要的目的论意义而言，它大致类似于中国"天下"（all under heaven）观的意涵。如今，一些历史学家和思想家也从积极角度出发，在全球化语境中重新思考和探究天下主义的可能作用。

汤因比认为，天下主义在人类历史上的首次践行，可以追溯到汉初高祖刘邦（前 202—前 195 年在位）推行的外交政策与政治实践，并由此造就了国与国或国际交往中开创性的成功范例。有鉴于此，天下主义可作为促进全球和平与秩序的手段，有助于解决现存的世界问题，有望造福于整个人类共同体。

当下，在社会、政治、经济和文化领域，天下主义仍具重要意义与现实意义，故此在全球范围内得到学界的重新审视。天下主义可以相当广泛

[①] 本文原用英文撰写，题为"What matters behind ecumenism?"，刊于 *Nouvelles Humanités*，No. 2019/1，中译文稍有补充。此文易名为《天下主义与和谐说的内在关联》，发表于《杭州师范大学学报》2021 年第 6 期。

地应用于世界治理，特别是全球合作机制方面。应当说，天下主义的目的论追求，不仅体现了"构建人类命运共同体"的当代使命，也体现了2018年达沃斯论坛"在分化的世界中打造共同命运"的核心主题。①

本文所述侧重三点，即：考察汤因比等人对天下主义的阐发，回顾与天下主义有关的理想视域与历史现实，阐述天下主义与同情、仁德与和谐论的内在关联。本文得出的主要结论是：汤因比是从宏观历史角度来看待汉匈之间天下主义式和解模式的，但从微观历史角度来看，这种和解模式是不平衡的且难以持久的。另外，天下主义背后的根本动因，并非汤因比所说的"仁慈感"（a sense of compassion），而是基于儒家贵和意识的和谐论（harmonism）。这种和谐论至少涉及范导、辩证、整合与接受等四种模式。它不仅是天下主义在过去成为可能的关键驱动力，也是天下主义在现在与未来成为可能的根本动因。

1. "天下"观及其历史性践行

古代中国人的"天下"概念，可以追溯到公元前11世纪左右。如今，这个概念在全球化语境中得到重新审视，并再次成为政治文化中的时兴概念。按照哈尼希（Sebastian Harnisch）的说法，"天下不是一个地理上的区域，而是一个由中国儒家哲学和道德传统的认知和实践决定其边界的文化区域"②。我本人部分同意这一有趣的解释。不过，从历史角度来看，我发现"天下"概念包括三层相互关联的含义。在地理意义上，它指的是古代中国的全部领土；在政治意义上，它指的是这个地区的治理或政权；在世界

---

① 达沃斯论坛，即世界经济论坛（World Economic Forum），是以研究和探讨世界经济领域存在的问题、促进国际经济合作与交流为宗旨的非官方国际性机构。
② Sebastian Harnisch, "China's Historical Self and Its International Role," in S. Harnisch and J. C. Gottwald (eds.), *China's International Roles: Challenging or Supporting International Order?* (New York and London: Routledge, 2016), pp.39-40.

意义上,它指的是国际互动和合作关系。

在《史记》里,司马迁述曰:"贾生以为汉兴至孝文二十余年,天下和洽。"①这里所言的"天下",可谓涵盖上述三种含义的典型用词之一。从历史上看,"和洽"作为天下(特别是汉匈两国之间)和平合作与和睦相处的政治状态,实际上是汉朝初立时高祖刘邦所制定的外交政策及其历史性践行的结果。公元前200年,刘邦率军与匈奴交战失利,陷入白登之围(白登位于今山西省大同市东北马铺山)达七个昼夜,后用陈平所献之计说和突围后,便与冒顿单于为首的匈奴帝国达成停战协议。该协议涉及汉朝公主与匈奴单于和亲与汉朝每年向匈奴上贡(缴纳丝绸之类奢侈品与其他上等日用品)等条例,随之被确定为缓解汉匈两国彼此矛盾的基本政策,一直延续到公元前127年。在此期间,这一协议得到高祖刘邦之后六位汉朝皇帝继任者的持续实施,其中就包括著名的汉文帝刘恒(前180—前157年在位)、汉景帝刘启(前157—前141年在位)与汉武帝刘彻(前141—前87年在位)。

这项政策为何具有这样的持续性呢?笔者以为,其根本原因在于西汉建国历经数年征战内乱。当初,刘邦励精图治,广纳人才,由弱变强,凭借一支强大的军队,击败了敌对势力,统一了分裂的国家。大位新定,百废待兴,其首要任务是尽快恢复社会秩序,确保国泰民安,故在政治上负担不起同匈奴游牧帝国开战而可能导致的严重后果。再者,新政权面临难以想象的经济困境,其农业生产基础在战乱年代遭到严重破坏,亟须恢复生产以解决民生必需品短缺的棘手问题。此时,国内新形势是越来越多的人渴望和平,厌恶战争。有鉴于此,新政权决定实施道家的无为哲学,注重休养生息,强调以安定促发展、保秩序。再者,汉初几代皇帝为了韬光养晦、积蓄国力,在励精图治中忍辱负重,设法延续了高祖所定的停战协议。这样一来,也就创造了汉朝的长期和平,恢复了国民经济与农业生产。

---

① 司马迁:《史记·屈原贾生列传》,长沙:岳麓书社,1988年,页630。

第一部分　思想与视域

在此期间，西汉朝廷权衡国务的轻重先后，决意践行其当下应为之事。譬如说，为了恢复农业生产，朝廷发布裁军敕令，安排退伍士兵回家开荒种地，鼓励人们重开市商，促进商埠贸易；另外，朝廷革除诸多严苛的法律，确保百姓免受惊恐压力与残酷刑罚。与此同时，汉朝还实施了自上而下的节俭政策，以期积累更多国家财富，改善朝野生活状况，赢得民众的支持与忠诚。据史料记载，汉朝在几十年内成功实现了社会秩序稳定和经济生产繁荣。司马迁对其中部分景象描述如下：

> 至今上即位数岁，汉兴七十余年之间，国家无事，非遇水旱之灾，民则人给家足，都鄙廪庾皆满，而府库余货财。京师之钱累巨万，贯朽而不可校。太仓之粟陈陈相因，充溢露积于外，至腐败不可食。众庶街巷有马，阡陌之间成群，而乘字牝者傧而不得聚会。守闾阎者食粱肉，为吏者长子孙，居官者以为姓号。故人人自爱而重犯法，先行义而后绌耻辱焉。当此之时，网疏而民富，役财骄溢，或至兼并豪党之徒，以武断于乡曲。宗室有土公卿大夫以下，争于奢侈，室庐舆服僭于上，无限度。物盛而衰，固其变也。①

一叶知秋，从局部可看到整体。以谷物为例，公元前200年左右，汉朝初期谷物供不应求时，每石(粮食的计量单位)的价格为五千文(货币净值单位)。这些情况隐含着大量的社会恐慌与民生问题。汉文帝刘恒在位期间，和平环境使社会稳定发展成为可能，加之铁器农具被广泛使用，农业生产力得到提高，粮食产量得到扩增，从而保证了全国粮食的充足供给，粮价每石十文左右，是汉初粮价的近乎五百分之一。汉代大型谷仓遗迹的考古发现和历史研究，为上述粮食供给的真实性提供了充足的证据。②在中国历史上，政府是政治经济与社会文化管理的最高机构。确保全国粮

---

① 司马迁：《史记·平准书》，页228。
② 陕西考古研究所：《西汉京师仓》，北京：文物出版社，1990年。参阅张锴生：《汉代粮仓初探》，载于《中原文物》1986年第1期。

食供应充足，是政府担负的头等大事。常言道："国以民为本，民以食为天。"对于国家当政者来说，民与食乃是重中之重。如果粮食供应不足，民众无以安生，就会铤而走险，制造无休止的麻烦，挑战无法维持民生的政府。幸运的是，汉朝统治者在正确的时间做了正确的事情，从而成功地摆脱了社会危机，解决了民生问题，为后来国民经济与国力的发展奠定了坚实的基础。

2. 天下主义作为替代选择

汤因比是从宏观历史角度出发，特别关注和高度肯定汉朝的上述措施，将其视为历史性践行"天下"观的重要事件，奉其为初创的天下主义范型的成功案例。为了确证自己的结论，他阐述了过去、现在和未来彼此关联的历史方法，类似于雅斯贝尔斯（Karl Theodor Jaspers）在阐述"轴心时期"（the axial period）假设过程中所采用的过去、现在与未来三位一体的历史视域。汤因比如此阐述，可以说是意在"温故而知新"，即通过回顾过去，根据历史有效性与经验相关性，更好地理解现在乃至未来。汤因比的观点如下所述：

> 未来尚未到来，过去不复存在。因此，只要过去的记载依然存在，所记载的事件就不会改变。然而，这个不变的过去，并不总是在任何地方都呈现出相同的外观。在不同的时间和地点，它看起来都不相同；我们所获信息的增加或减少，也可能会改变过去的画面。我们对过去事件之间的关系及其相对重要性和意义的看法，将会随着在场观察者的不断变化而不断变化。同一个人先后在1897年与1973年在同一国家或地区看到的同一过去，会呈现出两种截然不同的画面。毫无疑问，这个自身同一的过去，与到2073年于中国所观察的将会非常

不同，与到 2173 年于尼日利亚再次观察的则会更加不同。①

值得注意的是，汤因比非常清楚过去的意义——过去在不同的时间和地点，鉴于不同的原因和目的，可能意味着不同的情境与意义。通过对人类状况的比较研究，汤因比不仅揭示了人类技术进步与社会表现之间的差距，而且揭示了人类作恶的物理力量与应对这种力量的精神力量之间存在的"道德鸿沟"（morality gap）。他由此得出结论：在过去五千年里，这条鸿沟就像神秘的地狱之口一样张开，导致人类自食其果。因此，人类的精神缺陷限制了社会进步与技术进步。② 人类的这种不成熟与技术成就之间的不平衡，将会造成道德领域里的诸多问题，这些问题将会大过经济领域的收益。"当今，全球范围内的一系列地区主权国家，既不能维持和平，也不能保护生物圈不受人为污染，更不能使其成为不可替代的自然资源。这种政治层面上的无政府状态，之所以不可能持续太久，是因为天下主义已经成为技术和经济层面的统一认知"。③对于天下主义如此抬举，是否是一种夸大其词的说法呢？这有待我们日后对此进行深入研究。

那么，在汤因比眼里，如何才能帮助人类摆脱上述困境呢？依据其历史方法，汤因比回顾和反思过去，尝试寻找可行的替代选择。最终，他将注意力聚焦于中国的"天下"观，将其理解为"普天之下"，将其可行性与当时特殊的文官制度联系起来。如其所言：

> 中国文官制度是天下所有文官制度中最好的制度；与任何地方的其他文官制度相比，中国文官制度能使更多的人在更多的岁月里和平有序相处。然而，一次又一次，中国文官为了个人利益而滥用权力，由此背弃了他们的信誉，将中国置于悲哀境地。现在的中国领导人已

---

① Arnold Toynbee, *Mankind and Mother Earth: A Narrative History of the World* (Oxford: Oxford University Press, 1976), p. 589.
② Arnold Toynbee, *Mankind and Mother Earth: A Narrative History of the World*, pp. 591-592.
③ Arnold Toynbee, *Mankind and Mother Earth: A Narrative History of the World*, p. 593.

经采取措施，防止此类情况再次发生。他们是否会比中国早期的改革者更为成功，这还有待观察，但他们目前的行动至少是一好兆头。如果中国人能把中国已往过失的教训放在心上，如果他们能成功地避免重蹈覆辙，那么，在人类探索历程的关键阶段，他们不仅可以为自己的国家，还可以为全人类做出巨大的贡献。①

显然，汤因比是一位人文主义历史学家。他在反思全球背景下人类的前景和命运时，表现出强烈的使命感。他的使命感不仅体现在上述论证中，还体现在他与日本思想家池田大作（Daisaku Ikeda）的对话中。该对话见于《选择人生》（*Choose Life*）一书②。此书之名借用了《圣经》里的一个神谕，即："今日我呼天唤地为你做证，我将生死福祸都摆在你面前。选择人生吧，这样你和你的子孙才能活着。"③

值得注意的是，汤因比建议人类通过思想和道德革命来选择人生，以此作为拯救人类命运的重要行动。如此看来，人类选择人生，几近于人类选择活路。汤因比推测，这种选择相当关键，因为面临如此残酷的现实，今天的人类正在走向自我挫败和自我毁灭之路。由于人类的不成熟和技术成就的不平衡威胁着人类的生存，因此有必要寻找一种人为的解决方法，以期控制全世界人为罪恶的急剧增加。作为一位颇有见地和负有使命感的历史学家，汤因比认为有必要重新审视汉代的文官制度。在国际政治、经济，尤其是文化领域，汤因比看重同情、仁慈、和平、包容与合作的思想意识。所以，他将中国的"天下"观视为天下主义范型，认为此乃人类走出危机与困境的不二法门。根据相关研究与比较分析，他对汉朝开国皇帝刘邦的统治方式和天下主义意识寄予厚望，将其看作天下主义运作践行的历史范例，并且认为全球统一可以防止全球冲突。在他看来，刘邦吸取了中

---

① Arnold Toynbee, *Mankind and Mother Earth: A Narrative History of the World*, p. 595.
② Arnold Toynbee and Daisaku Ikeda, *Choose Life: A Dialogue* (Oxford: Oxford University Press, 1977).
③ *Holy Bible* (Nanking: National TSPM & CCC, 2000), Deuteronomy 30.19.

国历史上数次事件的惨痛教训，摒弃了好战的品性和以刑罚为导向的统治方式，采用了天下主义政策来处理国与国之间的关系。与此同时，汤因比对汉代的文官制度也给予了高度评价，因为他发现汉朝在与匈奴交往中实施了天下主义原则。这些原则呼唤一种人道主义立场。该立场基于中国文化传统，一方面要求以邻为伴，把所有人当作同胞来对待，另一方面要求与邻为善，无条件地接受普世性仁德。这一种人性能力存在于爱好和平的精神之中，存在于积极参与、辛勤劳作、坚韧不拔与实践智慧等德行之中。

在我看来，汤因比所言的"中国已往过失"，虽然可能因时而异，但主要表现为中国内部因政治腐败和错误治理而导致的社会混乱。在许多情况下，这种混乱会削弱制度效能，破坏社会结构，更糟糕的是，它还会导致内战或外敌入侵，致使整个国家分崩离析，陷入灾难。

在这方面，埃里克·沃格林做出了意味深长的阐释。基于比较视野，他分析了中国和西方的天下主义，揭示了"天下"与"国"的关系。他认为，中国所言的"天下"，既不是宇宙，也不是天空下面的土地，而是人类社会的载体。在文化意义上，汉语"天下"与希腊语 *oikoumenē* 完全同义。[1] 另外，中国的天下主义特色，得自中国与人类相同一致的不间断意识。[2] 沃格林随后声称：

> 天下被组织成多种多样的国，而这些国承认各自都是天下的组成部分……虽有试图推翻和取代王朝的国，但并没有与天下为敌的国。中国关于"天下为家"的血缘关系，虽然是通过武力获得并掌握的一种权力地位，但与帝国征服完全没有联系。现存的文献让天下与诸国存在于预先建立的和谐之中。[3]

---

[1] Eric Voegelin, *The Ecumenical Age* (ed. M. Franz, Columbia: University of Missouri Press, 2000), p. 352.
[2] Eric Voegelin, *The Ecumenical Age*, p. 354.
[3] Eric Voegelin, *The Ecumenical Age*, p. 361.

在此基础上，沃格林进而考察了天下诸国之间的原始关联。他发现这种关联构成了天下意义层次的核心，故此强调天下统治的仪式和文化性相；这些性相在本质上与国家行政管理的竞争性和主导性特征是对立的。所以，"天下"与"文"有关。"文"在本质上是文化性的。最初，"文"象征图案的含义；后来，"文"被赋予字符、文字和纹饰等含义，通常涉及人类生活的纹饰或装饰性相。最终，"文"与和平的艺术发生关联，其中包括舞蹈、音乐和文学等艺术。"文"与"武"相对。和平的艺术与战争的艺术相对。"文"与"武"因为各自的运作方式或力量而相对："文"通过其美德威望的吸引力进行运作，"武"通过武装力量进行运作。在制度层面上，"王"与"霸"这两种统治类型，是进一步区分"文""武"两者含义的结果。"王"是天下统治者，为了和平共处，倾向于通过文化性的美德威望来治理国家。相比之下，"霸"代表霸权领导者，为了征伐四方，倾向于通过武装力量和战争来治理国家。于是，在不同为政策略的实施过程中，就形成了两个系列符号，即："国、武、力、霸"系列对应于"天下、文、德、王"系列。①

显然，以上所述意在通过软实力来概括"天下"的本质特征，通过硬实力来淡化"国"或"霸"权统治的本质特征。我赞同重估汉初推行天下政策的建设性优点，但需要适当考虑人类生存状况和全球现实政治。在这方面，"天下"可以被视为天下主义的核心，这关系到我们整个人类想要建立的那种念兹在兹的良好世界秩序。除了精神和情感上的内涵之外，"天下"本身可以被视为一个跨文化的概念，因为它超越了世界上所有文化或文明预设的边界或局限。此外，"天下"还可以被看作一种国际资产，用以呼吁生活在同一星球上的所有国家与民族患难与共，彼此合作。再者，天下还可以作为一个互为关联的概念，因为它要求对所有人类同胞抱有同情心或恻隐之心的人们彼此和睦相处。

不过，从微观历史角度来看，笔者发现汤因比所标举的天下主义学

---

① Eric Voegelin, *The Ecumenical Age*, pp. 361–362.

说，其潜在倾向是将特定历史时期的汉匈政坛予以理想化了。根据笔者在历史文献中所发现的结果，汉朝和匈奴之间在当时历史阶段的彼此"和洽"或合作，并不总是顺畅和平或相安无事的。事实上，双方的合作历尽曲折坎坷。面对强大善战的匈奴帝国，汉朝为此付出了沉重的政治与经济代价。除了迫使汉朝皇帝安排公主和亲之外，匈奴连年要求汉朝提供更多的贡品（如棉布、丝绸、食品和饮品、稀有奢侈品）。即便这些条件得到满足，匈奴仍旧发动零打碎敲的边界局部战事，每年数次入侵中国北部边疆，进行残暴的屠杀和疯狂的掠夺。譬如，当时号称"飞将军"的边疆守卫李广，就像一名英勇无畏、恪尽职守的"救火队长"，率部往来奔波于汉匈边界的守城之间，拼命抵抗来自匈奴军队的入侵，驱赶来自匈奴一方的野蛮抢掠者。但在实际效果上，这只是一种保边安民的应急性权宜之计，难以从根本上防止或解决这种游击式的外来袭扰、破坏、残杀与掠夺。

此外，汉朝的长期妥协，也助长了匈奴的统治野心。后者先后征服了东胡、乌孙、胡羯等20多个西域国家，同时又把月氏人与龟兹人赶出自己原来的家园。换言之，这便促成了当时匈奴游牧帝国的政治霸权，使其迅速占领了500余万平方公里的领地，这一面积大约是汉朝初期总面积的两倍之多。这样的优势和收获，使侵略成性的匈奴人不可一世，刺激他们频繁入侵华北地区。为了避免冲突和战争对抗，汉朝不得不向匈奴支付高额款项作为补偿，实则是以财物与受辱换取边境和平。因此，我个人认为，这一历史阶段所实施的天下主义，属于一种失衡模式（an unbalanced mode of ecumenism）。因为，在某种意义上，这种"模式"对匈奴的好处大于对汉朝的好处，且不论西域诸国家大多沦为匈奴的猎物这一历史事实。从地缘政治角度看，这种局面必会破坏地区稳定与政治平衡，进而引发无休无止的冲突或战争。也就是说，这种局面以小国的利益为代价，引发了丛林法则的过度运用。

古代中国有句箴言："物极必反"。在汉武帝刘彻统治时期，汉朝采取了新的政策来对抗匈奴。最初的对抗颇为艰难，成少败多，甚至危机四伏。后来的战役接连告捷，扭转危局，致使边防稳固。汉军前后经过六次主要的艰苦战役,最终挥师远征,封狼居胥,将拒绝招降的匈奴部落逐出靠近中国边境的地区,将其驱至遥远的漠北一带(今蒙古国北部)。正是在这样的情况下,汉朝减轻了沉重的外敌入侵压力,确保了长城北段地区的安全,恢复了真正意义上的完整主权。① 所以,直到汉武帝刘彻治下的兴盛时期,一种平衡的天下主义模式(a balanced mode of ecumenism)才得以建立。这有助于"凿空西域",开辟丝绸之路,与更多国家进行贸易和文化交往。汉代(包括东汉)的丝绸之路,在其鼎盛时期,穿过古代西域36国,先延伸到中东,后延伸到罗马。

但要看到,作为中国政治文化史上的首次成功实践,"天下"政策在汉匈关系的运用过程中本身是国际性的,是惠及双方的。这种政策维持了70余年,在此期间促进和维系了双边的和平。由于地缘政治和民族原因,以汉匈关系为特征的不平衡模式,不可能永远持续下去。取而代之的平衡模式,有助于开辟丝绸之路,联系更多国家,使更多民族在双边贸易、经济互动、文化交流与国际合作中受益。从那时起,中国在处理国际关系时,一直将"天下"政策视为意识形态的重要组成部分,并在互惠条件下广泛实施以邻为伴、与邻为善的外交策略。在历史上,当中国足够强大和开放时,就会持守这一政策;而当中国陷入内乱和急剧衰落时,就无法持守这一政策。但要看到,"天下"政策也会成为一种政治修辞或口惠巧言。在中国悠久的历史长河中,某些阶段的兴衰沉浮,可以证明这种异常现象。在这方面,可以参考从7世纪到20世纪初的唐、宋、元、明、清各朝的实际情况。

3. 和谐论作为关键驱动力

这里的问题是:天下主义的根本动因到底是什么?换句话说,促进和

---

① 司马迁:《史记·匈奴列传》。

推动天下主义策略的关键驱动力到底是什么？汤因比倾向于将其归因于"仁慈感"，自认为这种"仁慈感"使人以公正的奉献精神去爱护和服务所有人类同胞。故此，他宣称天下主义基于"同情感"而存在。这种"仁慈感"结合了两种爱：一是"个人之间通过相识所激发的爱"，二是"凭借共同人性对所有人类同胞产生的爱"。①

我们知道，这种"仁慈感"与孟子所言的"恻隐之心"一般无二。事实上，源自孔子所倡"仁"德的"恻隐之心"，通常在孟子那里被界定为"仁之端也"。在原典儒学思想中，"仁"意指仁爱，在英语里常被译为 humaneness, human-heartedness, benevolence, kindness 和 love 等。"仁"的学说及其与德行的联系，在很大程度上建基于双重理据：仁爱理性与情感本体。"仁"需要情感参与，追求普遍之爱（泛爱），自身包含一种美德修养过程。所谓仁爱，首先指向家庭成员，然后延伸到邻里或家国，最后扩展为爱护天下万物。

具体地说，汉字"仁"本身是象形结构，由两部分组成，左旁为"人"，右边是"二"。其含义显而易见，涉及至少两个人类个体之间的互惠关系，由此自然会引出符合共同利益的互惠性原则。此原则涉及相关个体充分享有的共同利益。通常，为了践行仁德，需要以仁爱理性来指导行为和确保善意。在儒家传统中，"仁"德深深根植于情理融合之中，其结果就是情理不分的心理习惯。"仁"德诉诸仁爱理性，主要是通过情感参与或情感融入来发挥仁慈或仁爱作用。一般说来，任何形式的理性行动，如果没有考虑情感本体与情感期待，那在许多情况下就会成为无本之木，或悬于理想，或囿于抽象，或失之偏颇，或令人沮丧，或徒劳无果。要知道，人类本性与生俱来是由情、理两部分组成的二元维度，在此可称其为情感维度和理性维度。此两者唯有相辅相成，方可构成相对整全的人性，促成合情合理的德行。

与"仁"德相关的"泛爱"（泛爱众）或普遍之爱，是一个由近而远的发

---

① Arnold Toynbee, *Mankind and Mother Earth: A Narrative History of the World*, pp. 594-595.

展或修为过程。它始于爱亲人，继而爱邻里，继而爱国人同胞，继而爱天下大众，继而爱护世上万物。其所因循的逻辑序列，就是孟子所说的"亲亲而仁民，仁民而爱物"。此说无疑昭示出中国传统的根本支点，其将家庭奉为亲情和社交的核心。从这个核心出发，家庭之爱基于由近而远的亲疏关系，逐步扩展或辐射到所有人类同胞。有鉴于此，只有通过培养利他主义，才会使仁爱精神得以持守或升华，才会使家庭之爱超越自家限度而成为人类之爱，由此上达"泛爱"的境界，也就是儒家所倡仁爱的最高境界。"泛爱"或普遍之爱，必然同爱护和珍惜天下万物的行为相联系。如今，这种"泛爱"精神时常依据现代天下主义和生态环境保护的立场予以阐释，因此具有普遍性、包容性以及人与自然的和谐共存性或有机融合性等特质。

"仁慈感"或"恻隐之心"与"仁"德的联系，对于协调人与人之间的关系和促进社会的凝聚力至关重要。相比之下，"泛爱"的观念显然是理想性超过现实性的超拔设定。"和"的观念则在人类的社会实践中兼备现实性与可行性。因此，无论是过去还是现在，"和"都可以被视为促成"天下"政策及其践行实施的关键驱动力。我认为"和"是天下主义固有的逻辑要求和正当的目的性追求。实际上，"和"包含"和洽""和谐""协和""和合"与"和平合作"等意涵。该理念最早出现在古代礼乐文化中，作为一个音乐术语，一方面用来协调各种乐器发出的各种声音，另一方面用来协调音乐与舞蹈的节奏性编排，由此构成和谐的艺术化整体，以便用于艺术教育，达到移风易俗与开启民智的目的。久而久之，人们赋予"和"更丰富的内涵，继而发展出"和谐论"，将其应用于艺术、政治、社会和道德等诸多领域。例如，战国时期，大国与小国之间冲突与战争频仍，为了维持社会秩序和人类生存，"和"被提升为中国的政治理想之一。此后，"和"一直得到推广，相继孕育了贵和的传统意识与和谐理论。

究其本质，现代意义上的和谐论，旨在联结、调整与协和不同的组成部分，或助推国家各行各业人士相互协作，或助推地球村里所有民族国家合作共赢。在大多数情况下，和谐论作为一种思维方式与处事方式，主要表现出如下倾向：利用不同特征促成相互服务与相互成就的利他性活动；利用相互对立与相互协助的因素达到求同存异与互利共赢的建设性目的。质而言之，和谐论强调"和而不同"，旨在化解矛盾或避免冲突。从社会学角度来看，和谐论提供了一种协调人际关系的策略。从目的论角度看，和谐论可谓天下主义的基本理据，追求"国泰民安"这一终极目标。自不待言，"国泰民安"是一种社会政治抱负，是中国从古至今孜孜以求的社会政治抱负。

总之，"和"不仅代表儒家目的论中"仁政"的最终目的，而且代表中国思想中和谐论的至要基质。在儒家思想中反复强调的贵和意识，乃是中国历史上政治意识形态的重要组成部分。源自贵和意识的和谐论，在本质上是爱好和平，是以注重互惠、关切彼此与合作互动为基础。尤其自汉代以降，为政者始终追求国内社会稳定与域外国际和平。因此，和谐论符合互惠性理据，可助推天下主义在国际关系中促成和平共处与互相协作的有利局势。而且，和谐论在很大程度上归因于实用理性①，其关切对象就是如何回应功利主义的诸需求。据此，和谐论希望通过平等对话和协商谈判的方式，确立相互和洽的合作关系和彼此接受的实施方法。这种学说内含的贵和意识，迄今在中国依然具有鲜活的影响力，因为它深深植根于关涉社会政治事务的意识形态之中。从理论上讲，和谐论的核心内容，体现在某些典型的"和"之模式之中，这些模式具有各自不同但又彼此互动的特征。②我们在此不妨简单考察范导、辩证、整合与接受这四种模式，因为它们与天下主义有着特殊的关联性。

首先，从礼乐文化的角度看，"和"的范导模式强调了和谐理政或良治仁政的思想原理与重要意义。不过，和谐（和）自身不能单独作为指导方针，而是需要诸如礼仪（礼）之类的辅助性工具。这里所说的礼仪，意指法律法规、制度体系、风俗习惯与行为准则等等。"礼"（礼仪），在儒家看来

---

① Wang Keping, *Rediscovery of Sino-Hellenic Ideas* (Beijing: Foreign Languages Press, 2016), pp. 159—165.
② Wang Keping, *Rediscovery of Sino-Hellenic Ideas*, pp. 111—112, 119—134.

是至关重要的治国或牧民工具,如《礼记·礼运》所述:"夫礼,先王以承天之道,以治人之情,故失之者死,得之者生。……必本于天,肴于地,列于鬼神,达于丧祭射御、冠婚朝聘。故圣人以礼示之,故天下国家可得而正也。"① 至于"和",从儒家目的论上讲,是以礼治国的终极追求,也是中国政治文化的最高成就。原则上,"和"旨在实现或确保和平秩序与国泰民安,特别注重社会进一步发展的可能性与必要性,希冀社会的每个成员,无论老少孤寡残疾,都各尽所能,各有所养,过上善好的生活。② 《论语》对"和"的比喻性描述如下:

> 礼之用,和为贵。先王之道,斯为美。小大由之,有所不行。知和而和,不以礼节之,亦不可行也。③

为何如此呢?据史料记载,中国古代的礼制在祭祀祖先、崇拜神灵、朝廷议事、婚丧嫁娶、骑射会饮等许多场合中,都是作为一种表演艺术来使用的。表演不仅包含具体仪式,还包括音乐舞蹈。在实际操作过程中,和谐是在多样统一中所要达到的最高目标。其魅力取决于采用适当的礼数仪式,选择适当的乐曲乐器,安排正确的舞者队列数额。然而,和谐的艺术效果应该超越审美鉴赏,以象征方式扩展到政治实践与社会和谐等功用领域——这里面与和谐息息相关的是人性化的领导能力与高效率的团队合作。

在孔子看来,"和"是仁政领导的基石,正像"和"在音乐中的作用一样。"和"能协同上下级,有助于发展社会各界的协作关系与凝聚力。这便是古代圣王规定和珍视和谐的主要原因。在特定情况下,为了确保和谐的功能,他们通过礼仪来对其进行调节和辅助。这一切表明,若要对"和"做

---

① 参阅胡平生、张萌注:《礼记·礼运》,北京:中华书局,2017年。
② 在中国原典儒家所倡的政治文化中,有偏于理想的"大同"社会,亦有偏于现实的"小康"社会,这两者对于民生的考虑,虽层次不同,但目的相似。参阅《礼记·礼运》。
③ 《论语·学而》1·12。参阅 The Four Books (trans. James Legge, Changsha: Hunan Press, 1995)。

出真正合理与恰当的评估，不仅需要把礼仪看作是一种制度法规和行为准则，而且需要考虑根据具体情况发挥作用的正确性原则。否则，如果只是为和而和，一味机械地将所有差异同一化，那样就会导致千篇一律、徒劳无功的结果。

论证至此，至少会有两个疑问：为什么"和"被赋予如此重要的意义？为什么要区分"和"与"同"呢？为了回答第一个问题，让我们转向"和"的辩证模式。这种模式要求明智地处理事物对立面之间的互动关系，其所遵从的原则就是协和或调和对立双方所造成的矛盾或冲突。恰如宋代思想家张载的建议："有象斯有对，对必反其为；有反斯有仇，仇必和而解。"[1]这一建议包含辩证方法论。其思路遵循如下逻辑序列：任何地方都存在可以想到的事物形态（象）；这些事物中必然客观地存在着对立的双方（对）；这些对立的双方不仅是相互依存的，而且各自功能是相互作用的。于是，它们在本体论意义上是彼此共存的，同时在动力学意义上是相互对立的（反）；当它们相互对立的力量增长到一定程度时，就会引发或导致冲突的张力（仇）。

张载认为，若通过和谐或和解的方式（和）使对立的双方达成统一，就可以消除或减少冲突的张力。在此情况下，对和谐或和解的强调，与中国思维模式中关注对立或差异的统一或趋同这一传统惯习相应和。在这里，人们认为解决冲突张力的最终方式，就隐含在和谐的力量之中。值得注意的是，这一逻辑并不适用于从外部进行人为干预的自然界。相比之下，它更适用于人类世界的诸多领域。在这些领域中，一味追求各种私利与欲望的满足，可能会导致个人、家庭、社区、公司、种族、民族和国家之间的冲突。鉴于其实际应用性，和谐论的实质时常被视为一种解决冲突或让冲突双方和解的方法论哲学基础。

现在，让我们来回答第二个疑问，这涉及"和"与"同"之间的区别。人们认识到，"和"的观念倾向于容纳与调和诸种差异，为的是建立共同或共

---

[1] 张载撰，王夫之注：《张子正蒙注》，页25。

享的基础;"同"的观念倾向于拒绝任何差异,为的是用一种模型来统摄所有差异。在这一点上,我们将转向"和"的整合模式及其相关特征。整合模式不仅强调"和"与"同"的区别,而且要求在共同的追求中将各种要素按比例整合或融通起来。晏婴曾用羹喻来形象地说明"和"与"同"这两个彼此对立的范畴。①

如羹喻所示,无人能用单一的原料烹制一道美味的羹,也不能单凭一个音符谱写一首美妙的乐曲。唯有使用多种食材,加上不同调料,才能烹制出更为美味、更为诱人的羹。其特点是将甜、酸、苦、辣、咸五种口味适当而有机地调和在一起,每一种口味都保留了各自特有的个性,但同时又能与其他口味融为一体,这样便使所有口味变得更加丰富,更加令人愉悦。同样,由宫、商、角、徵、羽五音组成的综合旋律,对应于1、2、3、5、6五个音阶的规律性变奏,这样才会谱写出美妙悦耳的乐曲。总之,在隐喻意义上,羹喻表现出和谐的多样统一性。这说明依据和谐原则,适当加入更多成分,有利于创造出更好的结果。故此,"和"的范畴所暗示的意义,要多于羹喻所显现的东西。

譬如,"和"体现出一种互补关系,在此关系中,所有组成部分都是有机互动和彼此互利的。这不仅见诸羹和乐的制作上,也见诸统治者和被统治者合作处理国家事务上。虽然双方观点相左且判断不同,但彼此都应按

---

① 王守谦等译注:《左传全译》,贵阳:贵州人民出版社,1992年,页1303。《左传·昭公二十年》载:十二月,齐侯田于沛,招虞人以弓,不进。公使执之,辞曰:"昔我先君之田也,旃以招大夫,弓以招士,皮冠以招虞人。臣不见皮冠,故不敢进。"乃舍之。仲尼曰:"守道不如守官,君子韪之。"齐侯至自田,晏子侍于遄台,子犹驰而造焉。公曰:"唯据与我和夫!"晏子对曰:"据亦同也,焉得为和?"公曰:"和与同异乎?"对曰:"异。和如羹焉,水火醯醢盐梅以烹鱼肉,燀之以薪。宰夫和之,齐之以味,济其不及,以泄其过。君子食之,以平其心。君臣亦然。君所谓可而有否焉,臣献其否以成其可。君所谓否而有可焉,臣献其可以去其否。是以政平而不干,民无争心。故《诗》曰:'亦有和羹,既戒既平。鬷嘏无言,时靡有争。'先王之济五味,和五声也,以平其心,成其政也。声亦如味,一气,二体,三类,四物,五声,六律,七音,八风,九歌,以相成也。清浊,小大,短长,疾徐,哀乐,刚柔,迟速,高下,出入,周疏,以相济也。君子听之,以平其心。心平,德和。故《诗》曰:'德音不瑕。'今据不然。君所谓可,据亦曰可。君所谓否,据亦曰否。若以水济水,谁能食之?若琴瑟之专一,谁能听之?同之不可也如是。"另参阅汤化译注:《晏子春秋》,页459—460。

照和谐原则推己及人，站在对方立场上全面考虑问题。此时，为了寻求共同利益，需要恰当结合积极方面，暂时悬置消极方面；如此一来，"和"在理政实践和决策过程中，就有助于减少错误行为，增加正确行为。因此，在中国领导艺术和政治哲学中，"和"始终被珍视为最高策略。相反，如果朝臣盲目追随统治者，下级盲目服从上级，双方看似取得一致意见，达成虚假之"和"，但在真正意义上仍属于"同"或"同而不和"。这样做出的决定或决策，从实际情境来看，或失之偏颇，或属于误导。继而从实际效果来看，"同"的上述特征会导致过错，"和"的上述特征会造就成功，两者实则迥然有别，甚至背道而驰。

不可否认的是，羹喻所示的融合策略，隐含一种转化性创造的动态过程。在此过程中，所有相关元素都经历了转化性融合，即在维系各自身份的同时，也产生了化合作用。譬如羹喻所述，盐溶于羹，但其味犹存。此外，盐还与醋、糖等其他成分混合在一起，产生出更为特别和更加美味的东西。这一过程本身，的确是创造性的。它是将多样性融入"和"的形式及其效应之中，而不是将其纳入"同"的形式及其效应之中。一般说来，和谐化形式中的多样性，显示出不同元素的兼容性，而这些不同元素不仅是必要的，而且是不可或缺的。因此，和谐化形式能够构成一个有机整体，在此整体中，不同元素发生转化，相互作用，展现出新的活力，并在一个重建和循环的系统中催生新生的事物。这一过程涉及连锁反应与可持续发展。相反，同一化形式中的同一性或一律性，拒绝任何差异，只接受相同的东西。故此，同一化的特征，就是将所有元素的相同性机械相加，其中既无催化作用，也不产生化学变化或结合体。正如羹喻所示，单一的配料不会让任何东西变得丰富或诱人。所以，同一化模式中的同一性是静态的、短暂的，而和谐化形式中的多样性则是动态的、长期的。此乃"和实生物，同则不济"的规律使然。

与整合模式相联系的是接受模式，所依据的是"和而不同"的原则。这一原则包含一种道德意味，关乎君子与小人之别。按孔子所言，"君子和而不同,小人同而不和"①。意思是说君子与人相处融洽,从不盲从;小人无视和谐原则,一味盲从。由此可见,君子依据"和而不同"的原则处世,小人根据"同而不和"的法则行事。"和而不同"的理据,在本性上是包容性和宽容性的,因为它会接受有差异的且有建设性的组成部分,会追求多样的统一,反对一凌驾于多的霸权支配行径。相反,"同而不和"的法则是排他性的和不容异说的,因为它只接受完全相似的组成部分,拒绝异中求同,厮守千篇一律。举凡盲从之人,通常会在行为上追随与自己信仰、嗜好、身份与价值观念相投的他者,在无视"和"的性质与公正德行的情况下,与这些气味相投者结成小集团或小团伙。相反,君子从不如此行事,因为他们会推己及人,为他人着想,寻求共同利益。小人则不然,他们只关心个人利益,不在乎其他事情。他们无视公共伦理,只与排外的团伙或帮派成员混在一起,从不在乎其他社会成员的感受,也无意为社会尽其分内之责。换言之,小人自私自利,心胸狭窄,只认"同"的理念,仅会接纳自己团伙内部的成员,仅会遵奉他们共享的爱好,以此确保他们的身份认同和专属利益,不愿承担涉及社会共同利益的义务。简而言之,他们不会欣赏也不会理解真正意义上的"和"。这种"和"恰如一种道德律令,一种建基于仁、义与互惠性关爱的道德律令。君子对此不仅是"知之者",而且是"好之者",更是"乐之者"。与君子相悖的是,小人会扭曲真"和"的本意,会将其强制为自己偏好的"同"。因此,我们可以得出这样的结论:"和而不同"的理据会以积极的方式构成包容性的和谐主义,"同而不和"的法则会以消极的方式导致排他性的团伙主义。

再者,"和"与"同"这两个范畴,意指两种不同的道德取向。"和"的范畴侧重追求社群的公益,是以"仁""义"为基础的。唯有个人修养达到"君子"的最高境界并且超越个人的利益追求时,"和"才会成为可能。"同"的范畴侧重追求个人的好处,是由个人欲求和利益所决定的,是以牺

---

① 《论语》13·23。Cf. Confucius, *The Analects of Confucius* (trans. Cai Xiqin and Lai Bo, Beijing: Sinolingua, 1994).

牲他人的利益为代价来满足自己的私利。此外,无论是"和"还是"同",分别暗示一种以价值判断为预设条件的手段。也就是说,"和"旨在整合协调某些事物,将其导向一个更高的目的,这一目的关乎具有集体意识的多数人;"同"意在将一种范式强加给所有事物,将其导向一个较低的目的,这一目的关乎以自我为中心的少数人。如此看来,君子作为有德者,会在合理的基础上说服人和取信于人。他们会以最适当的方式尽可能全面考虑事情。他们既有能力,又值得信赖,因此会赢得他人的支持、尊重、合作甚至服从。小人作为利己主义者,为了倾力满足一己私利,总是想把自己的意志强加给他人,总是想借助武力把团伙的心理与行为同一化。若其不然,他们就会改变策略,假装唯唯诺诺,取悦周围同伙,不惜牺牲公正原则,造成关系和洽的假象。这样的关系实则是虚假和短命的,因为它掩盖了小人的真正意图——达到个人目的和满足个人需要。因此,这种人被孔子称为"乡愿"(表面诚实谨慎,实则伪装骗人、利欲熏心)。这类"乡愿",本性是"德之贼也",会毁掉一切美德。①

综上所述,可以得出如下结论:"和"的四种模式是以促成合作的方式来应对各种分歧、矛盾甚至冲突。因此,这四种模式可以说是运用天下主义的基本原则。它们作为和谐论的主要构成部分,通常可被理解为天下主义背后的关键驱动力或不可或缺的先决条件。比较而言,范导模式和辩证模式属于社会政治意义上的方法论,其目的是通过仁政或人性化良治,达到协调人际关系和稳定社会秩序的终极目标。整合模式和接受模式属于一般实践意义上的方法论,其目的在于整合具有差异和具有建设性的组成部分,以此促成多样的统一(和谐),同时避免武断的"一"凌驾于和合的"多"。举例来说:如果我们生活在一个支离破碎、幸福指数低下的世界,我们可以转向"和"的范导模式,一起共同努力,为所有人建立一个和谐的世界。如果我们需要解决频繁的冲突,我们可以借鉴"和"的辩证模式,将其当作一种可能的替代方案。这虽然不能完全消除所有冲突,但至少可以

---

① 《论语·阳货》17·13。Cf. Confucius, *The Analects of Confucius* (trans. Cai Xiqin and Lai Bo).

减少冲突的频率，造就一个更为宜居的世界。面对如此众多的差异和对立，我们也可考虑运用"和"的整合模式，借此创构某种超越性的、更令人愉悦的东西。如果我们必须在社会甚至国际交往中应对短暂的误解和温和的偏见，我们也可以借助"和"的接受模式，加强跨文化交流，助推移情性反应。可以肯定的是，在所有这些领域，人类有更多的事情要做，唯有这样才能逐步改善这个存在诸多问题的天下，才能逐步改善全人类困顿的生存状况。

天下主义的运行，归根结底是由文化来决定的，其背后的驱动力在很大程度上可归因于和谐论。按照汤因比的观点，天下主义是维护和平与秩序的替代选择，这对当今的全球治理具有重要意义。不消说，推行天下主义绝非一件易事。早期道家就曾建议，"天下难事，必作于易"。因此，为了人类共同的未来，首先要从思想观念入手，培养和提升各国人民对天下主义的认知觉解与践行意识。其后，应采取具体行动，推动多边对话，促进政治共识，设置实践指南，建立制度机制，参与各种必要的合作。所有这些行动，都应循序渐进，而非突发激变。

五　趋向智慧人生之道①

老子通常被视为年长于孔子(前551—前479)的同时代人，是率先创设"道"这一哲学概念的中国古代思想家。此"道"乃道家学说的基石。② 事实上，老子哲学思想中所论述的焦点就是"道"，其哲学思想的推进是随着他对这一概念的阐释而展开的。汉语"道"的字面意思是指"道路""路径"或"方法"。基于这一意义，"道"在哲学中被赋予一种隐喻含义，通常代表"人之道"和"天之道"。就此而言，前者主要意指人的道德行为规范等，后者主要意指宇宙万物衍生化育的基本规律等。在实际思索与运作中，两者虽然互为表里，但后者一般高于前者。从老子的整个思维方式来看，"道"的含义超出了伦理和社会领域。人们发现，其引申性含义，涉及宇宙的起源、万物的根基、自然变化和社会发展的规律、治国理政与用兵征伐的谋略，尤其是人类生存的智慧或真理，等等。这就是说，"道"的范围由此扩充，既涉及人间诸事的经营治理——统称为"人之道"(人道)，也关乎宇宙万物的变化发展——谓之为"天之道"(天道)。

简而言之，"道"可被视为老子全部哲学理念星丛的内核。其最为错综复杂也最引人入胜的地方，在于"道"的内涵随其所用的不同语境发生变

---

① 本文原用英文撰写，作为附录收入作者的首部英文论作 *The Classic of the Dao: A New Investigation* (Beijing: Foreign Languages Press, 1998)。后由陈昊博士将其译为中文。鉴于中英文表述方式的差异，作者对中译稿进行了适当的调整与改动。
② 在中国思想史上，道家或道学(Daoism as a philosophy)有别于道教(Daoism as a religion)。Cf. Fung Yu-lan, *A Short History of Chinese Philosophy*, in *Selected Philosophical Writings of Fung Yu-lan* (Beijing: Foreign Languages Press, 1991), pp. 193-198. 另参阅王明：《道家和道教思想研究》，北京：中国社会科学出版社，1987年。

化。这主要是因为《道德经》本身采用了独特与诗性的表达形式,包含诸多寓意、明喻、隐喻、格言、警句以及对世道人生极富启发性的洞察等等。老子的思辨性表达是暗示的或隐性的,而非明示的或显性的;他对问题的观察透视是发人深思的,而非教条武断的。鉴于上述原因,老子的思想或理智智慧(intellectual wisdom),体现为一种诗性智慧(poetic wisdom)。所以,为了辨识和体验老子以微妙与想象方式所表达的要旨,我们需要紧密因循他的思路。这当然不是贬低所有文本细读和语境分析的重要性,因为这类做法也有助于我们理解这位诗人思想家以及他对"道"这个深奥概念的沉思默想。

在另外一篇介绍性文章里,我曾尝试从以下八个向度来归纳老子的"道"论,即:宇宙之道,辩证之道,人生之道,天人之道,修养之道,为政之道,用兵之道,和平之道。① 在这里,我将集中讨论老子所论的人生之道,关注重点是三种智慧范畴与人类生存状况。

1. 参照框架:人道、天道与圣人之道

改革开放初期,大多数中国公民已然摆脱封闭与空想的枷锁,能够打开窗户去窥视外部的世界了。结果,他们惊奇地发现了这一严酷事实:他们的物质文明已远远落后于西方世界,他们因此深深感叹自己曾在极左意识的狂热之中生活了太长时间。接着,在20世纪70年代晚期开启的改革进程中,经济奇迹随之出现,生活水平明显提升,但是,许多社会文化心理问题也随之产生。同西方人一样,中国人也把竞争意识当作致富、强大和繁荣的关键所在。无可否认,竞争法则有效地推动了经济增长,经济增长继而使大众获益良多。不过,竞争法则在有些地方被推向极端,在有些

---

① Wang Keping, *The Classic of the Dao: A New Investigation* (Beijing: Foreign Languages Press, 1998), pp. 1-21.

地方造成不义现象，由此导致了诸多恶性竞争、自私自利、不平等、不正义、受挫与焦虑等社会治理问题与社会文化心理问题。遭受这些问题困扰的人们，虽然摆脱了极左意识的精神枷锁，很快就发现自己被置于物欲的桎梏之中。当我们反思这一情境时，不禁想起老子所言的"人之道"——以竞争、攫取、自私、不公平与不正义为特点的"人之道"。具体而言，老子在《道德经》里将这种"人之道"概括为"损不足以奉有余"。①

"人之道"的类似情境，可以上溯到中国春秋战国时期的历史语境。在当时，为了攫取或占有土地、权力、财产，各个诸侯国之间的矛盾与冲突频频发生。故而，对于作为社会规范与道德准则而普遍施用的"人之道"，老子痛加诘责其消极性相。在他看来，这种"人之道"类似于现代流行说法"丛林法则"。

老子认为，人类社会通常将上述"人之道"视为理所当然的做法。一旦其成为众人的行为规范，就必然引发尔虞我诈或贪婪无度的做法，必然导致人剥削人和阶级分化的恶果，进而造成人与人之间的恶斗或冲突，最终使社会陷入动乱与苦难之中……总而言之，这将颠覆社会与道德秩序，由此造成恶性循环。

比照"人之道"的消极方面，老子举荐"天之道"这一解毒剂。在《道德经》第七十七章中，他这样描述"天之道"：

> 天之道，其犹张弓与？
> 高者抑之，下者举之；
> 有余者损之，不足者补之。
> 天之道，损有余而补不足。
> 人之道则不然，损不足以奉有余。
> 孰能有余以奉天下？

---

① Wang Keping, *The Classic of the Dao: A New Investigation*（附录《道德经》修订本）. 另参阅陈鼓应注译:《老子注译及评介》，北京：中华书局，1988年，页346。

唯有道者。①

基于对嬗变、更替、盛衰、时空万物流转这些自然现象的直觉性和经验性的观察分析，老子从中推衍出自己的上述结论，并且确信"天之道"的存在及其卓越的德性。作为自然规律的"天之道"，不强迫、不凌驾、不盲目、不妄为，而是因任万物各适其性、各成其身。在人们的想象中，"天之道"的运行方式，就像是滋养万物的宇宙心灵。值得注意的是，"天之道"也反映于老子的这一观点，即："天地相合，以降甘露，民莫之令而自均。"这可以看作是深植于中国人社会文化心理中的平均主义（egalitarianism）或财产均分思想的来源之一。当然，人们在称赞"天之道"的所作所为有可能促进社会稳定性的同时，也不应忽视它会阻碍经济发展的潜在影响。

《道德经》指出，"天之道"和"人之道"截然两分。前者在德性意义上，自我彰示为自然、无私和公平的象征；后者则恰恰相反，是人类文明的消极产物。从相关语境来看，"天之道"不唯是对"人之道"的拒斥，而且是一种终极标准或参照框架。这即是说，"天之道"被理想化为一种供人效仿、追随和遵照的范本。老子之所以提出这一观点，或许是因为他对当时频遭灾变之苦的百姓深表关切与同情所致，这当然也是老子进一步强调"天道无亲，常与善人"②的原因所在。有鉴于此，与"人之道"完全对立的"圣人之道"便应运而生。如其所言：

圣人不积，
既以为人己愈有，
既以与人己愈多。

---

① 老子：《道德经》第七十七章，见 Wang Keping, *The Classic of the Dao: A New Investigation*（附录《道德经》修订本）。另参阅陈鼓应注译：《老子注译及评介》，页346。
② 老子：《道德经》第七十九章，见 Wang Keping, *The Classic of the Dao: A New Investigation*,（附录《道德经》修订本）。另参阅陈鼓应注译：《老子注译及评介》，页354。

> 天之道，利而不害；
> 圣人之道，为而不争。

根据老子的说法，"圣人之道"的典型德行就在于"为而不争"。① 我个人认为，"圣人之道"是"天之道"这棵树上结出的果子。但是，此树此果是由"善人"或"有德之人"所种植、所收获，而非"无德之人"所欲为、所能为。所谓"善人"或"有德之人"，亦如老子所言的"唯有道者"，即奉行"天之道"和践履"圣人之道"的真人、圣人。这类人属于纯粹意义上的给予者（the giver），自身具备特有的博爱、慷慨和助人为乐等美德。这类人少私寡欲，乐善好施，持守独特的"舍得"哲学，坚信"既以为人己愈有，既以与人己愈多"的善报理念。他们所言的"愈有"与"愈多"，与其说是物质上的，不如说是精神上的，因为他们不仅"知足"，而且"知足之足，常足矣"，不会日与心斗，时与人争，总想占便宜，总怕吃亏。简而言之，他们"燕处超然"，已经进入超功利、超物质和贵精神、尚自由的境界。总之，"圣人之道"实乃"天之道"在人类实践活动中取得的积极成果。按照老子的建议，所有人唯有遵循道家的"圣人之道"，习仿道家的圣人之德，人与人之间才会享有和谐和睦的关系，社会才会因此而安平乐泰，秩序才会因此得到维系。

另外，借用冯友兰的话说，"圣人之道"是做人的最高成就。② 这可以说是上达"天人合一"的境界。如前所述，"天人合一"观贯穿中华思想史的始终，我们往往将其追溯至孟子（前372—前289）③或董仲舒（前179—前

---

① 老子：《道德经》第八十一章，见 Wang Keping, *The Classic of the Dao: A New Investigation*（附录《道德经》修订本）。另参阅陈鼓应注译：《老子注译及评介》，页361。
② 冯友兰：《中国哲学简史》，北京：新世界出版社，2004年，页6。
③ 孟子：《尽心上》，见杨伯峻译注：《孟子译注》，页301、305。孟子在此先提出"尽心、知性、知天、存心、养性、事心"等理念，后论及"君子所过者化，所存者神，上下与天地同流"之说。

104)那里①。我个人以为,"天人合一"观更可上溯到老子或《易经》。② 在《道德经》第二十五章里,老子列举了"域中有四大",包括道、天、地和人。按其所言:"人法地,地法天,天法道,道法自然。"③在这个语境中,以自发性的自然而然为特点的"道",是超越人类知觉的最高、最隐秘的原理;天和地合起来意味着自然或宇宙。通过循道而行,人与自然(即天和地)合而为一。在第二十三章中,老子用更为直白的语言指出:

> 故从事于道者,同于道;
> 于德者,同于德;
> 于天者,同于天。
> 同于道者,道亦乐得之;
> 同于德者,德亦乐得之;
> 同于天者,天亦乐得之。④

在这里,从事"于天者"显然是指人,"天"则指自然或宇宙。人与天、道的合一,无疑是相互感召、互动互惠所引致的至乐境界。由于中华文化本质上是非宗教性的,因此,"天人合一"的学说就显得尤为重要。中国人追求超道德价值或"内在超越",正是在很大程度上受到"天人合一"观的启示,他们将其视为追求理想的精神生活的指导原则。在新道家、新儒学和现代思想中,这一原则本身不断得到重思、阐释与推进。如今看来,我们可从多个向度来重估与反思"天人合一"思想,譬如精神、审美、社会、环境、伦理和国际关系等向度。可以说,"天人合一"观本身,仿佛是一艘

---

① 董仲舒:《阴阳义》,见《春秋繁露》,页71。原文为"以类合之,天人一也。……天人同有之,有其理而一用之,与天同者大治,与天异者大乱"。
② 有关《易经》里的天人合一思想,刘述先在相关文章中对其进行了比较细致的论述。参阅刘述先:《儒家思想与现代化》,北京:中国广播电视出版社,1992年。
③ 陈鼓应注译:《老子注译及评介》,页163。
④ 老子:《道德经》第二十三章,参阅古棣、周英:《老子通》上部,长春:吉林人民出版社,1991年,页632。

"救生船"得以抛锚的港湾。它主要关注的是人生在伦理意义上的修养和升华，在精神意义上的目标追求与定位。我认为，早期道家的"天人合一"思想，更多强调的是自我与自然的合一，是对自发性的自然而然状态的重视，是对绝对精神自由的无条件追求。从美学角度来看，它主要是指有限的个人生命之流与无限的宇宙变化之流之间发人深思和富有灵感的互动关系，这通常发生在一个人的情感世界内部，尤其是当他凝神观照自然外物之际。这种互动关系促进了生命意义上的双向投射、强化和升华。在社会意义上，它主要意指个体适应团体，更多强调的是和谐人际关系的发展过程以及与之相应的整个社会的共同进步。这其实等于实现人际关系中的"融合"或"和谐"。从环境角度考虑，它指导人类重思自身在大自然或宇宙中的适当地位，由此强化人类的环境保护意识，反过来，这也将提高一般意义上的人类生活质量。①

究其本质，"圣人之道"的根本特征在于规避竞争。按照老子的意思，这种"不争之德"就是"配天古之极"，② 意指与"天之道"相匹配、相适应。因此，举凡得道之圣人，就会深切地认识和履行如下建议："欲上民，必以言下之；欲先民，必以身后之。是以圣人处上而民不重，处前而民不害。是以天下乐推而不厌。以其不争，故天下莫能与之争。"③鉴于此，"故无尤"④。

话说回来，老子对"圣人之道"的倡导尽管言者谆谆，但在严酷的现实面前不过是一种美好的愿景而已。不过，这未必意味着在我们生活的社会当中，也就是在这个充满激烈竞争和问题重重的社会当中，上述愿景并不包含任何教育、心理与道德意义上的启示。

---

① 王柯平：《社会发展与天人合一说重估》，见《北京第二外国语学院学报》第2期，1995年4月。该文是以1994年为"社会发展与东方文化"（Social Development and Oriental Culture）北京国际会议提交的发言稿为基础补写而成。
② 老子：《道德经》第六十八章，见陈鼓应注译：《老子注译及评介》，页321。
③ 老子：《道德经》第六十六章，见陈鼓应注译：《老子注译及评介》，页316。
④ 老子：《道德经》第八章，见陈鼓应注译：《老子注译及评介》，页89。

2. 追求圣德：实用智慧与圣人智慧

从上述中可以看出，与老子所言的"天之道""人之道"和"圣人之道"相应和的是三种智慧，即神性智慧（divine wisdom）、实用智慧（practical wisdom）和圣人智慧（sagely wisdom）。具体而言，"天之道"体现的是神秘沉奥的神性智慧，"人之道"体现的是世俗的实用智慧，"圣人之道"体现的是某种超越性的圣人智慧。如前所言，神性智慧是建立在人对自然现象人格化描述基础上的理想化参照框架，这里暂且悬置不论。在人类文明背景下，实用智慧最为频繁地出现在社会实践和日常生活当中，圣人智慧则是道家圣人孜孜以求的精神修养的最高目标。

简而言之，实用智慧一般意指具有教育意义和工具用途的智慧，往往与人类活动相关联，具有明显的实用目的，关系到自我成就、自我发展、自我利益与人际关系等等。这种智慧在老子的诸多言说中清晰可辨。譬如，他曾这样劝诫人们：

> 图难于其易也，为大于其细也。
> 天下难事，必作于易；
> 天下大事，必作于细。
> 是以圣人终不为大，故能成其大。
> 夫轻诺必寡信，多易必多难。
> 是以圣人犹难之，故终无难矣。①

谈到自我发展，老子以隐喻的方式建议人们：

---

① 老子：《道德经》第六十三章，见 Wang Keping, *The Classic of the Dao: A New Investigation*（附录《道德经》修订本）。另参阅陈鼓应注译：《老子注译及评介》，页306。

> 为之于未有，治之于未乱。
> 合抱之木，生于毫末；
> 九层之台，起于累土；
> 千里之行，始于足下。
> ……
> 民之从事，常于几成而败之。
> 慎终如始，则无败事。①

在处理人际关系或社会交往方面，老子先后发出如下警示：

> 轻诺必寡信，多易必多难。②

> 知人者智，自知者明。
> 胜人者有力，自胜者强。③

关于自我利益与处世策略，老子则以凝练的方式总结说：

> 将欲歙之，必固张之；
> 将欲弱之，必固强之；
> 将欲废之，必固举之；
> 将欲取之，必固予之。
> 是谓微明。④

---

① 老子：《道德经》第六十四章，见 Wang Keping, *The Classic of the Dao: A New Investigation*（附录《道德经》修订本）。
② 老子：《道德经》第六十三章，见 Wang Keping, *The Classic of the Dao: A New Investigation*（附录《道德经》修订本）。
③ 老子：《道德经》第三十三章，见 Wang Keping, *The Classic of the Dao: A New Investigation*（附录《道德经》修订本）。
④ 老子：《道德经》第三十六章，见 Wang Keping, *The Classic of the Dao: A New Investigation*（附录《道德经》修订本）。

上述引言大多为一般中国人所知，更为政治家所烂熟于心。从字面上讲，这些观念常被视为获取私利或玩弄权力游戏的阴谋手段（权术），容易导致目的性和习惯性误读，继而自然会导致某种扭曲性误解。老子本人也因此被贴上了政治阴谋家的标签。不难理解，每一位读者都会将现代理念和个人感受带入其所阅读的文本当中，由此在自己心目中构成不同的老子形象。这正是老子《道德经》为何常读常新的主因之一。我们倾向于认为，老子描述所有这些范畴之间的相互作用，旨在证明两极之间存在不可抗拒的转化过程。据高亨、陈鼓应与研究老子的其他学者所言，老子在此谈论的是"天之道"或自然规律。因此，指责老子是阴谋家的说法是没有根据的。[1]

事实上，老子始终坚持认为，任何事物都有两面性，这种两面性始终处于持续的对立变化或相互转换的过程之中。例如，一朵花在其灿烂盛开之时，也意味着走向枯萎凋谢之结果。这样，凋谢之花也可被看作盛开之花所隐含的征兆。相反，尺蠖欲伸，先行收缩。龙蛇冬眠，旨在保生。因此，《易传》得出的结论便是："往者屈也，来者信（伸）也，屈信相感而利生焉。尺蠖之屈，以求信也。龙蛇之蛰，以存身也。"[2]这种辩证思维，体现在老子所描述的有关收缩与伸张、柔弱与刚强、摧毁与宣扬、获取与给予的互动转换关系中。基于对这些物质和现象之发展变化的分析，老子认为这些均表现出"道"的规律性运动特点，因此最终将其归纳为一句话："反者道之动。"[3]

值得指出的是，"反"是一个富有弹性的术语。它在一种意义上是指两极之间的相互关系，在另一种意义上则是指回到根源的"返本"原则，即对立统一。也就是说，"反"这个概念，既表示两极之间相对立的状态，也表

---

[1] 高亨：《老子正诂》，北京：中国书店，1988年，页81。
[2] 黄寿祺、张善文译注：《周易译注》，页541。
[3] 老子：《道德经》第四十章，见 Wang Keping, *The Classic of the Dao: A New Investigation*（附录《道德经》修订本）。

示其相互转化或变化的状态。这一情形也表现在传统的"太极"(图)当中。太极的阴阳两极,总是处于运动之中,同时又相互依赖、相互作用。老子对于事物之间和事物自身的变化具有通透的观察力,认为事物在变化过程中皆会转向自身的对立面。诚然,在自然界和人类社会中,凡事一旦达到峰顶,便开始走下坡路,恰如老话所说:峣峣者易折,皎皎者易污,曲高则和者盖寡,名盛则其实难副。① 所有这些兴衰沉浮现象,似乎皆与中国人常说的"物极必反"观念相吻合。此外,值得强调的是,老子意识到事物发展过程中两极是客观存在的,因此,他建议人们不要因为事物必然走向其对立面而执于一端。在这种情形下,人们应当兼顾两端,密切关注两极之间可能发生的动态变化。一般比较可行的做法是:抓住机遇,让自己处于更具优势的地位。若按《易传》所言,那就需要人们深刻认识到这一基本法则:"当行则行,当止则止;动静不失其时,其道光明。"这显然是劝导人们要审时度势,做出合理判断,采取适当行动,以便成就其所为。

确切而深入地理解"反者道之动"这一原则,可以说是上面提到的圣人智慧的关键。若说圣德的实现是人之为人的最高成就,那么,圣人智慧则是人类智慧的最高形式,其为人类生存和精神滋养提供了或显或隐的启蒙与向导。比如,在追求快感的问题上,圣人智慧就不会流于事物的表面,而会发现事物背后的可能结果。譬如,"五色令人目盲,五音令人耳聋,五味令人口爽,驰骋畋猎令人心发狂"②。这种否定性甚至破坏性的后果,对那些沉溺于感官享受或享乐主义生活方式的人来说,不啻为一种意义非同寻常的道德警示。

另外,说到追名逐利的问题,圣人智慧对此观察入微,从中得出重要启示。譬如,老子一方面明确指出,"甚爱必大费,多藏必厚亡。故知足不辱";另一方面则突出强调"常足"的重要性,因其使人在精神上富有,

---

① 参阅《后汉书·黄琼传》,原文:"峣峣者易缺,皦皦者易污,《阳春》之曲,和者必寡,盛名之下,其实难副。"
② 老子:《道德经》第十二章,见陈鼓应注译:《老子注译及评介》,页106。

并能保持快乐心态。① 在人类社会中不难发现，人所渴望和寻求的东西不外乎名利两者。为此，人常被名缰利锁所异化、所俘获、所囚禁，正如这个成语以"缰""锁"为喻所生动展示的那样。因此，老子建议人们满足于已有之物，同时警告那些贪慕名利的人不要放纵自己，走向极端。这样，知足于已有之物而常乐的思想，就成为有修养的中国人对待物质占有所采取的明智态度。

再者，就任何事物或情境的发展而言，圣人智慧坚信："人之生也柔弱，其死也刚强。草木之生也柔脆，其死也枯槁。故刚强者死之徒，柔弱者生之徒。……刚强处下，柔弱处上。"②在"弱者道之用"③这一原则基础上，老子辩证地揭示了柔弱与刚强之间的微妙关系。因此，他建议人们持守"柔弱"，因为"柔弱"终将发展壮大并将征服"坚强"。为了证明这一观点，他反复以"水"为喻，借此诠释和彰显"柔弱"潜在的压倒性能量。如其所言："天下柔弱莫过于水，而攻坚强者莫之能先，以其无以易之。柔之胜刚，弱之胜强，天下莫能知，莫能行。"④不过，在这一点上，我们必须看到如下问题：老子在此罔顾现实力量对比和事物变动转化的情境，将"柔弱"的功能绝对化和理想化了，这显然忽视了人（包括圣人）的能动作用，故而失之片面，难以服人。当然，我们并不否定老子"守柔"思想中所包含的启示意义。

此外，就"真言"与"美言"两种社会话语的互动关系而论，老子在《道德经》第八十一章里指出："信言不美，美言不信。"⑤这一告诫颇能体现圣人智慧洞察秋毫的突出特点。当然，老子这样说的目的在于鼓励人们通过

---

① 陈鼓应注译：《老子注译及评介》，页229、244、198。
② 老子：《道德经》第七十六章，见 Wang Keping, *The Classic of the Dao: A New Investigation*（附录《道德经》修订本）。
③ 老子：《道德经》第四十章，见 Wang Keping, *The Classic of the Dao: A New Investigation*（附录《道德经》修订本）。
④ 老子：《道德经》第七十八章，见 Wang Keping, *The Classic of the Dao: A New Investigation*（附录《道德经》修订本）。另参阅古棣、周英：《老子通》上部，页638。
⑤ 陈鼓应注译：《老子注译及评介》，页361。

辨别真假而成为出色的聆听者。不然，他们将很可能淹没在"美言"的汪洋大海之中。这种现象极易出现在一个制度不够民主、言论不够自由的社会或团体之中。

至于祸与福的问题，圣人智慧体现在两极之间的辩证关系中，即："祸兮福之所倚，福兮祸之所伏。"①众所周知，"福"作为获得的象征，是人们热切期待之事；"祸"作为丧失的象征，是人们避之唯恐不及之事。但是，人们很少意识到这两极犹如孪生兄弟一般，如影随形，彼此转换，几乎是"你方唱罢我登场"。老子借此再次揭示了对立事物的潜在变化或相互发展。这一思想与老子对"反者道之动"的概括自然是彼此应和的。

最后，就社会行动的准则而论，圣人智慧显然体现在老子所标举的"三宝"之中，即："一曰慈，二曰俭，三曰不敢为天下先。"②对此，老子进而指出："慈故能勇；俭故能广；不敢为天下先，故能成器长。"③其中的核心思想，大致是建立在看似防守或被动退让的方略之上。老子确信：退便是勇，缩即是伸，不敢争先反而成其先。他认为如若违背"三宝"或智慧三律中的任何一条，都会导致彻底的失败。为此，有人便提议用"三宝"来协助解决一些社会问题，这些问题主要包括普遍存在于富人或权贵之间的冷漠关系、贪婪欲望、激烈竞争等等。

简而言之，实用智慧和圣人智慧作用于不同层面，具有不同定位。两者在不同的情境中，有助于人们满足自己的需要和实现相关的目标。追求这两者中的任何一个，至少会受到两个重要因素的影响：一是与某人价值体系相关联的既定目标，二是对"反者道之动"原则的理解程度。自不待言，这种理解因人而异。那些仅仅希图寻找工具主义或实用主义利益的人，一般会抓取其表层而集中关注智慧的实用层面。相反，那些意在追寻自我超越的人，便会探究其深层价值并且集中思索圣人智慧的超越向度。

---

① 陈鼓应注译：《老子注译及评介》，页289。
② 《道德经》第六十七章，见 Wang Keping, *The Classic of the Dao: A New Investigation*（附录《道德经》修订本）。另参阅陈鼓应注译：《老子注译及评介》，页318。
③ 同上。

我以为，圣人智慧的经验与实践，是将人生之道艺术化的过程，这反过来也将会催生绝对的精神自由和独立人格。然而，就我所见，完成这一过程是极其困难的或"搏之不得"的，除非人们能够根据道家的立场观点来确立一种对待生死的适当态度。

3. 通向自由：对待生死的态度

英国哲人罗素依据自己在华访学期间的亲身观察和经验，发现中国人即便陷入令大多数西方人几乎不堪忍受的贫困中时依然懂得如何活下去。他坦言，与中国人相处得愈久，就愈会欣赏他们及其整个文化。其中的原因无疑是多方面的，但我认为首要原因在于中国人对于生命本身所持的具有哲理性的实事求是态度。这种态度通常不用平常语言来表述，而是以诗性方式来喻示，譬如说："人生一世，草木一秋。"此话暗指生命本身如同草木，是一个自然而然的兴衰或兴亡过程。草木在春季郁郁葱葱，象征人的青壮年阶段；到了肃杀的秋季，草木则枯萎凋零，象征人垂垂老矣的暮年。作为一个被中国人广泛接受、常挂嘴边的习语，它包含一种人生哲理与道德劝诫，不仅表示包括人在内的万物由生到死的平常旅程，也是在劝慰那些因执着于人生得失而苦恼纠结之人放下心来。这一观点深深植根于大多数中国人的心理之中，并因其微妙的启示作用而影响至今。就我所知，它主要源自与老庄相关的早期道家哲学。

毋庸置疑，生死问题对所有人而言都至关重要。可以说，凡是活着的生物，几乎都惧怕或不愿死亡，人类尤甚。贪生怕死似乎与人的自然本能或生死情结相关，但这种情感通常会妨碍人类获得精神自由。因此，几乎所有东西方哲学家，都以这样或那样的方式，从不同视角来讨论生死问题。作为道家的创始人，老子断言生死如世上任何其他事物一样自然而然。庄子承接这一思路，宣称（生）来而不迎，（死）去而不却。也就是说，生就生了，没有什么值得高兴而欢迎的；死就死了，没有什么值得难过而拒绝的。显然，这两位思想家"视死如归"，视生死为自然现象，甚至断言生不足贵，死不足惧。老子对此做出如下论证：

> 出生入死。
> 生之徒十有三；
> 死之徒十有三；
> 而人之生生，动之于死地，亦十有三。
> 夫何故？以其生生之厚也。①

老子在这里除了含蓄地批评自恋惜命而堕落的富贵一族之外，进而揭示了死生无非自然现象而不足惧这一核心思想。"生之厚"易因早夭而终结，"贵生"者将遇到适得其反的结局。很有意思的是，老子十分看好那些以"燕处超然"的态度来对待"出生入死"的得道之人，认为他们才是真正的"善摄生者"。他们生活洒脱，自知寿命在天，成为得道真人。对此，老子还从积极方面强调指出，"盖闻善摄生者，陆行不遇兕虎，入军不被甲兵；兕无所投其角，虎无所用其爪，兵无所容其刃。夫何故也？以其无死地焉。"②忘却生死、无所畏惧之人，虽然面临各种险境或困境，反倒自由自在，不受任何伤害。这种情境委实会让那些贪生怕死之徒既羡慕不已，又难以理解。

我们此前讲过，老子坚决反对或十分蔑视那种过于贵生贪生和竭力追求享乐的生活方式。他就此提出警告说："五色令人目盲，五音令人耳聋，五味令人口爽，驰骋畋猎令人心发狂。"③所有这些破坏性后果，都会成为夭折或早死的原因。尽管老子是一位非常敏锐和具有批判眼光的思想家，

---

① 老子：《道德经》第五十章，见 Wang Keping, *The Classic of the Dao: A New Investigation*（附录《道德经》修订本）。另参阅古棣、周英：《老子通》上部，页656—657。
② 同上。
③ 老子：《道德经》第十二章，见 Wang Keping, *The Classic of the Dao: A New Investigation*（附录《道德经》修订本）。另参阅陈鼓应注译：《老子注译及评介》，页106。

但他本人似乎也无法改变或改善这种现象。于是，他持守质朴的哲学，建议人们循道而行，朴实地生活，坦荡地做事，本真地为人。按照他的意思，人在此情形下保生养生的最好办法，就是无忧无虑，超越"死地"。

"出生入死"这一论断，表明了老子对待生死的态度，其要旨在提醒人们至少做到如下三点：其一，为了颐享天年，应尽可能自然坦然地面对生死；其二，人总是要死的，人务必摆脱死亡悲剧感的压迫；其三，无须过于贵生，因为贪求"生之厚"是徒劳无益的，人一生下来就必然面临将要死去的事实。

庄子的哲学屡次凸显死生务必因任自然的思想。他甚至将生比作是肿瘤，将死比作切除肿瘤。在其他地方，庄子得出这样的结论：世上生物皆源于"气"。这样，气聚而生，气散而死。俗话说，人活一口气。若将气节或精神气除外，仅就生命形态而言，当气聚积在一起时，人就存活于世上；当气四下消散后，人就走向死亡。庄子为了让人对生死持守一种自然而达观的态度，特意劝诫说：天地赋予每个人一种形体，然后让人在辛劳中度过一生，年老时因气力衰竭无法劳动就让人过上一段安逸休养的日子，最终让人死后得到真正的休息。庄子通过将生死描述为这样一个循环，意在告诉世人生死有命，自然而然，所以，降生到这个世界无须欢呼，离开这个世界也无须留恋。庄子在妻子死后鼓盆而歌的寓言故事，最为生动地阐释了这一思想。因为在庄子看来，气散而死之人，又复归本源状态，像飘动在天地之间的气流一样，来去无碍，自由自在，是值得庆幸而非悲伤的事情。

说到底，早期道家对于死亡的态度就是因任自然、循道而行，据此方知出生入死的本义就是出世为生，入地为死。事实上，人只有在勘破死亡的本质是自然与必然的现象时，才有可能获得真正意义上的精神自由。当然，这个论点对任何批评与反证均持开放立场。此论一方面包裹在模糊与悖论之中，可以被视为某种悲观消极的东西，会使人在心理上被一种关乎死亡的黑色悲剧意识击垮，最终使人因为意识到死亡的必然性而衰变成一种被动存在。换言之，他会把死亡视为悬于头上的一把随时可能坠落的利剑，从而失去生活的兴致、目的或目标，糊里糊涂地得过且过，荒废一生。也就是说，他因此而失去采取任何行动的驱动力，只是一味等待死亡的不期而至。如此一来，存在或毁灭，生还是死，对他而言不再是一个问题了，因为生与死在他心目中浑无分野，或"方生方死"，或"方死方生"，生无目的，死无遗憾；看似洒脱，实则悲凉。这倒让人想起中国一句老话——"哀莫大于心死"。一个对生活不抱任何希望的人，我们很难说他能活得好或者他还活着。

在另一方面，上述关于死亡的论点也可能使得人们对生活本身抱有积极态度。这就是说，一个人由于深切地意识到死亡的必然性，他首先会赋予生命本身或由生到死这一自然过程本身一种特殊意义。他会竭力穷尽生命的所有潜能，会珍惜这个自然过程中的每分每秒。他深知时光如梭，转瞬即逝，甚至会用"壮士常叹时日短"这类俗语来提醒和激励自己。换言之，他会建立起某种使命感或社会责任感，在生活和工作中会做出应有的成绩和贡献。他期望自己的成就可将其生存的意义注入社会和历史中去。其次，既然已知死为何物，他就会看轻一生所遭遇的困苦、艰难、悲惨与痛苦。用尼采的话来讲，他或许处于一种"笑傲一切悲剧"的优越心态之中。再者，他既然意识到死亡的本质，那么，他在必要之时就会毅然决然地奉献或牺牲自己的生命，借此来为己、为人、为社会成就一番事业。譬如革命者与殉教者等，他们宁可为理想而英勇就义，慷慨赴死。儒家倡导仁人志士杀身以成仁、舍生以求义。这种崇高型奉献精神的真正落实，显然需要积极对待死亡这种自然现象的意识作为基础。

总之，我们认为，只有当一个人看透死亡的本质时，他才可能获得真正的自由，才能够毫无畏惧地面对死亡。这样，他就没有理由遭受死亡的恐吓或奴役，也没有理由屈从于想象中的死亡利爪。于是，他将会成为自己命运的真正的主人。在此，他有可能在精神维度上提高自己的生存质量，获得纯粹意义上的绝对自由。

讨论至此，尚有三点需要指出：(1)当我们去重思和重估《道德经》这样的经典时，我们倾向用现代思想重新激活古代经典。这是可以理解的，因为这个文本并非意义确凿，而是充满诗性寓意与歧义；再者说，每部经典对于新的解释都是开放的，尽管要求相关解释在文本分析和历史语境的把握上是言之有据的或言之成理的。(2)人类生存之道或导向"人之道"，或导向"圣人之道"。前者与实用智慧联系紧密，后者与圣人智慧趋于一致。(3)老子阐述的人类生存之道，其理想是朝向"圣人之道"，与圣人智慧相联系，而人类智愚不均，千差万别，知而能行者，更是万中数一。正因为如此，老子感慨道：

> 上士闻道，勤而行之；
> 中士闻道，若存若亡；
> 下士闻道，大笑之。
> 不笑不足以为道。①

---

① 老子：《道德经》第四十一章，见 Wang Keping, *The Classic of the Dao: A New Investigation*（附录《道德经》修订本）。另参阅陈鼓应注译：《老子注译及评介》，页227。

六 庄子的寓言思维方式①

在古往今来的所有中国思想家中，早期道家庄子（约前369—前286）尤喜寓言，惯用寓言思维，即以象征或喻说手法来阐发其思域广博的人生哲学。其文风富有想象，寓意精巧；其所论晦涩沉奥，歧义甚多。庄子本人自称："以天下为沉浊，不可与庄语。以卮言为曼衍，以重言为真，以寓言为广。独与天地精神往来，而不敖倪于万物。"②司马迁也曾断言，庄子之学"无所不窥，然其要本归于老子之言。故其著书十余万言，大抵率寓言也"③。尽管如此，每位认真的读者，都会在细读《庄子》之际灵思飞扬，依据各自生命体验、主体视角以及对人生真谛的深刻理解，从中获得新的感悟与发现。

其实，面对诸多语义模糊难解之处，只要因循庄子自设的理路，便可有效把握其中要旨。这一理路贯穿于庄子的全部著述，主要在于探索何以上达精神自由与独立人格之道。牢记这一基调，你在庄子寓言思维的迷宫中探寻其玄妙哲理时，就不会觉得那么错综复杂或扑朔迷离了。

本文将着重探究《庄子》一书中的两则寓言。虽然这两则寓言的叙述结构相异，但其目的性追求却彼此关联，即：两者探讨的是普遍人生状况和

---

① 此文是作者在2000年于牛津大学访学期间用英文所撰，原题为"Zhuangzi's Way of Thinking through Fables"，刊于Albert Anderson（ed.），*Mythos and Logos*（New York：Rodopi，2004）一书，后收入作者所撰的 *Chinese Way of Thinking*（Shanghai：Brilliant Books，2009）一书。高艳萍博士将此文译出，作者在校对过程中对文字表述做了一些修改，就相关内容做了少许补充。
② 庄子：《庄子·天下》，见郭象注，成玄英疏：《庄子注疏》，北京：中华书局，2013年，页569。
③ 司马迁：《史记·老子韩非列传》，页494—495。

特定个人修养的问题，意在鼓励人们摆脱内在与外在的束缚，获得燕处超然的真正自由。当然，这并不是要否认两者各自意向中的不同焦点与定位。

1. 鲲鹏与无限逍遥

在整部《庄子》中，《内篇》的作者身份最为可靠。① 在《内篇》七章中，开篇是《逍遥游》。这个标题是由表达整个论题主旨的三个汉字构成。从字面上看，"逍"意指消除一切来自内外的限制和羁绊，"遥"意指遥远距离或广阔空间，而"游"意指特殊的漫游活动。三字合在一起，意味着一种驱向远方的悠然欣快、自由自在的漫游。庄子使用"逍遥游"这个合成词，其寓意远远超出了其字面含义，这在下列注释中显而易见：

> 寓形于两间，游而已矣。无小无大，无不自得而止。其行也无所图，其反也无所息，无待也。无待者，不待物以立己，不待事以立功，不待实以立名。小大一致，休于天均，则无不逍遥矣。逍者，向于消也，过而忘也。遥者，引而远也，不局于心知之灵也。故物论可齐，生主可养，形可忘而德充，世可入而害远，帝王可应而天下治，皆吻合于大宗以忘生死；无不可游也，无非游也。②

事实上，根据庄子的意向，创设"逍遥游"这一概念旨在表示绝对自由

---

① 《庄子》全集总共 33 篇。从词汇的选择、风格和结构上判断，大多数中国学者认同《内篇》《外篇》和《杂篇》的区分。第一部分包含 7 篇，第二部分包含 15 篇，第三部分包含 11 篇。《内篇》据称是庄子所作，其词汇、风格和思想是充分统一的。《外篇》和《杂篇》据说是由庄子的追随者写作，并于战国时期的最后年月——公元前 225 年之前完成。参阅王夫之：《庄子解》，香港：中华书局，1976 年；陈鼓应注译：《庄子今注今译》；Liu Xiaogan, *Classifying the Zhuangzi Chapters* (trans. William E. Savage, Michigan: The University of Michigan Press, 1994).
② 王夫之：《庄子解》，页 1。

或"至乐"境界。"逍遥游"作为一种精神性的悠游，一方面表现为摆脱一切羁绊以达"无待"或自由之路，另一方面意味着洞察无为、无分别以达坐忘或天人合一之境。在这里，为了表述便利，我采用一种略显牵强但相对经济的译法，将"逍遥游"译为"the happy and boundless excursion"（快乐和无限之游），这或许能够较好地表达该篇目在此语境中的主旨。①

在《逍遥游》篇中，"逍遥"一词总计出现六次。从相关语境看，其中三次用来赞美"无为"意义上的"逍遥游"，另外三次意指精神超越意义上的"逍遥游"。两者的会通之处在于暗示人应当因任自然，与物为春。不过，这一切皆发端于一种来自神话式寓言的恢宏奇异景象：

> 北冥有鱼，其名为鲲。鲲之大，不知其几千里也；化而为鸟，其名为鹏。鹏之背，不知其几千里也；怒而飞，其翼若垂天之云。……"鹏之徙于南冥也，水击三千里，抟扶摇而上者九万里，去以六月息者也。"野马也，尘埃也，生物之以息相吹也。天之苍苍，其正色邪？其远而无所至极邪？其视下也，亦若是则已矣。……风之积也不厚，则其负大翼也无力。故九万里则风斯在下矣，而后乃今培风；背负青天而莫之夭阏者，而后乃今将图南。蜩与学鸠笑之曰："我决起而飞，抢榆枋而止，时则不至，而控于地而已矣；奚以之九万里而南为？"适莽苍者，三飡而反，腹犹果然；适百里者，宿舂粮；适千里者，三月聚粮。……斥鴳笑之曰："彼且奚适也？我腾跃而上，不过数仞而下，翱翔蓬蒿之间，此亦飞之至也。而彼且奚适也？"此小大之辩也。②

这个寓言故事晦涩而多义。就其性质和追求而言，大鸟与小鸟的巨大差异不言而喻。鹏翼巨力大，飞得高而远。蜩和斥鴳之类翼小力弱，飞得

---

① 《逍遥游》有几个英文译本，比如，冯友兰将此篇名译为"The Happy Excursion"，而 Burton Waston 将其译为"The Free and Easy Wandering"。
② Fung Yu-lan (trans.), *The Taoist Classic: Chuang-tzu* (Beijing: Foreign Languages Press, 1989), pp. 25—29. 另参阅陈鼓应注译：《庄子今注今译》，页 7—12。

低而近。假如让鹏像蜩与斥鷃那样飞得低而近，仅盘旋于蓬蒿或树木之间，显然无法适应。反之，若要蜩及其同类像鹏那样高飞远举，直抵南冥，显然没有可能。因此，大鸟的经验和成就，绝不同于小鸟，各自的需求和乐趣也迥然有异。假若它们模仿彼此的飞行或生活方式，无疑会招致挫败和沮丧的后果。因此，两者最好的境况应是与天为徒，适性自得。但从常人的角度来看，双方的自我满足程度是相对而言的，这取决于各自拥有的天赋、契机与特定环境等因素。

但在庄子眼里，大鸟与小鸟的天性不同，各自的行为与生活方式有别，唯有各尽其性或顺应各自的天性禀赋，方可各得其所，各享其乐。事实上，倘若在它们之间不做大小、远近、高下或优劣之分，它们各自所获得的快乐感在价值意义上可以说是不相上下的，它们各自体验的满足感在强度上几乎是等量齐观的。这如同应邀参加皇家宴会而自得其乐的两位宾客一样，纵使他们的饭量酒量有天壤之别，他们获得的快乐本身却无本质差异。实际上，庄子往往将"齐"奉为其哲学思想的基本原则。① 他发现，人完全由于自以为是而喜好分别彼此，人执意分别彼此经常囿于一隅，视域狭隘，思想呆滞，纠结于表象或现象中的大小、高低、长短、对错、好坏、优劣之辨等等。这种分别习惯使"道"变得模糊不清，使人变得自以为是，以至于无休无止地相互争辩，最后堕入强辩或冲突的泥沼。人在做出诸如此类的分别时，往往会罔顾一个真相，即：一切事物都在不断运动，处于永恒的流变之中。要明白这一点，人须求助于"道"，以便深切认识万物万念应与"道"同的至理。

那么，在庄子心目中，"道"究竟是指什么呢？简而言之，"道"指无分别之道(the Dao of making no distinctions)。正如庄子所言："物无非彼，物无非是。……是亦彼也，彼亦是也。彼亦一是非，此亦一是非。果且有彼是乎哉？果且无彼是乎哉？彼时莫得起偶，谓之道枢。枢始得其环中，以

---

① Fung Yu-lan (trans.), *The Taoist Classic：Chuang-tzu*, pp. 39—55. 另参阅陈鼓应注译：《庄子今注今译》，页32—92。

应无穷。是亦一无穷,非亦一无穷也。故曰莫若以明。"①说到底,无分别之道是道之为道的关键(道枢),近乎"太一"的同义词,代表"以明"式至高智慧,有助于宇宙万物和合齐一。"道"的这种作用就像中国神话中法力无边的"魔袋",一旦将其付诸实用,它会自动变大,足以吞掉敌方的所有武器以及废除对手的全部武功,随之又自动缩小,像手中玩具一样便于携带摆弄。

在上述语境中,庄子的寓言尽管貌似有理,但与其相关的一连串意蕴和联想仍有待进一步探讨。首先,大与小以强烈对比的方式并置在一起。大以鹏为代表,小以蜩和斥鷃为代表,然而任何一方都无法充分实现"逍遥游"的自由自在体验。实际上,双方都在从事一种偏颇之游。大鹏自我陶醉于自北向南之游,此游遥远有余但自由不足,因为高飞远游须依傍于飓风相助。无论大鹏多么强大,若无飓风推动双翼,就无法飞上苍穹,更不能长途迁徙。这种对风的依赖,无疑会降低自由的程度或"逍遥"的可能。至于蜩与斥鷃之类,往还于蓬蒿之间,没有远途劳顿之扰,倍感悠然自足之乐。作为"小"的代表,它们依照自己的生存条件飞行,并称其为"飞之至"。事实上,它们从来不会为自己飞翔的距离与高度产生烦恼,而是自甘恪守与生俱来的天性、天赋和环境,从不试图改变或偏离旧辙。它们因此嘲笑大鹏,不理解这只怪鸟为何飞离自己的出生地"北冥",仅仅为了自我"蜕变"而冒险前往新的目的地"南冥"。在这里,地理描述在语境中具有一定寓意。"北冥"喻意阴暗,"南冥"喻意光明。这或许是庄子将"南冥"称作"天池"的原因,即以此来象征臆想中的天堂福地。所有这些因素,使大鹏追求光明与幸福的努力和决心合理化了。因此,从各自的态度和行动来推论,毫无变化的生活,对大鹏而言是不值得一过的。但对蜩及其同类鸟儿来说,生活只不过是安于现状或随遇而安的惯习而已。双方的生存形态表明,大鹏主动生成,趋向于伟大、变化与新生,蜩与斥鷃之类被动

---

① Fung Yu-lan (trans.), *The Taoist Classic*:*Chuang-tzu*, pp.50-54. 另参阅陈鼓应注译:《庄子今注今译》,页54—59。

生成，满足于渺小、成规与现状。

其次，大小双方均因罔顾自身界限而相互鄙视。诚如上述寓言所示，大鹏上达苍穹向南冥奋飞之时，凭借的是掀起汹涌浪涛的飓风。大鹏御风而行，扶摇直上，飞至九万里的高空时往下一看，发现野马般的气流、飞扬的浮尘和飘动的生物；然后抬头往上一瞅，发现天色苍茫，高不可及，凸显出无垠的空间或无限的宇宙。这就是说，大鹏之游虽然已达极致，但受制于气流与空间，仍属于有限超越。相对于幽渺浩瀚的宇宙，当大鹏从天空俯瞰下面时，也如同我们从下面仰视天空，都因为"尘埃""野马"和距离的存在，或无法看清地面，或无法透视天宇。不过，大鹏会为自己高高在上和俯视下面的举动而沾沾自喜，相关的夸张性描述似乎隐含一种自傲情怀以及对他者的蔑视意向。相反，蜩与斥鴳之类，在蓬蒿之间往还飞行，自感快乐舒适。它们安然自得，顺应环境，从未想过超出自己的生活范围。不过，它们如若只是满足于自身现状，倒也无可厚非，问题是它们因自满而膨胀，摆出一副教训他者的姿态，嘲笑大鹏冒险，批评对方所为，从而流露出为自我辩护的偏见和以自我为中心的比附意识。说到底，大小鸟类在这里均被赋予了一种特权，那就是将自家的尺度放大，用以衡量他者的行为举止，由此强化了不同表现形式的自我中心主义，加深了各自价值判断之间的鸿沟。

再者，当大小鸟类之间所见偏颇、彼此讥笑时，它们显然难以明白一个道理，即：若从"逍遥游"的角度审视，它们的评判或见识都是幼稚可笑的。这确是一种悖论。在此寓言中，鹏代表从天上俯瞰蜩类的大鸟，蜩代表在地上嗤笑鹏的小鸟。它们立足于各自的感受、能力和环境来界定何为"飞之至"。这表明双方都执着于大小与远近之辩，坚信"小知不及大知"。其实，庄子此言并非直白的说法，若将其直译为"The small knowledge is not to be compared with the great knowledge"，容易导致误读，会陷入大小之辩的窠臼。如若联系上下文，你或许发现此言的真实用意恐怕是指"小的"无法理解"大的"（The small cannot understand the great）。因为，"小的"所能认知和经验的对象，几乎总是有别于"大的"所能认知和经验的东西，正如它们根据各自适应能力和情思意趣为其所能为或为其所乐为那样，毕竟是存在一定差异的。不过，既然"小的"无法理解"大的"，那么我们也可以反问："大的"一定就能理解"小的"吗？这无疑是一个问题。但在这里，庄子意指"小的"而非"大的"所持的认知态度。为此，庄子对嘲笑大鹏的斥鷃加以引申，做出如此评说：

> 故夫知效一官，行比一乡，德合一君，而征一国者，其自视也亦若此矣。①

此处最值得注意的是从中引出的人与鸟的类比，即把能力有限、目光短浅、胸无大志之人比作小鸟，这意味着万事万物皆服从于相对性原则。犹如大小鸟类，它们仅在自身适应的领域之内怡然自得，满足于自己力所能及之事。这种状态听起来如此自然，似乎有理，甚至无可争议。但宋荣子对此不以为然，禁不住嗤笑这等做法。作为所谓贤人的代言人，宋荣子抛却一切社会陈规，摆脱了所有困扰与抱负，过着一种相当平静的生活。庄子如是描述：

> 且举世誉之而不加劝，举世非之而不加沮，定乎内外之分，辩乎荣辱之境，斯已矣。彼其于世，未数数然也。虽然，犹有未树也。②

在此语境中，"内"意指内在的自我，"外"意指外在事物或外部世界。宋荣子意识到两者的差异，于是苦心摒弃之，以保全精神的宁静。为此，他超越了荣辱的分际，任何时候都对其等同视之。如此一来，他既无意于得，也不惧于失。其所为作，践履的主要是道家人生哲学中的自保原则，也就是道家经常举荐的"无所得故无所失"之理。然而，宋荣子止步不前，

---

① Fung Yu-lan (trans.), *The Taoist Classic: Chuang-tzu*, p. 29. 另参阅陈鼓应注译：《庄子今注今译》，页 14。
② 同上。

未能上达"逍遥游"的真境。他或许并未意识到自身的不足和局限,因此滞留在自我欣赏的阶段,不能完全净化轻视他者的意向。依据庄子的思路推知,宋荣子自己恐怕也将变成笑料,与嘲笑大鹏的蜩类小鸟实无两样。应当看到,宋荣子的情境并不比列子的情境优越多少,两者之所为似乎都不足以展现"逍遥游"的终极境界。列子是故事中的另一人物,庄子所述如下:

> 夫列子御风而行,泠然善也,旬有五日而后反。彼于致福者,未数数然也。此虽免乎行,犹有所待者也。①

亦如形象怪异的大鹏,这位颇具神仙能耐的列子,看起来自由自在,似乎能高飞远举。然而,大鹏与列子皆有待于风的动力或依托,若非如此,均会落地。另外,大鹏飞往"南冥"之时,乘着海风,水击三千里,扶摇直上九万里,翱翔长达六月之久,其飞行能力非同寻常。相比之下,列子的飞行能力固然出众,但仅限于十五天之内,随后就不得不折返。这表明两者的能力均是有限的,彼此的自由都是相对的,因为各自都受制于风力与时限这些外在因素。换言之,两者毕竟都是"有待"的存在而非"无待"的存在。

那么,"逍遥游"到底如何才能实现呢?庄子假定:

> 若夫乘天地之正,而御六气之辩,以游无穷者,彼且恶乎待哉?故曰:至人无己,神人无功,圣人无名。②

上述条件可在两个层面上予以说明。首先,在客观上,此人必须具有"乘天地之正"的德行,即因循自然之"道"或万物之性的德行;与此同时,

---

① 陈鼓应注译:《庄子今注今译》,页14。
② 同上。

此人务必具有"御六气之辩"的潜能,可把握"阴阳风雨晦明"等自然元素。① 若如此,此人便可借助其所遇到的有利机缘,实现"逍遥游"的最终目的。在这一点上,他需要摒除全部外在限制而不再依赖于任何外部因素,这样他才能自由行动,才能无条件地从事逍遥之游。其次,在主观上,他必须洞察"道"的真谛,按照无为和无分别的原则,采取合乎"道"理的行动。庄子声称,"至人无己,神人无功,圣人无名"。这三个范型着实将得道者的人格理想化了。所谓"至人无己",意指闻"道"后的至高之人,净化了自己全部的私心、欲望和自我中心主义,以至于不再分别本人的自我与别人的自我。"神人无功"意指得"道"后的至神之人,抛弃了自己的全部抱负,无意于取得任何功名利禄或社会成就,因为他发现此类东西无非是损害个人自由、自讨苦吃的限制或樊篱。"圣人无名"意指循"道"而行的至圣之人,摆脱了俗世流行的所有价值观念,轻视任何形式的名声、荣誉、社会地位或职位等外物,因为他觉得这些外物只会滋养自恋的心理驱力或无形的精神压力。这就是说,热衷于猎求这些社会资本(social capital)的人,将会遇到两种可能结果:失败或成功。自不待言,失败易导致消极的挫败体验,成功易激发积极的快活感受。不过,当开始享受成功的快活时,他就要开始为保住自己的既得利益而忧心忡忡了。在许多时候,此一时的胜者,会担心成为彼一时的败者,尤其是在涉及个人名誉和地位得失方面。这样,他将会坠入担忧、烦扰或焦虑的深渊之中。这样的生活肯定毫无乐趣可言。相比之下,借助"道"而获得完全觉解或大彻大悟的"至人""神人"及"圣人",往往会抛开自我(无己),不计成败(无功),无视声誉(无名)。至此,他对一切差别一视同仁,全然抵达"无待"境界,超越了所有世俗价值观念或庸俗生活方式。在此阶段,他将自己从"有待"之人转化为"无待"之人,从自我限制或依赖性的状态转入自我解放或独立性的状态。相应地,他离开有限之域,步入无限之境,开启了逍遥自由之游。在这方面,郭象的两则注释,进而揭示了"无待"与"无分别"的深层内涵:

---

① 这里基于司马彪的翻译。另参阅陈鼓应注译:《庄子今注今译》,页17。

> 物各有性，性各有极。……是故统小大者，无小无大者也；苟有乎大小，则虽大鹏之于斥鹖，……同为累物耳。齐生死者，无生无死者也；苟有生死者，则……彭祖之于朝菌，均于短折也。故游于无小无大者，无穷者也。冥乎不死不生者，无极者也。若夫逍遥而系于有方，则虽放之使游而有所穷矣，未能无待也。
>
> ……苟有待焉，则虽列子之轻妙，犹不能以无风而行，故必得其所待，然后逍遥耳，而况大鹏乎！夫唯与物冥而循大变者，为能无待而常通，岂(独)自通而已哉！又顺有待者，使不失其所待，所待不失，则同于大通矣。故有待无待，吾所不能齐也；至于各安其性，天机自张，受而不知，则吾所不能殊也。夫无待犹不足以殊有待，况有待者之巨细乎！①

这里不难看出，"有待"之人可谓受条件限制而有依赖性之人，"有方"之人可谓受外因羁绊而无法放达之人，"无待"之人可谓超越大小生死之辩而成为无穷无极之人。因此，前两者既无法进入"无限"的自由境界，也不能消受无拘无束的精神性逍遥之游。这一境况说明，假若人只能在其有限的领域中自得其乐，他所享受的快乐必定是有限的。譬如，一个人倘若只能乐生，那他会因怕死而坐卧不宁。一个人倘若只能享有权力，那他会因失去权力而痛苦不堪。"无待"之人循道而行，同于大通，超越了有限，可"藏天下于天下"，由此成为无限自由之人。这便是其"至乐"之所在。

这种基于寓言故事的叙述方式，正是庄子表明"逍遥游"理念的典型做法，由此呈现出有趣而深刻的象征意味。庄子所采用的描述结构，是从鲲转向鹏，由鹏转向蜩类小鸟，再由蜩类小鸟转向言行类似的人类。其中不仅包含对生命精神的富有意义的具象化表达，而且涉及对理想人格的可能

---

① Fung Yu-lan (trans.), *The Taoist Classic: Chuang-tzu*, pp. 30-31。另参阅郭象注：《庄子注》，见中国社会科学院哲学研究所中国哲学史研究室编：《中国哲学史资料选辑》魏晋隋唐之部上，北京：中华书局，1990年，页270—271。

发展的喻说性肯定。就鲲鹏转化和迁徙的过程而言，我们起码可以将其分为三个阶段，即形体转化（corporal transformation）、动力转化（dynamic transformation）和精神转化（spiritual transformation）。

第一阶段的特点是形体的戏剧性转化，体现在从鲲到鹏的变形。鲲起初是一条小鱼，但庄子让它变成一条大鱼，继而使其化为大鸟，飞离北冥，远涉南冥。这种转化是必然的，其缘由至少有三：第一，这只巨鸟发现狭小的居所限制其自由活动；第二，它力图通过迁徙去寻找更好的生存条件；第三，它意欲采取历险方式来实现逍遥游的愿望。就人类境况来看，所有人都被假定是生来自由的，但由于社会化或人文教化而使人无往不在枷锁之中。当人从童年进入成年后，会受到越来越多的规制、压力和烦扰。通常，一个人的生活方式会变得因循守旧，以至于不越雷池。在庄子眼里，这种生活方式不仅可悲难堪，而且不值得一过。依据庄子的思路，大鹏和谋求自我解放者之间具有某种相似性。在庄子的笔下，鲲鹏变形与迁徙的故事被有意戏剧化了。在我们看来，大鹏在这里被描述成一种人类范型，意在激励那些渴求自由和独立的人们，发扬一种探险精神，开启逍遥游的旅程。人虽然无法在形体上转化为一只飞鸟，但在想象中，一切皆有可能。这全然取决于个体的能动性和主动性。

接下来便是动力转化阶段。在这里，由鲲转化而来的鹏，费尽周折，展翅高飞，展现出自身巨大的形体与力量，同时也创造出一种奇幻怪诞的形象。大鹏击起三千里的波浪，其背若泰山之巅，其翼若垂天之云，借助飓风，扶摇直上，历经艰险，飞往天池。大鹏的伟岸与崇高，在各个方面都充分展现出来。其力量、速度、形体、方式和高度等动力因素，都随着远游进一步放大，通过空间进一步强化。无视蜩、斥鷃及同类小鸟的误解和嗤笑，大鹏毅然决然，一往无前。在此有机多义语境中，作为目的地的天池被凸显出来，堪比乌托邦式的"无何有之乡"。庄子所描写的整个氛围，始终充溢着兴奋、刺激和引人入胜的魅力，其用意在于激发人们高扬自我解放与自我升华的精神。这对渴求"逍遥游"的人们来说，无疑富有重要的启发意义。不过，庄子所说的"逍遥游"盖不止此。在他心目中，矢志追求逍遥的人们，理应追求和实现更高的超越。因为，迄今所能体味到的自由，仍然局限于有限的领域之中，亦如盘旋在高空之上但依然位于青天之下的大鹏。另外，这种自由，不仅取决于人们对社会价值所持的态度，而且取决于人们与外在约束实现决裂的动能。这类似于大鹏与飓风的关系，前者依赖于后者仅能高飞，只有无待于后者才能逍遥。因此，为了消除依赖因素，精神转化呼之欲出。

从逻辑顺序上讲，第三阶段的精神转化，是以形体转化和动力转化为前提的。精神转化的主要目的在于促进个人修养的最终发展，由此导向大彻大悟和无限逍遥的自由境界。为了实现庄子提出的这一目标，人们理应齐万物，任自然，等观一切价值。诚如"无己"的"至人"那样，他们需要离形去知，忘却自己；就像"无功"的"神人"那样，他们应当抛开自我得失的意识，放弃任何形式的功业之念；就像"无名"的"圣人"那样，他们务必宠辱不惊，不为声誉所动。果真如此的话，他们就会像庄子所夸赞的那样，已然与宇宙万物合一，可"乘天地之正"，能"御六气之辩"，去享受"逍遥游"式的"至乐"了。这就是说，达此境界者，在本体论意义上属于人格独立与精神自由之人。他们能驭万物而无所依赖，能齐万物而与天地同一，能离形去知而与"道"同在。

需要指出的是，庄子哲思，特立独行而有悖主流意识；庄子文风，想象奇绝则如天马行空。从一方面看，庄子著述确如《文赋》所赞："观古今于须臾，抚四海于一瞬"，"笼天地于形内，挫万物于笔端"。从另一方面讲，庄子所论基于寓言思维，充斥着"无端涯之辞"，形成有机多义语境，导致诸种解读与阐释，致使不同读者给庄子贴上不同标签。譬如，荀子批评庄子"蔽于天而不知人"。在荀子的影响下，一些学者视庄子为自然主义而非人文主义者。在我看来，这一批评只有当其诉诸庄子倡导的"去知"之说时，才有可能确保其有效关联性。这里的"知"，是指与社会规范和世俗价值紧密相连的有关人类事务的知识。庄子视其为麻烦之源，喻其为赘疣之患，认为其可将人置于外在束缚之中，甚至将人拖入患得患失或两难抉择的心态之中。事实上，庄子已然洞识这种人生状况的本相，并像人文主义者那样从哲学角度探究人生与人世的问题。他本人不仅对人生状况和生活质量深表关切，对背负社会十字架和不堪重负的人生深表同情，而且对裁定个人成就、地位、声名的社会规范深表反感。他称这些东西为"（外）物"，认为它们对于如何过上真正幸福的生活并无多少实质性助益，反倒在很大程度上是奴役人、异化人或"人为物役"的根由。所以，他提倡"逍遥游"的生活方式，意在借此来抗衡社会奴役或异化现象。

另外，由于庄子对知识和文明在生活中的作用持讽刺挖苦态度，故有一些学者给庄子戴上怀疑论者的帽子。但是，这种看法也恐怕不易站得住脚。因为，庄子虽然公开否定和反复嘲弄习俗化或制度化的社会规范以及儒家的价值观念，但却对自己的价值体系确信不疑，常以教导劝诫的口吻积极推广。他的这种做法颇能说明问题。

再者，还有一些学者尖刻地批评说，庄子倡议的"逍遥游"理想实属逃避主义幻想。由于对无望的社会和恶劣的环境深感绝望，庄子对人间俗事睁一只眼闭一只眼，有意龟缩到自己的内心世界之中，以此作为寄托精神的庇护所，美其名曰"逍遥游"。这种"游"，虽然象征着绝对的精神自由，但唯有有"至人"之类理想人格者才配享用。据庄子所述，

> 至人神矣！大泽焚而不能热，河汉冱而不能寒，疾雷破山而不能伤，飘风振海而不能惊。若然者，乘云气，骑日月，而游乎四海之外。死生无变于己，而况利害之端乎！①

这种神乎其神的"至人"，如同吸风饮露、无以伤害和长生不老的仙人，只具有诗性想象或修辞意义。有鉴于此，司马迁认为庄子"其言洸洋自恣以适己"。② 我个人以为，庄子所言只要有助于人们在追求精神自由与

---

① Fung Yu-lan（trans.），*The Taoist Classic: Chuang-tzu*, p.52. 另参阅陈鼓应注译：《庄子今注今译》，第81页。
② 司马迁：《史记·老子韩非列传》。原话为："庄子者，蒙人也，名周。……其言洸洋自恣以适己，故自王公大人不能器之。"

独立人格方面自乐而为，无论庄子是以诗性夸张还是以哲理魅惑的方式来表述，都具有一定启示价值与现实意义，对于那些以游戏或审美态度来重思庄子所言者来说尤其如此。至于他们是否愿意或能够进入庄子所鼓吹的"逍遥游"之境，那只是自由意志的选择问题与个人体验的程度问题，而非什么异想天开或无中生有之事。对此，我们最好留待个人抉择，无须越俎代庖，过于费心。

2. 化蝶与自我解放

如《齐物论》所示，庄子一直强调"齐"的原则是对立和差异的统一。这"齐"是将万事万念统摄为一的理想结果。庄子曾以喻说的方式断言，"天地一指也，万物一马也"。① 这一概括意指道无分别，万物合一。这"一"可以具象化为"一指"或"一马"。因此，庄子宣称：

> 唯达者知通为一，为是不用而寓诸庸。[庸也者，用也；用也者，通也；通也者，得也。适得而几矣。]因是已，已而不知其然，谓之道。②

这就是说，只有通达之士才能理解这个通为一、用则通、通而得的道理。因此，他无须固执己见，而是凝神于各物的功能效用、适性而为这一方面，这就是因任自然的道理。顺着自然的路径行走而不知道也不追问其所以然，这就叫作"道"，也可称作循"道"而行。

具有讽刺意味的是，一些执着于物物分别之人，时时刻刻都在与他者

---

① Fung Yu-lan (trans.), *The Taoist Classic：Chuang-tzu*, p. 45. 另参阅陈鼓应注译：《庄子今注今译》，页59。
② Fung Yu-lan (trans.), *The Taoist Classic：Chuang-tzu*, p. 46. 另参阅陈鼓应注译：《庄子今注今译》，页62。括号内所言疑似衍文，意在注解，这里引述仅供参考。

进行争论。他们常常绞尽脑汁,判断孰是孰非而终无所得。这是因为物之本性与道齐一,人为分别难以统合。譬如,庄子将分别是非的行为喻为养猴人给猴子分配橡果。当养猴人告知猴子上午发三个下午发四个(朝三暮四)橡果时,猴子很不乐意。当养猴人告知它们上午发四个下午发三个(朝四暮三)橡果时,猴子则皆大欢喜。尽管总数未变,但反应截然不同。因此,圣人不谴是非,无别彼此,从而能够自由自在地生活在自然而然的流变之中。这就是说,他们只是根据具体情境适时适当而为,惯于把不同观点或意见悬置起来存而不论。此外,他们无意排除不同观点或意见,而只是超然处之。这就是庄子所言"两行"内含的实用智慧。①

在《齐物论》里,庄子还曾指出:"天地与我并生,而万物与我为一。"②这里强调的也是"一"。为了证明这个观点,庄子接连使用了五则寓言。其中第一则是讲十日并出,照得天地万物全然一样而无一差别。显然,这种德行力量是超绝的,由此暗示出"道"无所不包的特征。"道"不做分别而拥抱万物,结果使万物遵循各自轨道,安享各自本性,成就各自发展。

第二则寓言是讲世上并不实存任何共同标准或鉴赏趣味。譬如说,"民食刍豢,麋鹿食荐,蝍蛆甘带……毛嫱丽姬,人之所美也,鱼见之深入,鸟见之高飞,麋鹿见之决骤。"③因此,人要想生活得洒脱自在,最好是破解自以为是的固执己见惯习,抛弃任何形式的自我中心主义意念,安居于自己应有的位置而不越雷池,持守自己传承的惯习而不标新立异。

第三则寓言揭示人生的梦想特性,描写道家圣人的精神领域。圣人断言,人生如梦。故此,圣人不为自我成就或功名利禄所累,而是让自己超然于俗事之外,与天地合而为一。为此,他将万物融为和合的整体,拒斥

---

① Fung Yu-lan (trans.), *The Taoist Classic: Chuang-tzu*, p. 46. 另参阅陈鼓应注译:《庄子今注今译》,页62。
② Fung Yu-lan (trans.), *The Taoist Classic: Chuang-tzu*, p. 49. 另参阅陈鼓应注译:《庄子今注今译》,页59。
③ Fung Yu-lan (trans.), *The Taoist Classic: Chuang-tzu*, p. 51. 另参阅陈鼓应注译:《庄子今注今译》,页71。

分别所致的混乱，无视社会等级的差异，保持纯真质朴的生活，成就离形去知的心态。最终，他在日常生活中会得到快乐与宁静，在精神领域中会享受自由与自在。

第四则寓言讲述的是影子移动的戏剧性。常言道，如影随形。影子看似依赖于他物，有待于物表，但若其不再纠结自己的身份，它就会拥有自身实际的独立性或完全"无待"的特质。这要求影子充分认识到自身只是自然而然地成其所是，无须追问为何如此或为何非此。

最后一则寓言是讲庄周梦蝶与自我转化的体验。与所有其他寓言相比，这则寓言中的蝴蝶形象最具吸引力和影响力，同时也最富模糊性或歧义性。庄子这样写道：

> 昔者庄周梦为蝴蝶，栩栩然蝴蝶也。自喻适志与！不知周也。俄然觉，则蘧蘧然周也。不知周之梦为蝴蝶与，蝴蝶之梦为周与？周与蝴蝶，则必有分矣。此之谓物化。①

这一段落的主旨基本上是双重性的。它一方面与最后的表述相关，其意在于图示或解释"物化"与"有分"这些抽象概念；另一方面，它隐匿于梦与醒、周与蝶的互动互换关系之中。根据郭象所注，"物化"是"可乐"（欣然而乐）的，因为生死是由变化原则决定的自然现象。就像所有其他事物那样，生死处在转化的过程当中，生来死去的瞬刻，如同梦与醒之间相互转变那样突如其来。按照庄子所述的"气"论，生死的转化取决于"气"的聚散，即：气聚为生，气散则死；气之变化，取法自然，非人所能强为。因此，人活一口气，生死自由之。此外，人若不把生当作可乐之源，不把死当作可哀之因，就自然会打开心结，燕处超然。换言之，人要想打破遮蔽本真生活的种种假象，就应当设法摧毁自我布设的陷阱，尽力摆脱不必要

---

① Fung Yu-lan (trans.), *The Taoist Classic: Chuang-tzu*, pp. 54–55. 另参阅陈鼓应注译：《庄子今注今译》，页92。

的担忧或想象中的烦扰,自觉知解恋生惧死的心态是导致所有心理问题的缘由。从"有分"的角度看,梦与醒之别,类似于生与死之别,都是分别彼此所致。从"物化"的角度看,周与蝶之同,类似于物与物之齐,均是不予分别的结果。如果人能因循无分别原则,就有可能将生死等同视之,继而欣然接受二者,那么,他会发现其间的差异显得微乎其微,相关的担心似乎也就无从谈起了。①

对于"庄周梦蝶"寓言里的"物化"一说,迄今存在许多其他解释。譬如,王夫之就曾认为:"物化,谓化之在物者。鲲化鹏,螳螂化蜩,鹰化鸠,田鼠化䴏,大者化大,小者化小。至于庄周化蝴蝶,蝴蝶化庄周,则无不可化矣,当知物化有分,天均自一。"②这就是说,仅就物而言的"物化",通常意指形变或蜕变。但就人与物而言的"物化",主要意指齐物为一、道无分别的原则。冯友兰将"庄周梦蝶"这个故事视作一个整体,认为其要旨在于表明如下观点:"虽然从通常的表象上看,物之间自有不同,而在幻象或梦中,一物却可是他物。'物化'在此证明物之间的分别不是绝对的。"③陈鼓应进而指出,"物化"的真正含义就是"物我界限消解,万物融化为一"。④

在我看来,要把握"物化"的寓意,应当将其置于庄子的整体哲思语境中予以解读,同时应当从庄子关注的自我解放或精神自由方面入手。庄子所言的"物化",是指向万物的,包括人类在内。其喻义在于表明遭受束缚的自我是如何通过自我转化进入不受束缚的自我这一过程的;用直白的话说,就是如何从受制状态转化为自由状态的。这里所说的自由,至少包含两个向度:一是摆脱了社会价值所强加的外在限制,二是打破了个人欲求所形成的内在枷锁。至于梦与醒之别,亦如同庄周与蝴蝶之别,都涉及各自境遇中的分别或分际,否则,这里也就无以论"物化"了。但是,无论是

---

① 郭庆藩撰,王孝鱼点校:《庄子集释》,北京:中华书局,1961 年,页 112—114。
② 王夫之:《庄子解》,页 29。
③ Fung Yu-lan (trans.), *The Taoist Classic: Chuang-tzu*, p. 55.
④ 陈鼓应注译:《庄子今注今译》,页 92。

与庄子思想中推崇的无分别之道相比，还是与为了精神自由而标举的自我转化相比，上述这些分别都同样微不足道。可以确定，由于"物化"所产生的效果，梦与醒之间的实际分别将会相互抵消。相应地，庄周与蝴蝶之间的界限，也会变得模糊不明，最终会被无分别这一根本原则所取缔。要知道，无分别原则是先验先决的。正如前文所示，这一原则与"一"的理念和"齐"的行动相关联。"一"的理念意在统一所有对立和差异，"齐"的行动旨在等同所有事物与意见。

庄周梦蝶，毕竟是自悦于蝴蝶形象及其生活形态，因此对自我转化的体验喜不自胜。这种情景不言自明，令人联想良多，至少涉及生物、审美与精神三个层面。在生物层面（the biological dimension），蝴蝶属于完全变态类昆虫，其化生化育过程，要经历四个不同阶段。先是蝶卵期（胚胎时期）。继而由卵变为虫，进入幼虫期（生长时期）。下来待虫成熟，吐丝做茧，即行化蛹，进入蛹期（转变时期）。最后由蛹破茧化蝶，进入成虫期（有性时期）。此时体躯脱离蛹壳，倒悬片刻，柔软皱缩的翅片在五六分钟内迅速伸展完成，因翅膜未固，翅身软弱，不能飞翔，须再等一两个小时，才能振翅飞翔，随风飘舞。从形态学上来看，上述四个发育阶段所现体态，毫无共同之处。庄子以蝴蝶为例来图解"物化"之说，兴许是因为蝴蝶最能体现"物化"的变异性与戏剧性等特征。

在审美层面（the aesthetic dimension），人们关注的焦点在于蝴蝶的优美形象。这种优美形象，主要源于蝴蝶自身优雅的体态和斑斓的色彩。事实上，蝴蝶是大自然造化的奇迹之一，通常被看作美的象征，故有"美如蝴蝶"之类俗语。庄子以蝴蝶作为隐喻并非巧合，因为此小生物在传统意义上与美的理念相关联，其感性形象本身就意味着魅力和优雅。美的理念包含诸多价值，赋予蝴蝶形象诸多意味，如形体美、色彩美、飞动美、自由美等等，这一比附效果容易抓住中国读者的心理，唤起他们审美欣赏的意识。

在精神层面（the spiritual dimension），自我转化看似在于形体，实则导向精神，其结果就是引致自我解放或精神自由。若自我转化在身份上是从

第一部分　思想与视域

旧到新的转化，那么，自我解放在精神上则是从有约束到无约束的转化。它们都是借由蝴蝶的转化过程得以具象化的。在此语境中，蝴蝶不仅是从毛毛虫变形生成的美之象征，其翩翩然游戏般快乐的飞姿，也折映出自由的象征。当庄周在梦中感到自己的身份与一只蝴蝶发生错位或互换时，其自我转化便以隐喻的方式完成了。当他快活地看到自己像蝴蝶一样自由飞舞时，其自我解放便在心理意义上实现了。从客观角度来看，人们会认为这一转化过程是虚假的无稽之谈。不过，只要梦者自身采用无分别之道和恪守追求精神自由的自创性方式，就会使得上述貌似有理的批驳变得无的放矢，失去逻辑支撑。显然，庄周梦蝶的整个体验，既不是科学的，也不是神秘的，而是哲理的和玄奥的；它与个人的自我修养和精神修为密不可分，或者说是与庄子的生命哲学互为表里。

顺便提及，自庄子以降，梦蝶喻说在中华文学传统中影响深远、意蕴丰赡。鉴于蝴蝶被视为象征美、自由乃至爱情的原型符号，其形象频繁出现在诗歌与戏剧当中。通常与《罗密欧与朱丽叶》相提并论的中国悲剧《梁山伯与祝英台》，将蝴蝶的形象运用和表现得淋漓尽致。在这个浪漫凄然、描写生死恋的悲剧故事里，一对恋人曾立下山盟海誓，但由于封建传统阻挠无法结合。为了冲破樊篱与恋人相聚，女主人翁祝英台几经抗争，备受煎熬，最终忧伤而死，葬于村郊野外。闻得其死讯，男主人翁梁山伯赶到墓地，悼念已故恋人。他在回忆往日的美好时光时，悲伤不已，心碎欲裂，以至于感天动地。刹那间，一声巨雷将坟墓劈开，他投身跳入，与葬入地下的恋人相会。蓦然间，一对美丽的蝴蝶从坟墓中盘旋而出，融入广阔蔚蓝的天空，自由快活地比翼双飞。在这对蝴蝶的形象里，不仅融会着彼此相守、相爱与忠贞不渝的情感，而且还象征着优美、自由和自我解放的思想。

综上所述，庄子在解释自我转化和自我解放的概念时，运用了两个重要的隐喻：一个是大鹏，一种雄心勃勃、力大无比的神鸟；另一个是蝴蝶，一种形态优美、小巧玲珑的精灵。大鹏伟岸、崇高，展翅飞往预想的目的地；但是，其所经历的转化是不完全的，是有限或有待的，同因任自然、适性自得、独立无待的逍遥之游尚存距离。与之相成鲜明对照的是，蝴蝶娇小、美丽，未设定任何预想的目的地；因此，其转化是彻底的，是无限或无待的，同物化会通、道统万殊、自我解放的齐一原则比较吻合。另外，蝴蝶作为象征物化、优美和自由的有机符号，体现出生物、审美和精神三个层面的奇妙融合。在中华文化心理中，正是由于这种融合，精神自由的最高形式便与思想启蒙和审美体验的最高形式彼此应和、共存互补了。

七　柏拉图与庄子如是说①

帕斯卡尔曾言："我谴责那些一味赞美人类的人，也谴责那些一味谴责人类的人，同样也谴责那些一味沉湎于娱乐消遣的人，我仅赞赏那些一边哭泣一边追求的人。"②此言关乎人类生存现状与品位，其所否定的是盲目自夸、自暴自弃与及时行乐的消极做法，所肯定的是纾困克难的不屈精神和探索善生路径的积极作为。

有鉴于此，本文尝试讨论两种修为模式：一是柏拉图（前427—前347）的登梯观美模式，涉及一种益智、养善、求真的认知发展过程；二是庄子（约前369—前286）的游心闻道模式，涉及一种虚心妙悟至道的精神修养过程。从古希腊静修派和先秦道家的思想角度来看，这两种模式虽理路相异，却关联互补。换言之，柏拉图的"阶梯"喻说与庄子的"游心"喻说，其目的论焦点是追求善好生活（善生），在四个方面具有相似之处：一是倡导循序渐进的修为方法，二是摆脱政治牵绊，三是在终极阶段上达宁心静思之境，四是这两幅图景既呈现个体如何提升修为的心路，也蕴含相关因素可望统合或互补的方略。

---

① 此文原用英文撰写，题为"The Two Ways of Pursuing the Good Life: The Beauty Ladder and the Mind Excursion"，应邀参加悉尼南威尔士大学"In Pursuit of the Good Life: Ancient Chinese and Greek Perspectives on Cultivation"国际研讨会（2016年1月15—18日）并做主旨演讲。后易名为"The beauty ladder and the mind-heart excursion: Plato and Zhuangzi"，刊于 Lai, Benitez and Kim (ed. s), *Cultivating a Good Life in Early Chinese and Ancient Greek Philosophy* (London: Bloomsbury Academic Publishing, 2019). 作者将其译为中文时再做修改和补充，取名为《柏拉图与庄子如是说》，刊于《世界哲学》2019年第1期。
② Pascal, *Pensées* (Paris: Librairie Genérals Française, 1962), 333.

1. 登梯观美的理路

在《会饮篇》里，柏拉图运用"阶梯"喻说，引人逐步登高，探索不同层次之美，表明一种益智、养善、求真的认知发展进程。这一进程，在爱美欲求的驱动下，俨然一场朝圣活动。它始于爱欲禀性，上达超凡之境，获得形上洞识，把握绝对本源。此喻说所述如下：

> 凡是想依正道步入真爱境界之人，应从幼年起就倾心向往美的形体。如果他的向导将其正确引入正道，他就会知晓爱的奥秘：他从接触普通美的事物开始，为了观赏最高的美而不断向上。就像攀登阶梯（*epanabathmois*）一样，第一步是从爱一个美的形体或肉身开始，凭一个美的形体来孕育美的道理。第二步他就学会了解此一形体之美与彼一形体之美的同源关系。第三步他就会发现两个形体之美与所有形体之美是相互贯通的。这就要在许多个别美的形体中见出形体美的理式或共相……想通了这个道理，他就应该把他的爱推广到一切美的形体，不再把过烈的热情专注于某一个美的形体，这单个形体在他看来渺乎其小。再进一步，他应该学会把心灵的美看得比形体的美更为珍贵。如果遇见一个美的心灵，纵然其人在形体上不甚美观，但也应该对他起爱慕之心，凭他来孕育最适宜于使青年人得益的道理。从此再进一步，他应该学会识别行为和制度的美，看出这种美也是到处贯通的，因此就把形体的美看得更为微末。从此再进一步，他应该接受向导的指引，进到各种学问知识之中，看出知识的美。于是，放眼一看这已经走过的广大的美的领域，他从此就不再像一个卑微的奴隶，只把爱情专注于某一个个别的美的对象上，譬如某一个孩子，某一个成人，或某一种行为上。这时，他凭临美的汪洋大海，凝神观照，心中起无限欣喜，于是孕育无量数的优美崇高的道理，得到丰富的哲学收

获。如此精力弥漫之际，他终于豁然贯通惟一的涵盖一切的学问，以美为对象的学问。最后，他进而通过关于美自体的特别研究，获得了有关美的大知（tou kalou mathema）……在这种超越所有其他东西的生活境界里，由于他凝视到本质性的美自体，因此就发现了真正值得一过的人生。①

由此看来，此梯分为七阶，从形下到形上，从特殊到普遍。其所呈现的层次结构表明：每向上攀登一阶，难度将随之增加。在这里，该喻说至少会引起三问：什么促使爱美者登梯观美？如何能使爱美者登上顶端？在登梯过程中，每一类美与其他各类美的关联意义何在？

第一问的答案直截了当：登梯观美的动力来自"爱欲的力量与勇气"。②爱欲将生育的欲求灌注于动物，致使动物产生爱欲禀性，起先是双方求偶合欢，继而为养育新生代四下觅食。为达此目的，它们忍饥挨饿，随时以弱抗强，甚至以命相搏，不惜牺牲自身。就人类而言，他们同样具有类似的自然感受，但其所为通常精于算计，擅长权衡利弊。③再者，希腊神话里的爱欲，起源与精灵相似，因爱欲禀性而力量丰盈。他是半男神丰裕和半女神匮乏所育之子，是父母在庆贺爱神华诞的宴会上酒后野合而生。他自己热衷于爱，迷恋于美。④因双亲特质不同，他自己禀性矛盾，既丰裕又匮乏。其丰裕向度体现在他对各种美的无限渴求之中，其匮乏向度则反映在他对自己所有从无满足之感。如此一来，他便生活在不完整的状态里，充满无穷无尽的激情热望。这一激情热望也传导给人类，使人一旦看到美的对象，就会像爱欲精灵一样，情思摇曳，昂奋不已，穷追不舍。在力量的驱动下，他会抛开自我克制的欲念，奋力当先，一饱眼福，去欣赏各类魅

---

① Plato, *Symposium* (tr. W. M. Lamb, Loeb edition), p. 210—212a. 另参阅柏拉图：《文艺对话集》，朱光潜译，人民文学出版社，1980年，第271—272页，中译文根据英译文和希腊文稍做调整。
② Plato, *Symposium* 212c.
③ Plato, *Symposium* 207a-b.
④ Plato, *Symposium* 203b-c.

力不同之美。

那么,爱美者又将如何才能登上梯子的顶端呢?此问的答案依然与爱欲有关。要知道,"爱欲乃是我们人性所能找到的最佳帮手"①。精灵似的爱欲,与人性联姻。它作为精神性存在,虽与人性相异,但却渗透其中。再者,爱欲作为"最佳帮手",发挥着重要作用,能引导人类发现通往美的心路,这恰巧说明"爱欲就是爱美之欲"。②

此外,"爱欲还是爱智之欲",尽管其原本禀性介于"智慧和愚钝"之间。③何以如此?主因有二:一是因其享有部分智慧,想要认识所有美而非某些美。二是因其附带部分愚钝,想要了解更多而矢志探索未知领域。爱欲的这一哲学品性,趋向于探求美与善的对象,同时认定唯有认识美善两者方能确保真正的幸福感。这就是说,爱欲作为爱智之欲,"使人爱上唯善之物";要真正获得智慧,就需理解或认识善的对象。④ 有鉴于此,柏拉图在描述登梯观美之初,便将爱欲精灵视为能够"将爱美者正确引入正道"的"向导"。

值得注意的是,在"阶梯"喻说里,柏拉图在谈及爱欲问题时,强调"正确"(*orthōs*)⑤一词三次;在论及古希腊"娈童习俗"(*to paiderastein*)⑥时,使用"正确"一词两次。由此看来,柏拉图将正确性原则应用于审视所有各类爱欲问题。此原则要求爱美行为凭借智慧之光,充分考虑适度或节制。否则,整个爱欲计划必遭损毁。

第三问关乎各类美之间的关联意义。其答案是循序渐进,理解前一类美是进而观赏后一类美的先决条件,这可由登梯观美的过程予以彰显。爱美之初,分为三阶。首先,登上第一阶梯,所爱对象是一特殊"身体之美"(*ta kala sōmata*)。在我看来,爱上这种美的缘由,主要来自两种动因:情

---

① Plato, *Symposium* 212b-c.
② Plato, *Symposium* 212b-c.
③ Plato, *Symposium* 204b-c.
④ Plato, *Symposium* 205a-e.
⑤ Plato, *Symposium* 210a.
⑥ Plato, *Symposium* 211b.

欲和友爱动因。情欲动因关注更多的是身体，友爱动因关注更多的是友谊。当这两种动因取得平衡时，就会衍生"人类之爱"（humanus amore）①。如果情欲动因压倒一切时，就会导致"兽类之爱"（ferinus amore）②。"人类之爱"会因为人道关切而促发积极勤奋的生活，而"兽类之爱"则因兽性本能而导致骄奢淫逸的生活。前者是建设性的和理性的，后者则是破坏性的和非理性的。然而，倘若情欲动因失去自身能力，男女相爱者——譬如家庭夫妇——就会无法养育后代；另外，若是彼此的友爱动因不足以维系两者的爱情关系，就会影响婚姻状态，动摇家庭生活基础，甚至导致分道扬镳的后果。相反，两者相爱如若主要基于友爱动因，那就可能催生爱的深度与诚度。从柏拉图所倡导的正确性原则来看，这种爱理应是爱人之间互动互补的琴瑟相鸣之爱。只有通过这种爱，彼此关系才会真挚持久。这种相爱的特点，类似于柏拉图与亚里士多德所称道的第三种友谊：其所以忠贞不渝，是因为超越功利，相互欣赏对方良好的德行品格，这在精神向度上既超过源自共享快乐或嗜好的第一种友谊，也超过基于互相利用或实用利害的第二种友谊。

接下来步入第二阶梯时，所爱对象是两个形体之美。通过比较，爱美者根据"美的形式"（eidei kalon），发现这两个形体美之间具有某种同源性或相似性。随后登上第三阶梯时，爱美者见到"所有形体之美"（tois sōmasi kallos）。在这里，向上登临不仅拓宽了悦目之美的视域，并且在人性能力和审美经验的协助下，发现了所有形体美的形式共通性，掌握了一把开解所有形体美的钥匙。通过这种形式共通性所展示出来的，是涉及一种共相（一）与诸多殊相（多）的潜在关联。

如上所述，位于阶梯低端的三类美，分别涉及一个形体、两个形体与

---

① Marsilius Ficinus, *De Amore*: *Commentarium in Convivium Platonis* (trans. Liang Zhonghe & Li Yang, Shanghai: East China Normal University Press, 2012), 6: 8, pp. 168-169 (Chinese version). Ficinus talks about five kinds of love in this section. I think three kinds of them relevant to the Platonic love of beauty in the analogy of the beauty ladder. They include the humanus amore that is essentially active, the ferinus amore that is voluptuous, and the divinus amore that is contemplative.
② Marsilius Ficinus, *De Amore*: *Commentarium in Convivium Platonis*, 6: 8, pp. 168-169.

所有形体，由此会构成一种身体美学，滋养一种精致的审美趣味，培育一种敏悟的审美智慧，提升人体之美的鉴赏水平。一般说来，这一切皆成就于爱美愉悦的深化过程，起先指向一个特定形体之美，继而指向两个形体之美的同源性，最后指向所有形体美的形式共通性。传统上，古希腊人委实热衷于人体美，此乃其审美敏感力使然。他们喜好各种规则有序的体育训练，为的就是塑造自己优美的身体和雄健的气魄。当然，他们总想更进一步，追求"美善兼备"（kalokagathia）的至上目标，期望把美的身体与善的品格融合为一。

返回来再看继续登梯的爱美者。当他踏上第四阶梯时，映入眼帘的是第四类美，即人的"心灵美"（tais psychais kallos）。这里所言的美（kallos），实则等于善（agathos）。故此，爱美者赋予"心灵美"的价值，高于他赋予形体美的价值。因为，"心灵美"不仅更具内在魅力，而且更能善化青年，培养高尚品性。[①]"心灵美"通过实践德行得以显现。对"心灵美"的爱，关乎道德判断和精神感应动因，侧重内心世界的修养或道德心灵的塑造，由此孕育的道德智慧，是爱欲之哲学本性的组成部分，将引导爱美者慎思敏行，养成良善的品质，崇尚道德的生活，抵制任何可能的弊病与妄为。

再进一步，爱美者登上第五阶梯，体察第五类美，也就是"遵纪守法和法律礼仪之美"或"法礼之美"（tois epitēdeumasi kai tois nomois kalon）。[②]与此相比，形体美的地位与价值就显得更加微末。在此领域，美在实质上等同于守法惯习和法律效度中所呈现出的善治、正义与公正等属性。这种美实则是伦理判断的结果，兼具高尚的美德善行与日常的良好惯习。它基于护法动因，呼吁遵纪守法的精神基质和自觉意识。此精神基质与自觉意识一旦确立，就有益于促成公正、善治和宜居的城邦。再者，感悟这类美的能力，离不开政治智慧。据此可客观评判城邦的治理状况，可培养公民公正与节制的德行。如此一来，社会责任与公民资质就会相得益彰，良性

[①] Plato, *Symposium* 210b-c.
[②] Plato, *Symposium* 210c.

发展，有利于构建遵纪守法和公正有序的城邦生活。

随之，爱美者登上第六阶梯，所面对的是"知识之美"（epistēmōn kallos），实则是"知识之真"（epistēmōn alētheia），此乃"各门知识或科学"结出的巨大果实。① 在我看来，这些知识门类暗指柏拉图在《理想国》和《法礼篇》里设置的各类课程，包括诗乐、体操、数学、几何、天文、和声学与哲学。抵达这一阶梯，爱美者将会濒临"美的汪洋大海"，在凝神观照之际，会欣然而乐，鉴赏到"各种各样的、美不胜收的言辞和理论"，由此收获"哲学中许多丰富的思想"。② 他继而打开自己的眼界，将自己从原先那种谨小慎微的、近乎奴性的樊篱中解放出来。换言之，他不再是心胸狭小、固执己见、自我束缚于某一形体美或行为美的常人了。相反，他在认知动因的激励下，自觉自愿地探寻真知，随时准备追溯美的本质，提高自己的理论智慧。

如今，爱美者在智慧的指导下，进入涵盖"各门知识或科学"的哲学领域，过上以理智为本位的静观沉思生活。至此，他会滋生一种"神性之爱"（divinus amore），一种诚心研习哲学的非凡之爱。相应地，融爱智、养善与求真三位于一体的哲学，会促使爱美者上下求索，追求完善。按照斐奇诺（Ficinus）的说法，"神性之爱"会引领爱美者过上沉思生活，使其超越视觉感官（aspectus），获得思想能量（mentem）。③

最后，爱美者登上梯顶，面对叹为观止的景象，"美的本质"（tēn physin kalon）这一笃志追求的终极目标触手可及。在以洞察推理为特征的理智动因感召下，他深切认识到自己经过不懈努力，付出种种辛劳，终于能从形上角度，透视美之为美的奥秘了。来到此处，他豁然开朗，超然物外，领悟到美自体的永恒、完整、绝对和纯粹等特征，理解了美之为美就在于

---

① Plato, *Symposium* 210c.
② Plato, *Symposium* 210c-d.
③ Marsilius Ficinus, *De Amore: Commentarium in Convivium Platonis*, 6:8. 另参阅斐奇诺：《论柏拉图式的爱——柏拉图〈会饮〉义疏》，梁中和、李旸译，上海：华东师范大学出版社，2012年，页168—169。

分享了美自体的本源，进而便把沉思生活推向至高境界。至此，他掌握了"美的大知"或"美的学问"，①体认到生成美的终极原因。该原因不仅具有本源性，而且代表统摄殊相(多)的共相(一)；其中展露出的独特性质，截然不同于先前的各种形态。值得一提的是，协助爱美者完成登顶的理智动因，在此使他凭借"神性之爱"孕育出一种神性智慧。这种智慧使他直观"神性的美自体"，把握实在的真理，育养卓绝的"美德"，赢得"神性的友爱"，继而"以此方式使自己永恒不朽"。②这一切有望创构出一种超越所有其他方式的生活境界，能使入乎其中者"在凝神观照美自体的同时，发现了真正值得一过的人生"。③这种"真正值得一过的人生"，在柏拉图那里堪称理想的善好生活。

2. 游心闻道的进程

游心闻道喻说见于庄子的《大宗师》。此篇修辞手法多样，汇集诸多比喻、寓言与传奇故事。此喻说用以表示益智善生、感悟至道的精神修为过程。在这里，闻道即得道；得道即实现自我解放，获得精神自由。此喻说所述如下：

> 南伯子葵问乎女偊曰："子之年长矣，而色若孺子，何也？"曰："吾闻道矣。"南伯子葵曰："道可得学邪？"曰："恶！恶可！子非其人也。夫卜梁倚有圣人之才，而无圣人之道；我有圣人之道，而无圣人之才。吾欲以教之，庶几其果为圣人乎？不然，以圣人之道告圣人之才，亦易矣。吾犹守而告之，参日而后能**外天下**；已外天下矣，吾又守之，七日而后能**外物**；已外物矣，吾又守之，九日而后能**外生**；已

---

① Plato, *Symposium* 211b-d.
② Plato, *Symposium* 211e.
③ Plato, *Symposium* 211d-212a.

外生矣，而后能**朝彻**；朝彻，而后能**见独**；见独，而后能**无古今**；无古今，而后能入于**不死不生**。杀生者不死，生生者不生。其为物，无不将也，无不迎也，无不毁也，无不成也。其名为**撄宁**。撄宁也者，撄而后成者也。"①

显然，令南伯子葵惊叹的是女偊返老还童的容颜气色（容美），这在他看来委实不可思议，因此惊慕不已，询问其方。而女偊之"偊"，意指特立独行，此人可谓循道独行者。根据所述，女偊虽然年迈，但容光焕发，美若金童，令人企羡，故究缘由。然其长寿康健之态，非生理保养所为，属闻道自成之果。换言之，此人"久闻至道，故能摄卫养生，年虽老，犹有童颜之色、驻彩之状。既异凡人，是故南伯子葵问其何以至此也"。② 女偊身上呈现出的神奇效应，源自重视益智养生、涤除欲念忧虑、专心精神修养的道家意识。这对矢志求道者极具吸引力。求道之径，在于"游心"；"游心"过程，包括七阶。前三阶虽标明所需时日，但纯属观念性而非功能性设定，实则意指不同阶段需要不同修为时段而已。若就各存差异的个体而言，所需时段必将因人而异，无法统一设置。故此，后四阶各自所需时日不再提及。整个体验过程，至少表明四点：闻道前提、方法、进程与结果。

闻道前提原则上具有双重性，关乎圣人之才与圣人之道。此两者不可或缺：前者是基础，后者为导向。诚如卜梁倚一例所示，此人虽有圣人之才可以学道，但最终能否闻道，则有赖于有圣人之道者的正确指点和启示。相比之下，女偊则有圣人之道，却无圣人之才。不过，他自称能帮助卜梁倚得闻妙道。

按照成玄英注疏，这里所言的"圣人之才"，意指"智用明敏"，即理解敏悟的能力；此处所言的"圣人之道"，则指"虚心凝淡"，即虚怀无碍的心

---

① 庄子：《大宗师》，页96—98。
② 郭象注，成玄英疏：《庄子注疏》，页139。

境。故"以才方道，才劣道胜也"。① 这似乎暗示："才""道"两者各有其偏，皆不完美。基于价值判断，圣人之才较之圣人之道居于次要地位。究其要因，前者适用于处理外在的社会事务和政治难题，后者专注于内在的精神启蒙和心灵净化。前者有用且有待，后者为本而无待。如此一来，前者需要后者的引领。这便是女偶为何应邀指导卜梁倚如何闻道的缘由。其中所循的预设逻辑，隐含在庄子标举的"至知""真知"与"真人"等观念中。

在庄子看来，人若想获"至知"，务必深知天地和人各自的作用。深知前者，就会明白万物皆化、顺其自然的道理；谙悉后者，就会以其所知来养护其所不知，这便可享尽天年而不至于中道夭折。② 不过，人的生命是有限的，而知识是无限的。用有限的生命去追求无限的知识，就会劳其一生而不得。既然明知此理，还要孜孜以求，不仅危险，而且徒劳。③ 故此，明智者最好追求"真知"而非"至知"，"真知"达于"道"，求之可得，"至知"止于"所不知"，求之无果。不过，一般先有"真人"，而后方获"真知"。④

何谓"真人"？庄子以古喻今，所言汪洋恣肆，神乎其神。这里仅摘一段为证："古之真人，不知说生，不知恶死；其出不欣，其入不距；翛然而往，翛然而来而已矣。不忘其所始，不求其所终；受而喜之，忘而复之。是之谓不以心捐道，不以人助天，是之谓真人。若然者，其心志，其容寂，其颡頯；凄然似秋，暖然似春，喜怒通四时，与物有宜而莫知其极。"⑤如此看来，这等"真人"，既不贪生，也不怕死，更无所谓生死；得而不喜，失而无忧，更不在乎得失；顺其自然而不损天道，乘物游心而不助天为，外貌寂静而思域宏阔，内心质朴而燕处超然，喜怒哀乐而随四时运转，同尘宜物而蕴明慧洞识。

---

① 郭象注，成玄英疏：《庄子注疏》，页139。
② 庄子：《大宗师》，见《庄子》（英汉对照版），页88。
③ 庄子：《养生主》，见《庄子》（英汉对照版），页42。
④ 庄子：《大宗师》，见《庄子》（英汉对照版），页88。
⑤ 庄子：《大宗师》，见《庄子》（英汉对照版），页90。

自不待言，唯有此"真人"，方可获"真知"、得"至道"。实际上，"真人"代表"真知"，体现"至道"，实为掌握"真知"的得道者，由此结成三位一体的象征关系。有鉴于此，当习成"真人"之际，也就是获得"真知"之时；一旦成为"真人"，也就成为得道之人。于是乎，"真知"既关乎"真人"的德行，也涉及"至道"的运行。

要而言之，闻道方法集中反映在据"道"而"守"的贯行之中。这在整个游心闻道的体验中得到反复强调。在《庄子》诸篇里，相关论述时隐时现。譬如，庄子谈及圣人之德时，巧借孔子之口宣称：圣人将生死置之度外，不违天翻地覆的变化，故能"命物之化而守其宗"。① 所谓"宗"，就是"一"，也是"本"；"守其宗"等于"守其一"，② 也等于"守其本"。③ 能"守其一"，便可"以处其和"，继而进入与道合一、无限和谐之境；能"守其本"，则可"外天地，遗万物，而神未尝有所困"，继而进入清明超脱、与道相通之境。其实，所谓"宗""一""本"，皆为"道"的别名。不过，这种循"道"相"守"的行为，在本性上既非认知活动，也非逻辑分析，既不涉及对所知对象的理释，也不涉及对未知对象的钻研。在我看来，这是对"道"自身的直观，是与"道"为伴的自觉内化。而这种直观与内化，则是精神修养及其自由升华的重要组成部分。

按庄子所述，闻道进程包括七个连续阶段。初阶是"外天下"，也就是凝神静虑，将天下置之度外。具体说来，就是放达自我，不为欲动，不为名累，不为世俗繁文缛节所囿。这与儒家思想形成对照，实乃儒道两家张力所系。儒家传统鼓励入世，推崇以倾力勤为之法革除社会弊端，采取必要行动以"平天下"。相反，道家对世间事务持悲观回避立场，标举不涉俗务的游世态度和无欲无求的清静生活。

第二阶为"外物"，意示超然物外。庄子以为，人类生存境况之所以不断恶化，其要因在于"人为物役"。所言之"物"，可分两类，一指有形之

---

① 庄子：《德充符》，见《庄子》（英汉对照版），页72。
② 庄子：《在宥》，见《庄子》（英汉对照版），页162。
③ 庄子：《天道》，见《庄子》（英汉对照版），页216。

物，二指无形之物。前者如财富利益，后者如功名地位。道家哲学认为，这些外物会激发人的欲望与野心，而欲望与野心反过来则会使人动用心机，朝夕营营。故此，人需要放弃追名逐利，超脱物役困境。具体而言，人需要六根清净，不为欲念所奴役，不为外物所打动。这样便可疏远烦境，遗忘万物，保持内心纯净，修得虚静状态，助推闻道进程。

第三阶可"外生"，即遗忘生不恶死，这样便可隳体离形，罢黜聪明，坐忘我丧，遗物澄怀，感悟愈深。通常，人的生命是生理性的，凡是活着的大多不愿死去。人为长寿，故需养生；养生潜藏风险，若方法失当或强为不慎，便会导致夭折或病患。庄子认为，人生乃苦难源头，人死则可得解脱。于是，他将生视为附赘悬疣，把死看作穿破脓包。① 因此，人若抛开养生惜身的执念，随遇而安，便能使自己丢掉包袱，得到自由，还能使自己"茫然彷徨乎尘垢之外，逍遥乎无为之业"②，也就是让自己在超脱无忧、清静无为中逍遥自在。当然，上达此境并非易事。在遗忘天地之后，如何打破生的执念，真正忘却每人仅活一次的生命意识，难度委实不小。

第四阶的体悟结果是"朝彻"，直译则指"心境如同早晨的晴朗天空一样明亮清澈"。这近乎自发性顿觉。在庄子看来，这种"明亮清澈"的状态，需要静其心、虚其心，在抛却所有欲念烦扰的基础上，继而进入涤除玄览的境界。这在很大程度上近乎"心斋"。所谓"心斋"，实指"唯道集虚"之"虚"，喻示空明悟道的心境。功在"空故纳万境"的"虚"，与大化流行的"气"互为表里。凡"虚而待物者"，即气化人格，务必用志专一，"无听之以耳而听之以心，无听之以心而听之以气"。③ 按成玄英所疏，这种以心代耳、以气代心的"听"，有望"无复异端，凝寂虚忘，冥符独化"；通常，"心有知觉，犹起攀缘"，而"气无情虑，虚柔任物"，如若"去彼知觉，取此虚柔，遣之又遣"，便可渐入玄妙，应物自然。总之，通过遣耳目，去

---

① 庄子：《大宗师》，见《庄子》（英汉对照版），页104。
② 庄子：《大宗师》，见《庄子》（英汉对照版），页104。
③ 庄子：《人间世》，见《庄子》（英汉对照版），页54。

心意，以虚待物，可达虚空其心，寂泊忘怀，心齐妙道之境。① 相比之下，上述"心斋"截然有别于形坐而心驰、驰骛而不息的"坐驰"。举凡未修成"心斋"之人，大多自我意识极盛，容易为诱惑所动，为外物所役。举凡修成"心斋"之人，有望成为"真人"，不仅使自我心神得到解放，而且能摆脱世间滋生的种种烦扰。至此，"瞻彼阕者，虚室生白，吉祥止止"②。这等境况，静观自得，其体悟者，在某些方面类似叔本华所言的"纯粹认识主体"。③

在虚心体妙的"朝彻"之后，内心世界得以宏扩，可容更多不同事物。由此深化修为，更进一步，抵达"见独"阶段。"独"象征"道"，"道"具有独来亦独往、"寂寞而不改"、集虚而自足、无待而绝对等特征。凡"见独"之人，能见到独一无二的大道，能体悟胜境妙绝的景观，同时也能"独与天地精神相往来，而不敖倪于万物"。④

接下来，求道者虚心凝神，与独俱往，通过更深一层修炼，便可超越古今时限，上达"无古今"阶段。质而言之，大道既是宇宙创化的万物本根，也是时间之流中最古老的实体。大道无处不在，无所不能；天地之间，物之为物，盖源自此。过去、现在与未来，皆与道合一，相间分际尽然除却。此时，与道融会相通之人，可"任造物之日新，随变化而俱往，不为物境所迁，故无古今之异"⑤。他似乎进入时空无限之境，其明慧心智与超凡想象，在刹那间穿越古今，几近于"一朝风月，万古长空"之灵视与彻悟。

---

① 郭象注，成玄英疏：《庄子注疏》，页 80—81。
② 庄子：《人间世》，见《庄子》(英汉对照版)，页 56。
③ Zhuangzi's notion of "having a clear mind" seems to share something with the Schopenhauerian idea of "the pure subject of knowledge" in spite of the discrepancy that the former is oriented towards the *Dao* whereas the latter towards the Idea. Neither of them could be actualized without serene contemplation in distinct mode each due to the different philosophical backgrounds involved. Cf. Arthur Schopenhauer, *The World as Will and Idea* (trans. R. B. Haldane and J. Kemp, London: Kegan Paul, 1909), Third Book, 231-233.
④ 庄子：《天下》，见《庄子》(英汉对照版)，页 602。
⑤ 郭象注，成玄英疏：《庄子注疏》，页 140。

最后，再深入修炼，精进到"不死不生"的至高阶段。通常，时有古今之异，法有生死之殊。所谓"不死不生"，就是抛开有生有死的自然规律，勘破生死相伴的真实本性。唯有如此，方能获得精神上的绝对自由。再者，"道""自本自根"，"自古以固存"，无始无终，不生不死，闻道者进入"不死不生"之境，就等于进入与道合一之境。

不过，这里的问题是：在游心过程中，前讲"外生"，后言"不生"，为何两次谈"生"？在我看来，人生来具有极强的生命意识。即便对求道者来说，要践行"外生"与"不生"的劝诫，依然绝非易事。换言之，人在真正涉及生死大限的紧要时刻，实则总是言易而行难。因为，人的生命意识根深蒂固，几乎所有人对此坚持不渝。在多数情况下，每个活着的人，即便生活困顿，时遭挫折焦虑烦恼，仍然不愿轻易去死。但凡有一线希望，也会直面困境，期待峰回路转、柳暗花明。庄子深晓人性的多维向度，因此劝告求道者应竭力解放自我，摆脱恋生畏死的羁绊。相应地，庄子将生死本源归于"气"，认为"人之生，气之聚也；聚则为生，散则为死；若死生为徒，吾又何患！故万物一也"①。再者，他还强调指出："达生之情者，不务生之所无以为；达命之情者，不务命之所无奈何。养形必先之以物，物有余而形不养者有之矣；有生必先无离形，形不离而生亡者有之矣。生之来不能却，其去不能止……夫欲免为形者，莫如弃世。弃世则无累，无累则正平，正平则与彼更生，更生则几矣。"②前一段话是说生死聚散，变化无方，皆属异物，无须挂念。后一段话表示生本不易，养之无益，弃之无累，舍生离形，方可心正气平，与物俱化，接近妙道。此外，庄子还力荐一种坦然面对生死的态度，建议人们要像"相忘于江湖"的鱼类那样，彼此"两忘而化其道"，明白如下至为根本的道理："夫大块载我以形，劳我以生，佚我以老，息我以死。故善吾生者，乃所以善吾死也。"③看来，庄子的安生之法，实则是将死理想化，凸显赖活不如好死的信念。据此，庄子

---

① 庄子：《知北游》，见《庄子》（英汉对照版），页362。
② 庄子：《达生》，见《庄子》（英汉对照版），页296。
③ 庄子：《大宗师》，见《庄子》（英汉对照版），页94。

以身说法,妻死后鼓盆而歌。当他因此遭到朋友指责时,就为己辩解说:妻子刚死时,我自己也曾难过伤感。但随后推究起来,妻子当初本无生命呀;不仅没有生命,而且没有形体;不仅没有形体,而且原本没有气息。在恍恍惚惚、若有若无之间,因变化而有了气息,因气息变化而有了形体,因形体变化而有了生命。如今,因变化而死去。这种生来死去的变化,就像春夏秋冬四季交替一样。现在,人家安息在天地之间,就像安睡在巨大卧室里一样,而我在此哭哭啼啼,这显然不明白生命的道理。想到这里,我才不再哭泣。①

究其要义,闻道即得道,闻道结果即得道结果,这无外乎进入纯然宁静或静观凝思之境。诚如庄子所述,道育养万物,绵延不绝,不死不生,其自身特征,可谓"杀生者不死,生生者不生。其为物,无不将也,无不迎也,无不毁也,无不成也"。其所处形态,犹如"撄宁也者,撄而后成者也"。② 所谓"撄宁",随物扰动,先动后静。从生死成毁的纷繁扰动中,滋生心宁寂静的意念,在逻辑上可谓悖论。正常情况下,寂静与扰动彼此对立。但在辩证意义上,寂静的生成是因为扰动的出现。实际上,寂静的好处通过扰动的坏处得以彰显。分别感知和体验过扰动与寂静的人,趋向于珍视前者而规避后者。他会尽可能维系寂静,推其以至最佳状态。这让人不由想起老子关于浊清与动静之说:"混兮,其若浊。孰能浊以静之,徐清。孰能安以动之,徐生。保此道者不欲盈。"③这就是说,凡能静浊以得清、动安以衍生者,那就是得道高人。至此,他生活宁静,不为外物所扰;他欣然乐于真我,既享精神自由,也具独立人格。

总之,游心以宁心冥想为基,注重内在精神修养,育养妙悟体道智慧。这种智慧,旨在使人涤除烦扰,顺其自然,自由自在,特立独行,安度值得一过的人生。此修炼过程是直觉性的,而非认识论的,近似一种介于渐悟和顿悟之间的特殊体验。这里,渐悟一般自外而内,循序渐进;顿

---

① 庄子:《至乐》,见《庄子》(英汉对照版),页288。
② 庄子:《大宗师》,见《庄子》(英汉对照版),页99。
③ 老子:《道德经》第十五章。

悟实为豁然开朗，瞬间达成。这两种感悟方式互动互补，最终旨在闻道体道，益智善生。

3. 两种修为模式之比较

无论从思维方式还是论述方式来看，柏拉图与庄子所推举的两种修为模式似乎迥然相异。作为善好生活的选择方案，它们吸引的是不同受众，运作的理路具有不同特征。登梯观美模式代表哲学训练的认知发展过程，是以认识为基、以理智为本的思想启蒙活动。通常，这一过程伴随着知识增多的快乐感受。这种感受因人而异，既取决于登梯的高度，也取决于观美的类别。在获得洞透美自体的卓见之际，这种感受终会转化为超凡入圣的狂喜之境。美自体等于美的本质，是打开各类美的万能钥匙，蕴含统摄所有美的共相。可见，阶梯喻说显然具有认识论架构特征。其中各种类别美，代表层级结构，具有相应价值的真理性内容。爱美者越是顺梯向上攀登，就越能采集到更多的真理性内容之果，就越会体验到更多的快乐或福祉。最终，他将会实现目的论追求，进入不朽的王国。在柏拉图看来，不朽不仅意指诸神的独特属性，而且喻示人向神生成的完善程度。

柏拉图的人向神生成理念，体现在登梯观美的阐述之中。美的阶梯在此设置为引导爱美者向上登攀的路径，意在使人从感性经验上达理智洞识，看起来犹如从地下到天上，从肉身到精神，从有形到无形，从有限到无限。为了使攀登者抵达顶端，柏拉图借用美这一综合概念，涵盖了优美形体的审美意义，善行守法的道德真谛，爱智求真的理智价值。登梯过程始于实际生活，终于形而上学。其间，爱欲这一中介，象征一座桥梁。据罗森（Stanley Rosen）所释，《会饮篇》的主题凸显出美的力量。"在生存的迁流中，美的力量不仅持存，而且是人类生存的永恒原因。就此而论，美被视为神性在人和宇宙中的直接在场。美规则而有序，持存于原生创始的迁流之中。美是光，人凭此可看清腐朽与蒙昧。"①这里以光喻美，此美更像是烛照万物的美自体，近乎创世之神。柏拉图最终依据不朽的观念，将凝神观照美自体的终极认识神性化了。换言之，他借此昭示出人向神生成的潜在关切。

在其他对话里，柏拉图多次强调人向神生成的可能性和必要性。他认定人类具有理性，是拜神所赐的礼物。人之为人，需终生不渝地沿着向上之路前行。此路正是哲学之路或爱智之路。在柏拉图心目中，人向神生成并非是要人成为神，而是要成为真正的哲学家。诚如"厄尔神话"结尾处所言，凡是恪守向上之路、专心研习哲学之人，必将会"做得好，活得好"（*eu prattōmen*）。②

另外，在《斐德若篇》里，许诺给真正哲学家的获益更多。他不仅享有一流的灵魂，而且有望长出飞翼，振翅重返天堂。显然，柏拉图以美的阶梯喻示向上之路，将其用于训练向神生成的哲学家，依此培养智慧明断、德行卓越之人。无疑，这种人是柏拉图理想中的"完善公民"。他们既能尽职尽责，履行自己的社会义务，也会处事公道，保护城邦的共同利益。有趣的是，登梯观美说初论身体美，注重身体美学，所涉论点可谓形下而易解，皆无神秘之处。其后论述心灵、法纪与知识之美，难度相应提高，价值随之增加。最终，当爱美者登上梯顶，面对美自体时，相关阐述形上而沉奥，神性超越向度，极富神秘色彩。

相比之下，游心闻道模式，代表一种假借道家宁心冥想之法提升精神修养的进程。这更多显现为直观性的精神性体验，而不是推理性的认识论探索。其中涉及三个主导要素：第一要素是"真人"作为"至道"和"真知"化身的道家逻辑。"真知"与普通知识观毫无关联，"它不是一种纯粹的自

---

① 罗森：《柏拉图的〈会饮〉》，杨俊杰译，上海：华东师范大学出版社，2011年，页239。
② Plato, *Republic*, 621c-d (trans. Paul Shorey). 另参阅王柯平：《人之为人的神性向度——柏拉图的道德哲学观》，见《杭州师范大学学报》2014年第3期。

然科学知识，而是一种心理和精神的演化过程"。①"真知"的对象是"道"，是"虚构出来的人的主观精神"，具有浓厚的神秘主义以及虚无主义色彩。由"道"体道，实乃由精神到精神，由神秘到神秘，由虚无到虚无，唯此才可传可受。② 事实上，"真知"亦如"去知"，旨在实现内心世界的明澈，引致主体妙悟和践行大道。

第二要素是修养过程中显而易见的目的论思索。在这方面，游心是为了闻道得道，而非为了扩展知识。早期道家无论是老子还是庄子，他们都对知识采取消极态度，认为"道"非"知"，"道"乃智慧之根、善生之源。他们与柏拉图及其追随者相去甚远，因为后者对知识持积极态度，坚信知识越多之人，就会获得更多智慧，就会过上善好生活。双方这一差别，见证于老子此言："为学日益，为道日损。损之又损，以至于无为。无为而无不为。"③按照道家逻辑，"为学日益"在字面上看似乎是肯定性的，好像是说学得越多，知识增益越多，而在实质上则是否定性的，意在告诫人们学得多，知道得多，办事能力就越强，如此一来欲求就多，抱负就大，就越容易受到功名利禄的诱惑，陷入斤斤计较、患得患失的困境。反之，"为道日损"在字面上看似乎是否定性的，而在实质上则是肯定性的，因为求道就需少私寡欲、离形去知、不为物役，最终就能循道而行，清静无为——既不妄为乱为，更不胡作非为。庄子因循这一思路，一再贬抑知识而弘扬大道，推崇大道的玄妙性、创造性、不竭性或可得性。在他看来，"夫道，有情有信，无为无形；可传而不可受，可得而不可见；自本自根，未有天地，自古以固存；神鬼神帝，生天生地；在太极之上而不为高，在六极之下而不为深，先天地生而不为久，长于上古而不为老"④。从这类描述中，可以看出"道"的某些特征，似与形而上学、宗教神学与宇宙演化论

---

① 杨安仑：《中国古代精神现象学——庄子思想与中国艺术》，长春：东北师范大学出版社，1993年，页153。
② 杨安仑：《中国古代精神现象学——庄子思想与中国艺术》，页154。
③ 老子：《道德经》第四十八章。
④ 庄子：《大宗师》，见《庄子》（英汉对照版），页94—96。

有关。实际上，这只不过是修辞夸张而已，显得神气拂拂，玄奥费解，你若从习惯性思维方式转向道家思维方式，就会发现这只是囿于直觉主观性和精神性的一种心态罢了，其思域仅限于内心世界里的主观想象而已。在道家那里，内心世界是真我生成的必要前提，能扩展自身以包容大千世界。为此，就需要专心澄怀玄览，这关乎"道"作为终极目的所特有的魅力、可体悟性与可闻达性。

第三要素源自对最高人生境界的孜孜探求。这一境界主要通过经验艺术化来升华精神修养，而不是透过知识论发展来提高认知能力。在庄子眼里，精神修养总处于首要位置，目的在于闻道体道，使人彻底觉解自然本性。这"表现为对'天地与我并生，万物与我为一'的体悟，从而产生一种将自我与自然融合为一的思想意念，获得一种襟怀宽广、恬淡逍遥的精神感受"。① 结果，就像庄子期待的那样，人在生活中一旦与道为伴，就容易跃升到绝对自由和人格独立的理想境界。

通于大道的"真人"，本是庄子创设出来的隐喻性象征人物，主要用来吸引那些好奇和准备探求"真知"之人。常有结论宣称：庄子笔下的"真人"明慧而神秘。此论稍嫌大而化之。笔者以为，"真人"的人格要比通常推测的更易理解。按庄子所述，"古之真人，其寝不梦，其觉无忧，其食不甘，其息深深。真人之息以踵，众人之息以喉"②。看得出，"真人"内心寂静，无忧无虑，已然摆脱外界干扰，活得简朴、快乐、自然，完全凝心于"道"，就连呼吸方式也异于常人。他不再用喉咙呼吸，而是用脚踵吐纳。乍一看来，有人会以为这种呼吸方式太过怪异，但在常练气功的人那里，此乃练习吐纳功夫的惯常途径。

那么，就上述两种修为模式而言，它们之间到底有无彼此会通、兼容互补之处呢？答案是肯定的。首先，从缘起论看，两者均以爱美欲求为动机，一方发端于爱上一个特殊的形体美，另一方发端于企羡返老还童的容

---

① 崔大华：《庄学研究》，北京：人民出版社，1992年，页302。
② 庄子：《大宗师》，见《庄子》（英汉对照版），页88。

色美。但双方都呈现出究其根源的导向或意向。随之，从目的论角度看，两者的激励机制虽然涉及不同概念和方法，但其所追求的目的均是益于善好生活的智慧。颇为巧合的是，登梯观美需要攀登七层，方可上达真理；游心闻道也需要经历七阶，方可彻悟妙道。为了抵达自我升华的目的地，两种模式所设途径虽然有别，或注重认知发展，或强调直觉冥想，但双方均需引导追求者从外在世界进入内心世界。再者，两者层级皆为"七"阶，所含要义至少两点：渐进过程与预设逻辑。前者各已表述，这里无须重复。就预设逻辑而言，在各自情境中均呈现为由低而高、由浅入深的推论序列。不过，在柏拉图那里，这一序列趋向认识未知领域的对象；而在庄子那里，这一序列则要求遗忘所应遗忘之物。换言之，前者以认知研习为导向，凭借的是理性沉思；后者以"坐忘"为导向，依靠的是直觉感悟。到头来，前者使专门知识与形上认知的量度得到增益，后者则使人清心寡欲、去知忘我。在柏拉图看来，美虽为对象，但层次不同，实际上以美益智、以美养善和以美求真所构成的递进关系才是登梯观美的内在逻辑。在庄子看来，游心乃内心体悟，所历阶段有别，游心闻道的有效理路便是：只有在道家"穷理尽性"、至静至虚或"坐忘"的前提下，才能"堕肢体，黜聪明，离形去知，同于大通"。[①]

比较而言，登梯观美过程需要依据相关条件和不同层次，进而不断净化自我。在逻辑意义上，越是向上攀登去鉴赏更高类别的美，就越是需要净化或升华此前对低层美的爱欲。上达顶端而洞识美自体的追求，虽然备受鼓励，但似为中途憩息者留下余地。就游心闻道过程而论，庄子显得较为武断严苛，要求人们专心致志以获至道。故此，他所设置的路径更像是闭合式的，期待求道者持之以恒，不可半途而废。据此，唯有求道者成功经历全部过程，上达最高境界，方可最终"闻道"，获得精神净化与绝对自由，过上道家设定的善好生活。倘若半途而废，就会无功而返，就会遭遇来自外界的诱惑与困扰。这里，若将上述两条路径并置，其差异程度自当

[①] 庄子：《大宗师》，见《庄子》（英汉对照版），页110。

不言而明，其互借功用亦不可忽视。譬如，柏拉图所言的爱美者，在探索未知领域时若不能继续前行，他自有如此这般的理由，可转而从道家角度去尝试"坐忘"的体验。反之，庄子所说的求道者，在无法进入"坐忘"的心境时，他不妨从柏拉图主义角度去反思能够认识什么。简而言之，每个人均有与生俱来的自由意志，可以据此比较两种修为模式，选用适合自己的路径与生活方式。无疑，选择什么样的生活方式，自然意味着做什么样的人。如此观之，这种选择是一个关乎人类学本体论的问题。但在目的论的终极意义上，登梯观美模式鼓励真正的爱美者上达顶端、向神生成，成为柏拉图心目中的哲学家；而游心闻道模式则期待真正的求道者燕处超然、向道生成，成为具有道家风范的静修真人。

另外，柏拉图的"阶梯"喻说，暗示出一种同古希腊静修派相关的人生态度；庄子的游心寓言，揭示出一种同早期道家传统相关的人生态度。这两种态度的相似之处，在于偏好沉思生活而非政治生活。古希腊时期的柏拉图，胸怀静修派的洁身自好意向，断然拒绝了"三十人团"约他参与管理雅典城邦事务的邀请。战国时期的庄子，持守道家传统的逍遥精神，也曾拒绝一国来使约他入相的邀请。他甚至指着脚前的泥鳅向来使表明心志，自称宁为自由自在的泥鳅，也不当劳神役形的高官。实际上，无论是柏拉图还是庄子，他们都可谓世事练达，对政务洞若观火，尽量规避各种内讧权斗的闹剧与麻烦。

虽有上列相似之处，但静修派与道家的差别，值得从互补角度予以重思。一般说来，静修派主要关注纯正的知识。为了获此知识，需要静观沉思，专注哲学生活，不涉政坛杂务，避免人事干扰。这样做是为了探索未知领域里更多的东西。道家更多关注修道心斋。即便针对某物的态度与古希腊静修派相若，但却采取另外一种目的性追求策略。道家认为人类自身发展过程可分三个阶段：首先是无知阶段，即生来蒙昧的幼童时期；随之便是有知阶段，即通过学习获得知识的成熟时期；最后则是去知阶段，即为了精神自由而求至道的"坐忘"时期。通常，一个人从"无知"过渡到"有知"，已然实属不易，自需勤奋勉力为之；若让其从"有知"转化为"去知",则将更加困难,这既会遇到不情愿的心理障碍,还会受到难以遗忘的认知阻力。就此三个阶段而言,"无知"阶段是普遍现象,不言自明;"去知"阶段凭借游心闻道的逐步阐述,具有可理解性。至于"有知"阶段,道家除了表示轻视知识的态度之外,对此鲜有论证,故显得模糊不清。在这方面,静修派可以提供诸多参照。俯首可得的范例就是关乎"知识美"的"阶梯"喻说。无论是在《理想国》还是《法礼篇》里,柏拉图关于如何习得知识的卓见随处可见。

再者,柏拉图心目中的沉思生活,唯有借助哲学训练和知识精进方可成就。在某些境况下,这需要进入凝照沉思之境,需要依靠以逻各斯为本位的理性思维,由此会形成乐于言说(*philologos*)的风范。无论在理论求证还是在分类剖析方面,这都需要逻辑推理与话语清晰。同样,道家思想中的游心闻道说,意在培养静思冥想之境,由此促成"唯道集虚"的妙悟体验。这是一种以经验为导向的直觉性假设,是以乐于践行(*philopraxis*)为特征,注重实用的概括和强制性解决方法,总是伴随着神秘的模糊性。就这两种选择倾向而论,无视乐于践行的乐于言说可能是无效的,抛却乐于言说的乐于践行可能是误导的。前者行亏而言胜,后者言亏而行胜,均乏度失衡,过犹不及。因此,唯有两者合理互动,适度平衡,才会有效发挥各自的积极潜能。

上述互补性假设,有幸在尼采那里得到强化。在《黄昏》一书里,尼采提出这一倡议:欧洲人需要借用中国式的思维和生活方式来调整自己,需要给不安分的欧洲血液里注入一些亚洲型安宁、静观和坚韧的精神。[①]显然,尼采所列的这些亚洲型德行,主要体现在典型的道家思想之中。这些德行不仅适用于欧洲人,也同样适用于亚洲人,尤其是在全球化时代彼此

---

① Friedrich Nietzsche. *Aurore* (Paris: Gallimard, 1980), p. 162. The statement referred to in this passage follows: "Puetetre ira-t-on alors chercher des Chinois: et ceux-ci apporteraient la façon de penser et de vivre qui convient à des fourmis travailleuses. Oui, dan l'ensemble ils pourraient contribuer à infuser dans le sang de l'Europe instable qui s'exténue elle-même un peu de la tranquilité et de l'esprit contemplative de l'Asie et--ce qui est bien le plus nécessaire--un peu de la ténacité asiatique."

遇到相同问题的当下。另外，我个人认为，也需要给本分的亚洲人血液里注入一些欧洲型理性、开拓和创造的精神。这一切呼唤着东西方文化与精神的互动互补与创造性转换。

最后，倘若上述提议能够得到认可，人们可在实用意义上以矫正方式将这两种益智善生的选择方案加以整合，依此创构出一种会通式参照系。这在一些人眼里就像"拉郎配"，在另一些人眼里则如"什锦汤"。然而，与其左右为难，偏于一隅，不如放手一试，勤力而为。要知道，这一会通式参照系，旨在协助喜欢各类美或冥想的人，育养所需的诸种智慧，过上惬意的善好生活。不消说，相较于帕斯卡尔所赞赏的"那些一边哭泣一边追求的人"，我们此处更推崇所有一边微笑一边追求的人。这种"微笑"，不只是代表一种快乐的心态，更喻示一种觉解的愉悦。

八 儒道释的福乐观①

中国人过春节时,户外爆竹声声震耳,屋内则四处张贴着鲜艳的剪纸"福"字或墨书的"福"字。在汉语中,有人以象形方式所创写的"福"字包括两部分——左侧是一个向神灵祈祷的人形,右侧是一张堆积财宝的供桌。这一字形涉及宗教与物质两个维度。因此,"福"既指精神的美好,也指物质的美好。相比之下,以象形方式所创写的"祸"字左侧同样是一个向神灵祈祷的人形,右侧则是一个象征灾难的符号。由此可见"福""祸"转化的潜在玄机。

在"福"字之外,还有一个表示幸福或快乐的字:"乐"(le)。该字也表示音乐之"乐"(yue)。在儒家关于音乐的学说中,这两个字以一种富有意味的方式相互作用,即:"乐"(le)是一种内在的欢乐感受,为了表达这种感受,才促发(音)乐(yue)的艺术创造;反过来,(音)乐以其优美的旋律,又引发听众的欢乐感受。在这里,乐(le)感与乐(yue)感结成合二而一的互动关系。当然,音乐的表现形式与风格是多种多样的,相关的音乐感受也是如此。譬如,欢快的音乐会产生欢乐的感受,悲伤的音乐会引发悲伤的感受。但从审美体验角度来说,这两种感受也会相互转化,故有"乐极生悲"与"悲极而喜"之类辩证说法。

总之,在中华哲学和宗教中,"福"和"乐"是表示幸福或快乐的主要概

---

① 此文是作者在牛津大学圣安妮学院和中国学术研究院访学期间应邀用英文撰写,题为"Daoism, Confucianism and Buddhism: Happiness in Chinese Philosophy and Religion",刊于 Stuart McCready (ed.), *The Rediscovery of Happiness* (London: MQ Publications Limited, 2001), pp.37-55。中文稿由高艳萍博士翻译,作者对其名称与内容稍做修改。

念。在中华传统思想中，儒、道、释三家对福、乐问题都有各自的思考与洞察。

1. 祸福相依

　　求福避祸，人之常情，但是，大多数中国人或华人懂得"乐极生悲"和"苦中作乐"的道理。因此，当人们由于无上福分而处于人生之巅时，他们会本能地意识到事情有可能朝相反方向运动，从而尝试调和自己的情志，做好应对最差结果的准备。如果他们陷入一种糟糕的境遇，他们通常不会绝望，而是保持希望，继续努力，朝着积极方向迈进。

　　中国人似乎用他们的意志和理智，游走于"福"与"祸"这两极之间，借助一种辩证性的实践智慧，来应对福与祸的交互关系。这智慧主要来自老子的教诲："祸兮福之所依，福兮祸之所伏"。祸与福之间的相互转化颇具戏剧性，恰如这则寓言故事所示：中国北部边疆住着一位老人。有一回，他的马跑进北边部落的疆域，未归。邻人对此纷纷报以同情。老人说："这兴许是福。"几个月后，这匹马带着一匹母马从北地归来。见此，邻人皆向他祝贺。老人道："也许这会是祸。"他家由此兴旺起来，有了很多好马。一天，他的一个爱骑马的儿子从一匹马上摔下来，摔断了腿。邻人对此纷纷表示同情。老人却想，"或许这会转变成福"。一年后，北边部落侵犯边塞，所有身体健全的年轻男子都应征入伍抗敌，老人的儿子因为是瘸子而留守家中。这一对父子因此得以保全。①

　　这个故事的喻义在于：表面看似乎是福分，却有祸藏在其中；反之亦然。祸和福是处于相互作用或转化循环中的两极。一个人应该洞透积极表

---

① 《淮南鸿烈集》，原文为："近塞上之人有善术者，马无故亡而入胡。人皆吊之，其父曰：'此何遽不为福乎？'居数月，其马将胡骏马而归。人皆贺之，其父曰：'此何遽不能为祸乎？'家富良马，其子好骑，堕而折其髀。人皆吊之，其父曰：'此何遽不为福乎？'居一年，胡人大入塞，丁壮者引弦而战。近塞之人，死者十九。此独以跛之故，父子相保。"

象，警觉情境中潜伏的消极因素。一个人不应盲目或莽撞地行动，而应适时和适当地行动，以免事情向负面方向发展。这要求人们敏锐地觉解"反者道之动"的原则。这就需要辩证地看待和分析事物，需要随时觉察事物之中积极与消极两个方面并存与互变的趋向，由此谙悉"物极必反"的道理。

在中国人看来，道作为最高原则，总是以循环往复的动态方式运动着；道所决定的万物，一般处在永恒流变的过程之中。一个人无法控制事物两极之间的转化，但可以认识和预见其中的奥秘。为此，他需要深刻识察道的奥妙，成功运作道的规律。针对两极，诸如福祸，如若循道而行，预知及时，处理得当，就有可能回到其两极统合的原初状态。

老子认为"反"是道的运动方式，是"返其本"的重要途径，但他倾向于将其绝对化为道的实在性。这样一来，就有可能在人身上滋生一种被动的态度或无为的意识，会以为任何主动的作为或努力都是徒劳无益的。事实上，福与祸的相互转化，取决于一定条件或变量，并非自动自为的必然结果，在很多情况下，这种转化至少会涉及主观判断的好坏、客观条件的变化与行动的适当与否等。

2. 知足常乐

幸福来自欲望的满足，不幸来自意愿的挫败。但是，人类的欲望从整体上讲是无止境的。一种欲望的满足，会引起更多其他欲望。这就好像砍掉一张方桌的一角，会让桌角变得更多而非更少一样。

我们如何对待欲望因满足而滋生而不是因满足而减少的悖论呢？有一句中国人珍视的老话："知足者常乐。"其内含的启示在于：你拥有的欲望越少，你就越容易满足，从而就会获得更多的快乐。这一思想可以追溯到老子的知足哲学。首先，他声称，"知足不辱"。其次，他确称，"知足之足，常足矣"。前一论点指的是从生活、声名和财富角度做出的比较性价值判断。在人类社会中，许多人变得贪婪无度，无节制地追名逐利，容易自陷于名缰利锁之中，无法明白"甚爱必大费，多藏必厚亡"的基本道理。

老子推举"知足"的德性，旨在引导人们不为荣辱得失而整日提心吊胆。老子进而宣扬"知足者福"的思想，认为知足之人很容易享受到幸福感或快乐感，由此过上一种平和安宁与精神富足的生活。毋庸置疑，"知足"与"不知足"相对立，后者源自个人的欲望与贪婪。老子就此提出，"祸莫大于不知足，咎莫大于欲得"。虽然此说看似武断，但其尖锐的批评和教导，强化了"知足"的意义所在。

就"知足之足"而言，其中涉及两个层面：一个人满足于自己所占有之物，是实用意义上的初级满足，是建立在日用基础上的物质性满足；接着，当一个人满足于自己"知足"的意识并洞悉"知足"的真谛时，就会提升到较高层次的反思性满足，这是建立在非物质性基础上的精神性满足。一个人正是经由最初的物质性满足，通过进一步的个人修养，从而有可能获得更高的精神性满足。

一般说来，这种"知足"哲学的含义，主要是针对那些受挫者而言。这些受挫者中，不乏沉迷于过度竞争和贪得无厌的生活方式之人。当然，老子所推崇的精神性满足是一种理想化假设。虽则如此，这并不是阻止人们采取适当行动来实现自己的合理追求，也不是为那些怠惰者或无所事事者进行辩护。这样，人们应当在现实生活中掌握一种"度"。原则上，这种"度"在中华传统中近乎"过犹不及"，在希腊传统中近乎"不多不少"（Never too much, never too less）。有鉴于此，人们为了在精神意义上提升自己的幸福指数，就会在日常生活中着意体味"知足而足"的哲理。

3. 大小之辩

道家庄子是古代中国最杰出的思想家之一，其思想主要形成于公元前4—前3世纪。庄子本人喜好用寓言故事或逸闻趣事来阐释自己的观点。他在《逍遥游》中写道：

> 北冥有鱼，其名为鲲。鲲之大，不知其几千里也；化而为鸟，其名为鹏。鹏之背，不知其几千里也；怒而飞，其翼若垂天之云。……"鹏之徙于南冥也，水击三千里，抟扶摇而上者九万里，去以六月息者也。"野马也，尘埃也，生物之以息相吹也。天之苍苍，其正色邪？其远而无所至极邪？其视下也，亦若是则已矣。……风之积也不厚，则其负大翼也无力。故九万里则风斯在下矣，而后乃今培风；背负青天而莫之夭阏者，而后乃今将图南。蜩与学鸠笑之曰："我决起而飞，抢榆枋而止，时则不至，而控于地而已矣；奚以之九万里而南为？"适莽苍者，三飡而反，腹犹果然；适百里者，宿舂粮；适千里者，三月聚粮。……斥鷃笑之曰："彼且奚适也？我腾跃而上，不过数仞而下，翱翔蓬蒿之间，此亦飞之至也。而彼且奚适也？"此小大之辩也。①

这个故事的寓意是比较模糊的。在一方面，我们看到大鸟与小鸟的外形和追求极其不同。鹏羽翼大，飞得高而远。蜩和斥鷃翅膀小，飞得低而近。因而，大鸟和小鸟的经验与成就迥然有别，其需求和享乐彼此不同。假若它们模仿彼此的生活方式或飞行模式，无疑会招致无可奈何的沮丧和挫败。因此，这些鸟类各自的满足感与成就感都是相对的。

在另一方面，我们发现大鸟与小鸟天性各异。它们之所以采用不同方式进行飞翔和生活，是因为它们遵循各自的天性并依照天生的能力而为。两者皆投入当下的行动，并获得最大程度的享受。假如不去做大小或高下之分，它们各自所获得的自我满足感，在价值判断上无疑是均等的。另外，就各自的感受标准而言，它们自我满足的体验也可以说是强度相若的。犹如宫宴上两位快乐程度相当的宾客，纵使他们各自的饭量酒量差别甚大，但其所享受的快乐感却没有什么分别。庄子倡导"齐物"，强调以道

---

① 庄子：《逍遥游》，见陈鼓应注译：《庄子今注今译》，页7—12。

观物，一视同仁，物无分别，事当同一，以此作为道家哲学的基本原则，据此，庄子断言"天地与我并生，万物与我为一"。庄子反对大小之辩、高下之分、彼此之别等，这显然有悖常理，但道家喜好反其道而为。其中妙理，贵在自识。

4. 至乐境界

庄子认为"至乐无乐"。这种看法显然是悖论式的，但其中自有一定道理。因为，庄子在此将"至乐"从"乐"中区隔开来。为了理解"至乐"，我们必须来看看"乐"这一概念的具体内涵。依据道家的理路，这种"乐"完全不同于世俗价值，诸如财富、名誉、长寿、善举、安逸、美食、盛装、美眷、仙乐等等。那些追寻此类事物的人相信，他们可以从中获得快乐。于是，他们贪得无厌，急功近利，仿佛那就是唯一不二的选择似的。庄子对于执着于这种快乐的价值观表示怀疑，全然否认此乃真正的快乐，而是将其视为一种空洞的浮华和人生的重负。他继而指出：

> 夫富者，苦身疾作，多积财而不得尽用，其为形也亦外矣。夫贵者，夜以继日，思虑善否，其为形也亦疏矣。人之生也，与忧俱生，寿者惛惛，久忧不死，何苦也！[①]

所有这些言说，皆来自庄子对于世态的敏锐观察。当时的人们大多沦为拜物主义或社会异化的牺牲品，盲目贪求，结果陷入"人为物役"的泥沼。由于持守错误的快乐或幸福观，不少人为了所谓的生活质量而付出沉重的代价。

"至乐"超越了通常的价值观，在错误的快乐或幸福观缺席之处发挥着

[①] 陈鼓应注译：《庄子今注今译》，页446。

作用。简而言之，"至乐"是一种净化了一切欲望、摆脱了一切枷锁的心态，可谓"无为"之道的完全实现，是以绝对的精神自由和独立人格为特征的。这种至乐超越了幸福与不幸之别，甚至生与死之别。庄子对此曾用"妻死，夫鼓盆而歌"这则逸事予以昭示。按其所述，妻子亡故之后，庄子起先感到极大悲痛。后来，一位朋友前去吊唁，发现庄子正在鼓盆而歌，于是批评庄子不该如此对待亡妻。庄子则解释说，生命源自气。气聚而生，气散而死。他的妻子"气"已散去，已然回归到生命的原初状态。在那里，她的元气自由怡然地流动于天地之间，就好像是在天地之间的屋宇内安逸地休憩似的。想到这里，就不再为亡妻悲伤，而是感到释然和庆幸。因为，劳累一生的妻子，终于心无挂碍，得到解脱，重获自由了。

在庄子看来，生死是自然现象，取决于"气"的聚散。如果人能勘破生死的真实本质，平等和静而无差别地接纳福乐与祸殃，那就近乎于"至乐"的境界了。

5. 人生三乐

现在从道家转向儒家，我们会发现孔子及其后继者孟子，乐道于获得幸福的实际手段，分列出日常生活中的"三乐"要诀。

孔子曾说：一个人若能享受三件事，他便可获益不浅，即"乐节礼乐，乐道人之善，乐多贤友，益矣"。① 大体说来，第一件乐事是指为发展社会秩序而提升礼仪文化，为完善个人修养在音乐中进行自我教育。第二件乐事是要乐于欣赏、推介和学习他人有德行的善好言行。第三件乐事涉及与君子或有德之人结为朋友，因为人以群分，近朱者赤，个人的修养与言行总是受到朋伴的影响和引导。人品与品味不同，其所好必然不同。在现实生活中，另外有些人就不会在乎这三种乐事，而是更偏好另外三种乐事，

---

① 杨伯峻译注：《论语译注》，页176。

即"乐骄乐,乐佚游,乐晏乐",其结果是"损矣"。① 也就是说,如果有人迷恋于这三种乐事,他们很有可能遭遇有损无益的后果。因为,炫耀将会带来麻烦,奢侈将会腐蚀精神,嗜好感官之乐将会损害自己的健康。

孔子百年之后,孟子继而指出:"君子有三乐,而王天下不与存焉。父母俱存,兄弟无故,一乐也;仰不愧于天,俯不怍于人,二乐也;得天下英才而教育之,三乐也。"②第一种快乐与孝敬父母和敬爱兄长的天伦之乐相伴随;第二种快乐源自个人于精神领域和社会领域中的自我实现结果;第三种快乐反映的是一个成功教师惜才、爱才与育才之情以及欣慰之感。

孔子所言的"三乐"和孟子所言的"三乐",其关注焦点是道德准则、个人修养与社会服务。就其共同的价值标准而言,两者均热衷于倡导这一快乐观,均认为具体而有益的实践胜于单纯而抽象的认知。更何况从此类实践中所获得的快感,是无功利性的和社会性的,在道德意义上是合目的性的,甚至超过温良恭俭让等德行所产生的自然结果。

6. 乐于仁

追求真正的快乐是宋儒人生哲学的主要目标之一,故而引发出对"孔颜乐处"的自觉反思。这种快乐观实则是安贫乐道观,主要见于《论语》里的两段话。一是孔子自述的生活乐趣——

> 饭疏食饮水,曲肱而枕之,乐亦在其中矣。不义而富且贵,于我如浮云。③

---

① 杨伯峻译注:《论语译注》,页176。
② 杨伯峻译注:《孟子译注》,页309。
③ 杨伯峻译注:《论语译注》,页70—71。

二是孔子对爱徒颜回的赞赏——

> 贤哉，回也！一箪食，一瓢饮，在陋巷，人不堪其忧，回也不改其乐。贤哉，回也！①

在如此艰苦的生活环境下，如何能自得其乐呢？首先，孔子和颜回是乐观主义者，而非逃避主义者。他们顺应现实，无视困境，怡然自得，属于"乐天派"。其次，他们自我满足，不仅满足于他们之所有，而且接受命运的安排，可谓"乐天知命"。再者，他们醉心于闻道求真，自然会忘记自己的困境，不为任何杂务所扰，"安贫乐道"以悦心悦意或悦志悦神。事实上，他们真正关切在意的是来自"道"的启蒙与"乐"的真谛，他们为此甚至不惜献出自己的生命。诚如孔子所言："朝闻道，夕死可矣。"

他们追求的"道"到底是何物？简言之，此乃儒家的核心价值——"仁"道。用孔子的话说，"仁者，爱人"。当然，"仁"至少分为三个层次。在第一层次，"仁"指"亲亲"，意指从家庭成员开始，如孝顺老人，慈爱后生。在第二层次，"仁"指"仁民"，意指将仁心或爱心外延到邻居与社会。在第三层次，"仁"指"爱物"，意指将爱心扩展到天下万物。要真正践履"仁"道，通常涉及以下两种准则：

> 己所不欲，勿施于人。②

> 己欲立而立人，己欲达而达人。③

第一准则期望我们"推己及人"，要将自己置于别人的处境，思其所思，感其所感。也就是说，你施于他人的，应是你自己希求的。这需要避

---

① 杨伯峻译注：《论语译注》，页59。
② 杨伯峻译注：《论语译注》，页166。
③ 杨伯峻译注：《论语译注》，页65。

免牺牲他人的利益和感受,需要养成一种克己无私的互惠精神。第二准则建议我们胸襟开阔,公平行事,唯有如此,我们才能减少以自我为中心的心理惯性,最大限度地发展自己的利他主义精神。这种"仁"在很大程度上与"博爱"(fraternity)等同,但需上达"仁民而爱物"的境界。在这一点上,"仁"道转化为"泛爱"或普遍之爱。

需要指出的是,那种认为孔子无视贫富之别或从不在意贫富的看法,恐怕有失公允。事实上,孔子申明贫贱非人所喜,而富贵则人之所欲。但是,若一个人无法通过正道而获富贵,那就不应汲汲于此,而应安于自己的现有生活。事实上,孔子总是乐意提高其物质生活条件,他有一回承认:"富而可求也;虽执鞭之士,吾亦为之。如不可求,从吾所好。"①可见,只要合理而为,希望依靠自己的劳动改善生活是人之常情,孔子本人也不例外。但若求富无路,宁可从己所好,乐天知命,也不胡作非为。

简言之,"孔颜乐处"主要关涉两点:一是对"仁道"的真诚追求,二是在逆境中保持自我尊严。这种精神为"君子"所特有。"君子"是儒家的理想化人格,孟子有时称其为"大丈夫",认为其应有的品德是:"富贵不能淫,贫贱不能移,威武不能屈。"因循他们的学说,宋儒邵雍颇有领悟,形成自家的生活之道。他在《安乐吟》里这样描述道:

> 安乐先生,不显姓氏。
> 垂三十年,居洛之涘。
> 风月情怀,江湖性气。
> 色斯其举,翔而后至。
> 无贱无贫,无富无贵。
> 无将无迎,无拘无忌。
> 窘未尝忧,饮不至醉。
> 收天下春,归之肝肺。

---

① 杨伯峻译注:《论语译注》,页69。

> 盆池资吟，瓮牖荐睡。
> 小车赏心，大笔快志。
> 或戴接䍦，或着半臂。
> 或坐林间，或行水际。
> 乐见善人，乐闻善事。
> 乐道善言，乐行善意。
> 闻人之恶，若负芒刺。
> 闻人之善，如佩兰蕙。
> 不佞禅伯，不诛方士。
> 不出户庭，直际天地。
> 三军莫凌，万钟莫致。
> 为快活人，六十五岁。①

如诗中所示，邵雍对于自己的生活状态心满意足且乐此不疲。实际上，他把小屋命名为"安乐窝"，在那里享受着精神的自由与无忧的快乐。这种态度也在他的门生程颢那里得到反映。后者在《秋日偶成》一诗中，描写了他完全自得其乐的生活之道：

> 闲来无事不从容，睡觉东窗日已红。
> 万物静观皆自得，四时佳兴与人同。
> 道通天地有形外，思入风云变态中。
> 富贵不淫贫贱乐，男儿到此是豪雄。②

---

① Fung Yu-lan, *Selected Philosophical Writings of Fung Yu-lan* (Beijing: Foreign Languages Press, 1991), p. 512-513. 另可参邵雍著，陈明点校：《伊川击壤集》，上海：学林出版社，2003年，页187。

② Fung Yu-lan, *Selected Philosophical Writings of Fung Yu-lan*, p. 513. 另参阅程颐、程颢：《二程集》(四库全书影印本)册1345卷一，上海：上海古籍出版社，2014年。

7. 至福与顿悟

佛教在公元 1 世纪从印度传入华土之后，到唐代已发展出六个主要教派。所有这些教派中，要数禅宗影响力最大。

佛教视生命为苦难的源泉，甚至将人生比作"苦海"。有鉴于此，佛教创设了一个"极乐世界"。佛经是这样描绘其幸福蓝图的：

> 在此界，一切河流熠熠生辉。水具诸种芬芳。簇簇花朵之边沿饰以无上的宝石，低语中飘着甜蜜之乐。一切存在物脱离一切苦厄，而尽享种种欢乐。无有征象指向恶、不幸、忧郁、悲伤、不德。没有苦之音，甚至无苦无乐之音。一切饮食，各如所愿，身心皆悦……

所有这一切表明，甚至对那些渴求这一极乐世界的佛教信徒而言，上述天堂过于快乐，难得安居。出于这一现实缘由，禅宗创设了一个为修佛者较易亲近的简易天堂，将其称作"顿悟"。这一豁然开朗的觉解开悟，是一种特殊的心智，否定一切现象，持守一个信念：一切人等，按其本性，皆可成佛。此乃一种潜在的菩提心或获得般若智慧的内在能力。"顿悟"要求一个人不被外物所扰，这是通向佛性自由或涅槃境界的不二法门。此外，还要求"无念"与"我执"，即一个人在思维过程中不为自己的思想行为本身所左右，而将沉思默想的重点放在彻悟"般若智慧"之上。

根据禅宗六祖慧能的说法，"顿悟"意指一个人无须通过渐修阶段便可直接领悟并获得真正的智慧。据此，这种觉悟可谓自然而然，在刹那间照亮心体、彰显佛性。这种觉悟之所以可能，是因为一个人的心灵得到净化，没有任何欲望，超然于众相众法之上，洞察于般若真理之中。至此境界，心灵保持了绝对自由，摆脱了一切烦忧。在"顿悟"中，一个人既不执着于空，也不执着于有；进而，一个人既不执着于自我，也不执着于无我。举凡抵达这一心境的人，无疑进入了无生无死的涅槃境界。

　　我们也许会问，一个获得"顿悟"之人，到底会是什么样子呢？这一境界如禅宗大师所说，可谓"百尺竿头，更进一步"。登上竿头的人，若再进一步，那就必然一步登空，坠落地面，返回到他最初开始寻找觉悟的地方。现在，他依然过着自己以往的日常生活，从事自己以往的普通活动。不过，在这觉悟之后，他会以全新的眼光，看待万事万物。他的所作所为，并非不同于从前，可他自己不是原来的自己了。

　　在严格的宗教意义上，中华文化缺乏对神性的关注。在中国本土的宗教中，也没有人格神的塑造与崇拜。实际上，中国哲学与宗教，彼此交集一起，没有明确界线。因此，中国人倾向于从精神意义上思考哲学，从哲学意义上思考宗教，于是便有道教与道家之分，有佛教与佛学之别。至于本文所述的幸福或快乐这一问题，中国哲学与宗教的相关思考，因其共同聚焦于人生状况而相互重叠在一起。这样一来，此界的与彼界的、世俗的与神圣的、道德的与超道德的等诸多对应范畴，也都彼此杂糅在一起。但其中关键的共同点，就是对道德修为与人格精神的高度重视。

第二部分

战争与和平

九 告别广岛核爆与国之利器①

集体记忆总是跟集体意识与良知密切关联,这是人类的特性所致。对于震惊世界的事件或人为灾难,情况更是如此。二战期间广岛核爆所引发的一切惨痛后果,皆存留在人们的集体意识中。这次核爆不仅摧毁了城市建筑,杀伤了大量民众,而且严重损坏了整个人类的亲和力(human affinity)。广岛核爆之后的诗性反思,一方面表达了对原子弹爆炸受害者的深度同情,另一方面揭示了此次致命轰炸与战争浩劫对人类的肆意蹂躏。与之同时,它亦引发我们进一步研究战争的原因、军事行动的肇始和"过度用武"(excessive force)的种种问题。在道家哲学看来,战争的本质从古至今基本相似。无论出于何种名义的战争,皆具同样的危险性和杀伤力,而且,野蛮暴力和屠杀的首要受害者是大多数无辜的百姓。再者,战争之后必将导致混乱、疾病等诸多苦难,同时还会引发长年饥荒。因此,早期道家老子持守反战态度,尽管他本人通晓战争的艺术。据此,他建议人们避免炫耀武力,除非为了自卫或自保不得已而用之。即便如此,他警告交战中取胜的一方切勿滥用野蛮手段,否则将会遭受灭顶之灾。古人所谓的"利器",在某种意义上喻指现今所谓的"黩武"或"过度用武",由是观之,老子认为"国之利器"乃"不祥之器",不可公开炫耀或招摇。因为炫耀利器

---

① 此文原用英文撰写,题为"No More Hiroshimas and Sharp Weapons",刊于 *The American Journal of Economics and Sociology*(《美国经济学与社会学杂志》),Blackwell, vol. 68, Issue 1, Feb. 2009, 同时收入 Edward Demenchonok (ed.), *Between Global Violence and the Ethics of Peace: Philosophical Perspectives* (《全球暴力与和平伦理之间的哲学视野》),Oxford:Blackwell, 2009。高艳萍博士将其译为中文,作者对译稿进行了校改。

将会引发诸如军备竞赛、潜在冲突甚至流血战争等问题。所有这些，似乎都与我们目前所居住的这个矛盾重重的世界及其当前形势息息相关。

1. 对广岛核爆的诗性反思

今天，大多数来广岛的外国旅行者都会对这个城市的灯光和绿荫留下深刻印象。面对此情此景，他们很难想象它如何可能在1946年8月6日之后重新安置一切。据战争史记载，广岛是首座遭受原子弹轰炸的城市。60%的城区被摧毁，约35万人死伤；在爆炸点1/4英里以内，约95%的人当场死亡；直径1英里之内，50%的人口遭受辐射并最终在痛苦中死去。若把心理震动和长期环境污染也算进来的话，惨重的后果更难以言表。之后，关于这场灾难的集体记忆同样萦绕人类，与之同时，对它的不断反思引发了人文主义的回应和伦理的探索等。

诗人James Kirkup 于20世纪60年代来到广岛，回顾广岛战争纪念馆中的爆炸悲剧后，在《告别广岛》(*No More Hiroshimas*) 一诗里发出沉痛的呼吁。在诗的起首，诗中的主人公环顾四周，好奇于诸如"霓虹灯闪耀的塔架"与"彩虹淹没的木屋"之间的戏剧性对比，此时，他似乎是在压抑自己的感受。但是，当他穿越商业区，来到河边，语调变得愈来愈肃穆了。因为这条河流不仅目击了爆炸本身，而且目击了大群人在爆炸发生后死于焚烧与热流。随即，诗人便以一种深深的感伤写道：

> 河流一如往常，充满悲伤，拒绝重置。
> 在这狭长、宽阔、空荡的大道上，
> 新树尚幼，政府大楼
> 功能初具，桥梁光滑，

中华文化特质

  然而，河流一如往常，充满悲伤，拒绝重置。①

  显然，河流悲伤，风景陈旧，氛围中充满一种不可名状的荒野感。所有这一切都不可能吸引人，但一缕希望穿过"尚幼"的"新树"透露出来。然而，当这位来访者徜徉于城中心的电影院、音像店、咖啡屋、纪念品商店、穿和服的丘比特娃娃、珠宝店、旅游酒店、圣诞节用品、扬扬得意的气球、灰姑娘汽车站、现代楼梯、闹哄哄的太平间、电子音乐，以及忧郁的赞美诗的时候，扑面而来的商业气氛令他沮丧。他发现了其中的不协调，若不是令人恼怒的话。② 因此，他在进入思考之前，写下了这样的诗行，提醒读者几十年前发生的事件：

  此处，原子弹的寂灭与游客的队伍莫名衔接
  让其依然如故吧，为了让全世界看个究竟。
  并不高贵亦并不可亲；它与羞耻紧紧缠绕
  超越一切可能的愤慨，就连愤怒也会死寂。
  何故这远非不快的记忆

---

① James Kirkup, *No More Hiroshimas*, in Michael Thorpe (ed.), *Modern Poems* (Oxford: Oxford University Press, 1963), p.30.
② Michael Thorpe (ed.), *Modern Poems*, pp.30-31. This series of action and observation is expressed in the following two stanzas of this poem No More Hiroshimas:
  In the city centre, far from the station's lively squalor,
  A kind of life goes on, in cinemas and hi-fi coffee bars,
  In the shuffling racket of pin-table palaces and parlours,
  The souvenir-shops piled with junk, kimonoed kewpie-dolls,
  Models of the bombed Industry Promotion Hall, memorial ruin
  Tricked out with glitter-frost and artificial pearls.
  Set in an awful emptiness, the modern tourist hotel is trimmed
  With jaded Christmas frippery, flatulent balloons; in the hall,
  A giant dingy iced cake in the shape of a Cinderella coach.
  The contemporary stairs are treacherous, the corridors
  Deserted, my room an overheated morgue, the bar in darkness.
  Punctually, the electric chimes ring out across the tidy waste
  Their doleful public hymn—the tune unrecognizable, evangelist.

却应具有帮助我们遗忘的恩典?①

因此,在"这个令人窒息的下午",他走出酒店,探究这个"死亡之地",在"这个寂静的公园附近游荡"。走着走着,他见到了"光秃秃的树木",以及"幸存老妪在清除孩子墓碑周围枯死的深棕色草坪"。接着,他参观战争纪念馆,在那里,他通过真实的资料和录像画面,看到历史上原子弹爆炸的场景。② 从而,他发现:

令人惊骇的堆积物,原子弹爆炸的中心,
冰冷的和平塔内,博物馆中
被原子弹熔化的石板和砖块,一幅幅照片显示着
原子弹残骸的形状,以及其他灾难性的遗物

其他遗物
令我哭泣:
烧焦衣物的碎片,
停止走动的钟表,撕裂的衬衣,
变形的纽扣,
褴褛的背心和裤衩,
扯坏的和服,烧焦的靴子
白色的紧身上衣,沾满原子弹爆炸的雨点,无法擦去

---

① Michael Thorpe (ed.), *Modern Poems*, p. 31.
② Michael Thorpe (ed.), *Modern Poems*, p. 31. Here are two stanzas concerned, describing his mood and experience outside the hotel in the Park of Peace:
  In the dying afternoon, I wander dying round the Park of Peace.
  It is right, this squat, dead place, with its left-over air
  Of an abandoned International Trade and Tourist Fair.
  The stunted trees are wrapped in straw against the cold.
  The gardeners are old, old women in blue bloomers, white aprons,
  Survivors weeding the dead brown lawns around the Children's Monument.

> 棉织的夏裤，炸伤的男孩爬往家中，流血
> 然后慢慢死去
> 谨记住这些。
> 它们是我们所需的记忆。①

显然，这一连串令人动容的怪诞形象，建基于那些展示核爆杀伤力的令人震惊的证据。这里描写的是一场噩梦，令人毛骨悚然，但却真实再现了悲剧性后果。这些可怕的细节相互叠加，形成了一幕幕类似于恐怖电影的移动画面，引致出一种难于言表的悲残效果。正是在这里，诗人以悲悼的心情和颤动的笔调书写出了这些诗行。其实，只要旅行者亲自走进广岛的战争纪念馆，观看循环播放的录像，就可轻易复活甚至加深这些体验和反应。当他们看到这些可怜的遇难者死去，抑或在无法忍受的痛苦和难以言喻的恐惧中死去时，便无不为之震惊、动容。

值得一提的是，在这首诗中，这位游客强调了这些令人不快的记忆及其意义。他建议读者记住它们，因其展示了战争带来何等可怕的后果，而原子弹爆炸又会带来何等大规模的杀伤。他对这出悲剧的反思是率直的，大体已由诗题《告别广岛》宣示出来。除了同情遇难者和关心世界和平大的寓意之外，还暗含对原子弹使用与日益严峻的核战争威胁的无声抗议与有意抵制。从上下文观之，此标题中使用"广岛"（Hiroshimas）的复数形式，也是另有所指，可被释为类似广岛核爆的野蛮行径与核战灾难。这一暗示同标题中的否定形式"告别"（No More）联系在一起，不仅是对广岛式核爆灾难重演的警示，而且是对战争伦理与和平的呼唤。

当今时代，由于核武战争依然威胁人类，"告别广岛核爆"的警示依然有效。事实上，比原子弹更具破坏性的是新发展的核武器。少数好战的霸权主义国家，在全球战略目标中将使用核武器作为恐吓他国的手段，而一些并无明显侵略目的和为了自我防卫的国家，也在跃跃欲试地进行核武试

---

① Michael Thorpe (ed.), *Modern Poems*, pp. 31-32.

验与制造。作为一种对和平伦理的呼唤，这一警告是极有意义的，因为它可用来警示那些形形色色的军国主义与纳粹主义侵略者。最现成的例证就是 1937 年 11 月侵华日军在南京发动的大屠杀和二战期间纳粹军队在波兰建立的奥斯威辛集中营。

说到南京大屠杀，根据远东国际军事法庭的调查报告，1937 年 11 月在松井石根和东条英机的命令下，在一番轰炸之后，侵华日军占领南京（当时的首都），实施了长达 6 个星期的大屠杀。他们惨无人道地活埋了 19 万被俘的中国士兵，残杀了 15 万手无寸铁的市民。后来在骇人的万人坑里逐一发现相关尸体。有关死亡人数的统计结果，并不包括毒气弹致死的大量人员。战后，远东国际军事法庭对此二人连同其他战犯进行了历史的审判并予以应有的惩罚。[①] 我想，像 James Kirkup 这样的诗人，在参观了广岛原子弹爆炸展览后，情不自禁地写下《告别广岛》（*No More Hiroshimas*）一诗来遣责这一暴行。倘若这位诗人目睹了南京大屠杀纪念馆中的累累白骨和奥斯威辛集中营里的毒气室与焚尸炉旧址，也一定会不寒而栗，对南京大屠杀与奥斯威辛种族清洗给予人道主义的回应，甚至也会以同样的愤然情怀，随即写出《告别南京》（*No More Nankings*）和《告别奥斯威辛》（*No More Auschwitzs*）的诗作。自不待言，在此诗境中，"广岛""南京"与"奥斯威辛"三地的复数形式，都蕴含一种反战、反核爆、反屠杀、反种族清洗的深沉警示。事实上，我本人在波兰开会时，特意参观了奥斯威辛集中营。在那里，所有来访者都会在低矮的黑牢房、成堆的发辫与鞋类展室里沉默不语，深感窒息。冥冥中，你似乎在急促的呼吸中听到"告别奥斯威辛"的喃喃低语，仿佛在念诵一篇篇混杂着同情、怜悯、恐惧与愤慨的深沉祷文。

当然，遭到日本侵略与空袭的亚洲国家，对无辜平民遭难深表同情，这其中也包括遭受核爆虐杀的广岛无辜平民。当我们重思广岛核爆事件时，不仅认为这是一场人为悲剧，而且遣责这种滥用武力的暴行。与此同

[①]《辞海》"南京大屠杀"词条，上海：上海辞书出版社，1979 年，页 140。

时，我们会同情那些受难者，关切核辐射所导致的环境破坏及其对一代代居民身心健康的影响。究其本质，广岛核爆是人类历史上首次使用最新式和最致命武器的历史悲剧和人类灾难，人类应该从中吸取教训，并且铭记不忘。

现如今，在和平时期，人们重思广岛核爆事件，有人试图追查卷入此次核爆的当事人的责任。下面这首题为《责任》(*The Responsibility*)①的诗里，委婉而无奈地表述了这一追查结果：

> 我是传达命令的人，
> "若应如此，就用原子弹。"
> 我是传达命令的人，
> 若应如此，就层层传达。
> 我是接到命令的人，
> 这命令自上而下。
> 我是投放原子弹的人，
> 我受命于听令的人，
> 而听令的人受命于传令的人，
> 传令的人受命于第一个下令的人。
> 我是装载原子弹的人，
> 待命令一到，就必须投放。
> 这命令来自上方……
> 我是制造原子弹的人，
> 一旦接到命令，
> 就得有人装载，有人投放。
> 这命令来自接到命令的人，
> 接到命令的人听从传达命令的人，

---

① Peter Appleton, *The Responsibility*, in Michael Thorpe (ed.), *Modern Poems*, pp. 32-33.

传达命令的人听从下令"使用原子弹"的人。

我是所有人背后的人，
我是要负责任的人。

显然，Peter Appleton 的这首诗是在打破砂锅问到底：到底谁应该为原子弹轰炸负责？从待命执行的人，到传达命令的人，一直到最后下令"使用原子弹"的人，由此追溯到最高的领导，即"所有人背后的人"。值得注意的是，在这个过程中，向市政建设付税的普通公民似乎在不知情的情况下卷入了这场合谋。就所涉的一连串责任而言，无疑关系到对从原子弹生产到原子弹轰炸行动的普遍性反思。

与前述观点相反，会有一些人从哲学角度出发，研究广岛事件的因果性，同时谴责核爆的危害性。也许，他们会进一步重思：人类如何因为这样一种杀伤性武器而陷入一种悲剧性的泥潭？就一般的战争问题而言，重思道家哲学中隐藏的重要洞见具有启示性。从历史看，这些基于经验直观的洞见，在2000多年前就已存在，但古今中外的好战者却视而不见。故此，我们有必要重思道家的反战哲学遗产，看一看在当今语境中，可以从中得到何种具有关联性的启示。

2. 对"国之利器"的哲学审视

"国之利器"与暴力和战争相关，是道家思想中的一个重要概念。当今众所周知的道家哲学，可以追溯至老子的《道德经》。老子是春秋末期孔子（前551—前479）的同时代人，但比其年长。老子之时，周王朝统治力式微，无力掌控天下诸侯，导致诸侯国之间纷争不断、战事频仍，其结果是整个周王朝陷入混乱。国与国之间以大欺小，相互攻伐。

老子曾任周朝收藏室史官，不仅知识渊博，而且思想深刻，对于战争及其后果有其独到的思索和洞察,并且注重从政治和战争文化角度来审视人类生存状况。他将自己的一些观点浓缩在《道德经》一书里。在中国读者眼里,《道德经》既关乎人生哲学,也涉及战争艺术。

根据冯友兰的说法,老子的战争哲学至少可以总结为三大要点,即以进为退,以弱胜强,以少胜多。① 然而,在我看来,这只是此枚硬币的一面。老子的整个哲学显示,他了悟战争本质,谙悉用兵方略。不过,他十分清楚战争将会引发种种灾难,故而一直持守反对战争的立场。颇具悖论性的是,他一方面反思战争之"道",提出"以奇用兵"和"哀兵必胜"等军事策略,另一方面强调和平之"道",提出"兵强则灭","大军之后,必有凶年","国之利器不可以示人"等忠告。在老子眼里,用于战争的"国之利器"乃"不祥之器",任何炫耀这些"利器"的做法,都会招致严重的灾难。另外,肆意滥用这些"利器",不仅意味着穷兵黩武、鼓励杀戮,而且隐含着现代人所说的"滥用武力"之类的战争伦理问题。

以老子的观点来看,在人类历史上,没有什么比战争更悲惨了。战争摧毁了许多事物,包括社会稳定、生产秩序和生活安宁等等,而且随之制造了各种各样的问题,包括饥荒、逃难与死亡等等。可见,对人类伤害最大者莫过于战争。故此,老子明确指出:

> 以道佐人主者,
> 不以兵强于天下。
> 其事好还:
> 师之所处,荆棘生焉;
> 大军之后,必有凶年。
> 故善者,果而已矣,
> 勿以取强焉。
> 果而勿骄,果而勿矜,

---

① 冯友兰:《中国哲学史新编》第2册,北京:人民出版社,1992年,页230。

> 果而勿伐，果而不得已，
> 是谓果而勿强。
> 物壮贼老，是谓不道，不道早已。①

老子从诸多方面观之，认定动用武力、发动战争是最危险的和灾难性的祸端。一方面，战争影响农耕，致使耕地荒芜，荆棘丛生，引发饥荒，从而使广大民众身受其害，这在社会生产以农业为主的过去更是如此。即便到了现代，人们也难逃厄运。20世纪两次世界大战给人类带来的苦难，就是不证自明的历史事实。

在批判性地思考战争和动武的原因之后，老子断言炫耀"利器"或武力的做法，应当受到谴责，因为它就像打开潘多拉魔盒一样，会引发连锁性灾害。有鉴于此，老子警告说："鱼不可脱于渊，国之利器不可以示人。"② 常识告诉我们：鱼儿离不开水，否则必死无疑。老子以"国之利器""示人"来喻示炫耀武力，意在告诫人们这会招致杀戮与死亡。当然，老子所言的"国之利器"，不仅是指用于战争杀戮的军用武器，而且也指政府用来威慑其反抗者和异见者的国家工具。老子坚信，"夫唯兵者，不祥之器，……不得已而用之"。③ 何以如此？用老子的话说，"不祥之器"是恶的预兆，是"死之徒"，务必慎用或"不得已而用之"，否则，巨大的灾难和痛苦就会接踵而来。在多数情况下，一个国家如果以利器武装自己和吓唬别人，就容易变得勇武好战，会在有意无意之间相信自己的军事力量足以让其民众保持缄默、臣服强权，足以征服他国、攫取利益。这样，对"国之利器"进行批判性反思之后，老子明确表示这类"利器"应被禁用，否则会引发诸多祸端。

---

① 老子：《道德经》第三十章。Cf. Wang Keping, *The Classic of the Dao: A New Investigation* (Beijing: Foreign Language press, 1998), pp. 268–269.
② 老子：《道德经》第三十六章。Cf. Wang Keping, *The Classic of the Dao: A New Investigation*, p. 149. 另参阅陈鼓应注译：《老子注译及评介》，页205。
③ 老子：《道德经》第三十一章。Cf. Wang Keping, *The Classic of the Dao: A New Investigation*, p. 269.

在我看来，老子的上述观点具有多重寓意。第一，他建议国家政府莫以"国之利器"来威慑恐吓人民，否则就会引致两种适得其反的效果：一是毫无效用，因为民不畏死，"奈何以死惧之"；二会激化矛盾冲突，迫使人民揭竿而起。第二，炫耀或夸示"国之利器"，很有可能导致两种潜在危险：一是那些拥有利器之国往往会为了加强自身优势而肆意滥用，这必然会威胁他国的利益；二是刺激他国也去购买或生产同样的利器，从而引发军备竞赛，破坏和平共存的基本原则。第三，当有人炫耀各式各样的利器之时，他们的理智将会让位于不断增长的野心和不断膨胀的自我，由此导致"利令智昏"的恶果，那就是恐吓其他弱小国家并干涉他国内政。一旦最后底线被打破，双方就会为了赢得各自优势而诉诸武力，会引发不同规模的冲突，包括区域与国际战争等等。

不幸的是，那些卷入其中的民众，将会成为军事行动的牺牲品。因此，老子将炫耀武器比作"鱼脱于渊"，将其视为致命的错误。在隐喻意义上，这等同于"玩火自焚"。这一点已然被人类历史上各种各样的战争所证实。老子十分重视这一点，因此特别重申："虽有甲兵，无所陈之。"①这就是说，国家的军队和武器，即便存在而且强大，也不可用来炫耀或招摇，更不可以任何借口滥用，否则就会招致战争杀戮等灾难。这一点理应确立为国策。与此同时，老子积极倡导和平，建议国家要设法让人民安居乐业，能够"甘其食、美其服、安其居、乐其俗"。这种和平愿景理应受到珍视。不过，在那个多事的年代，和平大业总是说起来容易做起来难。

事实上，有些国家从老子的启示中所学甚少。它们往往反向而行，紧紧抓住发展"利器"的神话不放，坚信"强权即公理"的陈旧观念，奉其为强权政治和帝国情怀的根本理据。其所思所想，依然因循霸权霸道的轨迹；其所信所求，依然奉行赢者通吃的法则；其所作所为，依然固守自私自利的俗套。在更多时候，它们是麻烦制造者而非解决问题者。这一切必然导致大国沙文主义意识形态。这种大国沙文主义是靠侵略政策支撑，习惯于

---

① 老子：《道德经》第八十章。Cf. Wang Keping, *The Classic of the Dao: A New Investigation*, p. 289.

从扭曲的国家安全角度鼓捣偏执的零和游戏。相应地,整个世界被搅得不得安宁、危机四伏,因为这种霸道的做法如同一座活火山,随时都会爆发,或违背人类世界的和平伦理,或打破双赢互惠的合作空间。显然,这与具有破坏性的冷战思维十分相似,需要国际社会和联合国鼎力合作,对这种危险做法进行有效监督和合理管控。否则,它就会肆意泛滥,导致恶性循环,就像冷战期间一样,将整个世界和人类推进恐怖的深渊之中。

今天,"阐旧邦以辅新命"是现实需要。不过,联系现实重新审视早期道家反战哲学的真理性并非易事。就老子谴责一般战争与特殊"利器"的方式而言,人们会有不同的理解和反应。一些人会认为道家反战哲学具有启示意义,值得关注并予以认真思考;一些人会觉得它只是良好意愿而已,故持怀疑态度或存而不论;另一些人则认为它是无稽之谈,不符合"强力即权力"的准则,故此一笑了之或束之高阁。相应地,这些态度大致可以概括为三种,若用老子的话说便是如此:"上士闻道,勤而行之;中士闻道,若存若亡;下士闻道,大笑之。不笑不足以为道。"①可以假定,若有更多的人(尤其是当权者)修炼成"上士",世上便不会再有使用"利器"滥用武力的暴行了。如此一来,世界将有望变成一个更加安全的居所。

3. 历史记忆的必要性

综上所述,广岛核爆的历史记忆,是使用"利器"造成大规模破坏和杀伤的纪念碑和提示物。这一记忆本身之所以具有世界意义和历史价值,是因为它昭示了源自野蛮战争和滥用武力的沉痛教训。全人类都应铭记这一教训。这自然让人想起桑塔亚那(George Santayana)的那句名言:"忘记历史之人必然会重复历史。"这句话就展示在奥斯威辛集中营展览馆的入口

---

① 老子:《道德经》第四十一章。参阅 Wang Keping, *The Classic of the Dao: A New Investigation*(附录《道德经》修订本)。另参阅陈鼓应注译:《老子注译及评介》,页227。

处，也应当展示在广岛核爆纪念馆和南京大屠杀纪念馆里，更应当铭刻在全人类有良知者的思想意识或内在灵魂里。

事实上，这一记忆以历史方式存在并呈示着自身。也就是说，它已然积淀或深植于具有影响效应的历史之中。如今，这种历史以其独有的方式，存在于人类生存的情境里与条件中，在很大程度上塑造着我们的历史意识，影响着我们对战争和暴力的现实理解，甚至在决定人类命运方面发挥着不可替代的重要作用。这一切正是我们人类为何无法将其从历史记忆或自己头脑中抹掉的原因。丧失这种历史记忆，我们将跌入历史的裂缝或遗忘的深渊，那将意味着我们从历史和道德意义上切断自我理解的线索或语境，从而使我们丧失应有的理智，趋向疯狂的行动。果真如此的话，那就难以将我们拉回理性反思的轨道，我们也将无法以建设性的方式前行，甚至会重蹈覆辙。换言之，在此情景下，悲剧性事件将会无休无止地重复下去，从而将人类世界推入无边无际的苦海之中。有鉴于此，这种具有影响效果的历史理应作为我们审视现实的参考框架，因为它在世俗问题的所有方面会赋予我们以有益的教诲和指导。就此而言，广岛的历史记忆委实是这种历史的组成部分。

另外，借助道家的反战思想与利器隐喻，来审视广岛核爆的历史记忆，是非常有意义的。在道家看来，战争是灾难，是流血牺牲。那些以战争为乐的人，与那些以杀戮为乐的人并无二致。战争无论如何都是一把双刃剑。不管军事行动如何不对称或不均衡，参战双方都注定要遭受伤害。如果我们非要在这一点上做出分别，那无非是强势的一方杀得多死得少，弱势的一方杀得少死得多而已。伊拉克战争与阿富汗战争，就是有力的明证。

再者，战争会在交战双方的心里埋下仇恨的种子。随着种子的成长，另一场战争将会再次发生。如果先前失败一方感到还没有强大到足以置敌于死地，他们可能会铤而走险，借助任何可能手段，诸如恐怖袭击这些极端手段。迄今，时常来自中东、伊拉克或阿富汗一些冲突地区的人员伤亡的新闻就是典型范例。

最后，战争与战乱如影随形，注定引起饥荒，这将至少导致两种负面结果：物质的和精神的。前者涉及工农业的破坏、日用必需品的短缺以及贫困与饥饿等等；后者涉及伤兵和死者家属的心理或精神伤害等等。这些后果会让家庭生活甚至社会生活笼罩在烦恼与忧伤之中。鉴于战争的这些破坏作用，和平务必得到维护与珍惜。但是，和平需要"大爱"，唯此，和平才能得以滋养和维护。这种大爱，是包容的和普适的，类似于基督教的博爱（fraternity）。不过，它绝非巧言令色式的言说（philologos），而是切切实实的行动（philopraxis），也就是说，不是善言之爱，而是善行之爱。在这里，它反对任何形式的伪善，即那种一边使用利器发动武力攻击一边发表动听言辞以混淆视听的虚伪做法。从道家反战立场来看，"国之利器"乃"不祥之器"，举凡幻想强权并装备利器者，通常会变得肆无忌惮，以至于铤而走险，尤其当他们感到自己可以欺负他人或遭到他人欺负时，就会借机挑起地区性冲突或战争。今日世界上一些国家正因为看到这一点，便对发展核武器等大规模杀伤性武器表现出高涨的热情。他们积极参与军备竞赛，力图赢得政治与军事优势。但是，他们似乎忽视了角色扮演的戏剧性转换事实，那就是"魔高一尺，道高一丈"。他们盲目参与军备竞赛，制造更大规模的杀伤性武器，不仅将整个世界置于危险之中，同时也将自身置于火炉之上烤，因其座位下面堆积着许多随时可能引爆的炸弹或炸药。

在上面，我们联系战争、和平与利器等问题，从历史影响、人类生存状况与当下形势等角度重思了广岛核爆造成的悲剧。从中可见，对人类历史上出现的这种残酷致命的战争模式的诗性反思，是发人深思的和令人难忘的。从道家立场对国之利器做出的哲学审视，不仅发人深省并给人以启发，而且对这个充满问题的全球具有重要的现实意义。因此，当这位诗人呼唤"告别广岛"时，我们还可以进而呼吁"告别战争""告别利器"或"告别黩武"。但是，笼罩整个世界的是遍布各地的不同规模的战争，让我们担忧的则是这一残酷事实：少数国家不顾民生，冒险发展核武器，因为他们认为所受到的威胁与压制来自其他拥有大量大规模杀伤性武器的国家。这种如火如荼的潜伏危机恰好证明：人性之木弯弯曲曲，从未造出笔直之物。于是，我们不得不追问这样一个问题：如果盲目地一意孤行，他们、我们和全人类将会面临什么样的后果呢？我们到底应该何去何从呢？所有这些难题亟需人类从推动全球和平与发展的角度出发，共同协作和探求可行的解决方案。

十　早期道家的反战哲学[①]

广岛核爆的悲剧，堪称 20 世纪影响哲学的最大事件之一。这一悲剧使我们需要慎思如何消除核战争的阴霾与如何维护世界的和平，需要探索战争与和平之间复杂而深邃的关系。本文将从早期道家的反战理念入手，探讨这一问题，其中涉及先秦诸子共同关注的一些论题。这些论题也许并不直接论及战争与和平的关系问题，但却是我们对此问题进行反思的必由之路。

1. 广岛之后的哲学

1945 年 8 月 6 日，广岛见证了太平洋战争中首次使用原子弹的严重事件。这次核爆摧毁了整个城市，造成巨大伤亡。三天之后，同样的悲剧在长崎再次发生。时至 8 月 15 日，日本天皇接受盟军最后通牒，通过广播向全世界宣读了停战诏书，宣布无条件投降。当时，就太平洋战争的取胜原因而论，核爆结束战争的作用被戏剧性地夸大了，由此助长了一种挥之不去的美式意念——用核武攻击人口密集城市的疯狂意念。迄今，这种毁灭性的残酷战争模式，不断唤起人本主义的批判反思，从而使广岛核爆之后的哲学(philosophy after Hiroshima)方兴未艾。

[①] 此文原用英文撰写，题为"The Anti-war Philosophy in Early Daoism"，应美国学者 Edward Demenchonok 教授之邀，刊于 E. Demenchonok (ed.), *Philosophy after Hiroshima* (Newcastle: Cambridge Scholars Publishing, 2010)。高艳萍博士将其译为中文，作者对其进行了校改。

在我看来，广岛核爆之后的哲学所关注的战争与和平问题是相互交织在一起的，如同位于广岛的核爆纪念馆与和平广场所昭示的那样。在这里，馆内录像厅里放映的可怕画面，会让所有来访者震惊不已；广场纪念碑前为祈祷和平而祭献的花篮，又让他们难以忘怀。这一鲜明的对比，通常会引发人们思索战争与和平的内在关联。

对于上述问题的关注，自然会使人广泛开掘东西方文化遗产中相关的思想资源。在这方面，重思早期道家的反战哲学，既有意义，且有必要，其理由至少有二：一是这种哲学本身具有双重维度，涉及反对战争的观点与维护和平的立场，关乎战争手段及其目的的综合考察。二是道家的相关思想，在2500多年前就已形成，但却一直遭到忽视。在漫长的历史进程中，好战的政客总是不断地误导民众，将其一次次拖入战争的泥沼之中。战争起因，古今类似：或迷恋于弱肉强食，或钟情于杀伐征服，或强辩于以战止战，或谋划于转嫁危机。现代以降，战争以花样繁多的借口与更加精良的武器频繁重演，导致不计其数的民众饱受战乱之苦或命丧战火之中。由此观之，如果我们现代人真诚重估道家反战哲学，认真吸取历史教训，或许能够减少一些发动战争或挑起冲突的蠢行。本文尝试探讨早期道家反战思想中的某些基本因素，主要论及治国与用兵之道、国之利器乃不祥之器、战争与杀戮的后果、强与弱的转换以及防卫三原则等议题。

2. 治国与用兵之道

据史料记载，老子之时，由于周王朝统治力虚弱，导致礼崩乐坏，各诸侯国之间相互冲突，战事频仍。年复一年，以强凌弱的结果，最终导致天下混乱，进入战火纷飞的战国时期（前475—前221）。基于所见所闻，孟子悲叹道："争地以战，杀人盈野；争城以战，杀人盈城。此所谓率土地而食人肉，罪不容于死。故善战者服上刑，罪不容于死……"①虽有时空之隔，但战乱的本质及其结果古今无别。面对这样的情形，老子从战争与和平交互作用的角度，凝神思索人类生存的困境与出路，并在所著文本之中，通过一种诗意的、暗示性的、沉奥的格言体，来表达自己敏锐的见解。

可以说，由于对战乱及其后果的关切，通过对历史经验的辩证反思，老子从中得出治国和用兵的要诀。他总结说：

> 以正治国，
> 以奇用兵，
> 以无事取天下。
> ……故圣人云：
> 我无为而民自化，
> 我好静而民自正，
> 我无事而民自富，
> 我无欲而民自朴。②

在这里，老子针对三种不同任务提出三种不同策略。首先是"正"，用于治国；其次是"奇"，用于用兵；再次是"无事"，用于管理天下。第一种和第三种策略似乎主旨重叠，都指向维护社会稳定与秩序。第二种策略迥然有别，其特质与另外两种相互对立。

值得注意的是，"正"和"奇"是一组对举概念。"正"至少有两层意思，在隐喻意义上是指清静无为之"道"，与精神自由与超越联系在一起；在实践意义上则指正常正确之作为，意在接受公开、透明和公认的正确政策和正义价值，从而使政府和公众清楚他们为公共利益或私人利益该做什么或

---

① 杨伯峻译注：《孟子译注》，页175。
② 老子：《道德经》第五十七章。参阅 Wang Keping, *The Classic of the Dao: A New Investigation* (Beijing: Foreign Languages Press, 1998, rep. 2010), pp. 279-280。

不该做什么。这种政策及其价值，主要基于三项原则：其一是"知足常乐"，其二是"为而不争"，其三是"无为而无不为"。从逻辑上讲，当一个人因知足而生快乐和感恩之情时，他就会履行应尽的义务，致力于公共福祉，无意于与人争名夺利，趋于采取明智和适当的行动来妥当有效地办理各种事务，从而帮助更多的人获益受惠。这三项原则可用于公民社会、国家乃至整个天下的治理。为此，既要修为"少思寡欲"的美德，也要自觉追寻"圣人之道"，借此来育养和提升实践智慧、理智智慧与领导能力。

在理想条件下，实践智慧应使领导者循道而行，"治大国若烹小鲜"①。这里，小鲜或小鱼之喻，并非就像某些国外政治家所误解的那样——统治大国极其容易。相反，此说涉及一种逆向思维模式，表示某种含蓄的警告，即：在烹饪小鱼的过程中，如果来回翻腾，小鱼就会散烂破碎；为政者在治国理政时，如果频繁颁布太多法规政令来滋扰或管控百姓，就会适得其反，导致民乱或社会失序。因此，老子建议为政者要留神这一潜在危机。老子的思维方式具有一种反其道而为之的逆向推理和反思判断特征，这在下述言说中显得尤为明确，即："天下多忌讳，而民弥贫；民多利器，邦家滋昏；人多伎巧，奇物滋起；法令滋彰，盗贼多有。"②有鉴于此，老子称赞那种源自"自然无为"哲学的统治艺术，这不仅是用来维护统治阶级利益的策略，也是用来减少普通民众苦难的做法。

与实践智慧平行的是理智智慧。这种智慧应当足以让为政者充分理解圣人之言的真谛，即：为政者若能遵循"无为"（即不妄为、不胡作非为）之道，民众就会处世纯真、与人为善；为政者若能恪守宁静之道，民众就会重视修为、皆走正道；为政者若能不以过多法规管控一切，民众就会勤劳自律、丰衣足食；为政者若能少私寡欲、不求奢侈，民众就会生活简朴、知足常乐。

---

① 老子：《道德经》第六十章。参阅 Wang Keping, *The Classic of the Dao: A New Investigation*, p. 281。
② 老子：《道德经》第五十七章。参阅 Wang Keping, *The Classic of the Dao: A New Investigation*, p. 280。

在治国理政或善治方面，一般采用的是正常方式（正）。用兵之道则反向而行，主要采用非常方式（奇），依据"以奇用兵"的原则。在这里，"奇"意指军事行动或战争进程总是极尽一切密谋与计策之能事，采用各种出乎意料与非同寻常的战略战术以便取得胜利。通常，这一理念被视为老子战争哲学的核心，由此《道德经》被视作一部兵书，因其揭示了一般军事行动的秘诀。根据《孙子兵法》所述，"奇"作为一种基本战术，备受重视的主要原因如下：

（1）在军事战术中，常有两种运作方式，即互为补充的"奇"与"正"。一般说来，在战役中，以"奇"制胜，以"正"迎敌。孙子对此了然于胸，深有体会。如其所言："三军之众，可使必受敌而无败者，奇正是也……凡战者，以正合，以奇胜……战势不过奇正，奇正之变，不可胜穷也。奇正相生，如循环之无端，孰能穷之哉？……故善出奇者，无穷如天地，不竭如江河。终而复始，日月是也。死而更生，四时是也。"①

（2）战争本质上就是"以奇用兵"的诡道。为了获胜，兵不厌诈，故"奇"在密谋、计策、战略战术上无所不用其极。相关做法如孙子所述："能而示之不能，用而示之不用，近而示之远，远而示之近。利而诱之，乱而取之，实而备之，强而避之，怒而挠之，卑而骄之，佚而劳之，亲而离之。攻其无备，出其不意。此兵家之胜，不可先传也。"②

（3）兵法的可变性要求出"奇"制胜，要求根据情势变化采取行动。因此，孙子将其喻为水流，声称"兵形象水，水之行避高而趋下，兵之形避实而击虚；水因地而制流，兵因敌而制胜。故兵无常势，水无常形。能因敌变化而取胜者，谓之神"③。

如上所述，孙子所论兵法，在某些方面与老子的"以奇用兵"观点相一致。也就是说，这两位古代思想家在这一点上几近同气相求。前面提到，

---

① 孙子：《孙子兵法》，见 Lin Wusun (trans.), *The Art of War* (Beijing: Foreign Language Press, 1999), pp. 7, 31-33, 34-35。
② Lin Wusun (trans.), *The Art of War*, pp. 24-25.
③ Lin Wusun (trans.), *The Art of War*, p. 40.

老子生活在战争时代,对战争洞若观火。老子跟孙子一样,均意识到"奇"在军事行动中的微妙作用,因为他们都明白这一严峻事实,即:"兵者,国之大事,死生之地,存亡之道,不可不察也。"①他们各自对用兵秘诀"奇"的把握,是审慎研究历史经验的成果。此外,老子对于如何"以奇用兵"的经验观察和总结,在那个年代乃属大多数思想家的共识。而且,他的这一观念,有意与治国理政的"正"道形成对比。借此,老子将"正""奇"两者当作两种普遍性策略,意在表明这一广为接受的观点,即:采取合适而正确的方法,实现预定的目标,是自然而然的事情与做法。②

尽管老子看似精通兵法或战争艺术,但他实际上对战争并无兴趣。进一步研究发现,老子对于战术与战争的评说,只不过是就事论事而已。他在这方面的相关评说,在数量上也远不及他对战争的批判言论。这些言论构成其反战哲学的重要部分,我们随后将择要对其予以评说。

3. 国之利器乃不祥之器

在最近发表的《告别广岛核爆与国之利器》③一文中,我已经分析过炫耀和使用战争利器的负面后果。在我看来,海湾战争和伊拉克战争见证了美式利器(美国人将其称为"精巧炸弹"——"smart bomb")的摧毁性打击惨状。现代媒体尤其是电视直播节目,采用各种直观画面,将其以更为惊悚的方式呈现给全世界观众。在展示利器与黩武之行的同时,这类特殊节目意在达到至少两个主要目标:一是提高其在武器市场中的贸易额度,二是震慑潜在的竞争对手。不幸的是,这导致了许多与军备竞争和核威胁相关

---

① Lin Wusun (trans.), *The Art of War*, p. 23.
② 贺荣一:《道德经注译与析解》,天津:百花文艺出版社,1996年,页412—418。
③ Wang Keping, "No More Hiroshimas and Sharp Weapons", in Edward Demenchonok (ed.), *Between Global Violence and the Ethics of Peace: Philosophical Perspectives* (Oxford: Wiley-Blackwell, 2009), pp. 195-197.

的问题，许多感到威胁的国家不顾财政赤字和全民挨饿而奋力展开军备竞赛。所有这些都引起了全球性的担忧与焦虑，因为军备竞赛和核威胁一旦失控，国际和平与秩序将会受到严重破坏。

在公元前5世纪，老子阐明了武器与战争之间的关系，并提请统治者要慎重为之。他这样警示："鱼不可脱于渊，国之利器不可以示人。"①常识告诉我们，鱼从水里捞出，不久便会死去。因此，鱼应留在理应属于它的地方——渊。那么，在何种意义上，鱼"脱于渊"的寓意，可与"国之利器""示人"的后果联系起来呢？这仅仅是指使用利器会给人类带来麻烦吗？依我看，不仅如此。从老子反战立场及其思想角度看，"国之利器"是一个语义模糊的表述，至少包含双重含义：其一是指用于税赋征收、意识形态控制、奖惩命令和相关要求等等，此如"民多利器，邦家滋昏"一说所示。因此，统治者不应滥用法律、法令和法规来控制、惩罚或恐吓人民，否则就会带来更大的麻烦而非益处。因为，当人们被逼到墙角时，势必会揭竿而起。在这里，"利器"事实上象征统治阶级或权贵的权势与手段，若他们频频地干涉和无情地剥削民众，其统治恐难持久。

"国之利器"的另一层含义，不仅是指用于战争杀戮的军用武器，而且也指政府用来威慑其反抗者和异见者的国家工具。有鉴于此，老子特意告诫："夫唯兵者，不祥之器……不得已而用之。"②何以至此？在老子看来，"不祥之器"是恶的预兆，是"死之徒"，它们如此危险，令人反感厌恶，应该小心保管和谨慎使用，否则，巨大的灾难和痛苦就会接踵而来。多数时候，一个国家如果以利器武装或炫耀自己，就容易变得勇武好战，会在有意无意之间相信自己的军事力量足以让人保持缄默、臣服强权，足以征服他国、攫取利益。这样，对"国之利器"进行批判性反思之后，老子明确表示这类"利器"应被禁用，否则会引发诸多问题。

在我看来，老子的上述观点具有多重寓意。第一，它建议国家政府莫

---

① 陈鼓应注译：《老子注译及评介》，页205。
② 老子：《道德经》第三十一章。参阅 Wang Keping, *The Classic of the Dao: A New Investigation*, p. 269。

以"国之利器"来威慑恐吓人民，否则就会引致两种适得其反的效果：一是毫无效用，因为民不畏死，"奈何以死惧之"；二是激化矛盾冲突，将人逼上梁山，参与造反。第二，炫耀或夸示"国之利器"，很有可能导致两种潜在危险，即：那些拥有利器之人，往往会为了加强自身地位、占据高压优势而滥用利器，这必然会威胁对手的安全和利益，刺激他们也去购买或生产同样的利器。如此一来，必会引发军备竞赛，破坏和平共存的基本原则。第三，当有人炫耀各式各样的利器之时，他们的理智将会让位于不断增长的野心和不断膨胀的自我，由此导致"利令智昏"的恶果——恐吓其他弱小国家并干涉他国内政。一旦最后底线被突破，双方就会为了赢得各自优势而诉诸武力，会引发不同规模的冲突，包括区域与国际战争等等。

不幸的是，那些卷入其中的民众，将会成为战争的牺牲品。因此，老子将炫耀武器比作"鱼脱于渊"，将其视为造成死亡的致命错误。这在隐喻意义上，等同于"玩火自焚"。这一点已然被人类历史上各种各样的战争所证实。老子十分重视这一点，故此特别重申："虽有甲兵，无所陈之。"[①]这就是说，国家的军队和武器，即便存在而且强大，也不可用来炫耀或招摇，更不可以任何借口滥用，否则，必会招致战争杀戮等灾难。老子认为，这一点理应确立为国策。与此同时，他积极倡导和平，建议国家要设法让人民安居乐业，能够"甘其食、美其服、安其居、乐其俗"。这一和平愿景，理应受到珍视。但在这个多事的年代里和强权当道的星球上，维护和平之道总是说起来容易做起来难。

如前所述，有些国家从老子的启示中所学甚少。它们偏好倒行逆施，紧紧抓住发展"利器"的神话不放，坚信"强权即公理"的陈旧观念，奉其为强权政治和帝国情怀的根本理据。其所思所想，依然因循霸权霸道的逻辑；其所信所求，依然信奉赢者通吃的法则；其所作所为，依然是自私自利、鄙俗不堪，在更多时候是麻烦制造者而非解决问题者。这一切必然导致大国沙文主义的意识形态。这种大国沙文主义，是靠侵略政策支撑，惯

---

① 老子：《道德经》第八十章。参阅 Wang Keping, *The Classic of the Dao: A New Investigation*, p. 289。

于从扭曲的国家安全角度鼓捣零和游戏。相应地，整个世界会被搅得不得安宁，危机四伏，因为这种霸道做法如同一座活火山，随时都会爆发，或违背人类世界的和平伦理，或打破双赢互惠的合作空间，或为了私利优先而开启战端。显然，这与具有破坏性的冷战思维十分相似，需要国际社会和联合国鼎力合作，对这种危险做法进行有效监督和合理管控。否则，它就会肆意泛滥，恶性循环，就像冷战期间一样，将整个世界和人类推进恐怖的深渊之中。

4. 战争与杀戮的后果

战争素来野蛮残忍，交战双方会流血牺牲。战争期间，许多东西会被摧毁，诸如社会稳定、生产秩序和生活安宁等等。战争之后，必将留下诸多后遗症，使民不聊生，困顿重重。从古至今，上述情况无一例外。新千年伊始，以美国为首所发动的伊拉克战争与阿富汗战争，其后引发的混乱、仇恨、杀戮、饥饿与恐怖主义等等，就是最新明证。

老子持守反战立场，认为战争是人类历史上最具灾难性的行为，将其视为人类所遭遇的最大磨难。故此，在《道德经》第三十章里，老子明确指出战争的危害。前文已述，此处不赘。

特别值得注意的是，老子惯于将"道"视为为政原则，强烈谴责寻求霸权的战争。在他看来，动用武力是危险的和灾难性的。首先，战争将影响农耕，致使土地荆棘丛生，结果会导致饥荒，必然会使种地为生的农民身受其害，这在社会生产以农业为主的过去更是如此。即便到了现代，人们也难逃厄运。我们对20世纪两次世界大战之后人类苦难遭遇的历史记忆，无疑可以证实这一点。

其次，为了殖民、掠夺或羞辱战败一方而滥用武力，是违背仁慈怜悯之道的。自不待言，这不仅会滋生更多仇恨，而且会导致战败一方更加奋力反抗。这意味着战争一旦发动，在许多情况下就很难结束。因此，那些无视这一告诫者,很快就会陷入麻烦之中,并最终自取灭亡。这也应了那句古话:国无论大小,"好战必亡"。当然,为了防御外来入侵,国无论大小,"忘战必殆"。

最后,武装精良的战争贩子,必会引发可怕的悲剧性后果。在此情况下,战争之后出现的"灾年"是比饥荒更为糟糕的时艰。因为,这会涉及一连串的问题,其中包括贫铀弹这类"精巧炸弹"所产生的有害后果,恐怖主义武装力量得以滋生的温床,政治党派之间的权力内斗,民族团体与教派之间的分裂,社团与社会的混乱无序,国土与主权的激烈纷争,邻国之间的持续冲突,等等。所有这些问题所衍生的破坏性,不仅会影响社会秩序与战争受难者,而且会波及政治、经济、文化与生态环境领域里的国际合作。俯首可拾的例证,恰如伊拉克战争、阿富汗战争与利比亚战争。这无疑表明,战争通常并非解决问题的有效手段,而是打开"潘多拉盒子"的罪魁祸首。

更为可悲的是,战争无一例外地涉及杀戮。老子充分意识到战争的流血牺牲属性,因此强烈谴责那些冒天下之大不韪而挑起战争并以战事为乐的战争贩子。通常,好战"英雄"总是因为骁勇善战或英勇杀敌而立功受奖,甚至立碑纪念。然而,老子从不褒扬此种"英雄"壮举,因为老子本人既反对战争,也反对好战"英雄"。他明确表示:

> 故胜而不美。
> 若美必乐之。
> 乐之者,是乐杀人也。
> 夫乐杀人者,
> 则不可得志于天下矣。
> 杀人之众,则以悲哀泣之;
> 战胜者,则以丧礼处之。①

---

① 老子:《道德经》第三十一章。参阅 Wang Keping, *The Classic of the Dao: A New Investigation*, p. 269。

这显然是对战争的控诉,也是对战争贩子的谴责。作为其反战哲学的一部分,老子针对那些因胜利而荣耀的战争英雄提出一种不同的价值判断模式。在他看来,任何沉浸于战争胜利并喜不自胜的人,根本不值得予以称赞或表彰,因为这种人其实就是以杀人为乐;任何以杀人为乐的人,违背了仁慈怜悯的仁道,既不能实现自己的抱负,也无法在世上找到自己的位置。此外,我们在字里行间发现,老子对战争的控诉和对战争贩子的谴责,在此转化为对追求与实现和平目标的渴望。在老子心目中,"强权即公理"和"赢者通吃"之类的观念毫无容身之处。相反,老子倡议战胜一方勿要进一步伤害战败一方,规劝他们不要把野蛮当作勇敢,因为"天地之间,莫贵于人"。① 即便是在双方交战期间,人的生命、尊严和价值观也应该得到尊重。这一人文主义理想,依然具有不可磨灭的现实意义,因为这与现代颁布的国际战争法规是彼此兼容的。

沿着这一思路前行,我们应简要反思一下战场上英雄主义的传统精神。大体说来,只有在反对外来入侵的抗战中,这种精神才是可以理解的和值得鼓励的。这在本质上是出于防卫而非侵略的需要,目的在于维护国家的主权与民族的独立。然而,一旦将其应用于任何形式的非正义战争,譬如用于野蛮入侵其他国家或粗暴干预其他国家的内部纷争,那显然是值得怀疑的,甚至是误导性的。在后一种情况下,任何鼓吹这种精神的做法,就等同于鼓励杀人的暴行。而那些"英雄人物"被授予各种勋章,正是因为他们屠杀了不同数量的所谓"敌人",其中包括他们借助精致武器所伤害的大量无辜百姓。

---

① Lin Wusun (trans.), *Sun Bin: The Art of War* (Beijng: Renmin Chubanshe, 1995), p. 92. 另参阅张震泽:《孙膑兵法校理》,北京:中华书局,1984 年,页 59。孙膑,孙武的后代,出生于孙武或孙子(前 6—前 5 世纪)死后 100 多年。孙膑酷爱兵法,后成为齐国的杰出军事家。根据孙武兵法,孙膑发展出自己的兵法,写成《孙膑兵法》。谈及兵法中的"天时",孙膑认为:"天地之间,莫贵于人,……不得已而后战。"

5. 强与弱的转换

老子的反战哲学思想，以直接或间接的表述方式，与其推崇的道论相关联。在老子那里，道的运动与功用是辩证关系，表现为对立双方不断变化和相互转化的辩证规律，诚如下述两条基本原则所示："反者道之动，弱者道之用。"①这里所言的"反"，是一动词，意指对立双方之间的关系，也表示回归本根或对立统一的结果。前一原则揭示的是相反的状态，后一原则表示的是转化或变化的状态。所有这些都可以借助"太极"这一传统符号予以图示。在这个具有象征意义的符号里，阴和阳两个关键因素，总是处在运动或变动之中，但同时又相互依赖、相互作用。老子敏锐地发现，事物之间和事物内部都会发生变化，事物往往在不断的变化过程中成为自身的对立面。值得注意的是，在自然界和人类社会里，凡事一旦到达巅峰，便注定开始衰落，走向对立的一面。古人曾言："峣峣者易缺，皦皦者易污，《阳春》之曲，和者必寡，盛名之下，其实难副。"②所有这些可能性，似乎都与"物极必反"的中华传统观念相关联。

因此，就军事力量的变化条件而言，老子对于强弱两者的看法与其他人迥然有别。根据第一条原则，他对强者评价不高；依据第二条原则，他着意抬高弱者。在前一情形中，强者因对于现存力量的过度使用而走向式微。在后一情形中，弱者假定代表和彰显"弱者道之用"的发展规律，就有助于万事万物适性成长、趋向完善。基于这种辩证思维，老子以其独特方式倡导反战，这听起来似与传统逻辑相悖。譬如，为了抵消好战者的狂热，老子预言他们会遭遇黑暗的未来，下述论证似乎不言自明：

---

① 老子：《道德经》第四十章。参阅 Wang Keping, *The Classic of the Dao: A New Investigation*, p. 273。
② 语出《后汉书·黄琼传》。

> 人之生也柔弱,
> 其死也刚强。
> 草木之生也柔脆,
> 其死也枯槁。
> 故刚强者死之徒,
> 柔弱者生之徒。
> 是以兵强则灭,木强则折。
> 刚强处下,柔弱处上。
> 强梁者不得其死,
> 吾将以为教父。①

这里,在描述柔弱和刚强的二元对举范畴时,老子以类比方式来描述经验性样本,意在让读者确信如下见解——"兵强则灭,木强则折"。乍一看来,此类说法有些荒唐,因其违反常识。众所周知,在大多数情况下,强大的军队总是容易取胜的一方。然而,老子却持不同看法。他往往从内在发展和潜在变化的角度来看待事物。他告诫人们,强大的军队之所以会毁灭,是因为它惯于展示自身的强大,四处滥用军力,不断消耗自己。长远地看,一支强大而好战的军队,每次与别的军队交战,多少都会遭到损伤,久而久之,它就会每况愈下。实际上,强大的军队往往富有侵略性,到处耀武扬威,动辄诉诸武力、发动战争,这样,它会遭到人们的鄙视,最终会自行消亡。再者,强大的军队总是野心勃勃,这会刺激其所攻击的目标国家,致使后者设法不断壮大自己,为了保护自我而奋力抵抗来犯之敌。结果,强大与施暴一方,很少有寿终正寝的,因为他们习惯于将自身置于危险之境。这种危险之境令人想起老子的这一告诫:

---

① 老子:《道德经》第七十六章。参阅 Wang Keping, *The Classic of the Dao: A New Investigation*, p. 287。

> 常有司杀者杀。
> 夫代司杀者杀,
> 是谓代大匠斲。
> 夫代大匠斲者,
> 希有不伤其手矣。①

老子所言,颇为玄奥深刻。其用意在于表明:一位木匠,无论其技术多么娴熟,他在斲木时也难免会砍伤自己的手。同样,一支军队,无论其多么强大,若其常沉溺于战事,那必定导致自我灭亡,类似于"搬起石头砸自己的脚"。如果我们回顾历史,就会从罗马帝国、拿破仑帝国、第三帝国与日本帝国的消亡与失败中发现足够的证据。

颇为有趣的是,老子为了强化上述论点,进而提出"弱之胜强"②的观念。这不仅意味着鼓励弱者、打击强者,而且也体现出老子独特的辩证思想。这一思想源自"反者道之动,弱者道之用"的原则。该原则实际上提供了关于强与弱不断变化与相互转化的深刻启示。这就是说,它一方面建议强者,不要因为弱者处于成长过程,就肆意打压对方而消耗自身的力量;另一方面鼓励弱者,要通过坚决抵抗强者,来消耗对方的力量并借此发展壮大自己。

鉴于对"柔弱处上"这一理论的深度关切,老子坚信柔弱者必将战胜坚强者,同时还断言"强梁者不得其死"。在这里,他以"水"为喻,暗示柔弱者具有强大的潜能,如其所言:

> 上善若水。
> 水善利万物而不争。
> 处众人之所恶,

---

① 老子:《道德经》第七十四章。参阅 Wang Keping, *The Classic of the Dao: A New Investigation*, p. 287。
② Wang Keping, *The Classic of the Dao: A New Investigation*, pp. 101-103.

故几于道矣。①

我们在早期道家思想中发现,水的意象在通常无害的情况下意味深远。水与道的主要特征有些类似。比如说,水向低处流,象征谦逊的德性;水养活万物,象征化育的德性;水使万物生长,象征赞助的德性。此外,微小的能量可以汇集成巨大的力量,这便体现出坚持不懈的德性。有时候,水看似比世界上任何事物都要柔弱,但在击败坚强之物方面没有任何力量可以与其相比,譬如,滴水可以穿石。需要指出的是,虽然这一辩证思维发人深省,但要看到其自身存在的问题,即:老子在此将弱者与实际存在和不断变化的条件割裂开来了,因此也就将弱者的功用绝对化了。诚然,老子惯于运用怀疑论的思想方法,其诸多观点与既定的规则和逻辑相对立,因此颠覆了当时得到社会称赞的那些肯定性价值观的确定性。但是,老子将可能战胜强者的弱者予以绝对化的做法,反过来会打乱他针对确定性所采用的怀疑论态度,这样会在他否定某些确定性的同时制造另一种确定性。

6. 防卫三原则

不可否认的事实是,人类历史一直伴随着不同形式、不同规模的战争。老子虽然厌恶并谴责战争,但他知道现实中难以阻止或取消战争。那么,这该如何是好呢?根据老子的建议,最好的选择不是针锋相对,而是采用防卫策略,也就是采用他所倡导的"三宝"。

吾有三宝,持而保之:
一曰慈,

---

① 老子:《道德经》第八章。参阅 Wang Keping, *The Classic of the Dao: A New Investigation*, p. 260。

二曰俭,
三曰不敢为天下先。
夫慈故能勇,俭故能广,
不敢为天下先,故能成器长。
今舍慈且勇,舍俭且广,舍后且先,
则必死矣!
夫慈以战则胜,以守则固。
天将以慈救之,以慈卫之。①

不难看出,上列"三宝",是指与个人行为和政治治理密切相关的三项主导原则。它们有助于形成三种相应的德性——勇敢、慷慨、退让或不争。老子称第一宝为"慈",以其意指慈爱、同情乃至宽容。通常,一个人因为"慈",就会变得"勇"。在此语境中,勇者敢于谦逊、妥协和防卫,而不是张牙舞爪、气势汹汹。如此一来,他会广结善缘,各种福分不邀而至。国家的统治者或军队将领,如果诚恳而不倦地培养并珍视这一品德,他就会善于创造和平而不是与邻国发生冲突。如果统治者或将领未能保持和平而陷入战争,那他应根据具体情形尽量践履"慈"德。举例而言,他不应以战胜为乐事,因这种快乐实际上等同于杀戮之乐。按照老子的说法,他应如是遵行:

杀人之众,则以悲哀泣之;
战胜者,则以丧礼处之。②

表面上看,这一建议似乎表达的是人文主义的立场。在那个战事频仍的动乱年代,在人们野蛮对待死者甚至战俘的历史境遇中,以同情之心哀

---

① 老子:《道德经》第六十七章。参阅 Wang Keping, *The Classic of the Dao: A New Investigation*, p. 284。另参阅古棣、周英:《老子通》上部,页 670。
② 老子:《道德经》第三十一章。参阅 Wang Keping, *The Classic of the Dao: A New Investigation*, p. 269。

悼死者，体现出对人类尊严的一种尊重，这可以说是迈向文明的一大步了。但是，从其深层意义上看，它进而表达了一种非同寻常的倡议，此乃老子反战哲学的重要组成部分。该倡议一方面意在通过葬礼来引起战胜一方的同情感，另一方面意在消减战败一方的仇恨感与复仇感。所有这些或许可以促进停火或和平协议的达成。此外，正是由于"慈"在战争期间经常缺失，老子才会对其如此盛赞和举荐。在老子心目中，所有人若能认真落实这一倡议，那就会找到解决冲突与战争的可行途径。因此，老子特意强调："夫慈以战则胜，以守则固。天将以慈救之，以慈卫之。"①

至于第二宝"俭"，它不单是个人和家庭能过上自足生活的经济策略，也是一种道德法则。遵此而行，一个人就不会挥霍浪费，反而会崇尚节俭，能够帮助他人并与其建立和睦关系。人与人之间如此，家与家之间如此，国与国之间亦然。如若整个国家能厉行节"俭"，其民众必富足丰裕。这样，他们就会援助邻国，发展与邻为善的亲近互惠关系，从而有助于彼此在和平环境下共存共荣。如果这个国家恰好拒"俭"就"奢"，那它将会耗尽国资而无以援助邻国，这很可能引发一些抱怨与嫉妒，从而损害与邻国的关系，甚至因此相互交恶而引起不同形式的冲突。有鉴于此，老子从积极发展、慷慨互惠与和平共处等视域出发，特意强调了"俭"的必要性和重要性。

至于第三宝"不敢为天下先"，事实上是推崇"退让"和"不争"的理想。通常，老子所提出的防卫性策略，是建立在以下箴言基础之上的：

> 吾不敢为主，而为客；
> 不敢进寸，而退尺。②

顺便提及，这一箴言在一种意义上往往被认为是"以守为攻"的战术，

---

① 老子：《道德经》第六十七章。参阅 Wang Keping, *The Classic of the Dao: A New Investigation*, p. 284。
② 老子：《道德经》第六十九章。参阅 Wang Keping, *The Classic of the Dao: A New Investigation*, p. 285。

旨在后发制人；在另一种意义上则被理解为"以逸待劳"。同样，它表示了"退"的策略在战争中的具体运用，这反过来又会转化成"以退为进"或"先失后得"的军事策略。不过，所有这些均是"不敢为天下先"的附属含义，因为老子本人厌恶任何一种形式的战争，认定用于战争的利器都是"不祥之器"，万不得已时才会慎重用之。

就老子的整个反战哲学而言，我们可以得出如下结论：第三宝的首要含义，根植于"不争之德"。这实际上是老子"无为"哲学要旨的扩展。老子生活的时代，周王朝式微，许多诸侯国纷争不已，为了争霸相互讨伐。出于自保的目的，老子举荐"不敢为天下先"这一实用性选择。在他看来，举凡敢为天下先者或争为天下先者，既对他者的生存构成潜在威胁，自身也会成为各方攻击的目标。诚如常言所说的那样，"木秀于林，风必摧之"。所以，老子反复强调"不敢为天下先"这一原则，并将其与"不争之德"等同视之。如其所述：

> 古之善为士者不武；
> 善战者不怒；
> 善胜敌者不与；
> 善用人者为之下。
> 是谓不争之德，
> 是谓用人之力，
> 是谓配天之极。①

继老子之后，庄子承接这一思路，进而高倡"不争之德"。在一则斗鸡寓言里，庄子这样写道：

---

① 老子：《道德经》第六十八章。参阅 Wang Keping, *The Classic of the Dao: A New Investigation*, pp. 284-285。

第二部分　战争与和平

> 纪渻子为王养斗鸡。十日而问："鸡已乎？"曰："未也，方虚憍而恃气。"十日又问，曰："未也，犹应向景。"十日又问，曰："未也，犹疾视而盛气。"十日又问，曰："几矣，鸡虽有鸣者，已无变矣，望之似木鸡矣，其德全矣。异鸡无敢应者，反走矣。"①

这则寓言表明，那只斗鸡起初经过良好训练，斗志昂扬，盛气凌人，随时准备击败所有对手。然而，纪渻子采用新法对其进行一番训练之后，原来那只争强好胜的斗鸡已然变得呆若木鸡，再也无心恋战。但当它出现在斗鸡场上时，其他斗鸡却不敢接近它，看到它那副无精打采的样子，竟然都望风而逃。庄子借此喻示："不争之德"若能达此境界，就算完备了，外界也就不会出现任何挑战者了。而且，就像这只"木鸡"那样，它保持平静安然的状态，不惧任何对手，不与任何挑战者争斗，最终，它吓跑了其他所有斗鸡，因为在后者眼里，这只斗鸡如此古怪、危险，恐怕难以对抗。② 庄子借此寓言，将"不争之德"阐发得绘声绘色，活灵活现。

一般说来，老子持守反战立场，标举不争之道，将其作为"无为"思想的延伸，应用于治国理政和处理军务。为此，他特意提出"慈""俭"与"不敢为天下先"这"三宝"或三项原则。老子确信，退为勇，缩即伸，后则先，任何违反这三者的行为，都会导致失败。③

不过，老子常遭人诟病之处在于：他是在理想条件下鼓吹这三项原则的，而且将其绝对化了。如此一来，"退"或"守"就成为恒常不变的至高原则，而象征"进"的"勇""广"与"先"却完全遭到忽视。在现实情形下，正是"敢为天下先"的原则，才在发展过程中起到真正的引领作用。所有这些表明，老子本人在此偏离了自己原先的辩证方法基点。而在他论证"反者道之动"与"弱者道之用"的过程中，这一方法给人留下深刻印象。

---

① 陈鼓应注译：《庄子今注今译》，页485。
② 郭象注，成玄英疏：《南华真经》，上海：上海古籍出版社，1993年，页486。
③ Ren Jiyu (ed.), *A Taoist Classic*: *The Book of Laozi* (trans. He Guanghu & Gao Shining, Beijing: Foreign Languages Press, 1985), p. 88.

除了上述批评之外，我们有理由说明一点：老子是针对其所处时代存在的社会问题提出"三宝"的。在当时，民众和诸侯国纵情享乐，贪图攫取，彼此之间纷争不断。因此，老子言之凿凿地向其提出这一警告：上述"三宝"实属相互关联的行为法则，举凡反对"三宝"者，注定会遭遇失败和灾难。在这"三宝"中，第一宝主要指向精神修养，后两宝主要指向自我保护和自我防御。此三者似乎都具有普遍意义。因为，在我们居住的这个相攘相竞的世界，"慈"的德性及其衍生的恻隐和宽容等德性，无论在过去还是现在，从来都是不够充足的，甚至是相当短缺的。

结　语

总而言之，早期道家的反战哲学，具有上述主要特点。它提供了一个古老的视点，经此我们可以发现老子这位早期道家如何思考战争的性质，如何理性地提出尽可能有意义的解决方案。从古至今，"国之利器"或武器的用途尽管不断更新，目前已经发展到至为精致和极其强大的程度，但战争的性质依然大同小异。武器的精良意味着现代战争将只能比历史上任何时候的战争都更加危险、更具破坏性。因此，在我看来，从当今语境来重思早期道家的反战哲学，无疑是必要的和具有关联意义的，这会让我们从上述古老的启示中发现新的启示。

譬如，道家所说的"利器"，可等同于"过度使用武力"的观念。参照广岛核爆的历史记忆，我们无法忘却广岛纪念碑对大规模杀伤性武器的警示。这种记忆本身之所以具有全球性意义，是因为它昭示了残酷战争和"国之利器"所带来的苦涩教训。这种记忆应该为全人类有意和自觉地铭记在心。从历史角度来看，这一记忆以其特定方式存在着并出场，已然积淀在构成人类生存状况且具有影响效应的历史之中。因此，它在很大程度上涉及我们的历史意识和我们对战争与暴力的理解。而这种理解，又极大地改变着乃至决定着人类现在与未来的命运。

这正是我们人类为何无法将历史记忆从我们心中抹去的原因。否则，我们就会跌入历史缝隙或遗忘的深渊。那将意味着割断我们从历史和道德角度认识自身的线索或语境。相应地，那将导致我们失去理智而疯狂行动，再也找不到能将我们拉回理性轨道的任何东西。因此，在建设性意义上，我们将会无路前行，有可能重复历史或重蹈覆辙。换言之，像广岛核爆那样的形形色色的悲剧性事件，就有可能无休无止地重复上演，从而将人类世界推入无边无际的苦海之中。正是在这样的情境下，具有影响效应的历史才应该作为我们审视现实的参照系，因为它能在世俗问题的所有可能方面赋予我们有益的教诲和指导。

同样具有典型意义的另一范例，是道家对好战乐胜者所持的否定性态度，即：好战乐胜之人，无异于以杀人为乐之人。究其本质，战争是一把双刃剑。无论军事行动如何不对称或不匹配，参战双方都必然遭受人员伤亡。如果非要在这一点上做出区分的话，无非是强的一方杀的多而死的少，弱的一方杀的少而死的多而已。这种情形实如中国这句谚语所言：都是以不同方式"搬起石头砸自己的脚"。时下能对此说做出真实诠释的最为贴切的例证，恐怕莫过于数年前美英联军发动的伊拉克战争了。这场战争所导致的双方伤亡人数，至今还不时见于各种报刊书籍之中。

如同老子得出的结语之一所示："大道甚夷，而人好径。"①这就是说，道家所开辟的思想道路，是开阔、平坦、正确、易行的正道。然而，人们却视而不见，拒绝采纳，宁可走狭窄、蛮荒、误导的歪道。正因如此，人类过去的历史进程中一直充斥着各种战争。从今日开始，假如我们所有人重新审视道家反战立场并以实际行动反对战争，那么，人类未来的历史进程或许就不同于以往了。实际上，早期道家的反战哲学及其实践智慧，对于当世人类所急需的重新启蒙运动，不只是十分相关而且是尤为必要的。

---

① 老子：《道德经》第五十三章。参阅 Wang Keping, *The Classic of the Dao: A New Investigation*, p. 278。

第三部分

传统与转化

十一 "治大国"的现代启示①

老子《道德经》里有诸多建言，是从取法乎上的视域出发，为当政者陈说当时社会现实利害，阐述何以国泰民安的治国理政之道、经世济民之策。所言"治大国若烹小鲜"，意指治理大国，如同烹制小鱼，以不乱翻腾、掌握分寸、恰到好处为妙诀，这样便可确保小鱼完整而不破碎、形美而成佳肴。从《道德经》第六十章全文语境来看，"治大国"需要"以道莅天下"。此"道"代表能使"其鬼不神（不作祟）""亦不伤人（不伤害人）"和"为而不争"的"圣人之道"。②其中喻示的为政要略，在于安静无扰，因为频扰则害民，害民则积怨，积怨则生乱，生乱则国危。通常，祸国殃民之政，必然引起天怒人怨，灾祸迟早降临。若能"清静无为"以图善治，就会使人人遂其愿、乐其业、善其身，彼此相安无事，避免灾祸发生。从现代政治学角度审视，这种"治大国"之道，理应是惠及民生、以人为本、追求国泰民安的善政效治。在具体实践中，这种"治大国"之道，主要体现在治国理政的正确国策和良好制度之中。可以说，国策与制度这两大维度，如车之双轮、鸟之两翼，缺一则不可远举高飞。

数年前，我曾在一次有关经典研究和老子思想的讨论会上讲过这样一段感言："现代学者之于古今经典，须入乎文本，故能解之；须出乎历史，

---

① 2017年8月18—21日应邀参加安徽亳州市与中国社会科学院哲学研究所合办的"老庄思想与协调发展学术论坛"，发表主旨演讲《历史的机遇与经验——"治大国若烹小鲜"的现代启示》，刊于《武汉科技大学学报》2018年第3期。
② 老子：《道德经》第七十七章。Cf. Wang Keping, *The Classic of the Dao: A New Investigation* (Beijing: Foreign Language Press, 1998), p. 288。

故能论之；须关乎现实，故能用之。凡循序渐进者，涵泳其间者，方得妙悟真识，终能钩深致远，有所成就。"从文本、历史和现实的角度看，特别值得我们回顾和反思的是20世纪80年代的巨变。当时，美国总统里根倡导"治大国若烹小鲜"的治国理念，力推"三减一降"改革，成绩斐然，终结"冷战"。英国首相撒切尔夫人奉行自由主义市场经济思想，力推企业私有化运动，为英国经济走出停滞注入了活力。中国领导人邓小平抓住这一千载难逢的历史机遇，持守"以经济建设为中心"的国策，悬置"以阶级斗争为纲"的路线，实则是以"善行无辙迹"的实用智慧，有效地贯彻了"治大国若烹小鲜"的治国理念，从而使中国快速走出困境，让人民逐步走向富裕，真正实现国富民强。

本文将依据中国在改革开放过程中的相关历史机遇与经验，从三个方面来重新认识"治大国若烹小鲜"的现代启示。这三个方面包括："治大国"的"三驾马车"，"治大国"的实用智慧，"治大国"的因革之道。

1. "治大国"的"三驾马车"

20世纪70—80年代，《第三次浪潮》与《大趋势》两书风靡全球，盛行国内。托夫勒与奈斯比克对世界发展新动向的描述，的确引人入胜，这对积弱百余年，积极寻求复兴之路的中国来说，是从理论意义上展示出一种求之不得的历史机遇。沉寂多年的中国学界，在邓小平鼎力推动改革开放的时局下，逐渐活跃起来，开始积极探讨如何抓住这一历史机遇，着力发展中国的现代化。历史的偶然性有时要比历史的必然性来得更快捷、更关键、更有时效。就在邓小平主政不久，世界政坛上几乎同时涌现出另外两位重量级政治人物，一位是1979年当选英国第一位女首相的玛格丽特·撒切尔夫人，另一位是1980年当选美国总统的罗纳德·里根。中、美、英三国首脑以相对应和的治国策略，各领风骚，形成当时闻名世界政坛的"三驾马车"。尽管他们所面临的挑战不同，所追求的目标不同，所面临的社会环境不同，所针对的经济结构不同，但他们的基本共同点至少在于：尊重市场经济规律，推动国内经济改革，打破平均主义樊篱。鉴于英国经济结构特殊，私有化运动冲击力大，涉及社会分层的复杂问题，本文暂且不表，仅关注当时中美两国的相关情况。

先谈谈美国。1980年当选后，年届七十的里根于翌年1月1日就任美国第49届总统。当时接手的美国，正遭受自"大萧条"以来最严重的经济危机。这场危机的主要起因是"滞胀"。当时，美国通胀率从20世纪60年代初期的不到2%，上升到1979年的13.3%；经过换算，1960年的1美元到1981年只值3角6分。尽管工资随着通胀同步上涨，但针对名义收入征税而非针对实际购买力征税的做法，使人们在工资上涨的同时，也被推到更高的税收等级，结果导致生活水平持续滑坡，个人储蓄率大幅下降，社会分配严重不均，工人开始怠工，企业无心研发，失业率开始上升，特别是让那些求职的年轻人和靠固定收入为生的老人纷纷陷入困境，最终使美国公众对建立在个人自由和市场自由基础上的美国政治体系产生了种种疑虑。

一些经济学家认为，里根当年遭遇的这场"滞胀"引发的经济危机，本质上是"凯恩斯理论危机"。在罗斯福实施"新政"时期，美国依据凯恩斯的"需求管理"理论，结束了市场的无政府状态，强化了政府对市场的宏观管理，通过实行积极财政政策，进行大规模投入，最终带领美国走出了"大萧条"，同时也缓和了贫富分化日益严重的矛盾。但是，在强调社会公平的同时，也影响到经济效率；在增加大规模投入的同时，也推高了越来越大的财政赤字；在强化政府宏观管控的同时，也限制了市场经济的发展活力；在把通胀看作实现充分就业的低廉代价时，也导致了拖累经济的滞胀危机。里根就此批评说：凯恩斯用通胀去打击失业，又用失业打击通胀，最终结果是通胀与失业一起打击了美国经济。

面对这场危机，里根对于政府强化管控和干预市场的做法持否定态度，他的名言是："在这场危机中，政府不能解决我们的问题，政府自身就是问题。"(Government is not the solution to our problem. Government is the problem.）其意思是说，期待政府采取干预的做法，将会再次降低市场效率，助长官僚主义作风，因此需要反其道而为，设法限制政府管控，搞活市场机制。于是，里根参照"供给学派"（supply—side economics）的经济学理论，强调"供给"与"需求"关系中的"供给"一侧（现在称其为"供给侧"），因循"供给创造自身需求"这一基本原理。与此同时，里根采取了"三减一降"措施，即：削减政府预算以减少社会福利开支，减少个人所得税和企业税以刺激投资，简化企业经营流程以减少生产成本，控制货币供给量以降低通货膨胀。由于这些经济政策尽可能大幅度降低了高收入者和大企业的所得税率，又大幅度减少了各项社会福利开支，故有不少民众指责该政策是"劫贫济富"。然而，在里根的任期内，所有经济阶层的收入都提高了，最底层贫穷人口的所得提升了6%，最富有美国人（占全国总人口的1%）的所得提升了1万亿美元。为此，里根在1987年的国情咨文中引用老子之说，不无自豪地宣称："治大国若烹小鲜"。

后来一些专家学者推出"里根经济学"（Reaganomics）一说，将其主要内容归纳为支持市场自由竞争，降低税收与公共开支，降低政府对企业经营的控制，等等。结果，实施这些政策使美国经济在80年代后持续繁荣，重返"山巅之城"的辉煌地位。

里根经济学成功的因素固然很多，但有四点特别值得注意：一是对症下药，适时采取一套切中时弊的有效的经济政策和具体措施。二是综合供给学派、货币学派和凯恩斯学派各家之长，加以合理运用，譬如，他运用供给学派所主张的通过减税和减少对经济的干预来刺激供给增加的政策，运用货币学派所主张的控制货币供应量增长和稳定的货币政策来助推政府对经济的宏观调控，运用凯恩斯学派所主张的通过增减政府开支来调节社会总需求的政策，等等。三是面对各种反对意见和示威浪潮，里根能够发挥自己的口才，使用极其通俗易懂的语言，富有感情地将复杂的经济学理论传达给美国大众，争取获得这样一种共识：减少税收、刺激经济、创造就业，通过经济和财富的增量，在低税率的前提下反而能增加国家税收，增加大众财富。四是美国具有相对健全的法律制度，譬如"三权分立"的制衡系统，这有利于比较有效地把控经济政策与资金配置的合理性，杜绝尚未经过认真论证而通过权力强制推行的随意性。多少年来，美国人对里根时代念念不忘。特朗普总统更是把里根经济学作为"让美国再次强大"的改革参照系。

再看看中国。应当看到，新中国成立近30年，通过早期苏联援助和自力更生所取得的建设成就，若与一穷二白的旧中国相比，可以说是发生了"翻天覆地"的变化。但若与战后恢复的其他国家相比，尤其是与当时的美国相比，中国的发展差距非常大，所面临的经济问题非常多，其中最让人头痛的就是数亿人的温饱问题。就在这样的艰难岁月里，在中国历史的这一转折点上，年届73岁的邓小平临危受命，再次复出，领导党和人民开启了改革开放的艰难探索之路。开初十年，解放思想，励精图治，举世瞩目。其所作所为，既改变了中国贫穷落后的面貌，也深刻影响了世界发展格局。美国《时代周刊》(Time)依据国内外各界人士对邓小平改革功绩与个人魅力的称赞和敬佩，在短短十年之内，前后八次以他的头像作为杂志封面，两次将他推选为年度风云人物(man of the year)，① 由此造就了"天下无人不识君"的广泛社会影响，这是当时各国政要很少享受到的高度评价和荣耀。

无疑，在改革之初，中国所遇到的挑战，远远大于美英等国。首先需要冲破长期"左"的错误的严重束缚，其中"两个凡是"和"以阶级斗争为纲"这两大障碍就不易跨越。

面对看似积重难返的种种难题，邓小平首先从相对容易的教育口切入，刚上任不久就于1977年冬季恢复了高考，这如同拨云见日一样，为全国学子和亿万家庭打开了希望之门，随后还积极推动向发达国家名牌大学派遣留学生的工作，从而为日后的中国现代化建设培养和储备了大量人才。这实质上也是"以百姓之心为心"②，由此赢得了广大民众的支持，为

---

① 毕琳琳：《当邓小平上〈时代〉封面时，世界和中国经济在发生着什么?》，见"人民网"2017年。
② 老子：《道德经》第四十九章。

日后推行进一步改革奠定了必不可少的民意基础。接着，他以对历史负责的态度，通过做细致耐心的解放思想工作，通过拨乱反正和平反冤假错案，通过推动"实践是检验真理的唯一标准"大讨论，逐步揭开了问题的盖子，找到了解决问题的途径，最终成功地将改革开放进程纳入正确轨道。在此过程中，邓小平及其领导班子所表现出的政治智慧，从不同方面印证了老子的箴言："图难于其易，为大于其细。天下难事，必作于易；天下大事，必作于细。"①

那么，又当如何解决资金短缺和经济建设等难题呢？邓小平通过部门官员组团出访和自己亲自出访等活动，通过引进外资、搞活市场和合资办企业等措施，逐一解决了上述难题。譬如，他出访日本，在签订大宗合作协议的同时，还通过现代传播手段让国内人民了解发达国家的工业水平和生活现状。再如，他加快中美建交进程，不顾75岁高龄，毅然于1979年春节期间出访美国。在访美期间，他受到广泛欢迎，美方用迎接国家元首的礼仪来接待邓小平。历史纪录片《旋风九日》对这次行程进行了全方位的实地回顾和介绍。其间，美国通过覆盖全球的媒体，向全世界充分展示了这个"打不倒的小个子"的惊人风采。历史地看，这次成功访美，不仅为中国成功招商引资和赢得美国最惠国待遇奠定了基础，也为日后中国加入世贸组织铺平了道路。事实证明，加入世贸组织后的中国，经济繁荣，迅速崛起，成为21世纪国家发展的最大神话。

改革开放取得成功的历史经验，按照邓小平自己的总结，"不是靠本本，而是靠实践，靠实事求是"。由此取得的成就，造福了中国和世界人民。

2. "治大国"的实用智慧

现代称为改革，古代谓之变法，名虽有异，功能则同，均注重经世致

---

① 老子：《道德经》第六十三章。

用、纾难解困、取得成效。多年实践证明，邓小平智慧，在本质上是一种实用智慧，这与他以往推举的"猫论"具有一定的内在逻辑关系。这种实用智慧，无论在凶险的战争年代，还是在和平建设时期，都是实际工作的硬性需要，因此特别强调解决实际问题的有用性，戒除理论说教的空洞性，注重与时俱进的灵活性，恪守基本底线的原则性。当然，其最终的目的性追求，就是确保国家繁荣与社会发展，让广大人民过上安宁、和平、富裕和幸福的生活。在香港回归和制度安排的问题上，邓小平更是将这种智慧发挥到淋漓尽致的程度，为此赢得了广泛赞誉。

1984年，邓小平与撒切尔夫人在人民大会堂的会谈，再一次引起全世界的高度关注。当撒切尔夫人特意借助香港500多万人的生活方式这一缘由来谈论香港的主权和制度时，邓小平的回答直截了当：主权在中国，这不用谈，这是原则问题；实行"一国两制"、"港人治港"（现在修订为"爱国者治港"）。后来，有人曾将"一国两制"的理念视为邓小平的政治直觉。实际上，这一理念是他本人审时度势、深思熟虑的结果。他深知，社会制度的置换，将会引起社会混乱乃至政治地震，既不利于香港民生及其持续繁荣，也不利于内地推进改革开放的发展国策。这也表明，邓小平以另一种方式，再次践行了"治大国若烹小鲜"的治国之道。

后来，对于香港回归后的自治问题，邓小平做了多次阐明。如："'一个国家，两种制度'，我们已经讲了很多次了，全国人民代表大会已经通过了这个政策。有人担心这个政策会不会变，我说不会变。"[1]"我们讲五十年，不是随随便便、感情冲动而讲的，是考虑到中国的现实和发展的需要。"[2]再如："我们在协议中说五十年不变，就是五十年不变。我们这一代不会变，下一代也不会变。到了五十年以后，大陆发展起来了，那时还会小里小气地处理这些问题吗？所以不要担心变，变不了。再说变也并不都是坏事，有的变是好事，问题是变什么。中国收回香港不就是一种变吗？

---

[1] 邓小平：《邓小平文选》第三卷，北京：人民出版社，2001年，页59。
[2] 邓小平：《邓小平文选》第三卷，页103。

所以不要笼统地说怕变。如果有什么要变，一定是变得更好，更有利于香港的繁荣和发展，而不会损害香港人的利益。这种变是值得大家欢迎的。如果有人说什么都不变，你们不要相信。我们总不能讲香港资本主义制度下的所有方式都是完美无缺的吧？"①另外，邓小平还特意指出："一九九七年以后，台湾在香港的机构仍然可以存在，他们可以宣传'三民主义'，也可以骂共产党，我们不怕他们骂，共产党是骂不倒的。但是在行动上要注意不能在香港制造混乱，不能搞'两个中国'。他们都是中国人，我们相信，他们会站在我们民族的立场，维护民族的大局、民族的尊严。在这样的基础上，进行他们的活动，进行他们的宣传，在香港这种情况下是允许的。"②

邓小平所展现出的这样一种政治雅量，实属全方位自信之典范。我们现在宣讲道路自信、理论自信、制度自信、文化自信，这表明我们能够经得起各种考验或挑战，能够养成海纳百川，更大气、更开放的国民心态。在过去艰苦卓绝的战争年代，我们的取胜之道之一就是《游击队之歌》里所唱的："没有吃没有穿，自有那敌人送上前。没有枪没有炮，敌人给我们造。"这里的关键不在于枪炮是谁造的，衣食是谁送的，而在于为谁所用，在于如何用其来打败侵略者和反动派。现在是和平年代，我们搞和平发展，倡导合作共赢，构建"人类命运共同体"，这表明我们不仅具有国际担当意识，而且具有世界或天下胸怀；我们既要大其心以体天下之物，虚其心以受天下之善，也要尽其心以谋天下之事。然而，在中外经济、政治、文化与思想等领域的交流互动中，相互对话是必要的前提，彼此碰撞是客观的事实。譬如，在思想领域，西方讲"普遍价值"（universal values）或"核心价值"（key values）是针对全人类的，我们讲"共同价值"或"共享价值"（common values or shared values）也是针对全人类的，我们同时还针对中国人讲"社会主义核心价值"（key values of socialist China），这恰恰说明交流

---

① 邓小平：《邓小平文选》第三卷，页73。
② 邓小平：《邓小平文选》第三卷，页75。

对话取得了初步成果，也说明我们拥有了自己的解释权。当然，我们的解释合理与否，其基本衡量尺度是"人类命运共同体"和广大中国民众自愿接受和自觉践行这些价值观的具体程度。

另外，尤其值得我们关注的是，在涉及香港的问题上，邓小平在阐明"一国两制""港人治港"的同时，还讲过另外一句重要的话。那是在1988年6月3日，他在会见"九十年代的中国与世界"国际会议全体与会者时指出："我们在内地还要造几个'香港'。"翌年5月，邓小平在与当时的中央负责同志谈话时又重申："我过去说过要再造几个'香港'。"不难看出，邓小平所说的"再造几个'香港'"，绝不是再建一大片摩天大楼，更不是简单复制商业社会的繁华，而是要让作为香港社会持续繁荣保障的成熟的市场经济体系、良好的社会运行规则和有利于社会发展与进步的文明制度环境，成为更加广泛的社会共识和更加普遍的社会运行体制与机制，为推进粤港乃至全国市场经济体系的完善建立发挥更大的绩效。①

说白了，"再造几个'香港'"，还预示着中国内地的发展态势，同时也意味着借鉴香港的公务员制度和服务型政府体制。这对于中国改革开放的深化和升级，对于中国体制的改革和优化，均具有"近水楼台先得月"的示范效应，当然也具有取得成功经验后推广的可能，这就如同经济发展特区和自贸区的实验与扩充一样。时至今日，中央政府花巨资建立了粤港澳大桥，同时推出了建设粤港澳大湾区的构想，所有这些发展构想与前景规划，都是宏远的和世界级的。这将会创造更多有利条件，更加便于借鉴香港服务型政府体制，发挥香港国际经济中心的优势，深化粤港紧密合作，构建我国对外开放的新格局，拓展我国经济发展的新空间，促进我国整个社会运行体制与机制的制度创新，推动我国改革开放和社会进步伟大事业向纵深迈进。

---

① 陶一桃：《建设前海就是"再造香港"》，见"法人"，2014年5月4日。

第三部分　传统与转化

3. "治大国"的因革之道

自不待言,邓小平领导中国进行改革开放的成功历史经验,在注重经济发展的总体路线上,自然形成了"萧规曹随"的政治遗产或国策纲要,为日后中国的持续发展与全面改革奠定了坚实的基础。

2012年年底,习近平总书记到广东考察工作。他在讲话中指出:"如果没有邓小平同志指导我们党作出改革开放的历史性决策,我们国家要取得今天的发展成就是不可想象的。可以说,改革开放是我们党的历史上一次伟大觉醒,正是这个伟大觉醒孕育了新时期从理论到实践的伟大创造。中国发展的实践证明,当年邓小平同志指导我们党作出改革开放的决策是英明的、正确的,邓小平同志不愧为中国改革开放的总设计师,不愧为中国特色社会主义道路的开创者。今后,我们要坚持走这条正确道路,这是强国之路、富民之路。我们不仅要坚定不移走下去,而且要有新举措、上新水平。"[1]这无疑是一个中肯而深刻、真诚而坦直、有见地和有担当的重要认识。那么,这里所说的"要有新举措、上新水平",将意味着什么呢?

前文说过,由"治大国若烹小鲜"所引申出来的治国之道,在具体实践中离不开两大密不可分的维度,那就是正确的国策与良好的制度。在中国当下的政治语境中,所谓"良好的制度",我理解是良好的法律制度与健全的党纪制度。反观数十年来中国改革开放与治国理政的基本走向,总体上是以正确的国策作为主要支撑,取得了举世瞩目的成就。但要看到,在这些成就的背后,也伴随着不可忽视的经验教训,或者说,始终存在着制度建设不甚完善的缺憾,由此滋生的一些社会、政治与经济问题,致使国家与人民为此付出沉重代价。这一教训不仅需要认真深刻的历史反思,更需

---

[1] 习近平:《在广东考察工作时的讲话》,2012年12月7日至11日。另参阅《习近平关于全面深化改革论述摘编》(北京:中央文献出版社,2014年),页2—3。

要补苴罅漏的制度建构。

良好的制度建构，是戊戌变法以来众多仁人志士一直思索的问题和追求的目标。在改革初期，也曾流行着这样一种说法：好的制度，能使好人更好；坏的制度，能使好人变坏。特别值得一提的是，改革开放初期，邓小平也一直关心制度问题。譬如，1980年8月21日，意大利记者奥琳埃娜·法拉奇在采访邓小平时坦言，她对中国能否避免或防止再次发生诸如"文化大革命"这等可怕的事情表示怀疑。邓小平闻后，没有驳斥她，而是坦率地回答说："这要从制度方面解决问题。我们过去的一些制度，实际上受了封建主义的影响，包括个人迷信、家长制或家长作风，甚至包括干部职务终身制。我们现在正在研究避免重复这种现象，准备从改革制度着手。我们这个国家有几千年封建社会的历史，缺乏社会主义的民主和社会主义的法制。现在我们要认真建立社会主义的民主制度和社会主义法制。只有这样，才能解决问题。"①此话今日听来，依然如在耳边。

从改革开放至今，已历经40多年。我们可以清楚地看到，改革开放的最终目的，就是要构建一个国富民强、长治久安、公平正义的社会。这显然需要正确的国策来引导，需要良好的制度来保障。

时下，"四个全面"战略布局的提出，可以说是"有新举措、上新水平"的核心内容。相较而言，"四个全面"战略布局的至要意义在于不断完善制度建设。历史经验证明，任何改革与创新，都离不开解放思想。1978年12月13日改革开放历程开启之时，邓小平说过一句话："民主是解放思想的重要条件。"②他还指出："只有思想解放了，我们才能正确地以马列主义、毛泽东思想为指导，解决过去遗留的问题，解决新出现的一系列问题，正

---

① 《邓小平谈民主：为什么"文革"悲剧只会出现在中国？》，见"人民网—文史频道"，2011年12月1日。
② 关于民主问题，党的十一届三中全会公报指出："宪法规定的公民权利，必须坚决保障，任何人不得侵犯。为了保障人民民主，必须加强社会主义法制，使民主制度化、法律化，使这种制度和法律具有稳定性、连续性和极大的权威，做到有法可依，有法必依，执法必严，违法必究……要保证人民在自己的法律面前人人平等，不允许任何人有超于法律之上的特权。"将民主看作一种制度，并且将民主与法制联系起来，在我们党的文件当中，这是第一次。大约从这时起，党内的舆论也开始将民主看作一种制度。

确地改革同生产力迅速发展不相适应的生产关系和上层建筑，根据我国的实际情况，确定实现四个现代化的具体道路、方针、方法和措施。"①邓小平在40多年前所讲的这些话，言犹在耳，对中国现状与发展来说，依然具有重要的指导意义。

---

① 《邓小平谈民主：为什么"文革"悲剧只会出现在中国？》，见"人民网—文史频道"，2011年12月1日。

十二 "德治"在当今的可能效应[①]

从传统政治哲学角度来看,法家"以法为本",故力倡法治,视其为治国要略,认为"抱法处势则治,背法去势则乱"。[②] 相反,儒家重仁义道德,故推崇德治,奉其为立国之本,标举"修齐治平"的"内圣外王"之道,认为"道之以德,齐之以礼"或"施仁政于民",国家便会长治久安,外可抵御敌国、列强入侵,内可促成大道流行,天下为公,实现"大同"。法儒两家的治国理念显然彼此抵牾,但细究起来,法家法治思想中所包含的"法""术""势"三大要素,儒家德治思想中所涉及的法、礼、政相互关系,均隐含着"人治"的潜流。若把这些话题摊开来说,少不了旁征博引、六经注我,写出洋洋洒洒的长篇大论。本文限于篇幅,仅从中国政治文化的特定语境出发,谈谈"德治"的可能效应和德育内容的必要补充,以期引起大家的思索。

1. 两种范式的互动作用

随着中国改革的不断深化、社会的日益开放和民主意识的逐步增强,

[①] 此文先用中文写讫,随之译为英文,于2001年提交给在北京召开的"当代中国社会的伦理与价值"国际研讨会,刊于李鹏程等编:《当代中国社会的伦理与价值》(汉英双语本)(*The Role of Values and Ethics in Contemporary Chinese Society*),北京:世界知识出版社,2002年,页249—258、617—635。此文收入本集时,仅修改其中个别字句。
[②] 韩非:《难势》,见中国社会科学院哲学研究所中国哲学史研究室编:《中国哲学史资料选辑》先秦之部下,北京:中华书局,1984年。

"人治"遇到前所未有的挑战，致使"人治"的政治文化空间日趋缩小。加上来自官僚化和制度性腐败等问题的重重压力，经过多年的酝酿之后，"依法治国"的方略终于浮出水面，于20世纪末年夏季入宪，从此确立了自己的合法地位。尽管国内立法执法与法制教育的实际水平差距较大，但从"名正言顺"的角度审视"依法治国"，还的确是一道给人带来希望和憧憬的政治风景线。要知道，饱经忧患并且历来被当作"草民"的许多中国老百姓，尽管法制意识相对薄弱，对圣明的"人治"神话还残存着一定的幻想，而且也不太了解"法律终结处，暴政开始时"（Where law ends tyranny begins），但有谁不钟情于"法律面前人人平等"的理念呢？有谁不希望国泰民安、你好我好呢？难怪有人将姗姗来迟的"依法治国"之道形象地比作中国辞旧迎新的跨世纪政治曙光。

新世纪伊始，"以德治国"的为政理念霍然登上中国政治文化舞台，形成新的宣传热点。"依法治国"为本，"以德治国"为辅，两者互补，不可或缺之类的论述，以理所当然的语气，在确定两者互动关系的同时，着实彰显了"法治"与"德治"所包含的重大现实意义。譬如，在不少论证"法""德"并重、兼治统一的文章中，我们不难发现类似这样的论断："依法治国"关乎法制建设，"以德治国"关乎道德建设，前者属于依靠法律和制度的"硬件"措施，后者属于思想道德文化的"软件"开发，两者都是中国社会主义法治国家建设的内在要求，现代法治国家的概念本身就包含着"法"与"德"的双重内容。具体地说，

> "依法治国"，就是党领导的国家权力机关、行政机关、司法机关和其他社会组织，必须按照体现人民意志和利益的法律和制度来治理国家，保证国家各项工作依法进行，逐步实现社会主义民主的制度化、法律化；"以德治国"，就是要努力建立与社会主义市场经济发展相适应的思想道德体系，发展社会主义精神文明，为社会主义法治国家奠定良好的伦理道德基础，有效地运用伦理调控手段治理国家和社会。我们推行"依法治国"和"以德治国"，根本目的是为了保障社会主

义市场经济、民主政治和法治国家的健康发展。①

显然,诸如此类的论断均赋予"法治"和"德治"以沉重的经济和政治使命,所追求的多重目的,可以说是既融含着理想化的色彩,也体现出实用道德理性发展的必然逻辑。

不过,在"依法治国"和"法治国家"等思想理念还处于宣传教育或刚刚启动阶段的中国,"以德治国"热情的骤然迸发,起初确使一些人既感新鲜又犯疑惑,但由于传统"德治"意识的惯性作用,随之又感到释然而耳顺了。从良好的愿望出发来审视"法治"与"德治"两大范式及其互动作用,谁不希望从中获得理想的预期效果呢?如有可能,有谁何乐而不为呢?如果将"法治"视为中国新世纪的政治曙光,我们也不妨把"德治"比作中国新世纪的政治月光。前者为"阳",后者为"阴",算得上是"一阴一阳之谓道"。古代先民把阴阳交替看作宇宙的根本规律,现在我们也可以把"法治"和"德治"的合理性交相施用看作经世济民的重大策略。所谓合理性交相施用,除了取决于"法治"为本"德治"为辅的基本原则、立法的科学性、执法的公正性和公民法制意识的水平等因素外,还特别取决于"德治"的终极目的和德育的具体内容等方面。这一点我们将在下文再谈。

需要指出的是,在国内推行和加强法治,绝大多数国人乐观其成,但很少有人留意法治的两种类型,即"rule of law"和"rule by law"。此两者汉译均为"法治",实属简化式或模糊性文字转换的结果,容易使人将其混为一谈。细究起来,两者具有一定的本质差异。从语义语法上看,"of"属介词,通常表示所属关系,在这里主要用其"具有某种性质或由什么组成"之意。"by"也是介词,其含义甚广,用在此处主要表示"方法、手段或方式",汉译通常为"凭借,按照,依据,用,靠或通过"等等。这样,"rule of law"可以说是一种"由法律构成的统治或管理方式",这意味着这种统治

---

① 胡伟:《论"依法治国"与"以德治国"的统一》,见《光明日报·理论周刊》第166期,2001年6月5日。

或管理方式是完全建立在法律基础之上的，从国家元首到普通市民都以同等的身份受到法律的监护，因此"法律面前人人平等"，法律无可置疑地高于一切国家党政机构与社会阶层，是治国的主宰和经世济民的准绳，是导向真正意义上的法治民主国家的不二法门。而后者"rule by law"，可以说是"依据法律进行统治或管理的方式"，这就涉及一个代理者（agent or doer），也就是由"谁"（who）来"依据法律"（by law）进行"统治或管理"（rule）的问题。如果是由某个政治集团或国家行政机构来行使这一职能，那么公正性就成了决定法律效应的核心要素。通常，法律会遇到来自权力意识和利益驱动的冲击，可能在一定条件下沦为执政者手中维护自身利益的工具。相应地，执法部门有时会"反客为主"，凌驾于法律之上，造成权大于法的局面。结果，特权依旧，难以成就真正意义上的法治民主国家，最终也不可能形成有利于社会稳定（而非权力结构稳定）的公民社会。在推行和完善法治的过程中，我们不能不正视上述差异。有鉴于此，我们有必要在汉译时将两者予以区隔，譬如将"rule of law"译为"法治"（因"治"字偏旁而俗称"水治"），将"rule by law"译为"法制"（因"制"字偏旁而俗称"刀制"）。在具体实施中，两者虽然旨在治国安民、维持社会秩序，但前者注重制约统治阶层的权力，后者倾向于控制被统治阶层的言行。

2. 德治的传统意识

在中国历史上，"德治"的思想具有强大的惯性作用，这种作用主要来自儒家政治哲学的传统意识。诸子百家中，儒家作为主流文化，其经世济民的色彩最浓。在意识形态领域，儒家以积极入世的态度论述治国之道，其成果最丰，影响最大。其中最为显著的遗教（legacy），恐怕要数"德治"思想了。

我们知道，孔子、孟子、荀子等儒家先师皆宣扬"德治"，推行"礼治"，主张"仁政"。一般说来，"德治"强调人品修养与道德感化，"礼治"

侧重维护社会等级秩序和道德规范，"仁政"主张人文教化、柔性管理和争取民心。从本质上看，各自为了达到"治万民""平天下"的终极目的，均在人心德行上下功夫。所谓的"礼治"与"仁政"，在很大程度上也都是围绕"德治"的相关内容展开的。孔子曾言："道之以政，齐之以刑，民免而无耻；道之以德，齐之以礼，有耻且格。"①这里显然是在讲两种统治手法：一种是基于法刑之治，一种是基于德礼之治。前者用政法来诱导人，用刑罚来整顿人，结果使人只是因为惧怕受到惩处而暂时免于罪过，但不会有廉耻之心，不会有道德自律的觉悟。或者说，这种以刑罚惩处罪过的方式仅能取得暂时"解表"的效果。相反，如果用道德来感化人，以礼教来规范人，会使人在产生廉耻之心的同时，诚心归服，达到道德自律的境界。可见，后者旨在"治本"，旨在通过德治礼教使人成为自觉守法的道德存在。在这里，不难看出抑法治扬德治的倾向和德治礼治混融并重的特征。

关于"礼治"，儒家有诸多论述。如孔子认为："上好礼，则民易使也。"②荀子断言："人无礼则不生，事无礼则不成，国家无礼则不宁。"③关于"仁政"，孟子更是推崇备至，他曾向梁惠王进言："王如施仁政于民，省刑罚，薄税敛，深耕易耨，壮者以暇日修其孝悌忠信，入以事其父兄，出以事其长上，可使制梃以挞秦楚之坚甲利兵矣。"④现在看来，这些论述皆有空泛之弊、独断之嫌，但其中也的确蕴含一定道理。那就是：与强调道德感化的"德治"相通约、以道德规范教育为基础的"礼治"和富有人间温情的"仁政"，虽然是为了达到争取人心、维护政权的实用性政治目的，但在一定程度上会有效地协和人际关系，增进社会的凝聚力，甚至补正冷冰冰的"法治"可能造成的某种缺失。这一点在重视合情合理或情理相混的中华传统意识里是"剪不断，理还乱"的一大难题。

---

① 《论语·为政》2.3，见杨伯峻译注：《论语译注》。
② 《论语·宪问》。
③ 荀子：《修身》，见蒋南华等注译：《荀子全译》，贵阳：贵州人民出版社，1995年。
④ 孟子：《梁惠王上》，见杨伯峻译注：《孟子译注》。

3. 德治与德育问题

且不论目前倡导的"法治"属于上述两大类型中的哪一种,也不论在实现法治和民主国家的道路上会遇到多少障碍,我们首先应当承认,由传统的"人治"转向"法治",终究是当今中国政治文化发展所迈出的重要一步。现如今,在"法治"为本的前提下,大力推行"德治",借以补正"法治"初级阶段的不足与缺失,这无疑是中国实现现代化目标过程中的重要一环。

不可否认,重视"德治"的思想,委实在某种程度上反映出传统儒家的治国之道的理想成分。但要看到,在中国现代条件下,追求"法治"或"民主政治"的社会制度所具有的制约作用,几乎不可能使"以德治国"举措的实行简单或人为地重复历史,即回到以"贤人政治"或"人治"为基本导向的"德治"老路上去,仅把国泰民安的良好政治希望寄托在圣明贤正的为政者身上。尽管如此,在"依法治国"的体系发轫之初,尤其是在以专制主义为特征的封建残余思想的干扰下,"以德治国"方略的实行也可能出现一定的误区。根据中国现实的政治社会语境,这里仅谈谈以下三个方面。

(1)反客为主

在当前"反腐倡廉"和推行"法治"的大背景下,强调"德治"的必要性及其现实意义,实际上也反映出某种反思性怀疑精神。一是怀疑"法治万能"的独断论思想,认为单靠"法治"并不一定能够解决所有社会问题;二是怀疑以"法治"代替"人治"的客观有效性,认为中国"人治"的传统久远,"法治"的体系稚嫩,两者会在相当长的历史时期内处于"猫逮耗子"的紧张关系或此消彼长的博弈之中。在这样的情况下,如果仅仅把"德治"作为一种权宜之计,人为地夸大其社会政治作用,那么,会不会影响"法治"进程和力度呢?会不会因调整治国举措而导致中途转向,即通过道德化的政治修辞或借用"德治"的外在形式,仍然以潜在的"人治"手段来制衡或消解

"法治"架构，继而在一定程度上或范围内仍然维系旧式的权力结构，将宪政法治的长治久安之策在一片赞扬声中予以悬置呢？果真如此的话，那就会引致"法治为本，德治为辅"的原则发生逆转，形成实际上的"反客为主"结果。因此，在现实运作过程中，有必要在从事"道德建设"的同时，紧紧抓住"法治建设"不放。其根本目的不仅仅是为了保障社会主义市场经济的健康发展，更重要的是为了建设真正意义上的法治国家和民主政治。

（2）橘生淮北

橘生淮南则为橘，生于淮北则为枳，叶徒相似，而其味不同。这段常读常新的古训，形象地道出了我们许多问题的症结所在。老百姓的语言来得更为直截了当，那就是"什么东西都会变味"。因此，不难想象，在人们出于某一崇高的目的来重新评估和借用"以德治国"的为政之道的过程中，也许会出现中国历史上"人治"体制下屡试不爽的做法，即：无论是为了实现个人"立德、立业、立言"，还是为了维护权力结构的集团利益，为政者有时会利用手中独有的话语权力，在未达成社会共识的情况下把个人的某些东西"攒进""德治"的具体内容之中，其结果会使"德治"成为政治化的意识形态，成为政治宣传的工具性手段，这无疑会直接影响到"德治"的有效性、持久性和普遍性。实际上，"以德治国"方略本身对"德"的强调，使公众对实现国家长治久安这一"崇高目的"的德育体系甚为关注。有一种看法认为，在目前情况下，单纯政治化或意识形态化德育体系难有大的作为，强而为之，就会像已往教条式的政治宣传那样，只能导致"大而化之"的负面循环。

（3）德育挂空

在中国现行的教育宗旨中，"德育"位于首要地位。在这方面，虽然耗费许多人力，却事倍功半。至于产生这种问题的主要原因是什么，有多种认识。有人将其归咎于薄弱的道德实践，也有人将其归咎于社会现状对道德理想的腐蚀或消解作用，还有人将其归咎于片面追求智育对德育所产生的挤压或冲击。我则认为德育内容抽象空泛、大而不当是导致上述问题的一个重要原因。譬如，从小学到大学，德育的内容大多充满了理想化的色彩和超拔的政治期望值，有时为了紧跟形势或图解政策而把德育简化为一般的政治学习或生硬的说教，从而在很大程度上忽视了德育的自律性和普遍性，致使德育的有些具体内容成为空洞的豪言壮语或教条主义的标语口号，结果使不少人非但没有受到理应受到的道德教育，反倒失去了"最低限度的道德"，特别是那些缺乏道德自觉性、义务感和自律意识的人，时常"说一套，做一套"，表现出不同程度的双重人格特征。这在中国官场的有些部门表现得尤为明显。

因此，有必要认真而科学地审视和设定"德"的具体内容。这无疑是一个复杂的系统工程，首先需要遵循伦理道德的普遍价值原则。这就要求我们不能拘泥于"常规"，需要"通古今之变"，重估某些传统伦理价值潜在的现实意义。譬如管子所标举的"四维"之说，即推崇"礼、义、廉、耻"四德在社会中的积极作用，就是一个范例。

> 国有四维，一维绝则倾，二维绝则危，三维绝则覆，四维绝则灭。倾可正也，危可安也，覆可起也，灭不可复错也。何谓四维？一曰礼，二曰义，三曰廉，四曰耻。礼不逾节，义不自进，廉不蔽恶，耻不从枉。故不逾节，则上位安；不自进，则民无巧诈；不蔽恶，则行自全；不从枉，则邪事不生。①

从其社会功能上讲，这"四维"犹如四根绳索，国家犹如一座房屋，以"四维"作为立国之本，犹如用四根绳索来维系房屋结构的稳定。此四者相辅相成，彼此关联，形成合力。若其中一根断裂，就会导致房屋结构不稳；若其中两根断裂，就会导致房屋倾斜；若其中三根断裂，就会导致房

---

① 管仲：《牧民》，见中国社会科学院哲学研究所中国哲学研究室编：《中国哲学史资料选辑》先秦之部中，北京：中华书局，1984年，页803。

屋倒塌；若四根全部断裂，就会导致房屋散架。因此，古往今来，此四者一直被奉为立国之本，并被视为"德治"的重要基石。我认为，现如今许多"寡廉鲜耻"的腐败堕落现象，与不注重"礼义廉耻"的空心化德育内容不无关系。

哲人曾言："人性之木歪七扭八，从未造出笔直之物。"(Out of the crooked timber of human nature nothing straight was ever made.) 可见人之难治，由来已久。但这也从另一角度暗示出法治和德治的必要性和重要性。所谓法治、德治，说是治理国家，实为治人育人，力图使人的社会行为符合法律和道德的基本要求。一般说来，法治强制于外，重在依法治人；德治感化于内，重在以德育人。两者内外结合，互动互补，在正常情况下确如鸟之两翼、车之双轮，缺一不可。但若法治失去公正，德治华而不实，那就要另当别论了，其结果或许正如王弼所描述的那种在中国历史上重复不断的政治游戏："巧愈思精，伪愈多变。攻之弥甚，避之弥勤。"[1]

---

[1] 北京大学哲学系中国哲学史教研室编：《中国哲学史》，北京：中华书局，1980年，页253。

十三　方东美探求的文化理想[①]

自从20世纪20年代中国新文化运动开始以来，诸多中国思想家经常反思的对象，便是参照西方文化重构本土文化的可能性问题。他们志存高远，雄心不已，力图返本开新，借鉴他者，重整旗鼓，创建新文化与新人格。在这方面，现代儒家成绩斐然，影响最大。相比之下，方东美（1899—1977）从创造转化的角度切入，溯本探源，慎思追远，独具一格。

在20世纪的诸多新儒家中，方东美是率先研究和倡导怀特海（Alfred North Whitehead，1861—1947）文化哲学的思想家之一。他基于中国新文化运动的遗教，执着于一种使命感，参照西方的文化特征，力图改良中华文化传统。针对文化观念本身，他推举怀特海的如下论点：

> 文化是思想的活动，所接受的是美与人文情感……我们旨在塑造的对象，乃是具有文化修养和特种专门知识的人士。专门知识是他们的发展基础，文化修养使他们精进如斯，继而如哲学般深沉，像艺术

[①] 此文原用中英文撰写，中文题为《方东美的文化理想观与跨文化探索》，刊于《哲学与文化》2007年6月号；英文修改后，题为"Thomé Fang's Pursuit of a Cultural Idea"，刊于 *Asian Studies*，2020/9。此次收入本集，按照英文版稍做补充。

般高妙。①

相应地，他对怀特海的建议感同身受，鼓励大学生走出埋头书桌的教育模式，昂首走出封闭性的教室和实验室，踏入广阔的天地，真正体味古典作品与艺术，思索更为重要的问题。在这方面，"哲学"与"艺术"在人之为人的认知和审美发展中理应占据更高的位置，因为这两者在理智和艺术领域更有助于育养人文智慧。按照康德的说法，智慧可被简要界定为完美遵守规律、实际运用理性的理念。鉴于他人只能将最低程度的智慧灌输于人类，因此人类务必尽其所能地自己孕育智慧。实现这一点的准则，涵盖三条主导格言：(1)自为地思索；(2)推己及人地思索(与人类交流沟通)；(3)自己持之以恒地连贯思索。② 在我看来，这兴许就是怀特海与方东美一再强调独立性与个性化思维的主要原因。

沿着这一思路，方东美继而借助跨文化转换与跨文化创构的视域，凝神沉思完成这一任务的方法路径。这便引致他探求一种新的文化理想，提出自己独有的哲学思想。对其在此领域里的所思所想进行二次反思，不仅会揭示出其理论假设的某些潜在特质，而且会促发人们的一种积极有为的主动性，进而重思跨文化互动与会通的可然性替代理论。由于艺术最能昭示文化的特质，方东美设定艺术教育为解悟文化精神的重要开端与支点，

---

① Alfred North Whitehead, *The Aims of Education* (New York: Mentor Books, 1960), p. 13. The Whiteheadian view of culture from an educational perspective reminds me of the Platonic notion of *paideia*. The integration of philosophy with art is intended to make a whole being who is philosophically deep and artistically high. As is noticed, what Whitehead proposes here as such bears much relevance to the status quo of education globally at large. To my mind, Thomé Fang's preoccupation with culture and education seems corresponding to Whitehead's proposal. Quite obviously, both Whitehead and Fang show deep concerns about personal development or humane enculturation through proper education. Both of them pay much attention to philosophy and art as two indispensable alternatives to nourish and sustain the fundamental aims of education. Accordingly, either of them appears to be a philosopher-poet or poet-philosopher in a sense, which could be reasonably justified in their philosophical discourse with a poetic touch in terms of creative wisdom.

② Immanuel Kant, *Anthropology from a Pragmatic Point of View* (trans. Robert Louden, Cambridge: Cambridge University Press, 2006), pp. 94-95. Also see Immanuel Kant, *Critique of the Power of Judgment* (trans. Paul Guyer. Cambridge: Cambridge University Press, 2000), p. 294.

认为需要在跨文化研究中关注艺术生成的文化起源。概言之，方东美的哲学思想基于世界主义和谐论立场，以跨文化探索与创化整合为特征，借助溯本探源的艺术与文化成果，论证和追求一种会通而周备的文化理想。本文将在重估其相关理论假设的基础上，对其中隐含的某些性相进行二次反思，借此重新审视一种可能的实践途径，继而论述一种三重性历程策略的要旨。

1. 文化理想与九层塔喻

在方东美的大部分文稿中，其文化理想观可以说是一以贯之的主题。在我看来，这一文化理想观实为人文化成说的外延结果。中华传统意义上的人文化成说，通常意指通过文化启蒙活动来成就完善人格的动态历程。事实上，方东美谈论文化，经常会联系到教育。而他所关注的教育，更接近古希腊派德雅（παιδεια）的本义。也就是说，这种派德雅作为一项教养活动，旨在使人成长发展，以便达到一种整全人格或全面发展的境界。无独有偶，古希腊的派德雅，文化与教育彼此交织，因此在现代希腊语的特定语境中，派德雅依然包含着文化与教育的本质功能。在方东美的诸多阐释中，文化与教育如同一枚奖章的两面，彼此密切相关，形如在其思维空间中携手并进的一对同胞姊妹。

譬如，在《教育与文化》一文中，方东美为了凸显自己的观点，开篇之初便借重他山之石，直接引用了怀特海谈及大学教育的著名论断，即："青年在中学时代，常是低着头，弯着腰，在书桌上面、实验室中消磨。但是等到大学的时候，每个大学生就应当抬起头，挺起胸，高瞻远瞩，才能领略到大学教育乃为了培养真正的人才，发挥人类内在的美德与潜在的天才。然后才可在学术上创造种种的奇迹，不仅贡献国家世界，而且是全人类。"①在方氏看来，如果大学教育实现了上述目的，那就堪称"为人的教育"（education for man），也就是能够使人之为人的良好教育。这样一来，受教育者最终方能从教育、社会与心理等诸多领域的种种问题中得以解脱，方能涵养高贵的人性，成就完善的人格，落实文化的理想，进而"一心一意向上追求，在宗教方面表现出许多智慧，在文学诗歌方面表现诗歌才情，在艺术方面有无数第一流作品，哲学上有许多的伟大思想，如此中华文化的复兴才有希望"。② 当然，在理想与现实之间，方东美谙悉两者的差距。如他所说，当前教育实践问题甚多，其中以"问题人"（problematic man）最为突出，其中除了为数众多的"问题青年"之外，不少中年老年人亦复如此。这一方面是因为19世纪以前的 liberal education（博雅、通识或自由教育）已成为 technical education（技术教育），另一方面是因为非理性欲望的扩展打破了"理性支配人类行为"的一贯信念，从而将"问题人"转化为最不理性的野兽，这在弗洛伊德的深度心理学（depth-psychology）里有系统揭示。其结果是，教育在很大程度上撇开了艺术、文化、道德、哲学，弱化了心灵精神的上达维度，侧重的是极富功利之心的技术训练，致使人类非但不能"与天地合其德，与日月合其明，与四时合其序，与鬼神合其吉凶"，反倒违天悖理，不进则退，遂令高贵的人性堕落为低劣的兽性。因此，方东美极力倡导"高度心理学"（height-psychology），摒弃"深度心理学"或"平面心理学"（flat-psychology），建议我们要"运用人类的一切智慧去发展精神科学、文化科学、道德科学（moral science），不能光只发展物质科学（physical science）"。③ 有鉴于此，方氏采用西方人类学术语，描绘了一幅文化理想蓝图。这幅蓝图以道德为基础，以精神为导向，试图创设

---

① 方东美：《教育与文化》，见蒋国保、周亚洲编：《方东美新儒学论著辑要：生命理想与文化类型》，北京：中国广播电视出版社，1993年，页12。怀特海的原文引言，可参阅 Alfred North Whitehead, *The Aims of Education* (New York: Mentor Books, 1960)。
② 方东美：《教育与文化》，见蒋国保、周亚洲编：《方东美新儒学论著辑要：生命理想与文化类型》，页23。
③ 方东美：《教育与文化》，见蒋国保、周亚洲编：《方东美新儒学论著辑要：生命理想与文化类型》，页19。

第三部分 传统与转化

一种新的人文化成理念。归纳起来，可称其为"九层塔喻"，包括六境三界之说。现图示如下：

神秘莫测的神 Deus absconditus
神明 divinity
高贵人 homo nobilis
宗教人 homo religiosus
诚意人 homo honaestatis
符号人 homo symbolicus
理智人 homo sapiens
创作人 homo Dionysiacus / homo creator
劳动人 homo faber

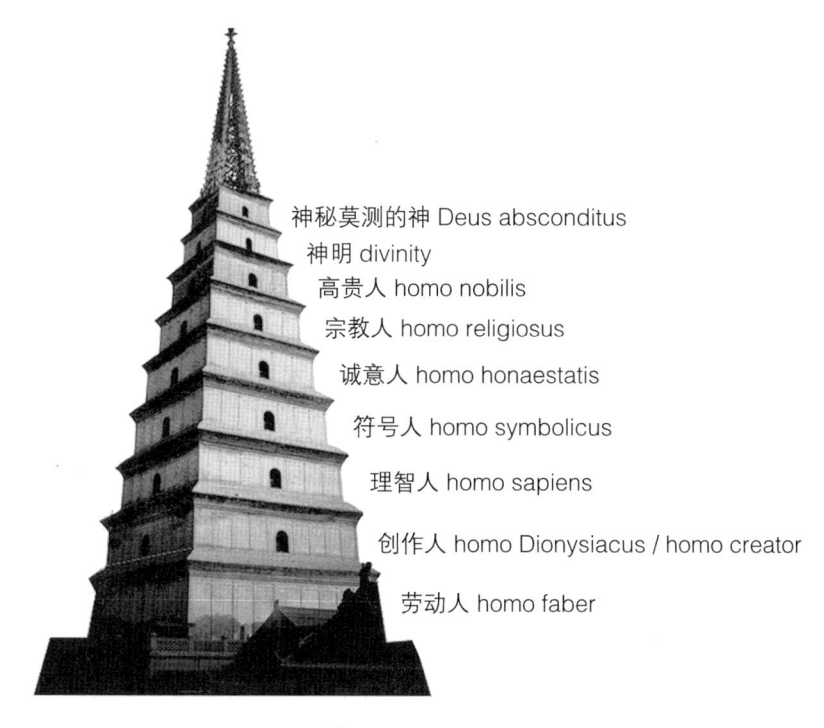

图 1　塔喻（The Pagoda Allegory）

从外形看，这座古塔是中西合璧的产物，下为唐代之塔，表示九级浮屠与人生境界阶梯，上为哥特式教堂尖顶，象征神灵通天与无限崇高之境。质而言之，这一塔喻在层次与结构上是有机互动的，喻示人格修养由下而上的进程与阶梯。其发端为 homo faber，即"劳动人"，处于从事自然行为的物质境界；随之是 homo Dionysiacus/homo creator，即"创作人"，处于具有创造行为的生命境界；其上是 homo sapiens，即"理智人"，处于具备合理知识的心灵境界；再上是 homo symbolicus，即"符号人"，处于能够运用与鉴赏符号的艺术境界；接着是 homo honaestatis，即"诚意人"，处于具备道德人格的道德境界；上面是 homo religiosus，即"宗教人"，处于能够参赞化育的宗教境界。在上述六境之上，还有形上三界。其一是 homo nobilis，即"高贵人"，类似儒家所谓圣人，道家所谓至人，佛家所谓般若与菩提相应之人；其二是 divinity，即"神明"，如同大彻大悟与普度众生的觉者（Buddha）；其三是 Deus absconditus，即"神秘莫测的神"，意指"玄而又玄、神而又神、高而又高、绝一切言说与对待的神境"。这是一种很难达到的境界，但至少应当集中全体才能与心性去努力提升，这也就是人们受教育的目的，更是文化与教育的最高理想。[1]

相对而言，"劳动人""创作人"与"理智人"与各自相对应的前三种境界，总体上属于自然人的领域和自然行为的层次，其基本特征在于培养健康的身体、充沛的精力、丰富的知识，以便借助具有普世意义的科学文化来构筑和支撑自然世界。在此过程中，有可能单方面或片面地痴迷于科学文化而忽视哲学文化，有可能导致物质发展与精神发展的不平衡现象。为了消解和减少这种弊端，方东美进而提出了"符号人""诚意人"和"宗教人"及其各自相对应的另外三种境界。这三种境界总体上属于超越自然人的领域或精神超越的层次，其基本目的在于提升人格修养，成就品位高雅、道德高尚、富有宗教情怀和自我完善精神的美好人格。

至此，从中华传统意识来讲，塔喻的结构似乎已经完成封顶。但在方东美的文化理想中，人的位格还有不断向上提升的空间。为此，他对哥特式教堂的建筑形式颇为称赞，认为通向寥廓天空的尖顶更富有精神性的启示意义，因此可借用其形而上的象征作用来表示宇宙真理的无限性相和人格修养永无止境的特征。在这里，倘若"神明"境界表示真而又真的真实，那么神秘莫测的神境则表示玄而又玄的奥秘。作为精神化的最后两个境界，它们均是先验的想象结果，不仅带有浓厚的神秘色彩，而且具有相互重叠的域面。不过，在此设立这两种境界，具有"超越现实的重要意义、价值和理想"。诚如怀特海所说，神"作为宇宙中的要素"，有必要在此出场。因为，"只有把空间的直接性与神的种种理想联系起来，一种超越我

---

[1] 方东美：《教育与文化》，见蒋国保、周亚洲编：《方东美新儒学论著辑要：生命理想与文化类型》，页20。

们自己的价值意识才会涌现。超越性宇宙的整一性，现实化现状的多样性，均会凭借神的意识进入我们的体验之中。除了这种超越性价值意识之外，实在的他者性则不会进入我们的意识之中。务必要有超越我们自己的价值观，否则，所体验到的任何东西都只不过是我们自己唯我论生存方式中毫无意义的单纯细节而已。世界上诸多现状的彰显，世界之整一性的彰显，都要归功于我们对神的意识，因为这种彰显特性为的是保存那些意识到的价值观念，为的是促成人们转向那些超越现实事实的理想"①。这表明，人不能仅靠面包活着，人理应有超越自我的精神追求。当然，此论虽充满宗教情结，但在我看来要比其他那些基于人格神的巧言说教更有意义。无论是怀特海还是方东美，他们对神性意识的强调，似乎更有可能促发人们追求超越自我现状或有限存在的价值觉悟。

2. 跨文化探索与转化型超人

上述文化理想观，会引发如下问题：在世界文化之林中，到底哪一家接近理想范型呢？在方东美的心目中，尚无符合这一理想范型的现成文化，只有构成其所需的要素。这些要素包含在古希腊、近代欧洲和中国的三种文化模式之中，具体说来，也就是包含在此三者各自的宗教、哲学与艺术领域之内。因为，"从历史上看，许许多多最好的文化，代表文化的优良精神，第一层是宗教，第二层是哲学，第三层是艺术。这些都是高尚的精神构成的形而上境界"②。

仅就哲学而言，每个文化的基本精神大多体现或积淀其中，实属"共命慧"的主要载体。哲学作为爱智明理之学，"总摄种种现实与可能境界中之情与理"，不仅"穷其源，搜其真，尽其妙"，而且使人"衡情度理，游心

---

① Alfred N. Whitehead, *Modes of Thought* (Cambridge: Cambridge University Press, 1956), p.140.
② 方东美：《中国哲学对未来世界的影响》，见蒋国保、周亚洲编：《方东美新儒学论著辑要：生命理想与文化类型》，页610。

于现实及可能境界，妙有深造"，进而"情理一贯故，知与欲俱，欲随知转，智贯欲而称情合理，生大智度；欲随知而悦情怡理，起大慧解"。① 根据方东美的研究观察，"希腊人以实智照理，起如实慧。欧洲人以方便应机，起方便慧。形之于业力又称方便巧。中国人以妙性知化，依如实慧，运方便巧，成平等慧"。凡此三者，同属智慧现行，摄持现行更有种子。"太始有名，名孚于言；太始有思，思融于理。是为希腊智慧种子。太始有权，权可兴业；太始有能，能可运力。是为欧洲智慧种子。太始有爱，爱赞化育；太始有悟，悟生妙觉。是为中国智慧种子。"②相形之下，"希腊如实慧演为契理文化，要在援理证真。欧洲方便巧演为尚能文化，要在驰情入幻。中国平等慧演为妙性文化，要在挈幻归真"③。如此一来，若用具体符号来比喻，希腊民族生命的特征可以三种精神为代表，其中酒神狄俄尼索斯（Dionysius）象征豪情，日神阿波罗（Apollo）象征正理，众神之家奥林匹斯（Olympus）象征理微情亏，三者之中以阿波罗精神为主脑。欧洲民族生命的特征亦可以三种精神为代表，其中文艺复兴（the Renaissance）以艺术热情胜，巴洛克（the Baroque）以科学奥理彰，洛可可（the Rococo）则情理相违、凿空蹈虚而幻惑。兼此三者为浮士德精神（the Faustian spirit）。至于中华民族生命的特征，可以道、儒、墨三家精神为代表。基于老庄思想的先秦道家显道之妙用，孔孟荀思想的儒家演易之元理，墨子思想的墨家申爱之圣情。三者之中，孔子贯通道墨，得其中正之道，故称"极高明而道中庸"。

总体而论，"希腊慧体为一种实质和谐，譬如主音音乐中之主调和谐。慧相为三叠现。慧用为安立各种文化价值之隆正，所谓三叠和谐性。欧洲慧体为一种凌空系统，譬如复音音乐中之复调对谱。慧相为多端敌对。慧

---

① 方东美：《哲学三慧》，见蒋国保、周亚洲编：《方东美新儒学论著辑要：生命理想与文化类型》，页85—86。
② 方东美：《哲学三慧》，见蒋国保、周亚洲编：《方东美新儒学论著辑要：生命理想与文化类型》，页87—88。
③ 方东美：《哲学三慧》，见蒋国保、周亚洲编：《方东美新儒学论著辑要：生命理想与文化类型》，页88。

用为范围各种文化价值之典型,所谓内在矛盾之系统。中国慧体为一种充量和谐、交响和谐。慧相为尔我相待,彼是相因,两极相应,内外相孚。慧用为创建各种文化价值之标准,所谓同情交感之中道"①。

上述三种文化,特征显著,优势明显。按照方东美的概括,三叠和谐性作为希腊文化价值的典型,是指一体三相和谐性的互动关系,追求美满人格与理、情、欲的相因和谐。其长处表现在个人心性方面,通常以理为主,讲求节制,以情为辅,注重制欲。故此,希腊人智照实境,求真贵美,通过自察自照,心能明理,知能烛物,生智成慧,从而在宇宙、社会与人性三者之间,能够断尽迷障,达到晴云缱绻、清辉流照的空明境界。欧洲文化崇权尚能,熏生业力,推崇精纯智慧,发展方便巧善。故此,近代欧洲人诚心向往物质世界,热情启发淳朴天性。他们面对宇宙人生,格物致知,探索奥秘,一境深似一境,一相精似一相,穷极根底,犹不止息,知其不可为而为之,知其不可得而求之。标准欧洲人实以浮士德为代表,求知心切,如入迷狂,竭智尽能,追寻不已,不惜游心梦境,驰情入幻,一往不返。结果,知识系统,逻辑严密,科学发达,技术先进。中华文化崇尚妙性仁和,讲究天人合一,落实在心理文化结构上,通常要求尽心知性,内圣外王,赞天化育,仁民爱物。于是,"中国人知生化之无已,体道相而不渝,统元德而一贯,兼爱利而同情,生广大而悉备,道玄妙以周行,无旁通而贞一,爱和顺以神明。其理体湛然合天地之心,秩然配天地之德,故慧成如实。其智相辟弘天下之博,翕含天下之约,故善巧方便。存其心如生,成其德无息,博者因其博,约者因其约,无有偏私隐曲,故运智取境,平等平等,成慧摄相,亦平等平等"②。这里所言的"平等平等",实为平衡不偏,即在希腊式的如实慧相与欧洲式的方便慧相之间保持平衡均等,不走极端,抵制过度。究其本质,就是"叩其两端而执

---

① 方东美:《哲学三慧》,见蒋国保、周亚洲编:《方东美新儒学论著辑要:生命理想与文化类型》,页89。
② 方东美:《哲学三慧》,见蒋国保、周亚洲编:《方东美新儒学论著辑要:生命理想与文化类型》,页99—100。

中"的实用智慧在起作用。

实际上，凡事均有两面性，文化也不例外。上述三家文化虽各呈所长，但亦有所短。概而言之，希腊文化以理性为本位，以正义为导向，以真知为鹄的。但自从公元前5世纪以后，由于过分崇尚理性与理智主义，常以知识为唯一标准来判断宇宙真相，分析社会构造，计量人生美德，渐使生命豪气消沉，酒神精神、日神精神委顿，趋于遗弃现实，邻于理想，灭绝身体，迫近神灵，最终导致理盛情亏、人性迷失、哲学颓废、文化衰微、难以为继的后果。近代欧洲文化追求方便巧慧，崇尚权能业力，灵变生奇启智，利于理论体系创构。但凡探讨思想问题，惯于取法二元对立，多端树敌，不尚和谐，滋生内在矛盾，加之欧洲人深中理智疯狂，劈积细微，喜好标新立异，纷披杂陈，结果毁坏智相，在妄想非非、疑虑重重之际，概念繁复而掩蔽灵明，"情有至真而不可忽玩，理有极确而不能破除"，弄假作真或转真成假，致使虚无主义广为流布。①

需要注意的是，上述论说似乎呈现出运用本质主义策略的做法。通常，这种做法会将部分本质当作真正本质。按照传统的亚里士多德本质观，真正本质是不可逆的和恒久不变的，因而是一个人或一事物是其所是的构成要素。②然而，将本质主义应用于比较研究的做法，很有可能导致过度概括或过度简化的论证结果，更不用说有可能在某些领域产生某种武断与牵强的结论了。产生诸如此类的现象，乃是对"首类本质主义"③消极效应的证明。在这方面，本质主义会比我们所认为的那样更加棘手和更难把握。对于我们的思想而言本质主义所论可能是本质性的，但在同时却无任何"精髓性"的东西。然而，之所以会承担本质主义的风险，那是因为这种做法意味着本质主义具有一种本质。④ 这一怀疑论观察结果，在某种程度

---

① 方东美：《哲学三慧》，见蒋国保、周亚洲编：《方东美新儒学论著辑要：生命理想与文化类型》，页94—99。
② Diana Fuss, *Essentially Speaking*: *Feminism*, *Nature & Difference* (New York: Routledge, 1989), p. 2.
③ Touraj Atabaki, 2003. *Beyond Essentialism*: *Who Writes Whose Past in the Middle East and Central Asia?* (Amsterdam: Aksant, Amersfoort, 2003), pp. 7–8.
④ Diana Fuss, *Essentially Speaking*: *Feminism*, *Nature & Difference*, p. 21.

上能够有效说明当时中国学界运用本质主义的周期性条件或境况。要知道，这种运用本质主义方法的趋向，在20世纪上半叶的中国思想家中间颇为显著，其中涉及原因主要有三。首先，在方法论意义上，本质主义的探索在广泛使用中缺乏批评意识，因为这类探索假定有助于使用者把握异质文化与哲学的本质性决定要素。其次，在意识形态意义上，由于中国当时遭受外国列强的侵略与丧权辱国的屈辱，面对这场民族危机，中国学者的优先任务就是竭尽全力寻求救亡图存的可能途径、社会制度以及治国理政方略。因此，他们在思想上难免急于求成。他们从本质主义立场出发，根据旧中国的社会政治背景，重新思索或审视主要由古希腊和现代欧洲传统构成的西方文化传统。最后，在心理学意义上，本质主义被当作便捷的灵丹妙药，一方面有望借此发现本土文化与异国文化的本质性症状与特征，另一方面有望把握这些文化的本质与精髓，以期实现跨文化变革或改良的目的。如此一来，他们参照诸多选择性的跨文化理想、价值与立场，设法由此重构一种新文化。在方东美的思维方式和哲学思想中，上述现象是显而易见的，是顺应当时思潮而为的结果。幸运的是，这种本质主义的运用结果，尽管存在某些弊端，譬如缺乏更多的科学论证等等，但在特殊社会境况下，其由于自身的历史有效性而颇具思想启发性和影响力。

再回过头来看看中华传统。与西方相比，中华文化以道德为本位，以仁和为核心，注重情理契合，讲求义利有度、天人相谐，故其哲学推崇"生之理""爱之理""化育之理""原始统会之理""中和之理"与"旁通之理"等等。如此慧心妙道，原可轰轰烈烈，保真持久，光耀民族，"然则四千年来智慧昭明之时少，暗昧锢蔽之日多，遂致文化隳堕，生命沓泄"。究其缘由，约有数端：一则"学术寄于官府，文化托于少数，虽有智慧，不能普及，虽有创造，难以赓续"；二则秦火之后，"巧袭古代遗制设官掌学，以博士之鲜能寡耻，垄断学术，上图取悦暴君于一时，下以夸耀荣利于当世，已失为学术求学术、为真理守真理之要义，断绝文化之新生命"；三则"世守门户，破碎释经，灭大慧以小义，隐至理于古籍，只知守成，莫敢创造，亦以谶纬迷惑穿凿附会，不见真理"；四则"汉以后因袭博士官学制度(宋以后科举制度犹是变相官学),以利禄熏人心,以权威约真理,经世致用,空存美谈,钓名渔利,长留秽德。总之,中国学术失坠(哲学为尤甚)之原因,乃在历代均以政治统御文化,钳制思想自由,苟有专心致志之思想家,不为利禄所诱惑,便为淫威所慑服";五则多"扭于惯例,

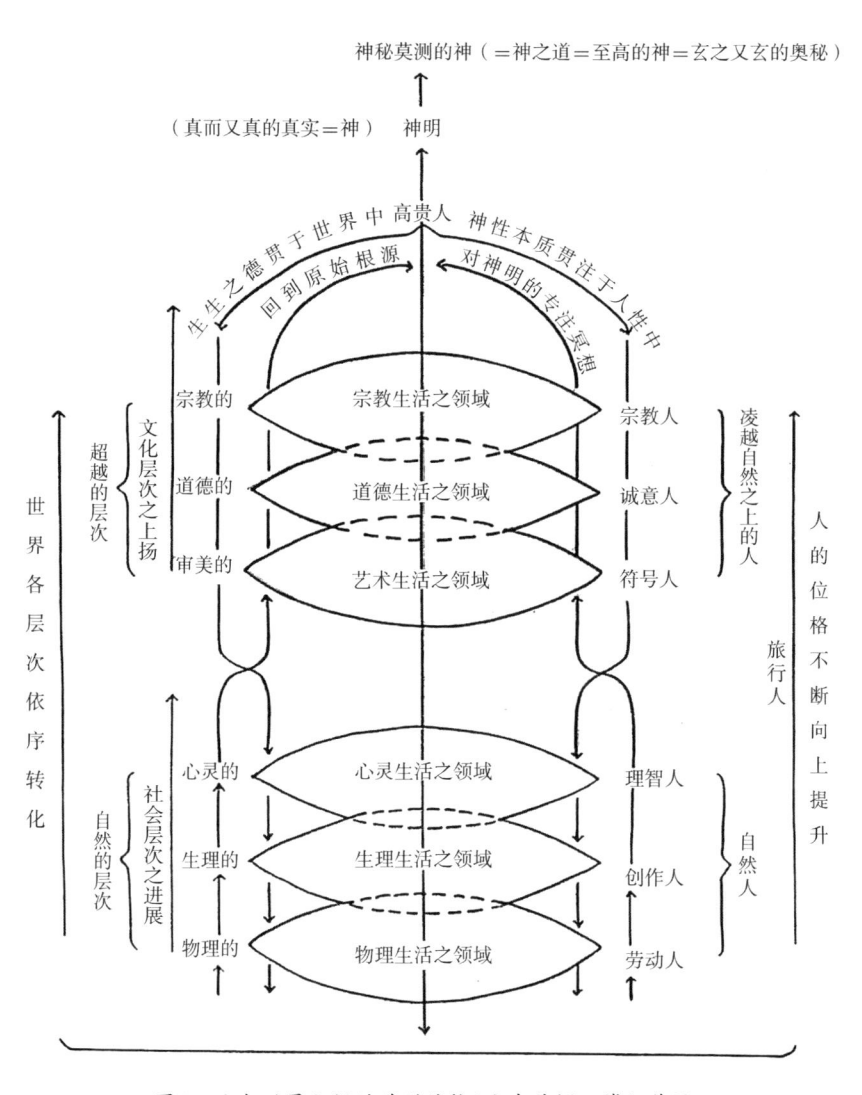

图 2　人与世界之间的关联结构(方东美撰,傅佩荣译)

抱持师说，谬袭经生习法，饾饤琐屑，不图依据逻辑原理建立精审方法，如是立说，理无所据，证难确立，微茫恍惚，常堕智障"；六则"天才本身，神乎其技，每创新义，辄以短简直觉方式发抒名言，隐示至理，不事辛勤立量，紬绎理论效果，致令后人无法体验原有之真实证据，如遇疑谬之处，更难指摘弱点，破除迷惑，转生真理"；七则"中国哲学家之思想向来寄于艺术想象，托于道德修养，只图引归身心，自家受用，时或不免趋于艺术诞妄之说，囿于伦理锢蔽之习，晦昧隐曲，偏私随之。原夫艺术遐想，道德慈心，性属至仁，意多不忍，往往移同情于境相，召美感于俄顷，无科学家坚贞持恒之素德，颇难贯穿理体，巨细毕究，本末兼察，引发逻辑思想系统"。① 对于中华文化，方氏爱之甚切，对其利弊长短，故能体之愈深。上述指陈，洞察尖锐，入木三分；今日读来，依然切中时弊，振聋发聩。比较彼此长短，意在重构创化。方氏深谙此理，故从跨文化探索角度，基于互补统摄立场，提出两种解决途径：其一为"自救"，其二为"他助"。就前者言，"希腊人应据实智照理而不轻生，欧洲人当以方便应机而不诞妄，中国人合依妙悟知化而不肤浅，是为自救之道"。就后者论，鉴于三家文化心理结构有别，自救难致其果，故"他山取助，尤为切要。希腊人之轻率弃世，可救欧洲人之灵幻生奇，欧洲人之诞妄行权，可救中国人之厚重善生，中国人之肤浅蹈空，又可救希腊人之质实妥帖与欧洲人之善巧多方，是为他助之益"。②

在借助他者、取长补短的过程中，新的文化理念与范型可能构成，新的理想人格或然创生。此一人格，方氏称为"超人"（Übermensch），但非尼采的"怪异超人"（transfigured Übermensch），而是借用原有观念，灌注了新的含义。要知道，尼采生当欧洲末世，上感智慧衰颓，下哀文化式微，于是提出理想超人，借此振奋绝世天才，触发旷代行谊，高标美妙德性，创

---

① 方东美：《哲学三慧》，见蒋国保、周亚洲编：《方东美新儒学论著辑要：生命理想与文化类型》，页102—103。
② 方东美：《哲学三慧》，见蒋国保、周亚洲编：《方东美新儒学论著辑要：生命理想与文化类型》，页104—105。

造新奇境界，展布无穷远景，重估已往一切价值，排除过去一切污秽，洗涤现世一切混浊。然而，方氏认为，尼采所谓超人，虽理想真切，高迈绝伦，但鄙夷一切，诬妄特甚，况且傲然孑立，实现乏术，终沦空洞。故此，方氏断言，上述超人应以希腊、欧洲、中国三家文化之所长予以重构，应以合德所成就的哲学智慧予以充实，从而使其焕然一新，能负荷宇宙人间新价值，担当文化理想大责任。更何况"目前时代需要应为虚心欣赏，而非抗志鄙夷。所谓超人者，乃是超希腊人之弱点而为理想欧洲人与中国人，超欧洲人之缺陷而为优美中国人与希腊人，超中国人之瑕疵而为卓越希腊人与欧洲人，合德完人方是超人。试请澄心遐想，此类超人若能陶铸众美，起如实智，生方便巧，成平等慧，而无一缺憾，其人品之伟大，其思想之优胜，其德业之高妙，果何如者！"①

如此看来，方氏所标举的理想人格，可谓"转化型超人"（transformed Übermensch or Overman），是借助和合之法进行跨文化转化的产物。这种超人，统摄希腊、欧洲与中华文化之所长，形成有机互补之结构。这种方法，植根于中国思想家的意识之中，具有曲尽万物、参赞化育之功效。这种理念，彰显出世界主义和谐论慧心，富含现实意义与借鉴价值。这种突破文化边界的跨文化整合，是从中国的视域来观照全球问题，是以和而不同的立场来看待多元文化。事实上，方氏的跨文化探索之道，是以人类总体的共同福祉为旨归，故能大其心以体天下之物，虚其心以受天下之善，尽其心以谋天下之事。唯有如此，高贵的目的方能成为现实。

值得注意的是，方氏对中华文化的重建一直表示关切，其超越文化的雄心抱负更是令人称道。为此，他建议国人不应囿于地域的限制或传统的束缚，要以创造的方式竭力促进跨文化创构转化。为了激发人们的热情与自信，他曾以"全希腊的学校"（the School of Hellas）雅典城邦为历史典范，号召民众志存高远，放眼世界，树立真理标准，追求价值理想，使全体的

---

① 方东美：《哲学三慧》，见蒋国保、周亚洲编：《方东美新儒学论著辑要：生命理想与文化类型》，页105—106。

生命及其意义层层向上，不断提升，努力在一座海岛上建立起精神文化的中心。① 值得指出的是，我认为这种已知的古希腊雅典城邦模式，应是基于健康的而非败坏的民主制度，古雅典所经历的惨痛教训就是明证。对于这方面的历史教训，柏拉图在《理想国》和《法礼篇》中多有指陈。相关教训告诉我们：任何政治模式，无论其多么诱人或多么理想，倘若坠入社会所用政治体制（politeia）的坏的架构之中，必然没有好的结果。

3. 艺术教育作为发端与支点

艺术美最能彰显、表现和代表一种文化精神。像怀特海一样，方东美也善用艺术来昭示文化的特征与价值。因此，鉴于艺术自身的审美魅力和文化价值，方东美把艺术教育奉为跨文化反思、转换与创构的发端与支点。不过，他所倡导的艺术教育，是从文化起源的角度进行的跨文化思索。这在事实上类似于通过比较研究审美文化持续发展的现代中华美学。这种研究注重于文化范型、社会气质、审美精神与审美特性等要素，不仅需要纵向的把握和归纳，而且需要横向的分析和比较，同时也需要研究者具备融贯古今中外和打通文史哲诸学科的深厚学养，进行纵向的探索与横向的分析。与此同时，这需要研究者擅长同化历史的与现代的理念，擅长重思本土的和域外的艺术，擅长将自己的文学、历史和哲学知识整合为一个富有成效的整体。

在方东美的诸多著述譬如《哲学三慧》《生命情调与美感》《诗与生命》《广大和谐的生命精神》《从比较哲学观旷观中国文化里的人与自然》以及

---

① 方东美：《中国哲学对未来世界的影响》，见蒋国保、周亚洲编：《方东美新儒学论著辑要：生命理想与文化类型》，页634。其原话如下："我们一千多万人在这个小岛上面，我们可以像古代的希腊，连那样的小国寡民都可以成为文化泱泱大国，在这么一种情形之下，若是大家精神都觉悟起来，树立真理标准，树立价值理想，然后全体的生命向上面一层一层提升我们生活的意义与生活的价值，在这一个海岛上面可以把它建立起来成为一个精神文化的中心。"

《中国人的艺术精神》中，他以溯本探源的跨文化研究方式，从纵横两大维度揭示了希腊、欧洲和中国的文化精神与审美特性。首先，他从希腊、欧洲与中国的三种智慧样态的整体角度出发，来昭示各自不同的思维方式、文化精神与民族生命特征。据其所述，希腊人以实智照理，起如实慧，演生为契理文化，主要在援理证真。其民族生命特征以酒神狄俄尼索斯、日神阿波罗和天国奥林匹斯三种精神为代表，分别象征豪情、正理和理微情亏，三者之中以日神精神为主脑。欧洲人以方便应机，生方便慧，形之于业力又称方便巧，演生为尚能文化，主要在驰情入幻。其民族生命特征以文艺复兴、巴洛克和洛可可三种精神为代表，前者以艺术热情胜，中者以科学奥理彰，后者则情理相违、凿空蹈虚而幻惑。兼此三者为浮士德精神。中国人以妙性知化，依如实慧，运方便巧，成平等慧，演生为妙性文化，主要在挈幻归真。其民族生命特征以老、孔、墨为精神代表。老子显道之妙用，孔子演易之元理，墨子申爱之圣情。贯通老墨得中道者厥为孔子，道、元、爱三者虽异而不隔。这样，希腊慧体为一种实质和谐，类似音乐中的主调和谐，具有情、理、欲兼顾的三叠和谐性；欧洲慧体为一种凌空系统，类似音乐中的复调对谱，具有内在矛盾之系统；中国慧体为一种充量和谐、交响和谐，具有彼是相因、两极相应、内外相孚、不滞不流、无偏无颇等同情交感之中道特点。

随后，方东美认为，上述三种文化精神及其特性自然会影响各自的艺术表现形式和审美风格。譬如，希腊文化的三叠和谐性以体现科学精神的理（智）为主，所以提倡节制的美德，以情（感）为辅，所以控制过度的欲（望）。在艺术上，建筑艺术美表现为对称、比例与均衡三者交互和谐，悲剧诗艺美表现为动作、空间与时间三一律形式，雕刻艺术美表现为中分线经鼻尖、肚脐与两足中间三点的一体三相和谐。欧洲文化的凌空系统，其性质玄秘微妙，其内容虚妄假立，学理无穷抽象，处于二元或多端对立的内在矛盾系统。反映在文学上，则驰情入幻，心理动机冲突发展，如浮士德诗剧一样方生方死、转变无常、寻寻觅觅、怪怪奇奇。反映在建筑上，其形式如倾斜倚侧、危微矗立、锥峰凌霄、廊庑空灵之教堂。反映在绘画上，则讲究透视法，故浓淡分层，明暗判影，切线横堂，幻尺幅空间之远近，艳色掩虚，饰瑰奇美感之假有。中国文化追求充量和谐，讲究同情交感之中道。就艺术言，其神韵纾余蕴藉，生气浑浩流衍，意境空灵，造妙入微，令人兴感，神思醉酡。于诗、礼、乐三科，诗为中声之所止，乐为中和之纪纲，礼是防伪之中教。中国建筑之山回水抱，得其环中，以应无穷，形成园艺和谐之美。绘画六法，分疆叠段，不守透视定则，然位置、向背、阴阳、远近、浓淡、大小、气脉、源流出入界划，信乎皴染，隐迹立形，气韵生动，灵变逞奇，无违中道，不失和谐。中国各体文学传心灵之香，写神明之媚，音韵必协，声调务谐，劲气内转，秀势外舒，文心开朗如满月，意趣飘扬若天风，妙合重用和谐之道本。①

再则，这位诗人兼哲学家断言，文化乃心灵的全部表现，宛如表现人类生命、情感与思理的一幅幅图画。要研究一个民族的美感或审美特性，要从其生命情调与特征切入；而要了解其生命情调与特征，又必须探讨其宇宙观。诚如他所言，"宇宙，心之鉴也，生命，情之府也，鉴能照映，府贵藏收，托心身于宇宙，寓美感于人生"，"生命凭恃宇宙，宇宙衣被人生，宇宙定位而心灵得养，心灵缘虑而宇宙和谐，智慧之积所以称宇宙之名理，意绪之流所以畅人生之美感也……各民族之美感，常系于生命情调，而生命情调又规抚其民族所托之宇宙，斯三者如神之于影，影之于形，盖交相感应，得其一即可推知其余者也，今之所论，准宇宙之形象以测生命之内蕴，更依生命之表现，以括艺术之理法"。② 根据他的分析归纳，希腊人的宇宙，形体质实圆融，空间上下四方，时历往来古今，因此描述世界形象"具体而微"，持"拟物宇宙观"。词人所谓"天似穹庐，笼盖四野，天苍苍，野茫茫，风吹草低见牛羊"，最形象地表达了希腊人的宇宙。近代西洋人的宇宙，则为无穷之境界，质、空、时、数均属无穷，其宇宙观自然应乎无穷。相比之下，古希腊人纵目瞰宇宙，自觉"地形连海

---

① 方东美：《哲学三慧》，见蒋国保、周亚洲编：《方东美新儒学论著辑要：生命理想与文化类型》，页85—106。
② 方东美：《生命情调与美感》，见黄克剑主编：《方东美集》，群言出版社，1993年，页355—357。

尽,天影落江虚",大有"独坐清天下"之妙趣。近代西洋人豪思寄宇宙,但感"苍茫云海间,长风几万里",转生"惆怅意无穷"之远兴。西洋人这种渺无涯际的宇宙情怀,犹如歌德诗中所述:"乾坤渺无垠,生世浑如寄。晏息向君怀,驰情入幻意。"中国人的宇宙,则是一有限之质体而兼无穷之"势用"。中国人通常轻视科学理趣,而看重艺术意境,以艺术化的神思来经纶宇宙,因此其宇宙观,"盖胎息于宇宙之妙悟而略露其朕兆",可用庄子的"圣人者原天地之美而达万物之理"一语加以概括。比较而言,"希腊人与近代西洋人之宇宙,科学之理境也,中国人之宇宙,艺术之意境也"。① 于是,在各自的生命情调、美感特性及其表达形式上,三者便存在一定的差异,若将其置于灯彩流翠的戏场上可作如是观:②

戏中人物	希腊人	近代西洋人	中国人
背景	有限乾坤	无穷宇宙	荒远云野,冲虚绵邈
场合	雅典万神殿	哥特式教堂	深山古寺
缀景	裸体雕刻	油画与乐器	山水画与香花
题材	摹略自然	戡天役物	大化流行,物我两忘
主角	阿波罗	浮士德	诗人词客
表演	讴歌	舞蹈	吟咏
音乐	七弦琴	提琴、钢琴	钟磬箫管
境况	雨过天晴	晴天霹雳	明月箫声
景象	逼真	似真而幻	似幻而真
时令	清秋	长夏与严冬	和春
情韵	色在眉头,素雅朗丽	急雷过耳,震荡感激	花香入梦,纡余蕴藉

---

① 方东美:《生命情调与美感》,见黄克剑主编:《方东美集》,页357—366。
② 方东美:《生命情调与美感》,见黄克剑主编:《方东美集》,页356。

这种宏观的研究和跨文化的比较，虽不能翔实周备，但却能从总体上彰显希腊、近代欧洲和中国文化传统、文化精神和美感特征的实质要素，从类型上昭示各自的差异性和独特性。当然，古希腊的科学求真精神，在近现代欧洲是得到继承发扬的，其逻辑分析传统几乎一脉相承，所谓"欧洲文化，言必称古希腊"也说明了其中的文化渊薮。值得指出的是，这种跨文化比较，并无扬此抑彼之嫌。譬如论及西方以科学理境为主、中国以艺术意境为主的宇宙观时，作者特意指出："科学理趣之完成，不必违碍艺术之意境，艺术意境之俱足亦不必损削科学之理境，特各民族心性殊异，故其视科学与艺术有畸重畸轻之别耳。中外宇宙观之不同，此其大较，至其价值如何论定，则见仁见智，存乎其人可也。"①

另外，基于广阔的国际文化视野和文化批评意识，方东美在比照相关文化的特征和优点的同时，也指陈了各自的不足或弊病。就后者而言，希腊与欧洲文化各有三大弱点；中国文化列有七个弊端。譬如，希腊式智慧"遗弃现实，邻乎理想，灭绝身体，迫近神灵，是以现实遮可能，觉此世之虚无，以形骸毁心灵，证此生之幻妄……从此可知希腊文化之崩溃、哲学之衰落，实为逻辑之必然结果也"②。欧洲式智慧过于迷恋"论辩造妙"，因此"欧洲人深中理智疯狂，劈积细微，每于真实事类掩显标幽，毁坏智相，滋生妄想。观于心性之分析，感觉现量本可趋真，而谓摄幻；理性比量原能证实，而谓起疑；幻想似量究属权宜，而谓妙用。其甚也，人格之统一，后先相承而谓断灭，身心之连谊，彼此互纽而谓离异。内外之界

---

① 方东美：《生命情调与美感》，见黄克剑主编：《方东美集》，页366。
② 方东美：《哲学三慧》，见蒋国保、周亚洲编：《方东美新儒学论著辑要：生命理想与文化类型》，页96。希腊式智慧的另两大弱点为：一是认为"现实生存流为罪恶渊薮，不符理想，可能境界含藏美善价值，殊难实现，是现实与可能隔绝，罪恶与价值乖违，人类奇迹现实，如沉地狱，末又游心可能，契会善美，故哲学家之理想，生不如死，常以抵死为全生之途径"；二是认为"躯体都为物欲所锢蔽，精神却悬真理为鹄的，身蔽不解，心智难生，故哲学家必须涤尽身体之混浊，乃得回向心灵之纯真"。

系,尔我交喻而谓悬绝"①。中国人虽然悟道之妙,然四千年来智慧昭明之时少,暗昧锢蔽之日多,原因之一在于"中国哲学家之思想向来寄于艺术想象,托于道德修养,只图引归身心,自家受用,时或不免趋于艺术诞妄之说,囿于伦理锢蔽之习,晦昧隐曲,偏私随之。原夫艺术遐想,道德慈心,性属至仁,意多不忍,往往移同情于境相,召美感于俄顷,无科学家坚贞持恒之素德,颇难贯穿理体,巨细毕究,本末兼察,引发逻辑思想系统"②。

需要指出的是,这种溯本探源式的跨文化比较研究,当然不是为了比较而比较。实际上,其潜在的动机是为了在揭示中外文化异同的基础上,最终达到返本开新、融贯超越的目的,以便担负起完善人类、发展文化的崇高使命。诚如方东美所描述的那样,尼采所推崇的超人,负荷着人间世的一切意义,醉心于重估一切价值,但这只是一个空洞的理想而已。这一理想若能合理地吸纳中外灿烂的文化价值,即"以希腊欧洲中国三人合德所成就之哲学智慧充实之,乃能负荷宇宙内新价值,担当文化大责任。目前时代需要应为虚心欣赏,而非抗志鄙夷。所谓超人者,乃是超希腊人之弱点而为理想欧洲人与中国人,超欧洲人之缺陷而为优美中国人与希腊人,超中国人之瑕疵而为卓越希腊人与欧洲人,合德完人方是超人"③。这显然是一种富有浪漫主义和理想主义色彩的跨文化整合观,其实现的可能

---

① 方东美:《哲学三慧》,见蒋国保、周亚洲编:《方东美新儒学论著辑要:生命理想与文化类型》,页99。欧洲式智慧的其他两个弱点分别为:"一切思想问题之探讨,义取二元或多端树敌,如复音对谱,纷披杂陈,不尚和谐。举一内心而有外物与之交迁,立一自我而他人与之互争,设一假定而有异论与之抵触,见一方法而有隐义与之乖违。内在矛盾不图根本消除,凡所筹度,终难归依真理。……遐想境界,透入非非,固是心灵极诣,但情有至真而不可忽玩,理有极确而不能破除。欧洲人以浮士德之灵明,往往听受魔鬼巧诈之诱惑,弄假作真,转真成假,似如曹雪芹所谓'假作真来真亦假,无为有处有还无'也。"
② 方东美:《哲学三慧》,见蒋国保、周亚洲编:《方东美新儒学论著辑要:生命理想与文化类型》,页103。中国文化的弊端列有数种,主要是因循守旧,宗经崇圣,垄断学术,以权威约真理,经世致用,空存美谈,钓名渔利,科学精神缺乏,求真精神不足,没有独立和自由的学术传统,等等。方东美:《哲学三慧》,见蒋国保、周亚洲编:《方东美新儒学论著辑要:生命理想与文化类型》,页102—103。
③ 方东美:《哲学三慧》,见蒋国保、周亚洲编:《方东美新儒学论著辑要:生命理想与文化类型》,页105—106。

性也许大多存在于人们的想象和期盼中，但在新世纪文化全球化与全球地域化的当代语境中，我们并不怀疑其内在的启示意义。这对进行跨文化美学研究来讲，更是如此。

4. 二次反思与三重性历程策略

参照方氏关于"人与世界之间的关联结构"（图2），通过对"九层塔喻"进行二次反思，我们发现有如下几点值得关注：

其一，塔喻代表一种关乎人生质量的存有论或本体论假设。其中六境喻示六种人格品性，三界象征三种精神生活。劳动人对应物理生活领域，创作人对应生理生活领域，理智人对应心灵生活领域。这三种人格属于自然人，这三种领域归于自然的层次，表明社会层次的进展。随着人的位格不断向上提升，"自然人"转化为凌越自然之上的人，并在文化层次的上扬过程中，进入超越的层次。在这里，"符号人"对应艺术生活领域，"诚意人"对应道德生活领域，"宗教人"对应宗教生活领域。比较而言，前三种领域主要存于具有普遍性的自然世界之中，很大程度上基于科学文化；后三种领域主要存于具有超越性的精神世界之中，很大程度上基于哲学文化。分开来看，每个领域都意味着一种存在状态或生活质量。综合来讲，所有领域又都体现出自下而上的不同层次，是提供给人类发展与人格修养的参照坐标。因此，个体成长与如何生活，均有赖于自己的选择与努力。值得指出的是，这种层次的划分，旨在说明问题，难免有些许牵强之处。譬如，人从本质上讲就是符号动物，从生到死，均被包围在形形色色的符号之中，同时也无时无刻不在利用和创制自己力所能及的符号。再如道德生活，理应贯穿每个层次，因为人之为人，必讲道德，进入社会，更是如此。

其二，在六境三界之间，"高贵人"起着沟通人性与神性的桥梁作用。在这里，进入宗教境界之人，需要返本自然，回到原始根源，同时需要对神明专注冥想，以此启发神圣智慧，超越人文智慧。这样不断提升，使其心灵从有限进入无限，从小我进入大我，为人文化成创设上达的"可持续发展"空间，有利于激发绝对自由和独立人格等精神追求。另外，亦可将其视为一种天地境界，类似于天人合一的体验。借用庄子的话说，那就是"若然者，乘云气，骑日月，而游乎四海之外。死生无变于己，而况利害之端乎"①。在此基础上，方可铺平道路，引领"高贵人"向上攀登，有望达到神明之界与神秘莫测的神境。

其三，"人与世界之间的关联结构"示意图是双向展开的，显现出"上达下贯"的特征：一方面是经由人文化成的有机过程，逐步修为，不断升华，最终上达神秘莫测或玄而又玄的神境；另一方面则通过无限宇宙精神的创生力量，将"生生之德"下贯到世界里面，将神性本质下贯到人性之中，从而成就道德人格、艺术人格、宗教人格。在此双向活动中，人下学上达，最终与神性精神融合无间；神应和下贯，最终将神性精神注入人心。此时，人的禀性气度将会充满神的禀性气度，自然人就会转化为精神超越之人。也就是说，达此境界者，将会实现自己的所有潜能，不仅可以像"理智人"那样建功立业，而且可以像神明那样得大自在。当然，此人的所作所为，不只是为了完善个人的修养，更是为了提升整个世界的价值意义。假如此人是艺术家，那就会同时具备人的能力与宇宙创造者的能力。这样一来，他就会享有天才与灵感，就会创作出第一流伟大的艺术作品。其作品之美，犹如花开之美，源自大自然之灵气，发自神秘阳光的催生化合能量。另外，他还会从我们周围普普通通的事物之中发现隐含在里面的审美意味，从而化腐朽为神奇，从有限中见无限，于刹那间越千古，由瞬刻中求永恒。禅宗所谓"一朝风月，万古长空"，便是极富灵明的写照。再者，此人可比儒家所说的君子，能够至诚尽性，赞天化育，与天地参。②

其四，在方东美看来，"生生之德"如同宇宙的最高精神"太一"（Great

---

① 庄子：《齐物论》。
② 《中庸》（第二十二章）。

One or Infinite One），乍听起来似乎颇为抽象，但实际上包含具体效能。此德就像一大水闸，一旦打开，便源源不断，一直下贯，流遍一切境界，浸入一切领域，达到人的一切知识活动和行为动作里面，达到物质世界的底层，然后把人类的生命转变成一种方向，表现"回向原始统会"（return to the primordial one）。① 但我以为，这是一种充满诗意的描写或想象，充其量也只是一种虚拟化的精神性导向。换言之，这种下贯的宇宙精神，仅属主观假设，客观难以明证。尽管方氏所述，旨在突出人类生命与宇宙精神的交互作用或上达下贯的双向感通流程，但实际上，从人文化成的角度观之，下贯似虚设，上达乃实为，天心之立在乎人心，民命之立在乎人为，所谓天听、天视或天道流行等玄妙之说，均有赖于生活在现实世界里有觉解、有道德、有理想和有作为之人。当然，有人在此会援引《中庸》一说奉为佐证："天命之谓性，率性之谓道，修道之谓教。"② 但只要详察"天""性""道""教"这四种范畴的逻辑次序，就会发现"道"这一中介最为重要。故此，接下来才有"道也者，不可须臾离也，可离，非道也"这一基本立场。③ 要明"道"（知道），需靠"教"（教育），而教育旨在通过人文来唤醒个体自我的良心或良知。在此基础上，人方能循"道"而行，率"性"保真。这里所谓的"性"，乃是天赋予人的气质或禀性。这一实践或修行的历程，类似于孟子所述："尽其心者，知其性也。知其性，则知天也。……夭寿不贰，修身以俟之，所以立命也。"④ 显然，所尽之"心"（尽量培养和保持善良的本心），在此最为根本，具有决定性质。而这种"心"，是人文化成的结果，是个人修养之所得。基于此"心"，方可知"性"（本性），继而知"天"（天命）。在儒家传统思想中，"心"也意味着良心或良知，而"知"作为一种特殊的认识与智慧，一般属圣人所有。所谓"因心见性"，也就是说

---

① 方东美：《中国哲学对未来世界的影响》，见蒋国保、周亚洲编：《方东美新儒学论著辑要：生命理想与文化类型》，页632。
② 《中庸》（第一章）。
③ 《中庸》（第一章）。
④ 孟子：《尽心章句上》。

通过这种"心",诚实的"性"得以明鉴与实现;所谓"因知达天",也就是指借助这种"知",至上的"天"(天道与天德)得以领悟和接近;所谓"以人心立天心",也就是讲凭借善良的"人心"(仁心),作为宇宙精神的"天心"得以确立和敬奉。由此可见,天道与天德实际上体现在人道与人德之中。这样的话,有关"天"(天命、天道、天德、天听、天视)的各种说法及其精神下贯的假设,一般可用"下学上达"的修为方式取而代之。至于中华经典中所谓"人之所欲,天必应之"之类说法,虽然不无意义,但纯属一种自作多情的思辨性想象。在这方面,钱穆所言甚是:"圣人之知,则可以通天心,达天德,而还以成其天,此之谓由明诚,属人道。"①另外,钱氏还特意指出:孔子的主要教义,乃从全心体来主宰全人生,由全人生来参悟天命真理。孔子主张以人参天,因心见性。故此,全部人生中,中国儒家思想则更看重此心的情感部分。②

其五,方氏对希腊、欧洲与中国三类文化的阐述比较与创化整合,令人耳目一新,给人诸多启迪。但若细加审视,难免有笼统简约之嫌,这或许是方氏大而化之的思路与手笔使然。譬如,对希腊文化类型的概括,大多依据柏拉图的观点;对近代欧洲文化的理解,大多源自工业文明、功利主义与实用主义学说;对中国文化类型的提炼,大多基于儒家传统的思想。实际上,上列三类文化历史悠久,内容丰富,结构复杂,其中也包括古希腊的自然主义与智者学派,欧洲的大陆理性主义、观念论,中国的道释两家思想传统等等要素。如若这些要素被忽略不计或边缘化,那么就难以全面洞透或辨识这三类文化的长短利弊。相应地,按此思路所假设的跨文化创造或转化型超人,也会在观念上复蹈理想化与机械化的老路。

---

① 钱穆:《中国思想通俗讲话》,北京:三联书店,2006年,页4。
② 钱穆:《孔子与论语》,台北:联经出版公司,1985年;《现代中国学术论衡》,北京:三联书店,2006年,页2。钱穆认为:"人之生,其心能通于他人之心,能通于古人之心,又能通于后世人之心,则此心即通于天地而为神。但不能人人之心如此……惟有共同之心,则生为圣为神。"钱穆继而指出:"中国有宗教,而无教主。为之主者,即天,即列祖列宗。其教直达于吾心,使吾心能上通于列祖列宗,以达于天,达于上帝,斯此大业乃可保持而弗失。"《现代中国学术论衡》,页11。

第三部分　传统与转化

其六，方氏所标举的转化型超人，与"九层塔喻"中的理想人格颇为相似，是整合希腊、欧洲与中国哲学三慧的结果。据方氏所言，这种基于三类文化之长的创造性转化历程，离不开"闻、思、修"三种途径，也就是通常所说的研习、体悟与修行成慧三法。此三法之中，似有层次之分，渐进之机。若将智慧比作泱泱川流，闻者假道他者，处于初级，故得其浅慧；思者主动参悟，迈向中级，故得其中慧；修者身体力行，更进一步，故得其深慧。"闻、思、修"三法兼顾，辅以创化妙性，故能成慧充实而广备，运用自如而高明。因为，这三者有机互动，相辅相成。诚如方氏所述，闻、思、修皆能成慧，此"乃哲学境界之层次，哲学功夫之梯阶，闻入于思，思修无间，哲学家兼具三慧，功德方觉圆满。闻所成慧浅，是第三流哲学家；思所成慧中，是第二流哲学家；修所成慧深，是第一流哲学家。修而不思，思而不闻，为哲学之倒行；思不与闻修俱，为哲学之逆施；闻不与思修俱，为哲学之竭泽而渔"①。上述辩证关系，切中要义，颇有玄机，值得注意。

最后，我总以为，方氏所倡导的超人理想人格和跨文化转换之道，虽高妙超拔，但绝非易事。从三类文化的有机性创化与选择性和合角度来看，我认为这里起码涉及一项三重性历程策略（a threefold process strategy）。该策略分阶梯循序渐进，首先是跨文化认知的比较阶段（the comparative phase of transcultural cognition），其次是跨文化认同的移情阶段（the empathetic phase of transcultural transpection），最后是跨文化转换的创构阶段（the creative phase of transcultural transformation）。在开始阶段，当人们从本土文化出发去审视了解异质文化时，特别需要虚心认知的主观能动性、积极反思的意识、自觉自发的探索、入微的观察领悟、真切的感同身受以及具体的模范行为，等等。随后通过价值判断来辨别本质性的异同与长短利弊，进入跨文化的比较过程，在此基础上形成潜在的互补关系参照系。譬如，

---

① 方东美：《哲学三慧》，见蒋国保、周亚洲编：《方东美新儒学论著辑要：生命理想与文化类型》，页86。

中国人初到西方社会，对其社会公德水平或社会环境意识感受甚深，这对于注重家庭私德而比较忽视社会公德的中国伦理传统具有一定的补正作用。当条件成熟进入第二阶段后，人们不仅在自己的文化圈子内自由自在，同时也在异质文化氛围中如鱼得水，甚至在异国他乡也能够"推己及人"，在各种场合也能够因应自如，与人交往时也能够从容不迫。也就是说，能够像当地人那样，感其所能感，想其所能想，言其所能言。不过，他依然清楚自己的文化身份，能随心所欲地适应当地种种环境，其言行举止不仅合理有度，其生活方式也会入乡随俗。这种文化移情与文化认同意识，主要取决于共同利益的追求，而非个人利益的满足。相应地，有此意识之人，已经超越了"美者自美"的局限，进入了"美人之美"的境界，通常不会囿于个人或民族的立场去看待相关问题，而会以换位思考的方式来看待相关问题。另外，他会借鉴他者，反观自身，通过对异质文化长短利弊的通透认识，进而对本土文化的长短利弊产生更深的自觉。在此跨文化语境中，他会滋生一种使命感、一种"美美与共"的包容情怀，会自觉参与和推动跨文化转换的创构活动。在此阶段，他会从各方文化中确定互补性的必要因素，会以创造的方式思索跨文化转换的可能途径。自不待言，这种转换是一种选择性与整合性并行不悖的历程，其中本土文化会成为参照系统的主干，但绝不会完全以此代彼或非此即彼，否则就会失去有机创化整合的意义。完成这项任务，需要反复验证，其间离不开先验理论的假设、循序渐进的内化、建构性的层次以及必要的取舍，等等。这绝非毕其功于一役的急功近利之为，而是一个长期的、创造性的、互动性的实践历程。譬如，源于西方传统的民主运动，不能无视现实条件，简单地如法炮制，而要因地制宜进行改良。在不同的社会政治土壤中，直接移植西方民主只能导致严重的水土不服，为此付出高昂的社会成本，甚至殃及国运民生。

总之，上述三重性历程策略，彼此关联，相互依赖。在原则上，需要打破文化的疆界，需要摒弃本土文化中心论，需要以世界主义的观念来推动跨文化的转换创构。在这方面，该策略与怀特海的"有机历程"观有着潜在的联系。这一"有机历程"，是"从一阶段进入另一阶段，前一阶段都是后一阶段成就相关事物的真实基础"。① 顺便提及，这里所说的"成就相关事物"，不仅有可能实现怀特海式的美——这种美可"在经历之时使几种因素相互适应"②，同时也有可能引发跨文化和谐创化之美——这种美有助于维护特定社群与整个世界的共同利益。

---

① Alfred N. Whitehead, *Process and Reality* (Cambridge: Cambridge University Press, 1929), p. 305.
② Alfred N. Whitehead, *Adventures of Ideas* (New York: Mentor Books, 1932), p. 251.

十四 李泽厚后期的实用理性观[①]

李泽厚后期的大部分著述表明，他既心系中国现实(the China reality)，又关注人类境况(the human condition)。中国现实主要涉及如何发展生产力，确保生活必需品，以供养长期生活在温饱线上的庞大人口。改革开放40多年来，绝大部分中国人已从社会和经济发展成就中获益良多，生活水平大幅提高。不难想象，中国这样一个占世界人口五分之一的国家，依靠自力更生彻底解决粮食自给等问题，就是对世界做出的巨大贡献。至于人类境况，则涉及人类的进化过程、人的生活状态、人之成人及其人性完满实现的可能性等等。在寻求解决上述难题的过程中，李泽厚的哲学探索彰显出两大特点：一是实践期待(practical expectation)与理论假设(theoretical hypothesis)密切互动；二是借鉴西方思想资源重新发现古典儒学传统。据此，在中国和全球的双重语境下，李泽厚提出了一条解决社会文化心理和人类关切之诸种问题的可能路径。

这一切比较集中地体现于李泽厚的实用理性观。其所论要素既相互有别，又彼此互补，先后见于第一论证和第二论证。第一论证主要源自儒学思想，侧重审视实用理性的典型特征；第二论证展现出李泽厚的洞察卓见，借此将中华传统的实用理性转化为历史本体论的实用理性。在此，李泽厚确立了一套理论原则，主要涉及三大假设：历史建理性，经验变先

[①] 此文原用英文写讫，题为"Li Zehou's View of Pragmatic Reason"，作者应邀参加在夏威夷大学东西方中心举办的"李泽厚与儒家哲学"国际研讨会。此文收入 Roger T. Ames and Jinhua Jia (ed.s), Li Zehou and Confucian Philosophy (Honolulu: University of Hawaii Press, 2018), pp.225—252。李向利博士将其译为中文，作者对其进行了校对与修改。

验，心理成本体①。沿着这条思想脉络，他进而提出"度"和"情本体"②等核心概念。本文旨在初步评述李氏的实用理性观及其相关思想要义和目的性追求。

1. 第一论证

李泽厚早期对实用理性的思考，可追溯到 1985 年他对中国智慧的论述，③ 其后于 1993 年又对此做了更为具体的阐发。④ 如他所言，实用理性对形塑中国传统（就思维模式和人生思考而言）起着至关重要的作用。此外，他还从实用理性出发，引出"乐感文化"之说，与西方基督教强调的"罪感文化"形成鲜明对照。⑤ "乐感文化"凸显了"一种中国哲学的本体论

---

① "本体"是一复合词，可以被分成"本"和"体"。从词源和语义上看，"本"的意思是根或本源，在抽象意义上可被视为一种基本原理；"体"的意思是身体和官能，是属性和功能赖以存在的基础。至于李泽厚的"本体"概念，根据其人类学—历史本体论——常简称为历史本体论，通用来指称某种根本的、首要的和最重要的且具有生发能力的东西。因此，笔者根据具体语境，具体用词上会选用 substratum（基质）或 root（本根）。顺便提及，李泽厚所言的"本体"，既不同于康德所用的 noumenon（本体）（涉及不可知的"物自体"），也有别于西方思想史上所用的本体（substance）概念［比如用其意指亚里士多德的"实体"（ousia）、笛卡儿的"上帝"和黑格尔的"绝对"等］。
② 李泽厚使用这一术语带有某种喻说特征，意指包含生殖力或生长潜力的"本根"。人类的情感对人生非常重要，以至于它关系到人道的出现、心理本体的产生、乐感文化的模式以及审美形而上学的基础等等。鉴于前一注释中所做的说明，笔者将其译为"emotional root"而非"emotional substance"。
③ 李泽厚：《试谈中国的智慧》，载《中国古代思想史论》，北京：人民出版社，1985 年，页 299—322。亦参阅李泽厚：《新版中国古代思想史论》，天津：天津社会科学院出版社，2008 年，页 234—255。该文的部分段落被译成英文，参阅 M. E. Sharpe（trans.），"Contemporary Chinese Thought: Li Zehou", in *Translation and Studies*, Winter 1999-2000 vol. 31, no. 2（2000），pp. 44-65。
④ 李泽厚：《关于"实用理性"》（1993 年），载《实用理性与乐感文化》，北京：三联书店，2005 年，页 325—332。
⑤ 李泽厚本人将乐感文化用英语表述为"a culture of optimism"。他当初提出这个概念，比照的是与西方传统相关的罪感文化，然而西方传统已经被根深蒂固的原罪观念基督教化了。另外，他意识到乐感文化在中国传统中是三维的——后文将对此加以解释。因此，笔者倾向于依据中国传统将乐感文化译为"joy-conscious culture"，即使它具有某种乐观主义的特点——对"人活着"的种种可能性持隐秘却又积极的态度。

意义",表现出乐观主义的倾向;而与之相对的"罪感文化",则昭示出一种原罪和自我救赎的意识,潜藏着悲观主义的基调。

按照李泽厚的观点,中国的实用理性,可理解为"一个活生生过程中的创造原则",① 可意指一种历史积累、文化和心理积淀,其中包含着"客观和普遍必然性得以发展的绝对价值或道德规范"。② 概而言之,中国的实用理性虽内生于早期儒学,却与时俱进,在总体上呈现出如下六大特征:伦理性、有用性、情理不分、历史意识、宗教性和开放性。

伦理性或道德感是中国实用理性的关键维度,在以道德为本位的传统儒学中备受重视,在某种程度上类似于康德倡导的那种基于实践理性的"绝对律令"(categorical imperative),因为二者都强调道德伦理行为对个人修为和终极幸福的必要性。有鉴于此,为了与康德所言的"实践理性"(practical reason)区别开来,李泽厚特意提出"实用理性"(pragmatic reason)这一概念,借此否定了先验理性和先验综合判断的存在。因为,实用理性所追求的目的,与康德的形而上学和道德神学关系不大。通常,实用理性并不把理性置于至高无上的地位,而是将其视作一种工具,用其服务于人类生存或生活这一最高目的。由此可见,实用理性既不具有先验性,也不脱离经验和历史,而是源自对历史进程中经验的合理性的哲学归纳。实用理性关注人之成人(human becoming)的可能性,要求人类个体提升自身的道德修养,在私人和公共场合要言谈举止得体。具体而言,人既要对家庭负责,务必尊老、爱幼、忠于配偶,同时也要恪守公共行为规范,务必诚信待友、与社群同胞互惠互利。为此,儒家一再标举"五常"(仁、义、礼、智、信),推崇"五德"(温、良、恭、俭、让)。这两套道德准则的终极目的,均在于培养人的君子品格,上达人之成人的至境。

有用性是中国实用理性的主要性相之一,类似于美国的实用主义基准。即:二者均以有用性这一标准来衡量真理及其价值,认为真理就其纯

---

① 李泽厚:《关于"实用理性"》(1993年),载《实用理性与乐感文化》,页329。
② 李泽厚:《李泽厚近年答问录(2004—2006)》,天津:天津社会科学院出版社,2006年,页205。

粹意义而言，应该在实践中发挥作用或效用。另外，在生活经验领域，二者都注重采取有效和正确的行动，而非抽象或形上的理论。不过，中国的实用理性不同于杜威(John Dewey)的实用主义，其主要差异在于前者强调甚至笃信对一个客观原则或秩序的适应。此客观原则存在于天道或天命之中，虽然独立于人的思维，但并非独立于人道。因为，人道应遵循天道，两者在辩证链条上是一而二或二而一的关系。事实上，这种有用性有助于形成一种务实态度，最为流行的相关例证，莫过于"不管黑猫白猫，捉到老鼠就是好猫"这一喻说。该喻说暗示：差异明显的方法之间存在外部区分，但此区分并不像实现最终目的那样重要。从诸多中国人的日常行为可以看出，他们在处理各类事务时，并不拘泥于僵化的套路或惯例，相反，他们会审时度势，在可行办法中做出有效选择。事实上，中国人惯于依据目的性追求来选择自认为有效的行动方式，而且不论所选方式是传统的还是现代的、民族的还是世界的、内生的还是外来的。总之，中国人更看重目的之实现，而非方法之类型。

中国的实用理性由于注重人之成人的均衡性，因此倾向于将人性中两种不可或缺的元素——情感和理性——联系起来，从而造成情理不分的样态。实际上，中国的实用理性几乎总是试图在情与理之间取得平衡，意在通过满足情理两方面的需求，恰到好处地待人接物，以维系社会生活中的诸种必要关系。在这方面，情感需求主要关乎平等互惠的人际关系，理性需求旨在根据成文和不成文的规章制度来公平处理人类事务。故此，在诸多情况下，人们不是将这两种需要生硬地割裂开来加以分别对待，而是竭力将两者统筹起来加以适当利用，也就是依据中庸的适度原则对其予以矫正或节制，以免走向偏颇或极端。否则，相关行为就会有失平衡，最终无法达到情理兼容的理想状态。在艺术品的表现方式或社会化境遇的个人行为中可以看到，其感人之处往往渗透着合理之处；反之亦然。所以，滥用情和认死理的状况，无一例外都属于规避或调控之列。一般说来，要想提高道德和审美的均衡程度，就务必遵循适当和节制的原则。然而，对情理平衡的追求，很多时候可能会引起依法裁决（理）与怜悯心态（情）之间的紧张关系,这可能会对法治(rule of law)的全面落实产生负面影响。

中国的实用理性还与历史意识紧密关联。这种意识深深扎根于中国人的心理之中。中国的实用理性倾向于"从长远的、系统的角度来客观地考察、思索和估量事事物物,而不重眼下的短暂的得失胜负或成败利害"。①因此,它不同于其他形式的工具理性或思辨理性。为了服务于社会生活的具体利益,中国的实用理性热衷于吸取历史教训,但又不妨碍人们学习新生的外来事物,其前提条件是这些事物务必对实践目标有益。此外,中国的实用理性有助于将历史意识提升到一种世界观的水平。这种世界观视过去、现在和未来为三位一体,强调天人合一的思想理念。作为中华文化遗产的独特现象,实用理性倾向于"把自然哲学和历史哲学铸为一体,使历史观、认识论、伦理学和辩证法相合一,成为一种历史(经验)加情感(人际)的理性"。②值得注意的是,实用理性的精神主要源自古典儒学,在有助于形成一种典范品质和思维模式的同时,还有助于重塑中国人的精神状态。通常,在生活经验和日常事务中,这种精神持守中道,避免极端。在这里,"持守中道"与"过犹不及"彼此关联,二者都关乎作为正确性原则(principle of correctness)的"中庸"之道。因循此道,行事会更加冷静、热心,拒斥暴力,少些幻想,会"贵领悟,轻逻辑,重经验,好历史,以服务于现实生活,保持现有的有机系统的和谐稳定为目标,珍视人际,讲求关系,反对冒险,轻视创新……所有这些,给这个民族的科学、文化、观念形态、行为模式带来了许多优点和缺点。它在适应迅速变动的近现代生活和科学前进道上显得蹒跚而艰难"③。

有趣的是,中国的实用理性具有与时俱进的开放性,它要求人类活动

---

① Li Zehou, "Some Tentative Remarks on China's Wisdom" (excerpts), M. E. Sharpe (trans.), "Contemporary Chinese Thought: Li Zehou," in *Translations and Studies*, p. 49. 参阅李泽厚:《试谈中国的智慧》,载《中国古代思想史论》,页 305—306。
② Li Zehou, "Some Tentative Remarks on China's Wisdom" (excerpts), M. E. Sharpe (trans.), "Contemporary Chinese Thought: Li Zehou," in *Translations and Studies*, p. 50.
③ Li Zehou, "Some Tentative Remarks on China's Wisdom" (excerpts), M. E. Sharpe (trans.), "Contemporary Chinese Thought: Li Zehou," in *Translations and Studies*, p. 50.

根据情况变化适时做出恰当调整。就像"文化心理结构"一样,中国的实用理性并非一种僵化模式,而是代表一个动态过程,总是处于不断发展之中,在历史进程中不断得以重构和积淀。究其本质,它注重变化、扩展、革新与进步,并不阻滞在中国本土推进现代化,只是要求一种扎实的研究和转化创造(transformational creation)。为了在伦理与政治之间确立分界,它一方面必须对经验(历史和实际)的结果采取一种冷静、理性和现实的态度,另一方面必须对人生持有一种乐观坚韧的态度,以便提高伦理学意义上内在升华的心理水平。如此一来,我们或许能够突破绵延至今的政教合一传统,克服目前每况愈下的道德颓丧与日益严重的信仰危机。①

为了便于理解和反思,李泽厚在分析上述特征时,借助了与之相关的"他者",即其他文化、传统、哲人或思想家的审视角度或立场观点。例如,在考察伦理性或道德感方面,李泽厚比照了康德对实践理性和绝对律令的思考;在考察有用性方面,则联系到杜威的真理观和功利观;在考察准宗教性方面,则参考了基督教的神学传统。与此同时,针对中国实用理性的不足之处,李泽厚明确指出:正是中国实用理性对中国思想产生的负面影响,致使人的情感囿于人际关系的范围之中,致使人的理性无法超越经验领域的局限。的确,"中国哲学和文化一般缺乏严格的推理形式和抽象的理论探索,毋宁更欣赏和满足于模糊笼统的全局性的整体思维和直观把握中,去追求和获得某种非逻辑、非纯思辨、非形式分析所能得到的真理和领悟"②。不仅如此,中国人的思维模式和生活方式还表现出其他诸多不足。譬如,我们在理论探索的训练中不难发现,中国的实用理性频遭实用意愿的挟制,主要受制于解决问题的急切意图,而非为了满足认知领域的好奇心。因此,在许多情况下,理论思考仅为了寻求解决问题的出路,一旦该问题得到解决,这种思考也就随之停摆。在某些领域,这自然会阻

---

① 李泽厚,《关于"实用理性"》(1993年),载《实用理性与乐感文化》,页331—332。
② Li Zehou, "Some Tentative Remarks on China's Wisdom" (excerpts), M. E. Sharpe (trans.), "Contemporary Chinese Thought: Li Zehou," in *Translations and Studies*, p. 50. 参阅李泽厚:《中国古代思想史论》,页305—306。

滞科学研究的发展,妨碍理论思辨走向成熟。

若要消除这些负面影响,就得引入开放态度和跨文化方法。依照李泽厚的提议,保存中华文化优点是一项重大任务,这需要认真研究和吸收其他文化的长处。在这方面,"德国抽象思辨那种惊人的深刻力量、英美经验论传统中的知性清晰和不惑精神、俄罗斯民族忧郁深沉的超越要求",会"使中国的实用理性极大地跨越一步,在更高的层次上重新构建",这"将是一个历史的漫长过程"。① 在笔者看来,除了上述三种文化的长处之外,还需附加上美国式的开拓精神和科学思维(pioneering spirit and scientific thinking)。毋庸赘言,在当今全球化语境下,推进和完成这项工程,对中国的哲学从业者来说,无疑是一个艰巨复杂的使命。

2. 第二论证

新千年头十载,李泽厚对实用理性予以转化创造,这方面的努力和成就,主要见于2002年和2005年发表的一系列论文。② 这些论文构成其第二论证,昭示出实用理性的创新模式。与第一论证相比,第二论证有一新框架,但这并不意味着两者毫无内在联系,因为它们皆未离开历史和经验的视角。比较而言,第二论证的独到之处,主要在于历史本体论的理论基石。此基石至少关涉下述三个假设。

第一假设是"历史建理性"。李泽厚认为,"人活着"是第一位的,理性是第二位的。换言之,理性只有作为"人活着"的工具时,才有自身价值和意义。理性的工具作用,源于其合理性,随历史发展而变化。按照李泽厚的结论,实用理性首先是对合理性的哲学归纳,是对任何形式的先验思辨理性的否定。其次,实用理性强调的是相对性、不确定性和非客观性,但

---

① 李泽厚:《试谈中国的智慧》,见《中国古代思想史论》,页306。英译文引自 M. E. Sharpe (trans.), "Contemporary Chinese Thought: Li Zehou," in *Translations and Studies*, p. 51.
② 如《历史本体论》与《实用理性与乐感文化》。

不同于相对主义，因为它毕竟建立在"人活着"或"吃饭哲学"的绝对准则之上。此外，经由历史积累，实用理性的上述特征促成并构建了人类共同运用和遵循的"普遍必然性"或"客观社会性"。简而言之，中国传统的实用理性不是先验的、僵硬的或绝对的理性（rationality），而是经由历史建立起来并与经验相联系的合理性（reasonableness），可称之为历史建构和经验证实的合理性，亦可简称为历史理性，它依附于人类历史（即人类群体的现实生存、生活和生命的时间过程），随着历史而产生、成长、演变、推移，因此具有足够灵活的"度"。①

第二假设是"经验变先验"。我们在道德领域中发现，个体的强制行为来自个体的内在修为。实用理性帮助一个人自觉抑制从饮食男女到各种"私利"的欲求，使其行为自觉或不自觉地遵循和符合规范要求。理性对感性的这种自觉的、有意识的主宰与支配，构成了道德行为的个体心理特征，由此生成人的心理和意志力（自由意志），可称之为"理性凝聚"。用李泽厚的话说，"理性凝聚"是理性对感性的自觉支配的结果。每个人经过理性的长期培育和训练，才能成为群体的一分子，其自身道德在心理上正是人类特有的理性凝聚的成果。这种凝聚的力量非常强大，主宰着人类个体的感性存在。康德称其为"绝对律令"，朱熹谓其为"天理"，王阳明名其为"良知"，它们都具有普遍性和必然性，就像亘古不变的"天道"，可谓放之四海而皆准的"历史必然性"。事实上，"绝对律令""天理"和"良知"，指引人们认识生命的意义、价值和责任，就像人们为了稳定漂浮的船只而抛锚一样。这些道德原则由内而外地规范人的行为，使之道德化或内化而不会让人产生心理抗拒或认知争议。这些原则尽管压倒一切并且非常理性，甚至是超验或先验的理性命令，但其实现却要求经验性情感、信仰、爱敬和畏惧的支持。② 这便揭示出如下可能性："绝对律令""天理"和"良知"这类道德原则，均形成于人类实践和文明化历史过程中的经验；它们后来之

---

① 李泽厚：《历史本体论》，北京：三联书店，2006年，页43。李泽厚将他的这本书置于十分重要的位置，有时称其为《人类学本体论》，有时称其为《人类学历史本体论》。
② 李泽厚：《历史本体论》，页49—51。

所以发展成为从内在指导人类行为的超验之物或无上神圣之物，主要因为它们是强大的自由意志的自觉选择结果。

第三假设是"心理成本体"。在某种程度上，该假设与海德格尔的"此在"（Dasein）哲学相关。"此在"哲学涉及死亡无常与"烦""畏"之情。这些情感不仅与经验心理学和人的自我意识相关，而且与我们现代人的生存现状相关。它们具有人类本体论的特质，故此滋生了纠缠于"烦""畏"之情的"人活着"的过程。从历史本体论出发，李泽厚"提出了两种本体，前一本体（工具本体）承续马克思，后一本体（心理本体）承续海德格尔……（随之）结合中国传统，前者得出'实用理性'，后者得出'乐感文化'。两者都以历史为根本，统一于人类的历史存在"①。强调这种"历史存在"，正是"人活着"和人之成人的历史本体论的关键所在。

值得注意的是，李泽厚时常反复强调历史本体论的本根性（root-character），甚至将它与其他思想来源并置起来加以凸显。如其所言："历史本体论来自马克思、康德和中国传统，又不同于它们。不同于马克思仅着重人的社会存在，而忽略了个体心灵。不同于康德将心理形式归于超人类的理性，忽略了它的历史生活根源。不同于中国传统过分偏重实用，忽略了抽象思辨的极端重要性。另一方面，它又融合了三者。总体来说，历史本体论通过'实用理性'和'乐感文化'所提出的是，在现代生活中全面实现个性潜能的心理建设问题。"②在笔者看来，李泽厚之所以积极倡导历史本体论哲学，是因为他特别关注后现代阶段"人活着"的首要性和人之成人的可能性。在他眼里，人类在此历史时期，面临大量挑战与问题，这些均影响到人类的文化心理。为此，他毫不犹豫地开出自己的药方，我们稍后将对此予以讨论。

此处，我们将实用理性的逻辑看作历史本体论视角下的第二论证的组成部分。实用理性的核心是经验合理性，与上述逻辑密不可分，此两者均

---

① 李泽厚：《历史本体论》，页92。在该书的2006年版中，根据上下文，"人类历史的本体"应为"人类的历史存在"。
② 李泽厚：《实用理性与乐感文化》，页108。

交织在"度"的概念之中。在原则上,"度"依赖于技术—社会本体,拥有主体性,可谓"人类学历史本体论的第一范畴"。① "度"源自人类的生产实践,而非源自存在对象或意识本身。"度"的主体性不仅是人为(主观)的发明,而且是自然(客观)的发现。从"度"的视角来看,人类实践是第一位的,主、客二分是第二位的。② 说到底,"度"本身在于"掌握分寸、恰到好处",要求人类依"度"劳作,依"度"处事。可以说,"度"意指技艺上的正确、合适和有效,类似古希腊人推崇的"万物适度至上"(pan metron ariston)理念。通常,"度"在古代中国的"中"或"和"的观念中得到实现或外化,同时广泛运用于音乐技艺、战争技艺、政治技艺等诸如此类的领域。随着具体时空和条件的变化,无论是从质还是从量的方面考虑,"度"在某种程度上都等同于恰到好处的原则。虽然"度"很难达到最佳状态,但却极为重要且令人向往,以至于在"度"缺失的情况下,人类不可能维持自身的生存、繁衍乃至生活。正是出于这一点,李泽厚视"度"为第一范畴,而非像黑格尔那样视"质"为第一范畴,"量"为第二范畴,"度"为第三范畴。之所以如此不同,是因为李泽厚是从历史本体论的视角来思考"人活着"何以可能的问题,而黑格尔则是从形而上学本体论的角度来界定物质何以是其所是的问题。

据笔者观察,"度"的概念在三大层面产生作用。首先,"度"作用于物质和符号操作层面,涉及物质与精神实践,例如生产活动、语言交流、艺术创作、科学探索、宗教祈祷等等。这一切都指向"理性凝聚"和"理性内化",是人类充分利用理智能量和不断劳动的结果。其次,"度"服务于辩证智慧层面,因为它经过实践领域直达存在领域。譬如,它反映在"阴阳互补"的中国概念上,反映在"一寓于多"的希腊理论中,反映在"对立统一"的西方学说中。再次,"度"运用于独特创造层面。在这里,"度"具有不多不少、恰到好处的特点,可在艺术表现上构成艺术美,可培养审美凝

---

① 李泽厚:《历史本体论》,页 10。
② 李泽厚:《历史本体论》,页 13。

照者的美感。就此而言,人类的大量活动,就是利用"度"以成其美①,这些活动包括物质生产与生活行为等等。相应地,"度"的概念传达出一种精神自由的愉悦感,而精神自由则是美感本身的源泉。同时,"度"是美的基石,而非美自身。美体现"度"的自由运用,代表人性能力(human capacity)的充分展示。不过,"度"仍是"技",美才是"艺","艺"乃"技"的自由和创造性运用,故而"艺"高于"技"。② 归根结底,"度"的概念在基于因果关系的运作中,含有本根性相(root-like trait),这恰如上述三个层面所示。

顺便提及,如果不讲"乐感文化",第二论证就不算完整。李泽厚就曾宣称,"乐感文化"和"度"具有典型的中华传统特征,对于处理当前人类境况的问题不无裨益。正如《历史本体论》所述,中国语境中的"乐感文化"具有三重意涵。首先,"乐感文化"体现着中华传统的基本精神取向,是关乎"世间幸福、人际和谐的文化",当然也是关乎人类生存和物质生活的文化。其次,"乐感文化"意味着一种"乐观文化",因为它聚焦于"人活着"的基本命题,从人道的和乐观的视角探究其可能性。它对人的力量和主动性抱有切实的信心,尽管历史演化进程充满悲剧,但它主张人类只要自强不息,便可否极泰来,改变形势,战胜艰难,赢得光明。再次,"乐感文化"象征着一种"音乐和审美的文化",因为汉字"乐"(le)也读作"乐"(yue)。从字面上说,前者意指快乐,后者意指音乐。在中国传统中,快乐是音乐的本质和功能象征,根据对最终快乐或幸福的目的论追求,二者都被视为人性与人生不可或缺的部分。相应地,依靠最佳的音乐品鉴和审美鉴赏力,"乐感文化"被视为有助于人性完满实现的审美文化。③

值得注意的是,"乐感文化"的核心要素是"情本体"。"情本体"则是

---

① 在语义上,中国的"美"的概念由于具有三方面含义,从而与希腊的 *kallos* 的观念非常接近。它首先指某些具有好看形状或外观的美丽之物,其次指某种从善或正当性角度判断为道德的行为,再次指一种高贵的道德化的人格。
② 李泽厚:《实用理性与乐感文化》,页42。
③ 李泽厚:《历史本体论》,页408。

心理本体或文化心理结构的支撑。另外,"乐感文化"倾向于抵制下列内容:一是将道德秩序等同于宇宙秩序,二是将存在的道德状态作为人生的最高境地,三是将最高理性视为统治一切的观念。相反,"乐感文化"认为,人之为人理应回归到精神领域的自然自由的存在状态。这便把人当作最终目的,认为人所依靠的基础是情感,而非仅仅是(适合动物的)食欲或(适合神明的)纯粹理性。①

值得重视的是,儒家思想中有关"情"的概念,实质上意指人文化成的爱人之情,这种爱人之情源自动物本能的爱欲,经人文而化为一种恻隐之心,起先育养为"亲亲",其后扩展为"仁民",进而发展为"爱物",最终上升到"泛爱众"的普遍仁爱情怀。在李泽厚看来,"情"不再局限于诸如"喜、怒、哀、乐、惊、恐、悲"这些自然情感的旧有范畴,而是经由历史洗礼与文化积淀,升华为"亲情、友情、爱情、人际关系情、乡土家园情、集体奋进情和科学艺术情"之类的"新七情",这恰好是渗透了社会理性的七种"人"情。②

在此场域,"情本体"喻指化育能力或生长潜力的本根,与人道的形成、审美形而上学的基础以及乐感文化的模式息息相关。在人之成人的过程中,"情本体"是生长或变化的主因。③ 中国古代的郭店竹简指出:"道"由"情"生。这表明人道来自人情,尽管人道依靠道德准则与社会规范的内在互动作用,试图将人情驯服到适度恰当的程度。由此,李泽厚主张,人性的本体④不是理性而是审美,即情与理相互融合而产生的审美。有鉴于此,他强调"情本体",弱化性本体和理本体。另外,为了人类当今的生活,他甚至提倡一种新型转换,即从道德形而上学转换为审美形而上学。他一再强调,"情"涉及"性"(道德)和"欲"(本能)不同比例的配置和组合。

---

① 李泽厚:《实用理性与乐感文化》,页71—72。
② 李泽厚:《历史本体论》,页108。
③ 李泽厚:《实用理性与乐感文化》,页55。
④ 李泽厚这里所谓的"本体",可以理解为"'本根'、'根本'、'最后实在'的意思"。参阅李泽厚:《实用理性与乐感文化》,页55。

"情"从来不会建构某种固定的框架、体系或外在超越还是内在超越的所谓"本体"(substance)。① 在他看来,"情本体"对人类更具有决定意义,因为它被置于狭义的"理性积淀"中,而不是被置于伦理学意义上的"理性凝聚"中。这在某种程度上已然得到实实在在的确证,即:人类源于自然,随后当其成长为一种文化—道德的存在时,又超越了自然。然而,人类不可能永远处于超越自然的状态,因为他们在身体上是一种自然存在,最终毕竟还要回归自然。② 由此可见,人类经历了两大历史活动:自然人化和人自然化。③

3. 一种哲学替代理论

上述两种论证,概述了李泽厚对中国传统实用理性的重思结果和基于跨文化视野的转化创造。它们事实上构成了李泽厚人道主义实践哲学的一个重要部分,该哲学以人类学历史本体论的目的论理据为基础。作为一位具有深切人道主义关怀的思想家,李泽厚始终关注人类生存的现状,不断思索人之成人的可能途径,试图通过哲学来捕捉和发掘人类命运的光谱。如同康德一样,李泽厚将认知主要分为实践性与理论性两类:实践认知指向做事的行为,理论认知指向存在的性质。尽管他承认自己对这两种认知形式均有兴致,但他更注重实践的手段,更关切如何在当前情势下解决"人活着"所面临的问题与挑战。

李泽厚的人道主义实践哲学,作为一种替代理论,经常被认为与众不同,因为它宣称其所探究的是一种"吃饭哲学"。恩格斯曾郑重强调,食物供应是人类实践的前提。有鉴于此,李泽厚用"吃饭哲学"这个充满"嘲讽"意味的说法,来回敬那些热衷于演绎玄奥思辨理论的哲学家。简而言之,

---

① 李泽厚:《哲学探寻录》(1994 年),见《实用理性与乐感文化》,页 187。
② 李泽厚:《实用理性与乐感文化》,页 70。
③ 李泽厚:《说天人新义》,见《历史本体论》。

李泽厚另辟蹊径，无视各种冷嘲热讽。当然，他运思相当审慎，将"吃饭哲学"这一看似非哲学的观念转化为一种修辞策略，一方面在自嘲之际反讽那些自视甚高的批评者，另一方面以此来激起公众对其哲学事业、人道关切和目标追求的兴致与注意。如果我们历史地审视李泽厚的思想发展特征，就会发现他进行哲学探究的方法与努力，旨在实践认知和理论认知之间达成一种适度平衡。

事实上，李泽厚正是通过梳理实践和理论两个向度，借此提出一种综合性整体，来实现对于实用理性的转化创造。为此，他给实用理性的基本理据增添了两个截然不同的观念：一个是与中国实用主义相关的实用特性，另一个是与德国理想主义相关的抽象思辨，其意在于提升实用理性的有用效应和增加其理论深度。如其所言：

> "实用理性"以服务人类生存为最终目的，它不但没有超越性，而且不脱离经验和历史……"实用理性"使古代中国的技艺非常发达，但始终没能产生古希腊的数学公理系统和抽象思辨的哲学，所以，它在现代遇到了巨大的挑战。但也因为它的实用性格，当它发现抽象思辨和科学系统有益于人的时候，便注意自己文化的弱点而努力去接受和吸取。①

李泽厚所谓"人类生存为最终目的"，与"人活着"一说大体同义。若与其他关切相比，他认为"人活着"最为关键。显然，在李泽厚心目中，"人活着"这一铁的事实，无论对于人之成人还是人性完满实现的可能性，都具有决定作用。一般说来，"人活着"至少面临三个层面的挑战：第一，它首先会遭遇生存过程中生、老、病、死之类种种不幸的袭扰；第二，它会遭遇社会——话语权力、生产方式和人际交往的全方位操控；第三，在社会

---

① 李泽厚：《课虚无以责有》，见《实用理性与乐感文化》，页364。

转型期历史进步与道德堕颓的二律背反中，个体会顾此失彼，无所适从。①为了提高"人活着"的质量，所要做的远不止于勉强维持生计。因为，"人活着"至少有四个主要维度：物质的、认知的、伦理的和审美的。具体说来，物质维度对应于与满足基本需求充分相关的"以何活"；认知维度对应于与生死真谛相关的"为何活"；伦理维度对应于与切实遵守公共及私人道德相关的"如何活"；审美维度对应于"活得怎样"，这与人性的完满实现或完善的自觉动机相关，涉及自由直观和自由审美这两种渠道。下述内容将集中在物质和审美两个维度，借此表明实用理性的有用和思辨价值。

首先需要说明的是，李泽厚的"吃饭哲学"之所以与众不同，是因为它旨在探求一种可行的解决办法，以确保"人活着"的物质维度。这种实质化的解决办法，明显有赖于日常必需品的充足供应。事实证明，此乃"人活着"的前提条件。要知道，物质维度的具体落实，是李泽厚实践哲学的重要任务之一。这自然离不开人类劳动及其物化成就。而人类恰恰是在使用–制造工具的同时，在文明的历史进程中把握了"度"的艺术。

尽管如此，物质维度的落实不仅是个体层面的问题，而且是社会层面的问题，因为这是所有人或共同体的一致追求。

关于"人活着"的审美维度，李泽厚在探索中表示，既然审美维度主要涉及"活得怎样"或"人如何才能活得好"的问题，那么，该维度实现的可能性就在于洞察人类境况，就在于借助审美升华使审美维度获得相应的提升或超越。在当今的富裕社会里，我们不难发现，与人类境况相关的诸多问题，大都转化成"文化心理"方面的问题。据预测，这些问题可能会导致精神疾病和病态行为，例如焦虑、自闭、世纪病（mal du siecle）、自杀等等。李泽厚所言的"文化心理"，至少涵盖三个层次：从人类学角度来看它主要是人性的，从环境观点来看它主要是文化的，从心理文化积淀过程来看它主要是个体的。

在李泽厚看来，所有的文化心理问题有待通过审美升华得到妥善解

---

① 李泽厚：《历史本体论》，页125。

决，这主要是因为他所创构的实践美学作为第一哲学，具有能动的有机作用。在这方面，对美的自由欣赏，被认为是主体性追求的最终目的，因为它与自由直觉一起，都是理性凝聚的过程，而理性凝聚则是人性结构的顶点。更具体地说，这类美出自合规律性与合目的性的有机综合，因而被认为本质上具有真与善的荣光。对美的自由欣赏相当于"人活着"的最高境界，该境界通常被喻为天人合一之境。这种合一，出自经历了人化自然的物质现实；而这种现实，则包含了对外部世界和内部世界的重铸。这一切均有赖于技术—社会工具的生产力，而非个体的精神本身。至于这些工具，主要奠定了以下三种情况的基础：人类和个体的发展，社会结构的存在和改进，个体的心理结构。①

根据李泽厚的说法，中国的美学概念不同于西方的美学概念，它至少在两个因素上高于宗教：第一因素在于一种隐形的物质性和超道德性存在状态，它会导向实现道德上超越生死和功利的可能性；第二因素是集体与个人内在交融的特征——历史与心理、社会与个体、理性与感性统一于心理、个体和感性组成的三重结构中。这一切预示了理性积淀的结果：个性潜能总体上得到了充分的培育和展现。② 在笔者看来，在追求内在升华的过程中，自由的审美活动扮演着至关重要的角色。再者，内在升华依赖于内在的道德培育，而非外在的宗教救赎。在中国传统中，内在升华和天人合一彼此强化和促进，都以超越一切受利益驱使的关切和责任为目的。在理性积淀和个性潜能的帮助下，对自由审美活动的渴求，有可能为人性完满实现创造有利的氛围。

我们在相关论述中看到，李泽厚关于"度"的说法，类似于"以美启真"的论述，二者都指向实践美学的特殊作用。相应地，李泽厚关于情本体的说法，类似于"以美储善"的观点，二者都导向实践美学的内在价值。这一切皆因李泽厚持守如下立场："美"是"真"和"善"的象征，审美启迪（aes-

---

① 李泽厚：《关于主体性的补充说明》(1983年)，见《实用理性与乐感文化》，页231。
② 李泽厚：《关于主体性的补充说明》(1983年)，见《实用理性与乐感文化》，页230—231。

thetic illumination）具有某种启蒙作用，能使审美者洞见"真"的认识价值，提升"善"的道德意识。

笔者以为，"度"的作用背后，涉及三项相互关联的原则，适用于三个彼此不同的领域。一是合适性原则。该原则注重功能的有效性和生产率，意在"以度劳作"。将此原则运用于人类的物质活动时，对于维持人的生计和解决"吃饭哲学"方面的问题，就会愈发有用和富有成效。二是正确性原则。该原则强调认知的相关性和判断的合理性，意在"以度获智"。这种智慧可有效区分人世间细微而令人困惑的种种现象。当然，在时空变换中获取这种智慧，需要在生活实践中不断尝试和检验，这无论如何绝非一件易事。三是创造性原则。该原则注重想象的力量和对自由直觉的运用，意在"以度立美"。无疑，它要求对"技"有纯熟的掌握，对"艺"有上佳的鉴赏。只有通过自由运用"技"，才能创造美和欣赏美。但是，仅此依然不够，因为"美"要用于更高目的，要用来阐明"真"，由此彰显不倡导任何特定方法论的实用理性的"逻辑"内核。[1] 这一切自然涉及下列论说。

首先，我们会追问"以美启真"的用意何在。据李泽厚所言，"以美启真"主要在于获得关于某种新型事物本身的真知，涉及"人与宇宙的共在"问题。显然，这是一种形而上的假设；舍此，审美经验将缺失渊源，形式感就难觅其踪。宇宙的存在如同一种不可知的先验客体，而人造符号系统具有创造力和认知力，关乎先验主体。从历史本体论角度看，二者以人类实践为基础而获得统一。在"以美启真"的协助下，人可窥知宇宙的诸多奥秘，从而确保人类在宇宙中的地位。正是通过这样一种充满偶然性和自发性的积极人生，人与宇宙之间的交流才会成为可能。与此同时，人以自身与宇宙在物质意义上一致和共存的名义，必然会拥有关于这一事情本身的一种形而上假设。此假设将不可避免地转变成一种前提，该前提使得人所赋予宇宙或自然的各种秩序成为可能。[2]

---

[1] 李泽厚：《实用理性与乐感文化》，页45。
[2] 李泽厚：《实用理性与乐感文化》，页53—54。

另外，我们需了解"情本体"的功能何在。这种功能，就像"情本体"自身一样，虽不可捉摸，但发人深思。对此，笔者认为至少可从三方面进行考察：其一，它鼓励人们"以情待物"。这种做法近似孔子倡导的"泛爱众"之为，能使人们将其对家人的爱推及邻人（"亲亲而仁民"），进而推及广众与万物（"仁民而爱物"）。其二，它告诫人们要"以情育德"。在此条件下，情感本身受到道德准则或社会规范的人文化或节制化。最终在目的论意义上，它有助于人们成为道德和文化存在。其三，它引导人们"以情审美"。在此阶段，它促使人们充分利用自身的美感，让悦耳悦目的审美经验获得迅速发展；同时又引导人们超越这一初级层次，转向悦心悦意的审美情感；最终启示人们走向悦志悦神的审美升华之境。

值得一提的是，李泽厚新近将"情本体"导向他奉为第一哲学的实践美学。诚如对待"度"那样，他十分重视实践美学，甚至设想以此来解决现代人所遭遇的诸多文化心理问题。他相信，实践美学一方面与人类学本体论关联颇多，另一方面与先验心理学关系密切，故此将人性完满实现的终极目标涵括在内。

然而，如何才能实现这个目标呢？根据李泽厚的替代理论，这至少涉及两个方面：一是在"度"的协助下"以美启真"，二是在"情本体"的协助下"以美储善"。在第一种情况下的所作所为，涉及"物自体"的假设，该假设是人类深化认识宇宙的逻辑前提；在第二种情况下的所作所为，关乎"物自体"的设定，该设定是供人选择的情感和信仰的充分条件。[①]"物自体"是人与宇宙共在的新形式，类似中国的天人合一观。李泽厚通过分析再三证明，这两种行为模式有助于培养人类善好的情感，有助于抚育人类灵魂的真正成长，有助于促进文化意义上的人性发展。当然，这两种行为模式还有利于推动人性的完满实现，有利于协和个体、个性、自然和社会等四个方面，最终使其融为有机整体。现实历史一再表明，人文化与人性化的建构过程，不能只是借助外在命令、宗教规约或革命学说来进行。因

[①] 李泽厚：《实用理性与乐感文化》，页111。

为，人作为个体，存在差异，需要区别对待。否则，伦理要求一旦崩塌或被弃之不顾，一些人就会堕落成没有丝毫道德感的颓废浪子。①

这里，笔者假定：实践美学作为第一哲学，其独特的方法与目的，致使李泽厚力倡审美形而上学。在他那里，审美形而上学设定了通过审美智慧增进内在升华的理路。这种升华可被认为是更高的精神感化或道德教化的结果，这种审美形而上学有助于人们在此岸生活中践行彼岸世界的价值，有助于人们提升自身的人性能力，继而以自由性直觉和思辨性宁静来应对世间的"烦"与"畏"。相应地，审美智慧可视为这种直觉、宁静和鉴赏力的本体性理据所在。

为了证明这种内在逻辑的合理性，李泽厚借助人类学历史本体论，重思人之成人的可能性，特别是在人性和人性能力领域。他声称：人性之所以是神性和动物性的交合，是因为人既依赖于生理需求以维持肉体的存在，同时也运用所获得的能力来操控这种需求，并将其导向更高的目的。构成人性基础的人性能力，可谓人类有别于其他动物种类的道德心理。通常，人性能力包含三种要素：从道德心理和意志力量（自由意志）方面而言的"理性凝聚"，从人对逻辑、数学和辩证概念的认知力来看的"理性内化"，以及作为审美能力特征且与审美积淀的动态性相一致的"理性融化"。②

概言之，理性凝聚的心理基础，或许有助于在中枢神经系统中的认知—思维区域与情感—意志区域之间建立一种特殊渠道，而中枢神经系统由长期的（人类整体的）实践过程和（人类个体的）教育过程进化而来。李泽厚将这个过程等同于"文化心理结构"或"人性能力的积淀形式"。在这方面，"理性内化"和"理性融化"在某种程度上彼此相像。"长期的实践过程"与历史的过程相互交织。要知道，人类实践包含源于使用-制造工具的

---

① 李泽厚：《历史本体论》，页123。
② Li Zehou, "Of Human Nature and Aesthetic Metaphysics", in Wang Keping (ed.), *Diversity and Universality in Aesthetics*, in *IAA International Yearbook of Aesthetics*, vol. 14 (2010), 4-5. 参阅王柯平主编：《美学：多样性与普遍性》，上海：锦绣文章出版社，2012年，页6—7。

历史进步；人类历史与人类进化一道，都经由人类实践而成其所是。至于人性能力和个体人性，它们在个人自身的认知、道德和审美能力中相互依存，这一切都是实践和历史互动的结果。在大多数情况下，由于不同天赋、惯习和教养等原因，人类个体往往成为其所应是的样子，这理应是个体化原则的作用所致。

有鉴于此，李泽厚力倡审美形而上学，借此深化了康德指向人性整全的"无目的的目的性"思想，纳入了"以美启真""以美储善"和"以美立命"的特定内容。然而，李泽厚不同于康德之处在于他为了尽可能获得"人性的完满实现"，有意借助普遍仁爱来整合理性和感性，借此进路开创了他所推举的审美形而上学。这里，李泽厚依据的是与自然法和实用理性相关的历史本体论观点；而康德则从审美判断走向目的论判断，据此从与道德法和思辨理性相关的神学—伦理学视角出发，提出至高的善之理念，即：人能获得的最大幸福，是人的德性的产物，而人的德性则被视为自然的最终目的。比较而言，由于综合了理性和感性的两分法，李泽厚更关注整个人类的成长，而康德则更关切作为道德存在之人的修为，这可以说是其实践理性与神学—伦理学意识——对最高的善和绝对命令的意识——相互影响的产物。

此外，为了抗衡理性力量的主宰与工具理性的泛滥，李泽厚的实践美学理论强调情本体的化育潜能。在这方面，"情本体"与仁爱(humane love)协同生效，仁爱使得生理性爱欲(eros)和精神性爱情(agape)以一种复杂且相互作用的方式交织在一起。儒学没有来世概念或末世论说，为了治疗当今社会—文化的顽疾——这些顽疾同时对人类精神和生活施加了大量负面影响——李泽厚提出了审美形而上学的必要性。据此，审美参融(aesthetic engagement)意味着超越纯粹愉悦和动物性欲望，努力实现精神领域的"超越"。"它(审美)强烈指向某种超生物性的生存状态或人生境界的追求。但它依然不'纯'，仍然不可能像中世纪苦行僧那样，追求脱离此动物性肉体生存。并且恰恰相反，它只能是在此动物性肉体存在基础上追求超脱。这就是我所讲的'人自然化'中身体—心理的修炼与自然—宇宙的节奏韵律相合拍，以导致的'天人合一'等神秘经验。"①

实际上，"情本体"也意味着一种"珍惜"，即珍惜人物、境遇、事件、偶在的一种倾向，借此将这些因素引入"此在"(Dasein)的领域。在这里，"如何通过这个有限人生(亦即感性生存的偶然、渺小)中去抓住无限和真实，'珍惜'便成为必要和充分条件。'情本体'之所以不去追求同质化的心、性、理、气，只确认此生偶在中的千千总总，也就是珍惜此短暂偶在的生命、事件和与此相关的一切，这才有诗意地栖居或栖居的诗意。任何个体都只是'在时间中'的路途过客而已，只有在'珍惜'的情本体中才可寻觅到那'时间性'的永恒或不朽"②。退一步讲，暂时的珍惜可以频繁地自我重复，就好像受到永恒轮回的护送。这种奇特的体验和感觉，对人的生活和成长将产生极大影响。

此外，人能够以其自己的方式觉醒。他接受自己偶然、有限的生存，不怨天、不尤人，奋力求生，下学上达。这种说法的形而上用意就是：通过个人修养寻求精神自由……"人是什么"和"人是目的"的思想，终将落实在"美感双螺旋"充分展开的人性创造中，落实在时间性的情本体中，落实在此审美形而上学的探索追寻中。③

在笔者看来，李泽厚的美学思想原则上是跨文化性的。它整合了中西传统，同时由于转化创造又与二者有所不同。其审美形而上学概念的本体论基础，是"人与宇宙的共存"假设——该假设暗含天人合一的思想。这种"共存"，包括内外兼修的人之为人的成长和人性的完满实现两个过程。外在修养主要由"度"和出自实践本体的技术—社会本体决定，体现为人类活动的两个主要领域——自然人化和人自然化——之间的动态互动。内在修养实质上隐含在文化心理结构中，反映在"以美启真"或"以美储善"这类互补性的练习中。提升外在修养的目的在于获得与整个宇宙相和谐的人性的平衡发展，提升内在修养的目的在于通过建立在情本体之上的审美智慧促

---

① 李泽厚：《人性与审美形而上学》，见王柯平主编：《美学：多样性与普遍性》，页8。
② 李泽厚：《人性与审美形而上学》，见王柯平主编：《美学：多样性与普遍性》，页9—10。
③ 李泽厚：《人性与审美形而上学》，见王柯平主编：《美学：多样性与普遍性》，页10。

进内在升华。这些构想的基本宗旨，在于抵制人类中心主义和工具理性的大肆泛滥。

不难看出，李泽厚的审美形而上学理论可谓抱负远大，旨在通过内在升华促成人性的完满实现，消减人类文化心理问题。当然，这一目的性追求，自然会招致怀疑或批评性反思。在一些人眼中，它代表一种审美乌托邦，只能设想但无法消除这些问题；在另一些人眼中，它代表一种实践性替代理论，有助于缓解或减少这些问题。无论怎么讲，这都需要接受时间的盘查和检验。

4. 独特的世界图像

统观李泽厚的著述，其哲学探究涉及康德、黑格尔、马克思、杜威、皮亚杰、弗洛伊德、尼采、马克斯·韦伯、海德格尔、哈耶克、罗尔斯，中国儒家、道教、禅宗佛教，后现代主义等众多思想资源。李泽厚从实用理性角度出发，着力重思和选择了相关理论来构建自己的思想体系。在行文过程中，他主要依靠批判反思和转化创造两种手法，而这两种手法又涉及跨文化视域和重构性动机。

在2003年的自传中，① 李泽厚列举了自己提出的一些主要概念，因为他赞同德勒兹(G. Delouse)的观点，认为哲学就是通过构造概念来思考世界的。他自己所列举的这份清单虽然并不完整，但从中可以看到诸多独特概念，诸如"自然的人化""积淀""文化心理结构""人的自然化""实用理性""乐感文化""情本体""度作为第一范畴"等等，共有14种之多。我们在此可为这份清单补充一些关键概念，诸如"主体性""工具本体""心理本体""审美形而上学""历史本体论"等，借此勾勒出他关于"人活着"和人之成人的哲学素描。李泽厚在总结自己的思想成果时，通常依据的就是这幅

---

① 李泽厚：《课虚无以责有》，见《实用理性与乐感文化》，页371。

极简式哲学素描,并且郑重宣称,他自己的本意是"为思考世界和中国从哲学上提供视角,并希望历史如此久远、地域如此辽阔、人口如此众多的中国,在'转化性的文化创造'中找到自己的现代性"①。

应当看到,李泽厚的哲学素描,凸显出其独特的世界图像(world-picture)。在描绘世界图像时,他所采用的是概念指南,而非具体细节,这符合他对"宏大叙事"的兴致。通常,他看重思想丰厚的核心观点,而非证据繁复"琐细的专业化"。② 值得一提的是,尼采也对过度专业化发出过警示,认为这会带来不良后果——很可能会把一门专业知识当作目的而非手段。在这一点上,李泽厚与尼采所见略同,因为两人都是特立独行的思想家,而非某一狭窄领域里自以为是的专家。实际上,李泽厚本人一再提醒他的读者反复思考他的著述。有鉴于此,他更像一位思想助产士,而非信息传递者。他多次指出,当今大量信息,都可以通过计算机数据库轻易获得,这几乎让博闻强记的功夫失去了往昔的用武之地。实际上,从20世纪80年代以来,对于中国几代有志于美学或哲学研究的学者而言,李泽厚都扮演着精神导师和灵感来源的角色,正是经由其颇具思想穿透力的原创性学说,不少青年才俊先后从僵化的思想和惰性的桎梏中获得解放。

总之,李泽厚穷尽毕生精力与时间,为中国乃至世界的社会现实问题寻找可能对策或解决途径。如今看来,他所描绘的世界图像,在某种程度上堪比爱因斯坦的世界图像(weltbild)。无独有偶,我们发现李泽厚特意引用过爱因斯坦这段名言:

> 人们总想以最适当的方式来画出一幅简化的和易领悟的世界图像,于是他就试图用他的这种世界体系来代替经验的世界,并来征服它。这就是画家、诗人、思辨哲学家和自然科学家所做的。他们都按自己的方式去做,个人都把世界体系及其构成作为他的感情生活的支

---

① 李泽厚:《课虚无以责有》,见《实用理性与乐感文化》,页371。
② 李泽厚:《课虚无以责有》,见《实用理性与乐感文化》,页357。

点，以便由此找到他在个人经验的狭小范围里所不能找到的宁静和安定。①

这正是爱因斯坦本人所称道的世界图像。他的这番言辞，是在1918年庆祝普朗克(Max Planck)60岁寿辰的宴会上发表的。李泽厚对此非常认同，他先是将爱因斯坦的这段话置于《历史本体论》的扉页，随后又在正文中再次引用，借此支撑或强化自己的相关论证。② 在爱因斯坦看来，这幅世界图像指向一种积极动机，有别于叔本华(A. Schopenhauer)的消极动机，后者主张把人们引向艺术和科学。爱因斯坦勾画这幅图像，不仅是为了远离充斥着烦人的粗俗和无望的沉寂的日常生活，也是为了摆脱反复无常的欲望对个人的束缚。这一图像的妙用，就"好比城市里的人渴望逃避喧嚣拥挤的环境，而到高山上去享受幽静的生活，在那里，透过清寂而纯洁的空气，人们可以自由地眺望，陶醉于那似乎是为永恒而设计的宁静景色"。③

从爱因斯坦的上述言谈中可以看出，他的世界图像之所以具有某种典范意义，是因为该图像建议物理学家"必须满足于描述我们的经验领域里的最简单事件"，而"企图以理论物理学家所要求的精密性和逻辑完备性来重现一切比较复杂的事件，并非人类智力所能及"，更何况"高度的纯粹性、明晰性和确定性，会以牺牲完整性为代价"。④

---

① Albert Einstein, "Principles of Research", in *Ideas and Opinions* (ed. Carl Seelig, trans. Sonja Barmann, New York: WINGS Books, 1954), p. 225. 这是一篇演讲，为庆祝普朗克(Max Planck)60岁生日(1918年)所撰，在柏林物理学会上发表，首次出版时收入 *Mein Weltbild* (Amsterdam: Querido Verlag, 1934)。普朗克(1858—1947)是著名理论物理学教授，在柏林大学执教多年，他对物理学最杰出的贡献是量子理论(quantum theory)——他在1900年提出该理论，奠定了整个现代原子物理学发展的基础。
② 李泽厚：《历史本体论》。亦参阅李泽厚：《历史本体论/己卯五说》，题记页与页111。
③ Albert Einstein, "Principles of Research", in *Ideas and Opinions*, p. 225. 参阅爱因斯坦：《探索的动机》，见《爱因斯坦文集》第一卷，徐良英、范岱年编译，北京：商务印书馆，1976年，页101。
④ 爱因斯坦：《探索的动机》，见《爱因斯坦文集》第一卷，页102。

参照爱因斯坦这幅世界图像的主要特征，李泽厚在概括自己设定的追求目标时，也特意勾勒出一幅类似的世界图像，一方面想要使其尽量适合人类的需要，另一方面想要确立自己"情感生活的支点"。据此，他突破了中国图像"个人经验的狭小范围"，立志提供"简化的和易领悟的世界图像"。这一自觉设定的使命感，折映出他定居美国20余年来所扩充的国际视野或全球意识。进入古稀之年后，他一再宣告自己在为全人类工作。他所展现的写作风格和思想方式，无不印证着其世界图像所蕴含的"简化的和易领悟的"特征。

李泽厚所提供的这幅世界图像，从自然法的观点看，突出了他对人之成人的可能性的持续专注。不过，这种自然法是全新的，因为它以实用为导向。在传统意义上，道德性自然法与人性和自由意志密不可分。但在李泽厚看来，自然法本身具有一种文化特性。故此，他有意将人性与人文联系起来，认为人性不单是个人自由选择的结果，相反，他把人性的培养看作是在人类实践和历史进步动态过程中通过人文发展人性能力的结果。如此一来，就必须充分考虑文化多元主义背景下人类大脑的功能和进化，因为，自从历史上出现跨文化互动以来，整个人类不再生活在一座孤岛上，而是生活在一个地球村里。这一事实必然会影响人类大脑的成长，而人类大脑总是与人性能力和人性息息相关。在当今阶段，我们从脑科学的发展中看到，"双螺旋现象"的发现，在这方面提供了令人印象深刻的证明。我们希望在不久的将来，这个领域会有更多的发现，届时我们将能破解这个未知之谜。我们有理由对此高度期待，尽管这绝非一件易事。

十五　仁政新说与实用理性①

近些年来，欧美政治学界时兴讨论"善政"（good governance）。对治国理政而言，"善政"几乎是"良治"的同义词。不难想象，在党派纷争、民主败坏、民粹勃兴的欧美政治社会氛围中，"善政"或"良治"不仅关乎民生与政党地位，更关乎国家兴衰或发展前途。在全球化与全球地域化时代，这一思潮自然波及中国学界，从而引起诸多相关热议。历史地看，古今中外的思想家，对善政良治问题甚为关切，并且留下诸多思想遗产，由此构成历史这面镜子，有待后世在温古知今或与时俱进的过程中反思或重思。

举例说来，在关乎善政良治问题上，孔子与亚里士多德的下述说法流布广泛，影响深远。孔子认为，"政者，正也。子帅以正，孰敢不正？"②字源学推定"政"源于"正"，"正"源于"征"。这就是说为政者要端正自己。为政者率先垂范，其他人就会追随其后，不敢不端正自己。从内在意义上的道德讲，"正"（uprightness）主要是指为政者的自身修为和表率作用。从外在意义上的法治讲，促成"正"（端正行为）的"征"，则指施加刑法于人，使其畏惧惩罚而遵纪守法、匡正行为。但在倡导仁爱思想的孔子那里，显然是要求为政者率先端正自身行为以便垂范他者，故此更注重于"德治"。

---

① 此文原用英文写讫，题为"Humane Governance and Pragmatic Reason"（《论仁治与实用理性》）。2008年8月上旬，作者应邀参加希腊哲学与文化中心举办的第19届"东西方传统与全球化"国际学术研讨会并就此论题做大会主题演说。该文修改后发表在希腊出版的国际会议论文集《政治、环境与生态》（2009年）上。2008年10月，作者应邀访问澳大利亚悉尼大学哲学系时就此论题做过专题讲演。
② 《论语》12·17。参阅《四书》，杨伯峻今译，理雅各英译，长沙：湖南出版社，1995年，页172。

相比之下，亚里士多德基于古希腊雅典的政体模式和民主政治，在善政良治问题上更多推举的是本于公正和平等原则的"法治"（rule of law）。如其所言："法治优于人治。基于这一原则，即便最好由某些人来执政，那他们应当被塑造成法律的护卫者和执行者。举凡诉诸法治之人，可被尊为只诉诸神治与理性统治之人；而诉诸人治之人，就等于给兽性附加一种因素。"①在这里，执政者不只是位居要津的官员（为政者），而且是法律的护卫者和执行者（护法者和执法者），其所依据的是神性与理性，实则是神圣的合法性与非凡的能力。故此，亚氏崇"法治"而贬"人治"，既是上述执政原则的主导理念所倡，也是雅典政治的历史教训使然。

1. 法治作为基础

随着社会改革的逐渐深入，中国社会日益向外部世界开放，"仁政"的公共意识也比先前更加强烈了。不过，"仁政"这种统治观念，也遭到前所未有的批评，导致其实践空间日渐萎缩。源自问题丛生的官僚政治和体制性腐败的种种压力，促使"法治"这种新兴政体得以逐步落实。当前，"法治"是备受推崇的解决诸多问题的根本方法。1999年夏天，中国见证了"法治"的合法化过程，其至高地位在新的党政文件中得到正式确认。自那时起，"法治"被当作构建一般意义上的"仁政"的基础。

然而，中国的"法治"概念颇为含混，尽管不至于全然误导。这一概念的含混性在于"法治"可以同时意指法律治理（rule of law）和依法统治（rule

---

① Aristotle, *Politics* (trans. Benjamin Jowett, New York: Dover Publications, 2000) 1287a, pp. 139-140. "The rule of the law is preferable to that of any individual. On the same principle, even if it be better for certain individuals to govern, they should be made only guardians and ministers of the law. He who bids the law rule, may be deemed to bid God and Reason alone rule, but he bids man rule adds an element to the beast."

by law)。为了便于区别,我们这里用"法治"代表前者,用"法制"代表后者。① 通常,"法治"更多关注的是以其最有效、最理智的方式掌控和运用公共权力的通则。在此,除了其合法功能之外,法律常被当作精神意义上的社会信仰。于是,在法律治理的国家,各行各业人士受到广义上的法律监管和保护,而各层各级的官员受到狭义上的法律监督和约束。根据托马斯·霍布斯(Thomas Hobbes)与其他政治哲学家的观点,法治的理想状态在于凭借基本公共法律来治国理政,这套公共法律体系是事前制定出来的,司法是通过符合常规的和公正无偏的机构来行使的。一方面,法治的目的在于管控武断或过度使用权力的政府,因为这种政府随意性较大,惯于按照有权有势者的意愿行事;另一方面,法治的目的在于预防个人专权或滥用权力。再者,法治要求所有政府官员同其他所有人一样,都生活在相同的法律管辖之下,因为只有这样才能保证法律面前人人平等。与此同时,为了确保公民的个人安全、财产安全与人权,完善的法治就应提供必要的手段或措施。简而言之,"法治"在一定意义上也是用来"治官"的,也就是用来确保和监督政府及其官员正当使用公共权力的。这在当今中国情境中更要如此。

与"法治"形成鲜明对比的是,"法制"趋于另一方向,其目的在于管制社会民众和确保社会秩序。在这方面,法律被用作某种实用意义上的社会治理工具。这便不证自明地体现在诸如"依法治国""依法治省""依法治县"和"依法治镇"等标语中,同时也体现在将社会民众当作整体进行统治的实践模式中。因此,依法统治意义上的"法制",在一定程度上是用来"治民"的,也就是用来管控普通公民而非高层官员的。

虽然几乎所有中国公民都拥护"法治",但其中一些人并不清楚前述"法治"与"法制"之间的微妙区别,这便造成意识形态的混乱与充满歧义的劝诫。举例说,那些渴望采取更为有效的措施来扶持社会正义和遏制制度

---

① "法治"中的"治",含三点水,俗称"水治";"法制"中的"制",含立刀旁,俗称"刀制"。"水"与"刀"之别,多少折射出"法治"与"法制"的相关差异。

性腐败的人们，往往期待中央政府的上层领导加强"法治"，因为他们确信：唯有如此，社会正义才能得到确保，制度性腐败才会得到遏制。在我们看来，他们希冀的东西至少可以产生三种或然性：

（1）建议政府高层领导自己遵纪守法，率先垂范，希望整个官僚体制就会变得守法、可控和依法办事。

（2）鼓励领导阶层根据国家宪法规定的法律程序来处理国务和制定良策。在他们看来，在处理政治危机与社会问题时，这是避免以个人好恶进行决策的威权主义作风的唯一选择。

（3）在期望上层领导以"法治"的名义行使自己的权力时，他们似乎无意或有意地托付给领导阶层或政府一种特殊权力。这样，政府管理部门就被赋予采取行动的充分权力，结果使得"法治"与"法制"实无二致。

在这种情境下，他们看似期望领导阶层或政府机构遵守法律，但事实上赋予其一种特殊形式的、可能凌驾于法律之上的特权。换言之，司法者、执法者与立法者三方在这里相互混同，导致所谓的"法治"在实质上更趋向于"法制"，最终将回到"人治"的旧途，致使社会正义与公平沦为空谈。同样，法律会因此遭到权力意识或利益驱动的挑战或干扰，甚至在某些情形下会将法律转变成权威手中纯粹自利的工具。因此，执法者有时也会"反客为主"，将执法权力置于法律之上，从而为了一己之利而索要更多权力。若真至此，实现民主体制或构建公民社会的设想肯定是难上加难了。

毋庸置疑，大多数中国市民赞许"法治"的全面推行，但这是一项任重道远的艰巨工程，它要求涉法机构和法治文化并行和持续发展。如今，英国、加拿大、法国、德国、希腊、日本和美国等发达国家实行不同形式的"法治"。但是，中国作为一个发展中国家，无法赶上或一劳永逸地复制其中任何一种模式。这便要求中国根据特定的社会背景和文化气候，进行慎重观察、深刻理解和创造性转化。常识告诉我们，植物的生长，若无良好的种子与合适的土壤，是不可能的。正因如此，中国的"法治"需要借鉴世界上现存的各种成功有效的"法治"实践，并在自己特定语境中开拓适合自身的"法治"模式。

在当前情形下,我们谈论具有中国特色的"法治"及其在中国社会现实中的推行,至少要充分考虑四种意识。首先是确立"法律面前人人平等"的意识。这需要持续不断地抵制和消解权力高于法律的传统意识。其次是确立法律地位高于一切的意识。这要求持续抵制和改造腐败的官僚制度和地方保护主义,因为制度中掌权的腐败分子往往会索取更多的利益和权力,从而形成一个"法律之外的特权阶层",一个在某些时候会变得无法无天的特权阶层。再者就是强化司法者应该称职、执法者应该守法的意识。理想的情况是,他们不仅应该成为好的司法者,而且应该成为好的执法者,否则,"法治"与"法制"之间的区别就会沦为空洞的说辞而已。最后和至为重要的是"法治"因循法律程序的意识。这要求司法独立,不受政治干扰,同时要求法官能够严格依法办案,能够监督和限制政治官员专权、滥权以及干预司法程序。这一方面至关重要,但在短时期内难以落实。这就需要坚持不懈地努力为之,使其逐步得以实现。因为,发展真正的全面"法治",就像建构民主体制、和谐社会或公民社会一样,都需要一个循序渐进的过程。

另外,推行真正意义上的"法治",也务必考虑现存的所谓民主制度所面临的种种问题。诚如海耶克(Friedrich A. Hayek)所见:

> 新的社会与经济立法部门授予那些机构诸多不断增加的和随意决定的权力,但对于负责申诉的各种委员会法庭形成的大杂烩组织所提供的救治药方,不仅缺陷百出,而且只是偶尔为之。在极端的例证中,法律居然走得如此之远,以至于赋予行政机构决定"通则"的权力,这样就等于让这些机构将权力占为己有,结果会使执政权威人士拒绝接受任何具体法律的约束。①

---

① Friedrich A. Hayek, *The Constitution of Liberty* (Chicago: The University of Chicago Press, 1978), 16: 5, p. 244.

上述见解也适用于一些民主国家，那里的法治已然式微，几乎被多数人形成的选票法案或"票治"所取代。一人一票的民主选举，有其特定的历史效应，但若大多数人在某个时期不够明智的话，他们足可利用手中的选票将一位麻烦制造者推举为国家领导人。当年最为极端的例子就是出任德国总理的希特勒，这位独裁者的确是通过所谓的民选方式得以上位的。

如今，在某些条件下，民主制度可以强化执政机构手中可以随意决定的权力，这样会让使用武力残杀百姓或攻击其他国家成为合法的行为。自不待言，所有这些成问题的现象也存在于威权型或专制型社会，频繁发生的事情包括采用高压手段的官僚主义行为，不受监督的有权有势者对普通公民私生活和私有财产的变相剥夺，集体性自私自利与制度性腐败，等等。

这样一来，参照当前形势来重估"法治"的起源和理想，不仅相当重要，而且十分必要。相关的起源与理想可以追溯到亚里士多德、霍布斯与洛克等人那里。这些思想家根据理性、平等、自由、公正和个体公民权利来强调良好法律的追求目的，同时也强调领导层的政治能力和政府部门的具体职责。譬如，在《政治学》里，亚里士多德凸显了"法治"的至高地位，贬斥了"人治"（rule by man）的僭主体制及其专权行为。通常，习惯于"人治"的僭主，仅用个人的智虑来管理整个城邦的一切公务，这容易出现错误；他因此将自己一人凌驾在全邦民众之上，这是不自然、不适宜和不公正的。实际上，一个人统治的城邦，不是一个真正的城邦。在亚里士多德心目中，唯有法治才是治理城邦的上策，举凡诉诸法治之人，可被尊为只诉诸神治与理性统治之人；而诉诸人治，就等于在政治中混入了兽性的因素。这就是说，一个人统治，容易操纵大权，在行政中混入兽性而非人性的因素。常人既不能消除这种兽性，最好的人们或贤良之辈也未必能够脱俗，都具有增加或放大自身权力的热情与激情。这往往会在执政过程中引起偏向或偏差。而唯有法律才像神与理智一样，能够免除一切情欲的影响。①

在分析和比较了君主、贵族、共和、寡头、僭主与平民或民主等不同政体之后,亚里士多德最终还是回到"法治"的轨道之上,并且言之凿凿地指出:"凡不能维持法律为新的城邦,都不能说它已经建立了任何政体。法律应在任何方面受到尊重而保持无上的权威,执政人员和公民团体只应在法律(通则)所不及的'个别'事例上有所抉择,两者都不该侵犯法律。……任何真实的政体,必须以通则即法律为基础。"②对于用于"法治"的自然法及其功能要求,霍布斯做过更为详尽的阐释,他甚至为了追求完善和维护人类尊严,不惜将其置于判断善恶的道德哲学的基础之上。③ 至于法律的目的性追求,洛克明确表示:法律的目的不是取缔或制约自由,而是保护和扩大自由。自由确保个人的合法权利、财产与生命不受他人的限制、伤害或暴力侵袭,同时也确保个人的合法言行不受他人意志的掌控或制约。要想做到这一点,没有法律是断然不行的。④ 限于篇幅,这里不再赘述。

2. 贤明领导的必要性

在民主社会里,人们想当然地确信:"法律终结处,暴政开始时。"更直接地讲,他们确信:法治在哪里终结,暴政就在哪里开始。在政治的历史长河里,这一信条不断得到证实。时下,越来越多的中国公民也开始相信这一点,但这还只是一枚硬币的一面,仅仅关涉依据体制法规来构建"仁政"的问题。在他们的所见所思中,"法治"无疑是一种形成立法结构的

---

① Aristotle, *Politics* 1287a–b, 1292a (Trans. Benjamin Jowett, New York: Dover Publications, 2000).
② Aristotle, *Politics* 1292a.
③ Thomas Hobbes, *Leviathan* (Oxford: Oxford University Press, 1943), 79, 85.
④ John Locke, *Two Treatises of Government* (ed. Peter Laslett, Cambridge: Cambridge University Press, 1988), sect. 57, p. 306.

必要基础，其目的在于维持政府治国理政的合法化。但是，法治并不会因为其自身的制定和人员的执行而自动见效。而且，面对不利的环境或恶意的用心，有人总会钻法律的空子，从而使"立法难以避免违法"（the law is made to break），两者如影随形，展开一场无休止的车轮战。

　　从经验上看，深植于中国人心理中的是孔子的为政观念，即："政者，正也。"①这里，"政"意味着"为政、理政与政府"；"正"至少包含四重含义，即："正确、公正、正直、正义"。孔子之所以将两者等同视之，不仅是因为它们发音相同，而且是因为它们词源类似。这说明在孔子心目中，治国理政一方面与正确性相联系，另一方面与政府官员的公正、正直或正义相联系。故此，当有人问政于孔子时，所得到的回答就是："政者，正也，子帅而正，孰敢不正？"②这就是说，为了善治，为政者务必根据正确性原则，公正地对待所为之事。这体现出为政者或领导者的德行。在此意义上，孔子标举"为政以德"，认为这种为政方式"譬如北辰，居其所而众星拱之"。③ 这意味着为政者务必具备正义、正确与能力超群的美德。这类为政者被比作闪耀的北极星，群星围绕在其四周运行。这喻示此类为政者不仅具有擅长理政的能力，而且能够赢得下属与民众的支持。概言之，他胜任自己的岗位职责并能够做出突出业绩。所有这一切彰显出"贤明"或明智领导的观念。所谓"贤明"，意指政治上能力出众，道德上品质优秀，实践上正确行事。但需要指出的是，过去的政体是以"人治"为特征，是以礼乐制度为基础。在这种政体下治国理政，通常是在权势人物辅助下由一个人或一个家族来运作。从目前的政治管理与公民社会形势来看，"贤明"或"德治"这种单一策略显然已经过时，单靠这种人物或做法再也无法确保新条件下的"仁政"实践。当然，这里提出的"仁政"，只是一个可供批判思索的对象，而非一服不经咀嚼或不加分别就囫囵吞下的灵丹妙药。

---

① 《论语》12·17。
② 《论语》12·17。参阅杨伯峻译注：《论语译注》，页129。
③ 杨伯峻译注：《论语译注》，页11。

若从实用理性的角度来充分考虑中国具体的社会背景，我以为"仁政"主要有赖于"法治"。但是，"法治"在中国尚未完全成熟，依然处在构建过程之中。这样一来，"贤明"就具有互补功能，可被用作一种权宜之计，在实际执政中不可或缺。因此，我们可将"仁政"比作一副圆规，一边是"法治"，具有持续的重要性；另一边是"贤明"，具有关键的必要性。还有，在儒家传统中，"贤明"是与"内圣外王之道"相联结的。"内圣"指的是内在的修养和道德上的完善，"外王"指的是政治智慧和执政技能。这两个维度的有机整合和协同作用，便有可能产生"圣王"型人格。在部分意义上，"圣王"一方面类似于柏拉图在《理想国》中推崇的"哲人王"，一方面类似于亚里士多德在《政治学》中举荐的"优秀统治者"。在亚里士多德眼里，这种统治者是人中翘楚，其德行与政治能力出类拔萃，"的确可被尊为人中之神"①。如果这种人组建政府，就会选贤任能。这样，所组建的政府本身就会在贤达的治理下做最好的事情。德才兼备的执政者与民众就会各得其所，各擅其长，生活如意。善人或优秀统治者的德行，与完善城邦的公民德行不相上下。城邦或国家的确关乎所有公民的利益。治国理政的好坏，决定城邦或国家发展与公民生活的好坏。在这方面，亚里士多德推举"尚优原则"，追求古希腊式的贤明政治或贤明领导。他坚信，"造就一个真正善人的方法与手段，可作为，显然可作为创建一个贤达政体或君主政体典型的方法和手段；凡是可使人们成德达善的教育与习惯的训练，可用来教育并训练成一位优秀政治家或一位优秀的君王"②。这表现出亚里士多德心目中的贤达政体的传统理想。但要谨记，如果一位"优秀统治者"只按照自己的判断和意志办事，而不是遵照法律办事，这在原则上就会背离和破坏法治。因此，在从古至今的政治实践中，人们需要付出长期的不懈努力，设法在贤达执政与依法执政之间取得良好平衡。

当前中国政治文化的趋势显示，传统和现代在某些方面是相互交叠

---

① Aristotle, *Politics* 1284a.
② Aristotle, *Politics* 1288a-b.

的。任何与中国特色相关联的东西，既是现代的又是传统的，即便各自的比重因为具体情境不同而不同。就"贤明"而言，人们期望统治者具有与人为善（interpersonal humaneness）、道德正义、法律公正、政治智慧和公众信任等核心品质或德行。在这些品质中，有些的确是亚里士多德笔下的那种具有实践智慧的"宽宏大量或道德高尚之人"（the magnanimous man）所具备的。不过，我们在此所关注的品质，主要源自儒家政治道德传统，是在全球地域化的中国语境中以法治为基础予以促成的东西。实际上，它们可以隐而不显但持之以恒的方式，转化成为对领导者的道德制约与道德期待。这样，人们会要求不同级别的官员或公务员将上述品质有意内化在自己的工作与生活当中。在理想情况下，他们会成为自律或节制之人，会自觉自愿地警惕自己切勿为了满足私利或在法律不及之处滥用权力。简而言之，他们务必全心全意地服务于共同利益而非其他利益。这一切都会毫无例外地反映在公众舆论之中。

当前，关于领导力的公共舆论在大众媒介中也许并未获得充分而自由的表达，但它在大众之中却口口相传，并经由成千上万网民而充斥相关网络。任何在中国政府中任职的人，都很在意自己的公众形象，都在巨大压力下行使自己的职能。这种压力是双重的，一方面来自公众对其工作伦理和全部行为的评论，另一方面来自当政者本人渴望在历史进程中扮演什么角色和确立什么地位。结果，领导层和公众之间的活跃互动，虽则较少昭示于大众媒介，但实际上却渗透到社会生活的每一个角落。这就是为何各行各业的中国人，从出租车司机到大学教授，都喜好对领导层发表评论，哪怕是在喝茶饮酒聊天之际。相应地，政府官员被描绘成如履薄冰之人。但是，在某些情况下，总有一些例外。比如，在双重人格的作用之下，政治伪善和不公正依然存在，不可能一劳永逸地予以根除。

我们在中国政治文化的实践领域中发现，无论环境好坏，"仁政"几乎无法单凭"法治"手段变成现实。要想进一步提高"仁政"的效度，还需要选择或推举儒家或亚里士多德所推举的"贤明"领导。因为，领导者或统治者（无论使用哪种修辞意义上的称呼）惯于插手政策制定或政府管理过程。如

《理想国》里的船长喻说所示,临危不惧和指挥若定的船长,在关键时刻发挥着举足轻重的作用。① 有鉴于此,在国家大选政治运行过程中,"贤明"观念应该得到高度重视。作为一种批评性和参照性衡量尺度,"贤明"意识旨在鼓励选民在投票选举国家新领导之时审慎而为。为了合理处理此事,选民需要清楚认识理想状况与现实情境。就理想状况而言,"贤明"的领导者意指优秀和智慧的领导者,这种领导者作为"贤者",能够"以其昭昭使人昭昭"。② 也就是说,贤者在教导他人之前,必须自己先彻底明白,然后才能使别人明白。这可以被视为有关决策理念与为政宗旨透明性的一种必要形式,这会引导公众做出理性的而非情绪化的选择。但就现实情境而论,政治舞台上的有些人物并非贤明之士,他们可以说是"以其昏昏使人昏昏"③。换言之,他们这些人不仅在政治上不明智,而且在道德上有问题,但却喜好浑水摸鱼,善于利用多数人的盲信或投票来达到自己的政治目的。对此,每位公民需要审慎抉择和洞察秋毫,因为他们的投票会决定政治选举的结果。如果择人不当,会因为德行不济的领导者执政失误而让整个社会付出沉重代价。若真如此的话,参与选举的人们也就只好自己去背负沉重的十字架了。

3. 实用理性的关联性

前文所论"仁政",被喻为一副圆规,包括主要源自西方民主政体中的"法治"观和实质上来自中国儒家但又与希腊传统相似的"贤明"说。只要这两者凭借实用理性整合成有机整体,这副圆规就能够画出合格的圆圈。

实用理性是中国思维模式的主要特征,在很大程度上显现出中华文化

---

① Plato, *Republic* 488a-c (trans. Desmond Lee, London: Penguin Books, 1974).
② Mencius, *Mencius* (trans. D. C. Lau, London: Penguin Books, 1988), 14: 20, p. 198. 语出《孟子·尽心章句下》14: 20, 孟子曰:"贤者以其昭昭使人昭昭,今以其昏昏使人昏昏。"
③ Mencius, *Mencius*, 14: 20.

的基本精神。那么,中国实用理性的主要内容有哪些呢?其核心特质何在呢?按照李泽厚的说法,实用理性"就如同'积淀'和'文化心理结构'一样,并不是一个封闭的概念。它们都不是指某些一成不变的模式或形式,而是指一个活生生的过程中的结构原则或创造原则。它们指的是文化在人的心理中所发挥的作用与个体相冲突和交融的过程"。①这就是说,它们都是动态发展的、变化更新的、与时俱进的过程。实用理性不仅能够从心理上加强中国人的思维力量,而且如同历史凝聚和文化心理积淀一样,从中可以发展出某些具有"客观性及普遍必然性的绝对价值或道德规范"②。实用理性最先由早期儒家阐述,而后在历史长河中得到进一步发展和矫正。就上述"仁政"假设而言,中国实用理性可从以下四个要点予以揭示:

首先,中国实用理性与将有用性(usefulness)作为衡量真理标准的实用主义有相同之处,彼此都坚持真理在实践意义上应当是有用的或有效的,这一现实原则就像中国这句俗语所喻示的那样,"不管白猫黑猫,能逮到老鼠就是好猫"。这一比方表明,表面上不同手段的外在区分,若与实际取得的结果相比,那委实是无关紧要的。事实上,大多数中国人几乎不会将自己局限在任何固定或惯常的轨道之上,相反,他们试图从各种现有的手段中得出更好的选择。正是在这种情况下,他们的选择就不大在乎什么是传统的或现代的、民族的或世界的、本土的或外来的,等等。因为,他们更为关切的是目的的实现而非手段的展示。从传统上看,人们追求的终极目标,就是争取实现"国泰民安",也就是维护社会稳定,确保人民过上衣食无忧的生活。但是,现如今,这一终极目标的领域已经扩展了,进而将世界和平、环境保护、国际责任等内容包括在内。为了实现所有这些目标,中华文化和中国人趋于开放包容,对于有利于实现目标的许多东西,既不囿于成见也很少划分"楚河汉界"。正因为如此,我们用圆规的比喻来审视"仁政",一方面涉及"法治",另一方面涉及"贤明"。由于"法治"是

---

① 李泽厚:《关于实用理性》,见《实用理性与乐感文化》,页329。
② 李泽厚:《李泽厚近年问答录(2004—2006)》,天津:天津社会科学院出版社,2006年,页206。

移植到中国改革土壤之中，其意在于同"贤明"的本土观念相结合，这就不仅引出全球地域化的互动作用，而且形成创造性转化的过程。这一切催生出许多有趣的挑战与契机。与实用主义形成对照的是，中国实用理性历来重视人类生存与活动的超越性相(而非物理性相)。因为，人类的生存与活动，不只是为了适应或控制生活环境，而且是为了追求自我完善和自我实现的更高目标。

其次，中国实用理性的特征在于伦理性(ethicalness)或道德感(sense of morality)，这一点其实与康德的"实践理性"相通。两者都强调道德修养和伦理行为的必要性，都致力于美好人格的建立，都倡导通过生活经验来追求人的完善。通常，中国实用理性期望一个人具有道德修养，在家庭和社会中具有良好的言行举止。就家庭而言，一个人必须对家庭尽职尽责，孝敬老人(孝)、善待晚辈(慈)、夫妻恩爱，等等。就社会而言，一个人必须恪守公共约定的行为规范，对朋友忠诚，与邻里和睦相处，等等。对于成为一国之君或政府领导的人，道德上的要求就更加全面和严格了。按照儒家的说法，这些要求取决于五种恒定的品质(五常)，包括"仁、义、礼、智、信"，同时也有赖于五种人格特点(五德)，即"温、良、恭、俭、让"。这两组品质不仅意在让人发展成为"贤明君主"，而且意在使其成就"君子人格"。一旦这种人当政，他就能够以最恰当的方式处理国事和料理家务。具体地说，无论遇到何种形式的集体与家庭利益之间的冲突，他将会更多地考虑集体而非家庭，这当然会牺牲"小家"的利益而保全"大家"的利益。如今，虽然这些要求变得有些松散，但它们依然左右着我们对领导者的判断。在更多时候，大多数中国公民在评价政府官员的优缺点时，常把道德判断和政治评估混同起来。有时候，他们甚至会因为领导人的道德缺陷而贬低其政治业绩。同样，他们也会容忍或原谅一位能力较弱的领导人，其原因就在于他们认可其人的道德行为品质。因此，我们有必要从道德品行与政治业绩之间合理区别的角度来重新思考这些问题了。

再次，中国实用理性联结着人性的主要两面，可称之为情理不分(e-motion-rationality inseparateness)。这一特质几乎总是试图确保两者之间的平衡。这种平衡要求采用公平合理的方式来做事待人，以便最大限度地满足对方情感的和理性的需要。情感需要主要趋向于增进人际关系的公平合理和仁爱互惠，理性需要主要趋向于根据既定法规来公正对待人类活动，当这些被运用到"仁政"实践中时，就会对"法治"和"贤明"产生潜在的挑战。因为，"法治"终究是由人来执行的，即便它首先应该是独立而严谨的。无论其是否应该如此，"法治"实际上包含着人类的感受、情感以及执行过程中的各种反应。换言之，"法治"理应是冷冰冰的逻辑程序，但在公正合理意义上也应是人性化的，而不应是冷漠僵化的或绝对机械的。通常在中国社会情境中，领导者往往顶着巨大的压力去维持相关人员的情感和理智上的需要。在许多时候，法律裁决和情感考虑之间存在张力。但有时候，情感考虑之所以会逾越法律裁决，是因为公众舆论极易倾向于同情弱者，即便这些所谓的弱者是牺牲别人的推手。所有这些问题使"法治"举步维艰，使领导者陷入两难处境。幸运的是，自20世纪末推行"法治"以来，中国的情况发生了很大改变。不过，这方面依然存在需要改善的空间。

最后，中国实用理性除了某种唯物主义倾向之外，还与"历史意识"（historical awareness）紧密关联。因此，"它重视从长远的、系统的角度来客观地考察思索和估量事事物物，而不重眼下的短暂的得失胜负成败利害"①。这便是中国实用理性与工具理性或工具哲学的质性差别所在。另外，历史意识强调天人合一，被提升到包容过去和现在的世界观水平。中华文化特有的实用理性，"把自然哲学和历史哲学铸为一体，使历史观、认识论、伦理学和辩证法相合一，成为一种历史（经验）加情感（人际）的理性"②。再者，中国实用理性的精神气质在很大程度上源自儒家，容易形成一种范型品格与思维方式，最终引致中国人在生活经验或日常活动中信奉"过犹不及"或"执两用中"的准则，由此形成免走极端的心理。因循"中

---

① 李泽厚：《试谈中国的智慧》，见《中国古代思想史论》，页305。
② 同上。

庸"原则的结果就是：中国人往往冷静、清醒，同时又热心、平和，不会轻易变得疯狂或神经质。总之，他们——

> 贵领悟，轻逻辑，重经验，好历史，以服务于现实生活，保持现有的有机系统的和谐稳定为目标，珍视人际，讲求关系，反对冒险，轻视创新……所有这些，给这个民族的科学、文化、观念形态、行为模式带来了许多优点和缺点。它在适应迅速变动的近现代生活和科学前进道上显得蹒跚而艰难。[1]

的确，中国犹如逆流行舟，一路攻坚克难，正在逐步摆脱历史的重负、意识形态的禁锢和外在的压力，竭力开辟一条新的发展之路。在我看来，如果中国将来取得成功，继而承担起符合自己国家地位和有益于推进世界和平与发展的国际责任，这将是献给整个人类的一份大礼。要知道，中国人口大约占"地球村"总居住人口的五分之一。为了实现这一目标，中国一方面需要踏踏实实地前行，另一方面也需要与时俱进，改良自身的执政哲学和政治意识形态。在此领域，从实用理性角度采取最为适宜的方式来推行"仁政"，是具有重要意义和显著帮助的，因为这种为政方式是设定在跨文化特性与实践有效性基础之上的。

---

[1] 李泽厚：《中国古代思想史论》，页306。

十六　效政理据与融合型转化[①]

改革开放40余年来，社会不断变化，经济持续繁荣，致使当下中国面临诸多挑战。为了应对这些挑战，有必要应和时下政治文化语境，发展和运用一种效政（efficient governance）策略。旨在追求良治的效政，在很大程度上源自两种主导性思想资源：其一是儒家政治思想中的仁政（humane governance）理想，其二是西方政治哲学中的善政（good governance）观念。在实践意义上，仁政理想主要呼吁贤明领导力和依靠贤能践行者。这些践行者作为治国理政者，重视道德修为，富有政治智慧。善政观念主要取决于构成公共理性和现代社会伦理的价值系统，其中包括法治、社会公正、平等、自由与责任、透明性与民主等等。

在此情况下，这种效政既涉及儒家实用主义思想基础的实用理性（pragmatic reason），也涉及适用于中华传统和中国现状的民主模式。一般说来，实用理性至少内含五个特征，包括伦理性、有用性、情理融合性、历史意识和情境适应性。按照中国大众对民主何为的传统感知，民主模式主要基于三项原则，关乎民心、民本和民享。

值得注意的是，仁政的决定因素源自中国的传统文化，善政的决定因素则源自西方的现代意识。在文化意义上，前者是本土的，后者是外来的。有鉴于此，就需要从跨文化视域出发，对两种思想来源予以重新评估

[①] 此文原用英文写讫，题为"Efficient Governance via Synthetic Transformation"，2014年6月19日宣读于中国社会科学院—澳大利亚人文科学院"哲学与社会发展"研讨会，后刊于Australian Academy of Humanities（ed.），*Learning from the Other：Australian and Chinese Perspectives on Philosophy*，Canberra：E-publication，2016。

与激活。这实际上需要吸纳两者的有效成分，促成融合型转化。但在当今中国，这种转化是否可行，取决于三种实践活动，即：制度改革，意识调整，民主教育。因为，任何思路单一的复制或重复仁政、善政的做法，在全球地域化的政治文化语境里，不仅难以取得预期的成效，反倒会走上墨守成规或抱残守缺的老路。

1. 效政乃当务之急

中国历史见证了诸多沉浮兴衰，这主要是因为社会、政治或自然的流变、干扰与影响。自鸦片战争以来，中国在外侵与内乱之中赢弱不堪。直到新中国成立，才摆脱半殖民地半封建的状态，取得完整主权和国家独立。然而，连续不断的激进式革命与意识形态运动，对国家发展危害甚大，严重阻碍了中国社会的平衡发展。幸亏改革开放国策的有力实施，40余年来取得非凡成果，社会各个领域得到和平发展，中华百年复兴的愿景有望实现。

中华百年复兴愿景的新近表述是"中国梦"，这在国内各种媒体上广为传播。据我观察，中华百年复兴无疑是一个艰苦卓绝的努力的过程，而非一项速效实现或无所不能的事业，因为其背后存在诸多挑战，其中之一来自政治领域，即：在全球化背景下，经济繁荣的结果和现代产业的性质，致使社会管理的难度日益增加。譬如，在知识经济时代，人们渴望寻求更多的机会，以期得到更好的教育和从事更好的职业。与此同时，在互联网时代，人们渴望获得更为有效的公共资讯，渴望得到更富人性的社会服务，这就需要社会提供更多的选择方式。再者，全国各地越来越多的民众渴望社会迁移，渴望在异地获得长期就业和永久居住的机会和权利，在中国这个人口大国，这一切自然会导致庞大的社会流动人口。迁移或流动中，多数公民受过良好教育，具有出色技能，信息比较灵通，因此期望享用经济发展的更多红利，期望获得参与行政管理的更多机会，同时期望赢得社会尊重、共享社会资源、均衡教育资源、保证公民权利，等等。如此一来，社会管理自然承受更多压力，需要深刻变革图强，以便满足社会各界日益增长的多种诉求。

再者，在全国各地，人们对利益集团的尖锐批评不绝于耳，随处可闻。这些利益集团利用自己的特殊权利，几乎"绑架"了某些国有企业。这些所谓的"大亨"，贪权枉法，腐败横行，穷奢极欲，所占据的位置使他们涉嫌垄断国家财产，损害公共利益，破坏社会秩序，由此引发众怒，导致社会不安。根据有些中国学者的研究结果，这些利益集团的"大亨"伙同少数掌权的"大人物"，从20世纪90年代以来，假借改革之名，施行敛财之实，扭曲市场正道，利用市场"魔力"，巧取豪夺，图谋垄断。在市场经济发展的初期阶段，他们以各种名义行贿受贿、钱权勾结，将个人利益最大化。为了阻碍有利于国家发展和社会公益的改革，他们联手行动，有意将"维持社会稳定"奉为压倒一切的政治任务，借此铤而走险，以非暴力的手段压制社会民众与知识界的批评舆论。另外，为了从制度上确保自身的所得利益，这些"大亨"与"大人物"沆瀣一气，设法影响和干扰国家的政策制定和行政管理，试图将进步的改革推向停滞状态，甚至推向错误的轨道，由此降低或冲淡政府管理的有效性和可信度，豪夺或减少应该由大部分民众享用的改革与经济发展带来的红利。更为糟糕的是，这种情景将会导致行政管理系统的弊端和偏差，由此引发至少六个严重问题：弱化改革活力，加大贫富差别，阻滞依法治国，分化社会整体，推高犯罪率，污染生态环境。总之，这些问题将会置改革于险境，造成某种政治危机。

中国共产党"十八大"以来，新领导对上列问题的高度认识加上公众的诸多诉求，促使其下定决心，积极开展和推动全面改革。现实情境可谓时不我待。这些利益集团的大亨们尽其所能，伺机将各自利益稳固化和制度化。幸运的是，中国深化改革蓝图的设计与施行，在原则上是自上而下而非自下而上，这将使中央政府能够承担自身责任，采取适当措施，解决这些问题。否则，政府自身的公信力和权威性就会进而遭到削弱。新领导人下定决心开启"第二次长征"，发布全面综合的改革方案，深化公共领域的各项改革，同时取消对私有企业的多种限制，加强市场经济及其市场资源的合理配置。新一届领导深刻地认识到目前所遇到的困难和挑战，敏锐地意识到社会对其实际为政表现的期待，同时也自觉地意识到民众对于只说不练的口号失去兴趣。总之，任何空头支票式承诺，只会让民众产生难以逆转的失望和疑虑。

作为对上述情境和关切的反应，新一届领导于2013年后期采取一系列严厉举措，着力打击贪腐与特权。庆幸的是，这些举措迄今成效显著，赢得民众的广泛支持。然而，所取得的成就远远不够，仅能视为万里长征的第一步。因为，更大的挑战依然存在，分别涉及社会公正、平等、透明、稳定、权力分配、政治参与、公民权利、环境污染与经济发展等诸多领域和未解难题。

在此情况下，就有必要探索发展一种更为有效的为政模式，以此来提高社会管理水平，缓解中国面临的潜在危机。质而言之，这需要深化改革，在注重人性化管理的同时，鼓励发展效政建设。旨在追求良治的效政，其关联意义不仅涉及中华传统人本主义中的儒家仁政理想，而且涉及西方政治哲学中的善政理念。此外，这种效政自身，应以开放方式吸纳各种有益因素。

2. 效政的基本理据

首先人们会问，所言效政的基本理据何在？对此问题，这里暂且回应如下：其理据至少涉及三个主要来源，即儒家传统中仁政的核心性相，中国的实用理性观念，西方政治哲学为善政设定的基本条件。

（1）仁政的核心性相

如上所述，仁政理想源自儒家传统的政治关切，可从儒家人本主义和中国实用主义的角度予以检视。根据人本主义的立场，仁政的运作在很大程度上至少取决于五个要素，其中包括仁爱德行、正己人格、刑礼并用、好坏分明、贤明领导。

简而言之，仁爱德行的前提条件主要涉及两个维度：一是"克己"，也就是克服自私的欲望，以便养成自我节制的德行。二是"复礼"，也就是恢复礼制的社会和道德功能。这便是孔子所倡的"克己复礼为仁"。①

正己人格关乎统治者的个人修为，具有重要的率先垂范作用，可以影响到为政方式与从政人员，尤其会传导到下属与民众。在诸多情况下，当统治者为政正确、推行良治时，就会产生更为积极而富建设性的效果，就会卓有成效地管理和领导下属正当处理政务。若不然，统治者就会落入困境，既不能以正当方式做事，也不能做出正当之事，却有可能误入歧途，误导下属，导致误政滥政或懒政堕政行为。

国政治理中的刑礼并用，旨在取得更多有利条件，维系社会长治久安。这里所说的"刑"，代表刑法或法制，通过惩罚予以实施，使人害怕受罚而不敢违法乱纪。这里依靠的是由外强加的畏惧意识，借此防止民众作奸犯科。这里所说的"礼"，代表礼治或礼制，其典章制度和行为规范皆以道德为本位，提供一种互补性治理方式，借此帮助民众分清对错或是非，引导民众育养恪守德行与耻于犯法的自觉意识。

若能好坏分明，就会关注政治领域的实际作为。具体说来，民众期待为政者或领导人务必好坏分明。恰如孔子所言：为政者务必"尊五美，屏四恶"。所谓"五美"，就是"惠而不费，劳而不怨，欲而不贪，泰而不骄，威而不猛"。所谓"四恶"，就是"不教而杀谓之虐，不戒视成谓之暴，慢令致期谓之贼，犹之与人也，出纳之吝谓之有司"。② 如果为政者将尊美弃恶的能力与仁爱德行相结合，审时度势地应用于处理政事，那就能在实践活动中分辨治国举措的优劣，就能在纷扰混杂的替代方式中做出正确有效的选择，就能在国内民众中赢得心甘情愿的支持。

---

① 《论语·颜渊》12·1。
② 《论语·尧曰》20·2。

无论怎么说,若无贤明领导,仁政终究难以实施。贤明领导的特征就在于为政者德才兼备,选贤任能。在政治实践中,贤明领导能够恰当而有效地处理国务。在日常生活中,贤明领导能够在道德修为方面率先垂范。尤为有趣的是,荀子曾以比喻性的生动语言,描述了贤明领导的本质特征。其言如下:

> 马骇舆则君子不安舆,庶人骇政则君子不安位。马骇舆则莫若静之,庶人骇政则莫若惠之。选贤良,举笃敬,兴孝悌,收孤寡,补贫穷,如是,则庶人安政矣。庶人安政,然后君子安位。传曰:"君者,舟也;庶人者,水也。水则载舟,水则覆舟。"此之谓也。
>
> 故君人者,欲安则莫若平政爱民矣,欲荣则莫若隆礼敬士矣,欲立功名则莫若尚贤使能矣,是人君之大节也。三节者当,则其余莫不当矣;三节者不当,则其余虽曲当,犹将无益也。孔子曰:"大节是也,小节是也,上君也。大节是也,小节一出焉,一入焉,中君也。大节非也,小节虽是也,吾无观其余矣。"[①]

荀子对为政之道的隐喻性描述,实则是对仁政应当如何运作的精要总结。君如舟,民如水,载舟或覆舟,取决于君民关系。为君之道的要诀,就在于安位爱民,选贤任能,临危善断,静心处置,保大节,持小节,使国泰民安,经济发展,人际和谐。就当前国情而论,荀子所言颇为中肯,其现实意义发人深省,对古往今来的为政实践具有重要参考价值。舟水之喻,穿越历史,已然成为中国政治哲学的警世箴言和良政善治的至要理据。舟水之喻,言及君民互动关系,隐含以民为本的政治理想,涉及国家的共同利益和民众的共同需求。据此逻辑,孔子基于礼治和德治的原则,对三类为君者及其为政层次的概说与划分,依然不失其借鉴意义,只不过现在需要将礼治替换为法治罢了。其中对"上君"的推崇,也就是对传统

[①] 荀子:《荀子·王制》。

"明君"的赞许。现如今需将"明君"置换为"明智的为政者"或"贤明的领导者",这无论在中国人的语言思维方面还是政治意识领域,都可以说是顺理成章之举。

有鉴于此,人们会认定:贤明领导在仁政运作中发挥着举足轻重的作用。举凡贤明领导,一方面需要富有道德修养和政治才干,另一方面需要成就伟业,上达人之为人所能取得的最高成就。这在内在意义上,关乎"内圣外王之道"。所谓"内圣",意指内在修养和道德完善;所谓"外王",意指政治智慧与为政艺术。这两大维度的有机整合与兼顾使用,有望造就"圣王"。所谓"圣王",在部分程度上类似于柏拉图在《理想国》里所倡的"哲人王"(philosopher-king),在部分程度上类似于亚里士多德在《政治学》里所倡的"优秀统治者"(good ruler)。相比之下,"哲人王"源自理想,"善治王"接近现实。

(2)中国的实用理性观念

除了儒家的人本主义之外,对仁政理想的历史追求,也可借助中国的实用主义(Chinese pragmatism)予以重思。这种实用主义思想,主要建基于儒家的实用理性(pragmatic reason)观念之上。

依据当代中国哲学家李泽厚的说法,实用理性如同"积淀"和"文化心理结构"一样,不是一个封闭的概念,而是"一个活生生的过程中的结构原则或创造原则"。[①] 从这一原则里,可以开启或发展出"具有客观与普遍必要性的绝对价值或道德规范"[②]。这一原则在本质上是开放的、变化的、与时俱进的,自身具有有用性、伦理性、情理不分和历史意识等显著特征。在我看来,鉴于其对社会现实的关联意义,还应附加上情境适应性这一重要特征。

简而言之,有用性代表一种衡量真理性的尺度,这类似于美国实用主

[①] 李泽厚:《实用理性与乐感文化》,页329。
[②] 李泽厚:《李泽厚近年答问录(2004—2006)》,页206。

义的核心关切。传统上，有用性原则在中国人的意识中根深蒂固，故此经常突出强调脚踏实地的实用智慧和实用知识。至于伦理性，这在一定意义上应和于康德的"实践理性"观念，因为两者均强调道德修养和道德行为的必要性，均倡导通过生活经验建构善化的人格和追求人性的完善。但就中国式期待而言，伦理性原则不仅用来促进个体的修为，而且用来鼓励集体的努力，这在某些情况下自然会为了家庭或社群公益而牺牲个体私利。谈及情理，这里总是试图确保人性中情与理两大向度的平衡关系。为此，所采取的诸种行动和对待人类个体的方式，均追求公平合理或合情合理，均要求从协和人伦的目的出发，满足人类的情感和理性需求。通常，情感需求主要指向人际关系的平等性和互惠性，理性需求在原则上是根据既定法规确保人类活动的公正性。中国的历史意识极其发达，属于实用理性的重要内容和特征。其所重视的是"从长远的、系统的角度来客观地考察、思索和估量事事物物，而不重眼下的短暂的得失胜负或成败利害"。[1] 这很有可能形成一种世界观，即在关切过去、现在与未来三者的同时，注重以史为鉴的方法论，借此认知和评估事物发展变化的诸种可能性和实效性。

另外，情境适应性需要在应对事物发展趋向上善于观察时机，需要在处理社会政治问题上善于审时度势。这样就会对变化的形势做出正确的评估，就会因时因地采取正确的解决方式和恰当的具体行动。这种策略经常用来解决社会政治问题，尤其是需要政府做出最后决策的关键阶段。在这方面，儒家传统因为过于强调静态而非动态、稳定而非变化而备受诟病。有鉴于此，重估仁政的传统利弊既有必要，也有意义。这当然需要从中国现状出发，重新审视仁政要略得以修正和转化的可能途径。在很大程度上，这归因于全球化与全球地域化的现实语境。因为，没有一个国家会罔顾真实现状，全然囿于自家传统与文化界限之中。

---

[1] 李泽厚：《新版中国古代思想史论》，页242。

（3）善政的基本条件

作为常识，在现代社会，理应对外部世界持开放态度。文化作为一种生活方式，也应如此。鉴于这种开放性，中华文化广采博纳，获益匪浅，从公元 1 世纪前后佛入华土至今是这样，从公元 20 世纪早期西学东渐以来也是这样。

如此一来，儒家思想中的仁政遗教，尚不足以在中国自身的社会背景和文化传统中，重新创构旨在追求良治的效政。这就需要采用整合方式，汲取西方开放社会及其政治文化中的成功经验和有效成分，借此深入思索善政的基本条件，考量其中可取、可靠、可用及普适的特征与要素。

这里涉及的特殊条件，包括法治、宪制民主、社会公正、平等、透明、自由、公民权利与个体尊严等。历史上，在确保社会秩序和政治生活方面，所有这些观念的适用性和功能性，均得到不同程度的证实。它们作为人类共享的核心价值，代表"人类先进文化与文明"的重要组成部分。但在解释这些价值观念时，不可独尊一家而罔顾百家。现实中，它们需要依照具有本土性的特定社会、政治与文化的语境或情境，予以重新认识和创造性转化。

值得注意的是，任何一个开放性社会，均需采用法治作为立法、司法和执法的宪制基础。从全球来看，人们普遍认为法治务必具有最大的优先性，因为人类历史多次表明：法治终结处，暴政开始时。这一说法之所以被视为至理名言，是因为其所体现的是法治精神的基质，其所包含的是真理性内容。顺便提及，"法治"（rule of law）有别于"法制"（rule by law），但不少国人一般对这两者疏于分别。当他们要求政府加强法制时，就等于有意或无意地将政府权力置于法治之上，让其超越立法与司法的限度。在他们的潜在意识里，好像领导高于法律。这实则有悖于"将权力关进（法治）制度的笼子里"的重要建言。究其本质，法治与法制之别，主要在于前者以平等方式应用于所有社会成员，同时依法监督所有掌权人士；后者往往具有一定弹性，经常被掌权者用来治国理政和管控百姓。

自不待言，效政的结构，应将善政的根本条件纳入自身的实践之中。在制度革新与社会发展过程中，这些条件需要经过某些适当调整以便适用于当地情境。诸如此类的调整，将有助于开拓新的途径，为建构公民社会和实现"中国梦"铺平道路。

3. 中国的民主模式

在讨论中国的民主模式之前，我谨想与各位读者分享 2002 年在中国进行民主观念问卷调查的结果。这一调查项目的总体设计，旨在探明亚洲五个国家和地区的民主现状，其中包括中国大陆和台湾地区。组织和指导这一项目的负责人，是来自美国杜克大学的史天健教授。[1] 基于所集问卷回应资料的分析，取得如下颇丰的成果。

在中国大陆参与问卷调查的对象中间，超过 80% 的人认同民主体制胜过独裁体制，同时确认民主体制适合中国国情。有趣的是，他们对民主的积极看法，在比例上高于其他四个亚洲国家与地区的答卷人群。另外，他们感到自己国家的民主水平相当充足。换言之，在五个亚洲国家与地区中，中国大陆答卷者观念中的民主水平，在百分比排列对照上占据第二高位。不过，他们对民主的理解则有别于其他国家和地区的答卷者。在他们中间，12% 的人将民主等同于政府换届选举，6.3% 的人认为民主是对独裁者的制约。这两类反馈意见，代表他们对程序民主的感知结果。22.9% 的人将民主等同于自由。接近 55% 的人认为，民主就是政府在决策时，将人民的利益置于首位，听取人民的意见和建议。除此之外，他们认为民主的政府，就应随时为人民服务。显然，这两类反馈结果，彰显出他们对实质

---

[1] 参阅《中国人的民主观不同于西方》，见《参考消息》2014 年 5 月 6 日，页 11。另参阅 T. Shi, *The Logic of Politics in Mainland China and Taiwan* (Cambridge: Cambridge University Press, 2011); T. Shi & Jie Lu, "The Meaning of Democracy: The Shadow of Confucianism," *Journal of Democracy*, vol. 21 no. 4 (October, 2010), pp. 123-129。

性民主的感知结果,这种实质性民主,反映出流布于儒家传统中的民本思想。更为有趣的是,对台湾民众的问卷调查结果表明,14%的人将民主等同于当局换届选举与权力制约,近乎50%的人将民主视为自由与平等,33.7%的人认为民主就是让当局听取人民的意见和关心人民的利益,这再次反映出儒家传统中的民本思想。值得一提的是,接受问卷调查的台湾民众,感到当地的民主水平高于实际需要,因此抱怨台湾实行宪制民主15年来(1987年至2002年)所出现的过度民主现象。用他们愤世嫉俗的话来说就是:"民主不能当饭吃!"

倘若民主被感知为一种发展过程或政治生活方式,那就需要时间确保其逐步改善与成熟。对于"过度民主"的抱怨,不能只从字面上理解,而要认真对其重新检视。实际上,一些台湾民众对于民主所持的态度是悖论性的。一方面,他们赞同民主,因为他们借此获得言论自由;另一方面,他们诋毁民主,因为他们发现民主缺乏建设性,现实中的党派恶斗,几乎不分对错,严重影响执政效应。这自然会影响或损害个体的福利或整体的民生,更不用说困扰经济发展和降低生活质量了。这兴许是台湾民众十分关切"过度民主"问题的主要原因之一。因此,他们期望寻求建设性的替代方法,能够使民主重回正道,而不是自由放任。由此可见,显得水土不服的台湾民主模式,自然会引发各种关乎社会互动、社会聚集、人际关系、社会秩序与实际民生等多方面的问题。引发这些问题的关键,不在于笼统的民主本身,而在于设计和采用因地制宜的健康民主模式。东施效颦或邯郸学步式的做法,在实验阶段或许可以容忍出错,但长期下去必将殆政误民。这方面的历史教训,可以说殷鉴不远。譬如照搬美国式民主的现代国家(如菲律宾和阿尔巴尼亚等),先后付出国力衰微、民生不济的惨痛代价。在一度创造亚洲奇迹的"四小龙"中,台湾经济近年来持续滑落也是不争的事实。但就"过度民主"这一问题本身而论,古希腊雅典作为民主制度的摇篮,其所经历的衰败与柏拉图的针砭,值得引起关注和反思。

诚如人类历史所载,古希腊雅典人是民主实践的先行者,他们以此成功地帮助雅典进入黄金时代。著名执政官伯里克利在伯罗奔尼撒战争期间追悼死者的演说中宣称，民主政体使雅典由弱变强，贸易发达，文化鼎盛，成为"全希腊的学校"。① 然而，雅典民主到了后期，因为"过度自由"而走向败坏。柏拉图在《理想国》里，对败坏的民主制度大加挞伐，力图重建一座符合其政治理想的"美的城邦"（kallipolis）。②因此，柏拉图遭到西方一些思想家的严苛批评。譬如，波普尔（Karl Popper）在其名作《开放社会及其敌人》一书里，就给柏拉图打上敌视开放社会的标签。对此，柏拉图已无法走出墓地为自己辩护。但在我看来，对柏拉图的这一判决并不公允。因为，柏拉图的敌视民主的态度，主要指向已然败坏的不健康的民主政体。他本人清楚地看到，在加速雅典城邦衰败的过程中，这种败坏的民主政体所起的破坏作用极其有害，其中最典型的例证就是以莫须有的罪名，将揭露政治弊端的苏格拉底判处死刑。在柏拉图眼里，苏格拉底的过往言行，突出地体现了最佳公民的责任与德行。对于"过度自由"的现象，柏拉图一贯持否定和批评态度。在垂垂老矣之年，柏拉图在最后一部对话作品《法礼篇》里，对于败坏的剧场政体与民主政体进行了尖锐抨击，并将败坏的根源归咎于因"过度自由"而催生的过度政治化的娱乐活动。③ 有鉴于此，柏拉图勾画出一幅建立"次好城邦"的制度蓝图。在相关论述中，柏拉图对雅典民主政体的积极功能深表自豪，同时对斯巴达君主政体的优点大加赞扬，后者在很大程度上类似于一种进取型的寡头政体。最终，柏拉图尝试将健康的民主政体与君主政体合二为一，借此组建一种混合政体，以便确保有效的行政管理和节制有度的自由。这里遵循的原则，就是古希腊的"适中"（mesos）原则，借此实现良性平衡，达到"不太多不太少"的适

---

① Thucydides, *The Peloponnesian War* (trans. Joseph Gavorse, New York: Random House, 1934), Book II, VI, pp. 102-106.

② Plato, *Republic* 560-563 (trans. Paul Shorey, Cambridge, Mass. & London: Harvard University Press 1994).

③ Plato, *Laws* 700a-701b (trans. R. G. Bury trans., Cambridge, Mass. & London: Harvard University Press 1994); also see Plato, *The Laws* 700a-701b (trans. Trevor J. Sounders, London: Penguin Books, 1994).

中程度。这一原则类似于中华传统思想的"中庸"学说，后者同样追求因时而中的正确性。

笔者以为，柏拉图在《法礼篇》里所描述的这种建构混合政体的方法，对于今日中国具有一定的关联性和适用性。但这需要建构一种新型的混合政体，其主要组成部分应是健康有序型的民主政体和可控温和型的威权政体，由此实现执政权力的制度性优化分配。这种混合方式可用作过渡性措施，继而发展成更成熟的宪制民主。笔者以为，这种混合政体比较适合政治文化领域里的中国现实语境，有助于深化综合性全面改革的设想与进程。要知道，中国是最大的发展中国家，其人口占全世界总人口的五分之一。国家大，人口多，发展不平衡，面临挑战多。这些方面都要求中国采取渐进式改革而非激进式革命，否则会造成乱象，局面难以收拾。中国40多年来在经济和政治领域所取得的改革成就，都是循序渐进的结果，这对全球和全人类协作发展所做的贡献，是其他国家无法比拟的。

就中国的现实情境而论，经济体制改革虽已推行40多年，但依然处在推升改善市场经济的过程之中。相比之下，政治体制改革开创数年，有待全面发展与持续深化，需要逐步克服制度上的障碍与意识上的困扰。如此一来，中国的民主模式在初级阶段，应当简朴有度、讲求实用，因为在宪制意义上，民主的实验或练习，在中国政治文化传统中是长期缺席的一环。

因此，笔者认为这里需要设置三项原则，需要采用健康型民主，促进公益的实现和确保效政的建设。在理论和实践上，第一原则真正关注的是民心或民众内心的期待，这是赢得大部分民众自愿支持的基础。第二原则真正关注的是民本或以民为本的行政管理，这需要在制定国策时认真考虑民生民意问题。第三原则真正关注的是民享或民众分享社会经济成果的意识，这需要为民众提供公正平等的诸种机会（譬如在工作、福利、教育、就医、工作、休闲、娱乐等领域），以此来满足民众各自不同层次的物质需求、社会需求、审美需求、精神需求、自我完善与利他主义的需求等等。所有这一切都涉及国内外政治文化中现代与传统组成部分的互动融合，只有通过这种互动融合，方可为中国的效政建设打下必要而坚实的基础。

4. 融合型转化的构想

对仁政模式的传统追求，其性质与其说是实践性的，不如说是理想化的。这在目的论意义上虽然具有吸引力，但在实践运作方面几乎难以实现。尽管如此，在政治领域里，仁政作为政治理想，一直是贯穿中国历史的隐性结构。绵延至今，仁政的印迹不仅体现在"以民为本"的治国方略上，而且落实在"赡养老人"和"构建和谐社会"的社会管理政策中。此外，仁政的互惠性特征，也体现在"与邻为善"和"以邻为伴"的外交政策上，其愿景如今演化为通过"合作双赢"促进"构建和谐世界"的宏大设想。

在今日中国，社会现状快速变化，民众需要日益多样，各种挑战不断涌现。这便对如何改善社会管理与政治文化施加了持续上升的压力，同时也成为国家近年来十分关切的重要对象和紧迫任务。在笔者看来，所有这一切既加快了探寻效政建设的步伐，同时也加快了全面深化改革的进程。

根据政治文化领域里的中国实用主义思想，仁政的传统遗教需要借鉴善政的探索方式予以重思，同时也需要借助融合型转化方式予以革新。否则，这种传统遗教难以复活，难以在实践中产生新的功效，反倒会引发抱残守缺的风险。这需要参照实用理性的主要特征，需要依据其有用性、历史意识和情境适应性予以改良。

以笔者所见，在上述仁政要素中，除了刑礼并用之外，其他要素依然有效，但各自程度不同。刑礼并用过去常被分为两翼，一是法制（rule by law），二是礼制（rule by rites）。如今，法制应当由法治（rule of law）取而代之，因为两者具有根本差异。如前所述，法制旨在牧民，多由为政官员实施和掌控，其运作大多有利于权势或特权阶层。法治旨在平权，用来管控社会各界，高于任何层级的政治权力，不赋予任何人以特权。故此，人们信奉"法治终结处，暴政开始时"的格言。这在政治领域通常如此，在民主政体历史性或习惯性缺位的政治领域，兴许更是如此。

若以法治为前提条件，所言的这种效政就会确保自体的立法基础，并在实践意义上成为合乎情理的可行之道。但要切记，这种效政也有赖于如前所述的那些必不可少的决定性因素与条件。换言之，这些因素与条件不可分开单独应用，而需依据中国目前的全球地域化情势或语境，进行融合型转化或改良性转化。就相关社会现实而论，这里有必要采取关联性行动或举措，协助融合型转化。这些行动或举措，至少涉及三种实践活动，即：制度改革，意识调整，民主教育。

要而言之，制度改革要在两个关键领域展开：一是着意强化社会公正与平等、公民权利与义务、权力限度与反对腐败等方面的立法系统，以期缩小贫富之间的差别，缓解强势群体与弱势群体之间的紧张关系，消除公众对腐败和官商勾结巧取豪夺的愤慨情绪。这在实施过程中，理应恪守法治，加强法治，提高权力的透明度和推行健康的民主制度。此外，诸如此类的改革，需要周密有效的系统设计，合理利用人力资源，真正选贤任能，裁减庸官昏官，限制滥用权力。总之，要依法建立司法独立监督机制，公正公平对待所有公民。

自不待言，这种制度改革对于当前反腐倡廉极为重要。数年前中国也曾高调倡导反腐倡廉，但由于制度存在障碍和来自权力机构的干预，雷声大雨点小，收效有限。结果，虽然设立了严厉的规章制度与惩治措施，但腐败官员却有增无减。幸运的是，中国新一届领导于2013年底，在反腐倡廉中大刀阔斧地进行制度改革，正在建立一套系统性网络化制度。这种制度在监督和惩治腐败现象的同时，也设法预防官员落入非法诱惑的泥潭。这将有助于改善反腐系统的制度化建设，有助于防堵现存和潜在的漏洞，有助于扎紧规章制度的笼子，从而规导节制德行不济但大权在握的官员，促使他们管好自己，以免落入滥权与腐败的陷阱。

制度改革的另一领域，就是要消解商界大亨的权势，因为官商勾结有害于社会稳定与政府信度。在这方面，需要找到切实可行的方法，依法拆除这些大亨徇私舞弊的脚手架，依法切断他们与权势人物勾结和交换的关系网，依法加强和促进国有企业的有效发展与科学经营，依法创构公平公正的市场经济，确保市场向国有、私有与混合所有制企业开放，从而使人力资源与生产资料得到最佳配置和取得最佳效益。这一切作为的可行性，首先需要确立良好的立法与监督系统。这一切作为的时机性，务必赶在特权阶层结成固定网络之前。否则，他们就会尾大不掉，在一定程度上削弱或绑架国民经济和社会管理机制。

意识调整旨在为开放的话语铺平道路，这种话语理应具有建设性和批评性。为此，这种调整需要不断努力，逐渐扩大文化空间、思维空间与价值空间，以此满足中国公民的多种需要与诉求。这样一来，便可顺应国内与全球化发展趋势，多方位开启集体智慧，多角度探索人类普适性价值系统的真理性内容。

在当今这个电脑化时代，互联网文化打破了意识形态宣传的机械方式与传播范围，使得大量网民可从不同渠道获得诸多信息。因此，他们在判断这些信息时，也会以怀疑态度审视过往的政治修辞和简单的表述方式。他们的成长过程伴随着日益增多的个体化倾向，喜好按照自己的理解、所得的信息与所见的事实来思索、评判或选择。这一切都激发出多样化的公众诉求，譬如公民权利、公民义务、价值观念、言论自由，等等。习近平总书记在党的十八大上郑重宣布了具有中国特色的社会主义核心价值体系，倡导践行"富强、民主、文明、和谐，自由、平等、公正、法治，爱国、敬业、诚信、友善"等价值观念。这一具有重大意义的历史事件，不仅有助于普及这些价值观念的内涵，而且有助于提高社会政治生活的质量。

2014年伊始，中国发生了一大历史性事件，那就是新一届领导组建了六个工作组，并决定以此为契机，大力推行"四个全面"，其中包括全面深化改革、全面依法治国等重要国策。其中之一就是自上而下地进行顶层设计，借此推动政治领域里包括民主制度在内的全面改革。要落实这项工作，所遇的难度最大，因为民主制度的实现是一个复杂的历史过程，在中国社会语境中尤其如此。另外，在宪制意义上的民主，是西方传统特有的东西，而在中华传统中是缺位的东西。尽管中国有不少民众渴望宪制民主，但他们并不清楚一个规范化民主政体对公民社会里的公民大众到底有何期许与期待。有鉴于此，就有必要对全体国民开展全国性的民主教育计划。从德国二战后的重建经验来看，持续推行系统性民主教育是颇有成效的。第一，这种教育如同一种练习，借此能够引导民众了解民主的总体图式、性质与职能，了解民主在公民权利、社会义务、公共伦理等方面到底应当提供什么和要求什么，最终理解开放社会里的公民德行及公民意识。第二，这种教育将引导民众清楚认识中国的政治文化与社会现实，进而思考和探索如何对民主政体进行创造性转化的可能性。这自然需要因地制宜，需要开发健康民主的新模式，因为机械照搬现有的民主模式，必然造成水土不服的尴尬结果，甚至会像离水之鱼一样干死。这方面的任何过失，将会把国家置于混乱之中。迄今，世界上有数个国家效仿他国，推行休克疗法或激进政改，结果均告失败，造成国之不国的乱象。这些惨痛教训都是"邯郸学步"的结果。第三，凭借创造性转化，中国有望发展出一种具有自身特点和卓有成效的民主模式。但这首先需要建设旨在追求良治的效政，需要能让中国变得繁荣富强，需要能让民众过上享有尊严的幸福生活，需要能对世界各地的合作发展做出更大贡献。

综上所述，笔者在此提及两个说法仅供大家思考。一是"只有社会主义才能救中国"。这种理想社会主义的模式已然成为记忆中的故事，现在已被另一种具有中国特色的社会主义新模式所取代。由此引发的另一口头禅，自20世纪70年代后期实行改革开放以来流行至今，那就是"只有改革才能取得突破"。当然，这种改革务必是全面的和恰当的，是符合中国社会整体实情的和建设性的，当然也是应和帕累托"有人受益而无人受损"这一定律的。与此同时，这种改革务必得到效政的支撑，务必依法打击官商勾结，务必确保社会公平公正。唯有这样的改革，方能有效防控和最终解决改革活力衰退、贫富差别扩大、法治机制弱化、社会结构分化、犯罪率上升与生态环境恶化等一系列严重问题。如今，新一届政府最新发布的全面深化改革蓝图，在理论上令人期待，在实践中希望兑现，这当然需要在随后的实践中付出艰苦卓绝的努力。这一切一切的试金石，通常是民众每日密切观察实际进程的一双双眼睛。质而言之，中国民众所期待的是行之有效的实际行动，而非任何流行的口头禅或巧妙的言辞。

十七　重思和谐论①

> 我们认为一个不关心城邦的人并非无害之人，而是无用之人。一项政策虽然会由少数人提出，但我们雅典人都能对其做出评判。我们认为讨论政策与政治行动之间并不矛盾，反倒是采取明智行动的一个必不可少的预备程序……我们坚信幸福是自由之果，自由是勇敢之果。②
>
> ——伯里克利

在中国的传统文化中，和谐论（harmonism）主要涉及两大功能：一是在社会学意义上调节人际关系，二是在生态学意义上协和天人关系。本文主要基于中国古代的尚"和"（harmony）理念，侧重分析社会学向度上的和谐论。

熟悉中华思想史的学者皆知，"和"乃中华文化的精髓，主要源自儒家思想，至少存在七种模式，即：宇宙模式，化育模式，范导模式，辩证模

---

① 此文原用英文撰写，题为"Reconsidering Harmonism in the Context of China Today"，刊于 *Revista de Estudos Chinese*，Vol. 8，2012。本文作者在中国社会科学院国际合作局与中国驻葡萄牙使馆的安排下，应葡萄牙中华学术研究会之邀，于2012年3月1日至4日前往参加在波尔图市举办的"天、陆、海、人"第七届国际汉学论坛并做主旨演讲。后由陈昊博士译为中文，经过作者修改补充。

② 修昔底德：《伯罗奔尼撒战争史》，徐松岩、黄贤全译，桂林：广西师范大学出版社，2004年，页100。

式,整合模式,容纳模式,情操模式。这些模式各具特点,其影响贯通整个历史。

"和"是中华文化的核心思想之一,由此衍生出中国特有的和谐论,从古代一直绵延至今。最初,"和"的理念源于中国古代先贤们对于人与宇宙或自然之间复杂关系的思考,这在《易经》《论语》《中庸》《孟子》以及《张子正蒙》等古代典籍中均有记载,内容涉及宇宙、生态、精神、社会与人伦等方面。在儒家思想中,伴随着一以贯之的道德关切,"和"的理念往往与社会政治联系在一起,在很大程度上包含了"和睦、合作、秩序与和解"等义,与"冲突、争斗、无序或混乱"相对。先贤们涵泳于"和"的思索之中,由此提出一系列和谐学说,意在借此调和人伦,经世济民,实现政通人和的目的。在中国上下数千年的历史长河中,基于和谐论的政通人和与国泰民安理想,可以说是贯穿始终,成为一代代仁人志士上下求索、广大民众一直期盼的终极目标。

要进一步理解和谐论在中华传统文化中的功用,就需要逐一辨析构成和谐论主旨的七种模式。首先是宇宙模式(the cosmic mode),其关注焦点是宇宙之和,也就是宇宙规律与礼乐功能的互动关系。这意指天与乐、地与礼之间的象征性应和作用。在儒家经典《礼记·乐记》里,我们会看到这种隐喻式的描述:

> 大乐与天地同和。大礼与天地同节。和,故百物不失。节,故祀天祭地。明,则有礼乐。幽,则有鬼神。如此,则四海之内合敬同爱矣。①

在儒家看来,宇宙在广义上是指天地构成的整体,在狭义上则是指四海之内的万物。"与天地同和"意指宇宙之和。上述这段引文的意思是说:最高尚的乐像天地那样和谐,最隆重的礼又像天地那样有别。由于和谐,

---

① 《礼记·乐记》。

所以万物各得其所；由于有别，所以要祭天祀地。人世间有礼乐，幽冥中有鬼神。这样，四海之内就能互敬互爱了。这就是说，乐应天地之和而协调音声，礼效天地之节而别异人群。前者造成高尚音乐，后者设立隆重礼仪，最终用来移风易俗，教化民众，培养德行。另外，据《礼记·乐记》所述，乐的属性是强调和谐，礼的属性是强调别异。乐声发自内心，礼节从外强制。但从根本上讲，乐，体现了天地间的和谐；礼，体现了天地间的秩序。因其和谐，所以万物都能融洽共处；因其有序，所以万物都存在差别。乐是法天而作，礼是仿地而制。礼的制作破坏了秩序就会引起混乱，乐的制作破坏了和谐就会导致偏激。弄清楚礼乐与天地的关系，然后才能制礼作乐。从各自作用和目的上看，礼是通过不同的仪式而教人互敬，乐是通过不同的声律而教人互爱。礼乐的社会功能相同，故历代明王在继承之外也有所损益。所以，礼应具有时代特色，而乐的名称也要与天子的功劳一致。当然，在和谐与别异这两方面，礼乐务必遵循适度平衡的原则，否则，就会失去其正当性价值和实质性特征。要知道，儒家向来推崇"过犹不及"的"中和之纪"。制礼时，如果别异或分别不当，就会导致混乱，影响社会秩序。作乐时，如果声色节奏过度，那就无法欣赏，失去预期效果。鉴于天地一体，不可分开，礼乐源自天地，也应如此。因此，在作乐和演乐时，要依据不同的场合和风格，合理调配或综合使用金石弦丝管类乐器，以期演奏出和谐动人的音乐。在此基础上，与礼适宜配合，无论是用于祭祖祭神的祭祀活动，还是用于陶冶性情的鉴赏活动，就会有助于移风易俗，培养和强化人们的虔敬与慈爱之心，调节与和睦天人、人际与人伦的关系，甚至会引导人们认识和遵循天地之道，继而完善自己的德行和人格等等。

总之，宇宙模式的功用在于提升天、地、人之间的积极合作与互动互补关系。为实现这一目的，通常会采用三种方法：一是通过模拟表现天地和谐的声音节奏来作乐，二是通过效仿存乎天地之间的分别差异来制礼，三是为了自然万物的共同福祉与维系天、地、人之间的和谐共存而综合有效地使用礼乐。如此一来，礼乐的功能一方面被赋予超凡的神秘特征，在部分意义上被神性化了；另一方面被赋予适用于世上万物的特征，在部分意义上被普遍化了；此外还被赋予引导人类行为和人格修养的特征，在部分意义上被道德化了。鉴于古人的宗教意识和社会心理，礼乐的上述功能在古代可能深受重视并得到严肃对待。时至今日，这种情况已然成为历史，就像博物馆里的陈列品一样，通常只会引起考古学研究的更多兴趣。

至于强调化育之和的化育模式(the generative mode)，其本性在于生产与繁衍，其所依据的是诸多要素之间的互动力量。这些要素虽然彼此不同，但都趋向于和谐或合作，因为它们存在互补关系，涉及转换性创造(transformational creation)的可能性。它们的象征性表现符号通常包括天地、阴阳、男女、强弱、高低、明暗、五味(甜酸苦辣咸)与五音(宫商角徵羽)等等。从其相互促进的动态意义上讲，化育模式在原则上与下文将要谈到的整合或融会模式(the synthetic mode)相关联。

如在《易经》中所见，化育模式是以象征手法通过八卦符号来图示的。其典型范例之一就是泰卦。此卦象由两部分组成，其结构是乾下坤上。对于其卦义，《象传》认为："泰，小往大来，吉亨。则是天地交，而万物通也；上下交，而其志同也。内阳而外阴，内健而外顺，内君子而外小人，君子道长，小人道消也。"[①]此言大意是讲，此卦代表凡事由小而大，由微而盛，吉利，亨通。对此，《象辞》进而指出："天地交，泰；后以财成天地之道，辅相天地之宜，以左右民。"[②]其意是说：天地交感，是泰卦的卦象。君子观此卦象，裁度天地运行的规律，辅助天地的造化，从而支配天下万民。总之，从卦象卦义来看，泰卦是异卦(下乾上坤)相叠，乾为天，为阳，坤为地，为阴，阴阳交感，上下互通，天地相交，万物纷纭。反之则凶，万事万物，皆对立转化，盛极必衰，衰而转盛，故应时而变者泰(通)。现代的阐释还特意强调说：你如若占得此卦，在事业发展上需要坚

---

① 《易经》泰卦第十一。参阅理雅各译，秦颖、秦穗校注：《周易》，长沙：湖南出版社，1993年，页56。
② 同上。

持由小而大、循序渐进的原则；事业已达到顺利的境地，更应小心从事，居安思危，积极寻求、开拓新的事业，方可继续前进；若因循守旧，不思进取，必遭失败。无论这些评述牵强附会与否，古往今来的解释与引申，都表明此卦表示化育、繁衍、发展、转化。所涉及的天地交感、阴阳互补与上下会通，都意味着以天地的运行轨道为参照样板，由此建构和谐有序的制度规则，使万事万物以正确的方式化育繁衍，继而实现共同福祉，惠及大众。这在本质意义上应和于"天地之大德曰生"的传统思想。若无这种化育能力，人类与其他存在就不能成其所是。据此，这进而证明了变化的本性，在创生与动态意义上与"生生之谓易"密切相关。

另外，在其他中国典籍中也会发现，从不同视角论述化育模式的言说不胜枚举。譬如，在《国语》中我们读到这一观点：

> 夫和实生物，同则不济。以他平他谓之和，故能丰长而物归之；若以同裨同，尽乃弃矣。①

借此，"和"这一观念意味着不同能量与成分之间的和谐互动，从中不仅会产生新的东西，而且会通过变化或转化继续发展。相比之下，"同"这一观念意味着整齐划一，结果会使所有事物成为一种相同的样式。此外，这将很可能导致事物停滞不前。因为"同"的弱点是缺乏化育的能力或驱力，自不待言，这不仅无法产生新的东西，也无法持续下去。所以，在任何情况下，人们认为和谐互动本身具有化育、生产和再生产的能力。

另一段有关化育之和的著名言说见于《道德经》。其曰：

> 道生一，一生二，二生三，三生万物。万物负阴而抱阳，冲气以为和。②

---

① 左丘明：《国语·郑语》，长沙：岳麓书社，1994年，页348。
② 老子：《道德经》第四十二章。Cf. Wang Keping, *The Classic of the Dao: A New Investigation* (Beijing: Foreign Languages Press, rep. 2010), p. 274.

显然，这里所言的"道"与古希腊所讲的"始基"或"发端"(archē)有些相似，不仅意指起始原因，而且意指决定特质，因此被视为宇宙万物之本。"道"等同于"一"，"一"等同于天地整体，天地在宇宙创生开初是不可分离的整体。该整体也喻示宇宙的混沌状态，其间的一切都浑然一体，没有分际。于是，"道"的另一名称为"万物之始"或"天地之母"。上文中所言的"二"，意指阴阳二气。此二气彼此对立而互补。多数中国思想家倾向于假定：万物开始是由阴阳二气互补互动化育而生。至于文中所言的"三"，通常意指三种互动之气，即阴气、阳气与阴阳二气交合而生的冲气。这三种气其实代表三种生命能量，它们形成和谐的领域，万物从中得以化育和创生。最终，老子得出"万物负阴而抱阳"的结论。

接下来便是将要讨论的范导模式(the paradigmatic mode)。此模式植根于中国的礼乐文化传统，突出"和"在治国理政方面的思想原则或意识形态。在这方面，"和"之为用，大多体现为治国理政的指导方针，有赖于典章制度与行为规范等礼制的辅助。否则，"和"就无所依存，成为空言。总之，儒家将"和"确立为中国政治文化中的至高境界，意在追求和维护社稷的和平稳定，在此基础上实现国家的进步与发展，提升民生的水平与质量，最终使每个社会成员，无论长幼、孤寡与病残，都能自足、公平、幸福地生活。《论语》所言颇为精到：

> 有子曰：礼之用，和为贵。先王之道斯为美。小大由之，有所不行。知和而和，不以礼节之，亦不可行也。①

言"和"至此，同美并论，实则与礼乐传统相关。据历史典籍所载，中国古代礼仪在很大程度上是一种颇具艺术色彩的演示系统，贯穿于祭祖尊神祈祷等活动之中。这类演示系统不仅要遵守约定俗成的礼制，而且要伴随符合礼数的乐舞。在礼仪进程中，达成多样统一的和谐境界，既是

---

① 《论语》1·12，另参阅杨伯峻译注：《论语译注》，页8。

最佳效果,也是最终目标。也就是说,礼仪演示活动是否合宜而感人,取决于诸多因素,尤其是遵守礼制的规定与程序,选择适当的音乐与乐器,编排合乎礼数的舞者与舞蹈,等等。在这里,"和"的艺术效应远不止于审美鉴赏体验,而是延伸至关乎社会秩序的实际功用。因为,合宜而感人的礼仪演示活动,在特定场合象征着张弛有度的社会秩序,意味着协同共济的为政机制,当然也包含着人文教化的道德目的。值得注意的是,孔子认为"和"是为政的关键所在,与其在音乐中的作用相应相若,有利于上下尊卑各因其序,彼此之间体谅包容,不同阶层和谐共存。这也正是"先王"重视"和"的原因所在。不过,"和"的境界虽然高远,但容易流于空泛。故此,为了保证"和"的效用,"先王"根据不同的情势,用具体的礼仪制度,将"和"条理化、规范化、文雅化、直观化。这意味着一种衡量和谐与否的合理尺度。该尺度一方面基于典礼制度与行为准则的规范引导,另一方面基于因地制宜与审时度势的灵活判断。否则,"和"就会被简单化(simplification)或模式化(patternization),从而失去"和而不同"的特质与功效。对此,人们不禁要问:执政者为何如此重视"和"?"和"与"同"的区别到底何在?

要回答第一个问题,我们需要转向和谐论内含的另一模式,即辩证模式(the dialectic mode)。这个模式强调"象""反""仇"与"和"等几种力量之间的交互作用,呼唤一种解决矛盾或化解冲突的和解的合理方式。宋儒张载就此建言:

> 有象斯有对,对必反其为;有反斯有仇,仇必和而解。①

从辩证的角度看,张载所言揭示了事物相互对立、相互依存而又相互协调的动态关系。具体说来,世间的万事万物(象)之间,客观上存在着对立关系(反);这种对立关系必然反映在彼此不同的功能作用(为)上,并在一定

---

① 张载撰,王夫之注:《张子正蒙注》,页25。

条件下演变为某种冲突关系（仇）；当这种冲突关系达到一定程度时，就需要借助协调或和解方式（和）予以纾缓或消减，否则就会失去控制，酿成更大的困局或灾难，从而对双方造成不可弥补的损失。这种因"象"而生"反"，因"反"而成"仇"，因"仇"而趋"和"的过程，在逻辑上呈现出一种朴素的辩证统一链接，在效应上凸显出和则互利的实用思想。需要指出的是，这种辩证模式虽然在自然界里表现得并不尽然，但在人世间却表现得异常突出。要知道，在人与人、家与家、村与村、部落与部落、公司与公司、民族与民族乃至国家与国家之间，由于追求各自不同的利益，经常引发不同的矛盾与冲突，有时甚至导致不同形式或不同规模的斗争与战争。在此情况下，无论是用"强权即公理"的方式以大欺小，还是用非理性、非人道的极端方式以小搏大，都无法从根本上解决相互之间的问题，反而会进而加剧彼此之间的敌意。这就需要采用"仇必和而解"的和解原则，切合实际地缓解或消解矛盾冲突，最终取得彼此谅解与互惠双赢的可能结果。当然，以"和"化"仇"，以和平手段化解冲突，是有条件的，是需要双方协同努力的，也需要以相应实力作为后盾。因为，任何一厢情愿、单方面绥靖退让的做法，非但不能化解冲突，反倒会自取其辱，甚至酿成更大的冲突。

接下来需要考察的是"和"与"同"的问题。所谓"和谐"之"和"，意指"和而不同"；所谓"同化"之"同"，意指"同而不和"。此两者在本质与目的上迥然有别。一般说来，前者是站在公道公益的立场上协调和包容彼此之间的差异，后者则是站在利己徇私的立场上排斥异见，采用一种规范去强行同化其他意见与认识。这里所言的协调与包容做法，正是中华文化博采各家、兼容并蓄的精义所在，对于人类社会的种种实践活动具有不可忽视的借鉴意义。

当然，在审视"和"与"同"的问题时，还必须关注与和谐论密切相关的整合模式（the synthetic mode）与容纳模式（the receptive mode）。概言之，整合模式并非一味突出"和"与"同"之间的区别，而是着力寻求整合不同元素的合理方式。中国古代政治家晏婴借用"和如羹焉"的喻说方法来类比"和"

与"同"之间的关系。① 在晏婴看来，仅凭一味原料无法烹制出美味的羹汤，同理，仅靠一个音符无法创作出动听的乐曲。只有五味调和的羹汤才能使人食欲大振。这五味包含甜、酸、苦、辣、咸，每一种味道都非常独特，但在与其他味道巧妙调和后，反而使得羹汤风味更加丰富鲜美。乐理也是如此，只有宫、商、角、徵、羽等五音六律相互协调合奏，才能谱写或演奏出动听感人的乐章。因此，只要掌握好"和"的原则，使不同材料各尽其用而互不妨碍，相互协调而有机统一，便会取得适度的预期效果。当然，"和"这一范畴还有更多引申之义。

首先，"和"包含了一种万物共生共荣而不相妨害的和谐互济关系。这种关系不仅体现在烹调和音乐之中，也体现在君臣百姓各安其位的政治秩序之中。即便不同阵营之间的意见或看法有所差异，但各自若能依据"和"的原则，站在他人的立场上进行思考与磋商，就有可能达成一定程度的共识与相互理解。当各种积极的力量得到充分发挥、负面消极的影响受到抑制的时候，就有可能求同存异，互利共赢，避免彼此恶斗，两败俱伤。因此，"和"的境界一直是中国政治哲学及其治国理政的最高理想。如果背离"和"的原则，朝臣或幕僚一味谄媚附和君上或主政者，唯唯诺诺，众口一词，形成一种上下统一的假象，盗"和"之名而行"同"之实，这实属"同而不和"的状态，最终会导致治国理政偏离中正之道，悖于"天下为公"之法，其不良后果可想而知。由此可见，"同"在本质与效应上均与"和"背道而驰。

其次，与和谐论相关的整合模式，旨在对不同的要素进行创造性转化。在此过程中，所有的要素都参与进来，相互转化协调，同时又保留各

---

① 语出《左传·昭公二十年》。晏婴曰："和如羹焉，水火醯醢盐梅以烹鱼肉，燀之以薪。宰夫和之，齐之以味，济其不及，以泄其过。君子食之，以平其心。君臣亦然。君所谓可而有否焉，臣献其否以成其可。君所谓否而有可焉，臣献其可以去其否。是以政平而不干，民无争心。……先王之济五味，和五声也，以平其心，成其政也。声亦如味，……君所谓可，据亦曰可。君所谓否，据亦曰否。若以水济水，谁能食之？若琴瑟之专一，谁能听之？同之不可也如是。"另参阅杨伯峻编著：《春秋左传注》第四册，页1419—1420。

自的独立性，最终会通融合，相得益彰。亦如盐溶于水，看似无形，实则味在其中，而且与其他如甜酸等味相互渗融，形成更加美味的汤肴，取得"咸酸杂众好，中有至味永"的奇效。这一追求"和"的过程，是一创造性转化过程，其前提并非采取削足适履的做法，将其强行纳入简单同一的模板之中，而是承认并容许相关元素之间的差异与分歧，然后根据求同存异与"过犹不及"的正确原则，适当调整这些差异与分歧，将其配置在某种相宜的地位、情况、结构中，使其各得其所，统合为一个多样统一的系统，最终构成和谐与发展的合力。这里所涉及的各种元素，均是个性独特而不可或缺的组成部分，彼此之间将结为协调促进的互补关系，继而构成充满活力的有机整体。在此整体中，每个元素各尽所能，相互补充，创化不已，有助于这个整体不断自我更新和发展壮大。相比之下，尚"同"的系统习惯于排除异己，不能接受不同元素，因此无法取得积极包容的成果，反而会走向趋同单一的老路，到头来只能听到一种声音，仅能顺从一种意见。久而久之，势必造成"万马齐喑"的困境，致使社会管理氛围犹如一潭死水，失去生命活力或创化机制。就像晏婴在"和如羹焉"喻中所言：仅用一种原料调制出的汤肴，必定会索然无味、乏善可陈。同理，简单同一的社会管理系统，通常会缺乏继往开来的生命力和创造力。有鉴于此，唯有符合多样统一或和谐原则的有机整体，方能生生不息，持续发展，这也应和了"和实生物，同则不济"①的中国古训。

在和谐论的构成模式中，整合模式与容纳模式两者是相辅相成的。整合模式强调不同元素之间在功能意义上的配合协调，容纳模式则着眼于道德意义上不同立场间的互相理解与包容吸纳。孔子曾用君子和小人的不同处世方式来凸显其中隐含的深刻道理。如其所言：

---

① 语出《国语·郑语》卷十六。另参阅韦昭注：《国语》（丛书集成初编本）第三册，上海：商务印书馆，1937年，页186。

中华文化特质

> 君子和而不同,小人同而不和。①

此论实与"君子群而不党""周而不比"等说同义。这里将君子之道与小人之为加以对比,旨在表明两种人格、两种原则的本质差异。具体地说,君子或具有君子型人格者,在人际交往中能恪守中正之道或"中庸"原则,与他人保持一种相对和睦的协作关系,但对具体问题的看法与处理不求苟同于对方,而是尽力实事求是,求同存异。热衷于公共利益,立志于为公之道,是"和而不同"的真谛所在。相比之下,小人或具有小人型人格者,习惯于讲求表面上一团和气,但在看待或处理具体问题上,喜好迎合别人的心理,附和别人的言说,而内心深处却并不抱有一种真诚合作或友善利他的态度。通常,这类人工于心计,精于盘算,貌合神离,看重私利,是"同而不和"的具体表现。总之,尚"和"原则者要求包容和理解他人的立场与看法,包括客观评判自己的对立面或反对者,由此体现出一种虚怀纳谏、海纳百川的贤达情怀。与此相反,尚"同"原则者信奉"一言堂",惯于自以为是,根本无法求同存异或异中见同,而是一味趋同附和、趋炎附势或党同伐异。这样一来,小人自然会囿于某些势利信条或潜在规则,为了攫取个人权位利益,言必唯上,行必盲从,不经思量,人云亦云,无视公平正义,目无道德法纪。

在儒家那里,君子始终怀有公心,善于推己及人,志在追求正道,因此不会陷入上述境地。而小人则不然,因为他只关心一己之私,将公理与道德抛诸脑后,习惯于见风使舵,拉帮结派,排除异己,唯利是图。通常,小人将"同"作为自己跻身某个圈子的手段,以此获取某种身份和利益,罔顾公道与责任,根本无法理解真正的"和"是一种道德自觉,是建立

---

① 杨伯峻译注:《论语译注》,页141。李泽厚就此指出:孔子所言"君子和而不同","与'君子群而不党''周而不比'等章同义,即保持个体的特殊性和独立性才有社会和人际的和谐。虽政治,亦然。'同'、'比'、'党'就容易失去或要求消灭这种独立性和差异性。这话今天还很有意思,强求'一致'、'一律'、'一心',总没有好结果,'多极'、'多元'、'多样化'才能发展"。见李泽厚:《论语今读》,页319。

在人们奉公求真的德性之上的道德自觉与自律行为。总之，君子诚心正意，"和而不同"，努力以"和"去反证"同"，从不强行统合"不同"；小人则表里不一，"同而不和"，竭力用"同"来混淆"和"，惯于强行掩饰"不和"。如果让两者为政，前者会将社会管理机制导向兼容并蓄的协调与发展状态，后者则会将其引入趋同单一的孤立与停滞境地。

另外，"和"与"同"两个范畴暗示两种迥然有异的道德取向。前者建立在"仁"与"义"的基础上，鼓励人们心怀公义，超越私利，使自身修养上达"君子"境界。后者则受"欲""利"驱使，役于一己之私，诱导人们无视公道，损人利己。进而言之，"和"与"同"两者还象征着两种基于不同价值观念的进取之道。一般说来，尚"和"的君子能够协调融合各方面的利益和建议，树立一个更高的目标以惠泽大部分人；而尚"同"的小人则竭力将少数人的利益凌驾于大部分人之上，借众人之手或所得权位为个人谋取私利。于是，君子厚德载物，取信于民，是因其考虑和照顾各个方面与群体的利益。而小人则以自我为中心，其居上位者总是欲壑难填，将个人的意愿强加于人，千方百计钳民之口；其沉下僚者则丧失原则，趋炎附势，见风使舵，以图晋身。不过，这种费尽心机、取之无道的权位，因其只顾捞取私利，忽视民众诉求，往往会得而复失。这类人被孔子或斥之为"乡愿"（貌似忠谨实则沽名钓誉之人），或斥之为"德之贼也"（道德败坏之人）。

最后，情操模式（the sentimental mode）涉及道德修养与操守，强调个人对于各种情感的节制和把控。儒家所倡导的"中道""中节"或"中和"原则，实为节制人类情感或情绪的伦理方针，即：

> 喜怒哀乐之未发，谓之中；发而皆中节，谓之和。中也者，天下之大本也；和也者，天下之达道也。致中和，天地位焉，万物育焉。①

---

① 《中庸》(1)，见《四书》，杨伯峻今译，理雅各英译，页25—27。另参阅朱熹：《四书章句集注》，页18。

按常理而论，我们人类既是情感动物，也是理性动物，故当我们受到特定刺激时，自然会生发出喜怒哀乐诸情。如果这些情感能得到合理的表达与疏导，自然对人有所裨益；如若这些情感过于偏执或过度放纵，自然对人产生危害。在很多情况下，人们因为放松了对自己情感的节制，从而导致情绪泛滥而一发不可收，这不仅对个体健康无益，更会损害社会人际关系。具体说来，情绪发作而不能"中节"，会导致身心失衡，内外不调，病邪侵入而难以阻挡；人际关系受损而不能"中和"，会引发社会动荡，混乱无序，冲突不断而难于控制。

值得注意的是，上列引文涉及情感发展的两个阶段：起初，喜怒哀乐等情感在尚未发作之时，内心是平静的，无所偏倚的，这可谓"中"的状态；随后，情感发作起来，借助"仁义礼智"等德行，使其合乎节度（中节），没有过与不及，这可谓"和"的境界。自我节制者在情感发作时会达到"和"的境界，故能中行无偏，践行中道，感化他人，产生"所过者化，所存者神"①的积极效应。如此一来，天地万物与人伦世界都将各安其位，各尽其能，各得其是。

这里所说的中行无偏，也就是儒家一贯倡导的中道或中庸之道。孔子认为中庸之道唯君子所能及，小人则不及。如其所言："君子中庸；小人反中庸。君子之中庸也，君子而时中。小人之反中庸也，小人而无忌惮也。"②由此可见，"君子"道德高尚，基于仁、义、礼、智、信等"五常"之德，坚守中道这一正确性原则，在"因时而中"的不懈过程中，不仅"推己及人"，而且"己所不欲，勿施于人"。而小人则不然，不仅违反中道，而且无所畏惧，只顾个人得失。

本文这一部分简述了构成儒家和谐论主旨的七个主要模式。相对而言，宇宙模式呈现出宇宙论特征，涉及天、地、人之间的互动关系，最终

---

① 语出《孟子·尽心上》："君子所过者化，所存者神。"《荀子·议兵》："仁人用兵，所过者化，所存者神。"《荀子·议兵》："民归之如流水，所存者神，所为者化。"
② 《中庸》(2)，见《四书》，杨伯峻今译，理雅各英译，页27。另参阅朱熹：《四书章句集注》，页18。

落实在人文教化与协和人伦的社会实践层面。化育模式表现出不同或对立因素道德互补关系和创生能量，强调的是"和实生物，同则不济"的规律性原则。范导模式和辩证模式力图从执政者的德行出发，协调人际关系，稳定社会秩序，侧重于政通人和与国泰民安的政治目的。整合模式与容纳模式则从方法论的角度着眼，论述如何整合同异共存的各种力量，力图使不同部分或相关元素联合组成一个互动互补的有机整体，以此营造一种多样统一的和谐与发展合力。情操模式更多涉及道德与心理素质，特别强调个人的情操修为，认为只有个人在面对刺激时能够节制自己的情感，才会有助于实现社会人际关系的和谐。

十八　在和谐与公正的背后[①]

在从跨文化视域探讨东西方伦理学的新近思索中，李泽厚提出"和谐高于公正"的命题，涉及原典儒学的理想，关乎人类社会的未来。这一命题至少包含五个性相：其一，和谐以公正为先决条件；其二，和谐在很大程度上源于人的情感，而非来自人的理性；其三，和谐应有三种形态，分属社会、个人与生态环境三大领域；其四，引致三种和谐之可能性的要素，涉及"中国宗教性道德"的理论根基与重要组成部分；其五，和谐是人类社会与世界之未来所追求的终极目标。由此观之，"中国宗教性道德"可视作范导原理，有助于恰当构建"现代社会性道德"。

"和谐高于公正"是指一种层次考量而非价值判断，其内容涉及人际、身心与天人三种和谐形态以及和谐与公正的内在逻辑关系。另外，从实用意义上讲，这一命题还试图说明"中用"与"西体"的互动互补关系。换言之，它旨在在特定条件与语境下，通过论述和谐与公正的不同功效，进而深化"中用"（中学为用），影响"西体"（西学为体）。本章将参照李泽厚的哲学伦理学和人类学历史本体论方法，重点探究和谐与公正之间的微妙联系及三种和谐形态的主要理据，同时借助"中国宗教性道德"的某些核心要素，着力揭示和谐这一假设背后的根本动因。

[①] 此文原用英文撰写，题为"Behind Harmony and Justice"，刊于 *Asian Studies* No. 2020/1。作者在将其译成中文时对少许表述加以调整。

第三部分　传统与转化

1. 一种层次考量

李泽厚最初在2007年提出"和谐高于正义"这一命题。① 随后在2009年一次关于伦理学的采访中，他对其再做简述。② 在2016年出版的《人类学历史本体论》里，他又对其略做修订，将"正义"易为"公正"。③ 这次修订旨在剥离"正义"中"义"字在人行使义务时所涉及的情感意涵，并从公私对立、无偏推理、法庭公断、无情感介入和理性至上等角度确证"公正"的实质。在2017年出版的《伦理学纲要续篇》中，他将上述命题改述为"情感和谐高于理性公正"，并在一系列座谈和访谈中，从关系伦理和情理结构出发，对此做过进一步阐释。④

---

① 李泽厚：《谈"恻隐之心"》（2007年），参阅李泽厚：《伦理学纲要》，北京：人民日报出版社，2010年，页158。
② 李泽厚：《伦理学纲要》，页188—195。
③ 李泽厚：《人类学历史本体论》，青岛：青岛出版社，2016年，页151—157。其中有这一说法："中国的'义'译为 righteousness、justice 都不很准确，也许可以译为 obligation，它是人对五伦、家国和宇宙自然所应承担的义务。'义'，'宜也'。为何'宜'？如何'宜'？与'理'有关，但根源却在'情'。我一再讲'道由情生'，即是之谓。"
④ 李泽厚：《伦理学纲要续篇》，北京：三联书店，2017年，页55—59。作者在此指出："中国儒家礼乐论的和谐，非常重视落实在情欲上。它不仅是理性秩序，而且更是情欲逻辑……各种不同的人情非常具体地被规范地体现在各种不同的'关系'中，各种不同的'关系'也呈现在各种不同的人情中，这使得人情如前所述变得更为细致、复杂和丰富。……但如今，时移世变，由于社会生活特别是经济生活的变迁，今天大家庭大家族（宗法家族）消失了，原有的'三纲六纪'的'关系'在政治上、伦理上以及观念上都失效或消失了，个体单位、契约准则、公共理性成为社会秩序的基本原理，'平等'被强调为'人的本性'（如 Rawls）。但是，人们不还是生活在老少、长幼、上下、左右、远近、亲疏等各种并不等同或平等的'关系'中吗？人虽然成为自由、平等、独立的个体，不再接受往时代外在规范、纲纪的沿革支配，但在实际相处上，在情感态度上，不仍然用得上上面讲的'七情十义'而并不'平等'的情理结构吗？今天制度伦理可以消失，但关系情感却依然存在。不应该提出这种理论自觉吗？……正如'情理'并不否定理性，只是否定'理性至上'一样，'关系主义'并不否定立足于现代生活之上的个人主义，只是防止和反对个人主义至上和右派自由主义而已。来自'情理结构'的'关系主义'可以作为中国传统的宗教性道德对现代社会性道德中的个人主义的范导和恰当构建。比起许多宗教和主义以上帝、神意或社群、历史必然来范导和构建，似乎更适宜于中国，而且具有扩而充之及于四海的世界普遍性。"

坦率地说,"和谐高于公正"的命题,并非一种价值判断,而是一种层次考量。所谓层次考量,就是根据人类需求层次的分布,将和谐作用置于公正作用之上。它设定和谐作为儒家政治理想的至高范式,对应于公正作为社会伦理的绝对律令,因循的是先有公正后讲和谐的逻辑顺序。因为,公正是现代社会性伦理的基本原则,是实现人类关系和谐的前提条件。在这里,唯有公正得到充分落实,和谐才会有望得以贯彻。

和谐与公正之间的内在逻辑关系,可从多个立场鲜明的陈述中看出。据李泽厚所述,和谐的概念出自原典儒学的礼乐论与社会政治关系:

> 原典儒学的礼乐论,是以亲子关系为主轴构建合情合理、情理互渗的社会政治关系,从家庭、氏族、部落、国家到天下,虽然有一定的理想化,但和谐却是明确的总体目标,强调人不只是社会理性的、秩序制度的,同时也是人际情感的、心灵和同的。"正义"来自"理","和谐"出自"情",但无"理"的规范,"情"也无从实现,此之谓"合情合理"、"通情达理"。①

由此说来,"理性"要对"情感"加以规范,致使情感不再是原始和本能的情感。这种情感代表人性情感,而非动物情感。再者,没有"理"的规范,"情"就无法实现,而此"情"应是合乎情理的产物,是人文化成的结果。

"和谐高于公正"的命题,不仅指向人类社会的未来,而且代表中国对世界未来的部分贡献。该命题的哲学基础,主要是"情本体"说。值得注意的是,李泽厚认为"权利优先于善",即优先于各宗教、文化、哲学所宣讲的善恶观念。这主要是因为公正、公共理性与"现代社会性道德"在中国个体公民的政治社会生活之中颇为缺失。有鉴于此,人们总是保持警惕,警惕各种"和谐论"用以掩盖、贬低和阻挠以"公正"为基本准则的现代社会性

---

① 李泽厚:《伦理学纲要》,页190。

道德及其制度的真正建立。①

　　据其所论，李泽厚似乎着意在此领域进行跨文化反思，一方面根据中国思想传统，将和谐同"情感"与"情境"联系起来，另一方面借助西方思想资源，将公正同"理性"与"社会契约"等同视之。他特意用"道"的生成本源，为"情本体"说进行正名。作为天道或人道，"道始于情"，此情（情感、情欲、情境）是人性中最本质的方面。随着时间的变迁，"道"逐渐演化为一整套包括典章制度、仪式风俗与行为规范在内的"礼"。同样，"礼生于情"，但"礼"也被当作规制人类个体道德行为的准则。在群居性社会中，"礼"通常作为社会风俗和伦理原则，主要用来协调人际关系。论及个人的内心，诸如此类的"礼"都会对人的"情感"和具体"情境"产生主要影响。

　　在久远的历史进程中，和谐通常在中国传统中被标举为政通人和的理想范式，而公正一直在西方传统中被膜拜为善政良治的至要基石。举例来说，孔子将"和（谐）"奉为贤达理政的最终目标。亚里士多德则把"公正"视作所有其他主德（智慧、勇敢、节制）的综合结果。事实上，在公正、公共理性与现代社会性道德方面，今日中国总体上偏弱，西方总体上较强。在公民社会组织和管理方面，公正乃是最为重要的基石，因为它为人类社会提供了本体论基础。在人类历史的长河中，公正的支点作用显而易见，最早体现在古代雅典政体之中，是代表健康民主制度的里程碑，如今依然是确保相互合作与共同福祉的关键。所以，若没有充分履行公正，人类社群就不能维持长治久安。不过，公正并非万能的。因为，人类就其本性而言，既是理性存在，也是情感存在。人具有多重需要，从低到高，包括生理、社会、友情、认知、审美与精神等诸多层次。在原则意义上，公正基于理性，特别有助于确保社会组织秩序；和谐基于情感，特别有助于疏通人际亲和关系。从各种人类需要来看，这两者实则须臾不离。由此可见，

---

① 李泽厚：《伦理学纲要》，页194。

公正在确保社会秩序方面具有优先性，和谐则是对人类社会与世界未来的幸福承诺。

就中国的实际现状而言，首先更有必要强化公正，借此降低违法乱纪的频度，巩固社会秩序的基础，尤其是在国内广袤偏远的农村地区。在当下语境里，我认为在考虑和谐之前，最好先多思索如何践行公正。否则，其建设性就会低于人们的期待。在切实推行公正之前，倘若自以为是地采用和谐的指令原则，那就有可能如同在沙滩上建筑城堡，会妨碍构建以公正为根基的社会制度和"现代社会性道德"。中国从过往"构建和谐社会"的宏大实验里吸取的经验教训，可以证明上述说法。①

需要指出的是，尽管"理性公正"是实现"情感和谐"的前提条件，并在公共理性与"现代社会性道德"领域里起着必不可少的作用，但它与理性至上式公正并不等同。实际上，李泽厚对西方意识中的理性至上倾向表示怀疑，多次批评工具理性与理性至上的负面效应和泛滥现象，而且断言仅靠理性至上式公正不足以适当应对所有人类事务或满足人类的所有需求。为了解决这一问题，他有意拓展了"情本体"的范围，将其设立为一种替代方式，用以平衡理性至上与公正膜拜的偏差。他反复倡导"情感和谐"的思想理念，明确表示"和谐"在丰富人际关系和构建社会共生互惠方面的独特作用。在我看来，李泽厚的相关思考，均指向他自己念兹在兹的最终目的。也就是说，他力图将中国思维方式和价值观念中的优秀部分，转化为今日社会本体论的不可或缺的互补性组成部分。另外，他将其奉为一种成果性贡献，设想协助人类应对道德伦理上的种种挑战。简而言之，李泽厚是从跨文化立场出发，凭借转换性创造来设立一种有利于人类共存的整全伦理范式。

---

① Keping Wang, *Harmonism as an Alternative* (Singapore: Palgrave Macmillan, 2019), pp. 131-133.

2. 三种和谐形态

罗尔斯（John Rawls）和桑德尔（Michael Sandel）曾就公正的模式及其限制多有论争。有鉴于此，李泽厚诉诸原典儒学传统，出于补苴罅漏的理论自觉，概述自己的"哲学伦理学"。与桑德尔推崇"共同善"与"好生活"相比，李泽厚倡导如下三种和谐：

> 我提出"和谐高于公正"是认为：人际和谐、身心和谐、天人和谐（人与自然生态的和谐），它们作为"情理结构""关系主义"对现代社会性道德的"范导和适当构建"，才是维系人类生存延续的最高层也最根本的"共同善"和"好生活"，这才是"目的"所在。①

据我理解，在人类面临无数挑战与危机的当下，这三种和谐形态的重要性和必要性，就在于有助于改善人类的生存状况，有助于缓解社会撕裂、政治内斗、心理文化问题及自杀、全球变暖与生态环境恶化等挑战和危机。另外，这三种和谐形态所提供的替代性架构，不仅在理论上具有目的论导向，而且在实用意义上是人所向往的境界。不难看出，"人际和谐"可被视作处理社会撕裂和政治内斗问题的良方，"身心和谐"可被用作缓解心理文化问题与减少自杀现象的疗法，"天人和谐"可被当作解决全球变暖与生态环境恶化问题的手段。这三种和谐涉及三个领域，即社会、个体与生态环境。

我们先从原典儒学传统的"关系主义"视角出发来审视社会领域里的"人际和谐"向度。"关系主义"（guanxi-ism）这一新词可以理解为"道德关系主义"，它将人际关系理解为道德关系。这种关系主义植根于中国人的

---

① 李泽厚：《伦理学纲要续篇》，页49。

心理意识和社会现实之中，旨在处理复杂社会网络中的人际关系，在功用特征上有别于"个体主义"和"集体主义"。因为，"中国重视的恰好是个体间以血缘为轴心纽带，非平等地设定出由亲及疏、由近及远从而各有差异的多种不同的'关系'。这'关系'是理性秩序，更是情感认同，'关系'产生于情境"①。简而言之，"关系主义"在指向"人际和谐"时借助的是情感与亲情。其起源可溯至古代的礼乐文化，此文化的初衷是用于治国理政和教化民众。如前所述，"礼"是典章制度、风俗礼仪与行为规范的综合体。此外，"礼"还是一套用来建立社会分层与维持社会秩序的复杂教义系统。时至今日，某些教义仍有影响。例如，基于"天、地、君、亲、师"构成等级的"五位"（五牌位），介于"父子、夫妻、君臣、兄弟及朋友"关系之间的"五伦"，要求"父慈、子孝、夫义、妇听、兄友、弟恭、长惠、幼顺、君仁、臣忠"宗亲和睦的"十义"。上述"五位""五伦"与"十义"，连同基于"礼"的"三本"说，一起昭示出原初等级与人际关系。据荀子所述：

> 天地者，生之本也；先祖者，类之本也；君师者，治之本也。无天地，恶生？无先祖，恶出？无君师，恶治？三者偏亡，焉无安人。②

因此之故，"礼"倡导人们"上事天，下事地，尊先祖而隆君师"。值得注意的是，"上事天，下事地"，有助于塑造虔诚的德性；"尊先祖"的行为，有助于育养孝顺的品质；"隆君师"的行为，有助于培养敬畏之心。它们均本于"情"，可为社会结构的关系层面带来某种准宗教色彩。在"天、地、君、亲、师"的"五位"系列中，李泽厚有意用"国"代替了"君"。"国"所要求的是"爱"而非"敬畏"，因为"天、地"之下的"国"，等同"乡土"，

---

① 李泽厚：《伦理学纲要续篇》，页27。
② 荀子：《荀子·礼论》，见王天海校释：《荀子校释》，上海：上海古籍出版社，2005年，页757。

是从人所居住、生长、关怀的那片土地、家园和国家生发出来的。① 显然，这一替换更适合现代人和现代社会生活，而"君"作为封建遗产，已然成为过去。

历史地看，上列所尊"五位"，是从"三本"引申而来，似与"五伦"隐性关联，由此形成复杂的社会网络。分别说来，"五伦"中的"父子"关系，基于仁慈与孝敬的德性；"夫妻"关系，基于温柔与服从的德性；"君臣"关系，基于礼貌和忠诚的德性；"长幼"关系，基于慷慨与恭顺的德性；"朋友"关系，基于诚实与信任的德性。维持这些人伦关系的正是社会化和规范化的"人性情感"。于是，个体无一例外地生活在这种并不平等的"关系"（人际关系网络）之中。在这里面，人们发现和体验生活的意义、生命的价值与生活的方式。所列"十义"，涉及更多的关系和内容。其范围更加广阔，意在维系大型社群的和谐氛围。其所要求的德性也更加多样，但都以情感为本位，以亲情为导向，最终旨在建立一种关系主义伦理。若"三本""五位""五伦""十义"能借由情感和德性的纽带有序运作，那么，"人际和谐"就有可能得到有效的滋养和确立。即便社会结构或社会网络在家庭之中及社会成员之间含有不平等性，但它仍会持续强调和谐本身。因为，和谐是情感性的。唯有借助和谐的手段，人际关系才能真正续延长久，"十义"才能帮助人们将肉欲予以理性化和规范化，最终才会使"情理结构"以非本体论的互惠方式转化为"人际关系"。当然，"人际关系"显然不平等，但却能和谐共存；与其关联的"情理结构"，也会随着"人际关系"网络的不同而变化。总之，中国的关系主义伦理，既有别于希腊的德性伦理，也不

---

① "天、地、君、亲、师"的旧秩序被"天、地、国、亲、师"的新结构所取代。新的等级结构被视为中国宗教性道德的一部分。参阅李泽厚：《伦理学纲要》，页187—190。另参阅李泽厚：《关于"美育代宗教"的杂谈答问》，见刘再复：《李泽厚美学概论》，北京：三联书店，2009年，页231。李泽厚在此解释说："中国传统的'上帝'、'天地'，以其物质性与人间血肉更自然地联结在一起。……天地神明就行走在'国、亲、师'之中，它构成了神圣的理式和历史的神圣。……'国'是什么？是乡土。……'亲'是什么？是以血缘亲属为核心的人际关系。……'师'是什么？是人赖以生存的经验、记忆、知识，即历史。"

同于罗尔斯的"公正感",因为后两者都是以平等和个体主义为前提的。①

然而,儒家认为,"人际和谐"不能按照单一轨迹得到全面发展。事实上,礼乐文化具有双向功能。譬如,礼由外作,乐由中出。礼由外作而别异,是根据社会等级把相关规范从外部强加于人;乐由中出而和同,是因为音乐发自感于外物而生的内在情感。通常,音乐所追求的和谐具有多重功能。例如,和谐会平衡外物诱发的情感,会满足人们对幸福快乐的需求,还会为了维持社会秩序而促进人际关系的和谐共存。有鉴于此,

> 故乐在宗庙之中,君臣上下同听之,则莫不和敬;闺门之内,父子兄弟同听之,则莫不和亲;乡里族长之中,长少同听之,则莫不和顺。故乐者审一以定和者也。②

由此可见,"和敬""和亲"与"和顺"这三种精神,各自被赋予和谐上下各界人群关系的潜能。在这方面,音乐和谐从结构上类似于"人际和谐"。事实上,儒家乐教与礼教彼此互补,其目的在于上达和谐境界。据李泽厚所述,这种和谐主要借助人性感情得以实现,它既是理性秩序,也是情感逻辑,有助于促进家庭和谐与社会和谐。③

至于个人领域里的"身心和谐"向度,本属文化心理学层面,在很大程度上有赖于人类个体内在的"情理结构"。在柏拉图主义那里,灵肉二分法可谓持之以恒、影响久远。鉴于身体的必朽性及其消极限制,肉身被假定为心灵的牢狱。根据"俄耳甫斯教派—毕达哥拉斯学派的合成论"(Orphic-Pythagorean conglomerate)④观点,心灵则被看作具有不朽性和轮回性。与此相反,在中华文化传统中,身心虽有分别,但身心合一总是备受推崇。

---

① 李泽厚:《伦理学纲要续篇》,页54—55。
② 荀子:《荀子·乐论》,见王天海校释:《荀子校释》,页809。
③ 李泽厚:《伦理学纲要续篇》,页56—57。
④ Michael L. Morgan, "Plato and Greek Religion", in Richard Kraut (ed.), *The Cambridge Companion to Plato* (Cambridge: Cambridge University Press, 1999), p. 236.

这种合一性，在心智运动与文化心理意义上，指向"身心一体"或"身心和谐"。举例来说，前者展示在武术表演的活动中，后者蕴含在"情理结构"的发展中。

根据中国人的思维模式，人的身体被喻为物质欲望的源泉，所欲求的对象包括日用必需品、生活条件和传宗接代等等，通常由于欲壑难填而滋生种种问题。人之心智与人的心脏相关联，从而结成主司推理和思维等认知活动的感官能力。当个体为身体欲望所控制时，就会难以自拔，贪得无厌，眼中唯有自己而无他人。不过，这些欲望可借助人的理性和人文转化成人性情感，而人性情感通常会理性化、道德化或社会化。因为，人之为人，毕竟是理性、道德和社会存在。当人性情感的修养达到一定程度时，人类个体就会从互惠或仁爱的视域出发，变得敦厚体贴，眼中不再仅有自己，而是能为他人着想。当这样的情感升华到高尚程度时，人就会变得无私而利他，就会更多关心他人而非自己。这种将身体欲望转化为人性情感的过程，就是"情理结构"的塑建过程。

在李泽厚看来，"情理结构"为人类所特有。此复杂的"情理结构"，就等于人性或人性心理。[①] 出于同样的原因，人性不是自然性，而是人化的自然，是人文与人性能力发展的结果。因此，从原则上讲，人性问题是"情理结构"问题。这个结构在外在人文上表现为情境、情感对"公正"的范导，在内在人性上表现为人性情感与人性能力、善恶观念的协同。[②] 如此一来，塑建"情理结构"，就是树立人性，因为它是决定人之为人的关键。人性主要包含三个部分，涉及知、情、意三个互动互渗的维度。认识以知为主，审美以情为主，道德以意为主。认知维度（知）主要是认识论的，情感维度（情）主要是审美性的，意志维度（意）主要是伦理性的。它们以微妙和复杂的方式，与人类大脑中神经元各区域间的不同通路、网络和信息形成不同关联、结构、形态和模式，这些东西又以不同方式、层次和类型形

---

① 李泽厚：《人类学历史本体论》，页648。
② 李泽厚：《伦理学纲要续篇》，页64。

成诸多变异，其区分之大，形态之繁细、之复杂、之精妙，只有后世脑科学才能窥堂奥、得结果。①

通常，知、情、意三个维度，会协同促使人性能力成长。这将涉及三大要素：一是"理性内构"，通过认识能力，使人能够处理数字与逻辑等。二是"理性凝聚"，借助意志能力，使人能够遵循道德恰当行动。三是"理性融化"，借助审美能力，使人感受优美和发现真善。② 这三种要素与情理之间复杂交织的关系密切相连，由此促进或提升"情理结构"的发展。

人类个体的"情理结构"，在儒家那里被视为深层结构，也就是"百姓日用而不知"的生活态度、思想定式、情感取向。它可以说是意识和潜意识、情绪、欲望和理性互相交绕纠缠的复合物，由此将人性的情理融合为一个复杂整体。在这里面，情与理两个方面彼此交融、渗透、贯通和统一。③ 另据李泽厚所述，塑建"情理结构"的方法论，主要基于"历史具体"与"度的把握"这一双重考虑。相较于"理性至上"的基本观点，此方法不赞成用一种抽象的理性原则普遍地、直接地施加在一切事物之上，不赞成伦理道德来自这种普遍适用的抽象理性。④ 据笔者所见，"历史具体"因时而异，循情而变，它们与中华传统思想中时过境迁、境迁情变的理念相关，因此，在人生、文化、历史与实践中，具体远远多于普遍。就"度"而言，人们可在具体情境中依其做出正确或恰当之事。度是一种艺术，用以调节和借用相关因素的恰当比例，最终取得良好的结果。有鉴于此，度在用来塑建人类个体的"情理结构"时，就会创构一种适当的情理综合体，也就是情感部分与理智部分彼此和谐的综合体。这样一来，就有可能实现上面所说的"身心和谐"。

为了拓展在这方面的理解范围，有必要简述一下柏拉图从和谐角度看

---

① 李泽厚：《伦理学纲要续篇》，页400。
② 李泽厚：《伦理学纲要》，页163。
③ 李泽厚：《伦理学纲要续篇》，页368。
④ 李泽厚：《伦理学纲要续篇》，页25。

待公正的思想。在柏拉图那里，公正在实践中由公正之人的行为体现出来，和谐在心理上通过和谐的人格展示出来，其有关论说如下：

> 举凡公正之人，既不允许自身心灵的任何组成部分彼此越俎代庖，也不允许自己心灵中的不同层级彼此胡乱干涉。他会妥善规定什么真正属于自己和什么真正管辖自己。他让自己有序可循，他是自己的朋友，他将自己心灵的三部分安排得就像音阶上的高、中、低乐音一样彼此和谐。他将这些部分组合在一起，让其他部分介于其间，将众多事物合而为一，由此处于适度与和谐的状态。唯有在此情况下，他才采取行动。每当他做事时，无论是积攒财富，照料自己的身体，参与政治活动，还是参与私人契约——在所有这些方面，他相信公正和美好的行动，就是保持内心的和谐。他声称这类行动能如其所愿，故需用智慧和真知来监督此类行动。他相信摧毁和谐的行动是不公正的，他如此称谓此类行动，认为采取此类行动的信念在于愚昧与无知。[1]

对这段话的表层解读，会使某些人认为公正之人就是和谐之人，也会使某些人将公正理解为和谐的容器。但这一感知显得模棱两可，因此需要予以澄清。就公正而言，这是贯穿《理想国》的主题。如何解决公正作为最主要美德的问题，涉及城邦卫士的品格塑造与美好城邦的善政良治。在柏拉图眼里，公正在本质上至少是双向度的。首先，在心灵学说或心理学向度上，公正之所以是至为重要的美德技艺（craft of virtue），那是因为公正包括所有其他主要美德——果敢、节制与智慧。从公正公民的生成来说，这主要指向个体自我心灵结构的和谐。其次，在政治向度上，公正在本性上指向社群共同事业所涉及的其他人。这将引出美好城邦里具有根本意义

---

[1] Plato, *Republic* (trans. G. M. A. Grube and rev. C. D. C. Reeve), in Plato, *Complete Dialogues* (ed. John M. Cooper, Indianapolis/Cambridge: Hackett Publishing Company, 1997), 443c-e.

的善治技艺（craft of ruling），关乎劳动分工的主导原则，该原则使得每个社会成员各擅其长、各司其职，互不僭越。这里隐含的一点是，人们相信善治技艺会促成行政管理艺术并确保社会秩序。在目的论向度上，善治技艺与美德技艺看似彼此有别，但在实践中却彼此联系，因为二者追求某种共同的目标。也就是说，"它们的共同目标就是追求福祉。善治技艺所赋予的美德，显然与福祉同一；而美德技艺所赋予的优势，也是与福祉同一"①。另外，这两者均把心灵作为各自的对象，尽管它们在应对欲望方面存在差异。

人的心灵构成复杂，若要应对绝非易事，因此需用和谐辅助。在《理想国》的具体论述中，柏拉图提出心灵三分说，涉及理性、欲望与激情三个部分。②理性是第一部分，与人的认知能力有关，用以学习真理与获取智慧，而智慧即真知。理性善于计算长远的结果，善于思索什么该做、什么不该做。欲望是第二部分，它不擅算计，全凭各种欲求驱使，渴望在当下得到直接满足。因此，欲望部分等同于各种欲求，通常与理性部分相左或相悖。激情是第三部分，一般被说成是精神或心境，并在传统意义上折映出希腊城邦卫士的品性。它如同一种争强好胜的潜力，驱动城邦卫士跨海征战、不畏艰险、舍生忘死。在理性与欲望的冲突中，柏拉图期待激情与理性结为同盟关系，以便加强理性，把控欲望。

如此一来，这三者之间就需要和谐相处。换言之，柏拉图的心灵三分说，需要和谐发挥作用，以此来协调整合三方，使其进入和谐统一之境。否则，心灵三部分相互冲突，就无法从中生成美德技艺，更不用说促成善治技艺了。用通俗的话说，如果心灵中的欲望部分像城邦里的各个成员一样都随心所欲，那最终会产生怎样的后果呢？肯定是混乱无序。柏拉图深切意识到心灵三部分之间的层级冲突，这也是其特别关注的根本性伦理问题之一。因此，柏拉图希望用自己所说的美德来解决这种冲突。于是，他

---

① Richard D. Parry, *Plato's Craft of Justice* (New York: State University of New York Press, 1996), p. 91.
② Plato, *Republic* 435c-441d.

极力倡导理性部分要尽其所能，联盟激情部分，范导欲望部分。因为，与认知能力关联的理性部分，自身谙悉公正作为心灵三部分比例和谐的范型。

借助这一认知，理性部分就会发现心灵在理性范导下的恰当安排，这不仅代表公正理式的真实形象，而且能让三个部分各得其所，发挥各自的恰当作用。为了实现上述目标，柏拉图求助于和谐（harmonias）的观念与功能，采用彼此协调一致的方式（sōphrona kai hērmosmenon），力图协同心灵所有三个组成部分。①这样一来，人就会将这三个部分合而为一，"让自己进入有序状态"，"成为完全适中与和谐的整体"。此外，人还能在社会语境（城邦）里实现自身价值。正如《理想国》第五卷卷末所示，柏拉图通过代言人苏格拉底，着重强调了心灵中的公正价值所在。②他在此断言，公正自身对人类个体而言是有价值的，其所产生的结果，对于社会群体而言也是有价值的。为了昭示这一点，他继而将心灵与城邦加以类比，认为心灵与城邦均由三部分或三阶层构成，彼此在类比意义上具有共同的结构与共同的美德。最终，这便在美好城邦里导引出以柏拉图式公正为根基的阶级分层、劳动分工与社会伦理。

质而言之，柏拉图的公正概念，主要关乎美德技艺和善治技艺。美德技艺更多是心灵上的，善治技艺更多是政治上的。不过，这两者均是道德或伦理上的。就柏拉图的和谐观念而言，其功能是心理意义的，是在理性的范导下，用来把心灵的各部分融合成和谐的整体。因此，不能将公正视为一种和谐容器，而应将其看作和谐的目的论成果。在这里，和谐是将心灵三部分协调一致的中介。

现在若对前述引言进行二次反思，我们就会从中发现：公正是最为显著的美德技艺和善治技艺，体现在纯粹意义上的公正之人身上。如此公正之人，自身思想公正、行为正直、循序而为、心灵和谐。也就是说，他的

---

① Plato, *The Republic* (trans. Paul Shorey, London: William Heinemann LTD & Harvard University Press, 1963), 443b–444c.
② Plato, *The Republic* 435b–448e.

所作所为，无论是在个体语境里还是在社会语境里，都能使内在于心灵的三个部分协同为一。在此情况下，他自身似乎具有一种内在的柏拉图式的"情理结构"，其中欲望与激情部分属于情感范畴，理性属于理性范畴，两者以柏拉图所期待的理性化适度方式相辅相成。但要看到，在柏拉图那里，理性范畴等同于主导性管辖要素，而欲望与激情则等同于次要的被管辖要素。这意味着心灵的三个部分并非享有平等地位。故此，按照柏拉图的界说，心灵三部分的协同化，实属一种"管辖和被管辖的自然关系"。

然而，在李泽厚那里，"情理结构"一方面意指因果关系，另一方面意指情理不分，情理彼此平等且相互依赖。至于李泽厚所说的"身心和谐"，显然与柏拉图所说的"灵肉二分"相悖。前者强调的是身心合一，贯穿于中国推崇的个人修养传统。后者突出的是否定肉身，认为肉身是"心灵的牢狱"，这一意识根植于古希腊的哲学探索传统。不过，在许多情况下，柏拉图的思维模式更具辩证性而非直陈性。譬如，在其经验性阐释中，柏拉图将造就公正的方式与造就健康的方式相比较，并且从中紬绎出两者之间的相似性。为了造就公正，就要在"管辖与被管辖的自然关系"中构建心灵三部分的协同性；为了造就健康，就要在"管辖与被管辖的自然关系"中构建身体各部分的协同性。①虽然柏拉图区分出两种目的论追求，但他似乎认为这两者相互启发，就好像心灵三部分的协同化与身体各部分的协同化具有某种互补性联系似的。但要切记，这两种协同化的确均以"管辖与被管辖的自然关系"为特征。

接下来让我们审视一下生态环境领域里的"天人和谐"问题。李泽厚就此所言的"天人和谐"，在概念上隐含于"天人合一"之中。在中华传统思想中，"天"的观念用来意指天地、宇宙、自然、天道或天理等。如今，"天"的含义被扩展延伸，可用来表示自然生态环境。再者，出于人类自身的生存考虑，人们越来越关注全球变暖现象，越来越重视生态环境保护。

究其本质，"天人和谐"关乎人与自然关系的和谐合作，其目的在于保

---

① Plato, *Republic* 444d-e.

护自然生态环境，提升人类整体的生活质量。在李泽厚看来，"天人和谐"涉及一种"有情宇宙观"，同"科学宇宙观"形成对照。① 这种"有情宇宙观"，意味着对物质世界、人类生活和人类生存采取积极态度。因此，它以情感类比的方式，将人的身心与自然万物联系起来，从而肯定、重视和提升理性化之人的自然需要、欲望、情感，不去刻意追求离开肉体的灵魂超升、天国进入。② 对儒学来说，"活"（生命）的意义就在"活"（生命）本身，就应在人生世事里面寻求。因为，人首先"活"在天地自然之中，含辛茹苦、挣扎奋斗。这便是儒学之所以赋予"活"（生命）以宏大宇宙之情感性肯定意义的由来。事实上，宇宙本无情，自然本中性。然而，儒学偏偏认为"天地之大德曰生"，"仁，天心也"，"天行健，君子以自强不息"。这里，"天地"或"天"，意指宇宙或自然；所谓"生"，意指赋予万物以生命。宇宙的这种化育能力被视作"大德"，等同于"仁德"。显然，这种"大德"或"仁德"，从本质上讲是有情的，是以"情"为体，将"人活着"予以宇宙性的泛情感化，即给予整个宇宙—自然以温暖的、肯定的人的情爱性质，以此来支撑"人活着"的现实。③ 这便使人受到鼓舞，从而追求全面发展自己的本性，同时还有意帮助他者来参与同类作为。此外，这种思想还建议人们知天命尽人性，仁民而爱物，赞天地之化育，曲成万物而不遗，由此上达人"与天地参"的境界。④这种"参"，可谓儒家式的"三位一体"，意味着天、地、人"三才"结成一体。这类似于"天人和谐"或"天地人和谐"。于是，从生态环境意义上讲，这就要求人们具有相关意识并采取实际行动，为全人类照看好天下万物，保护好生态系统。

---

① 李泽厚：《哲学探寻录》，见《人类学历史本体论》，页393。
② 李泽厚：《伦理学纲要续篇》，页62。
③ 李泽厚：《人类学历史本体论》，页393。
④ The Doctrine of the Mean 22, 32 (trans. James Legge), in The Four Books (Changsha: Human Press, 1992), pp. 49, 59.

3. 背后的动因何在？

从实用意义上讲，什么是推动上述三种和谐形态的重要动因呢？正是"中国宗教性道德"。这种道德的组成，包括上述四个已知观念，即原初等级（"三本""五位""五伦""十义"）、"关系主义"、"情理结构"与"有情宇宙观"。另外，还涉及更多其他要素，诸如"人与宇宙协同共在"和"天民"等等。

在李泽厚的表述中，"人与宇宙协同共在"时常被简化为"人与宇宙共在"。[1] 这一观点引申为"有情宇宙观"，其意是以相随互伴模式（concomitant mode）促进人类生成与自然保护。在发生学意义上，它源自"天人合一"的传统理念，表示相关双方彼此依赖互惠。在哲学意义上，它被看作一种形而上学假设，涉及"物自体"。没有这一假设，就没有基于感知的经验之源，也无基于形式的力量与情感之因。宇宙本身引致先验的未知对象，人为操作与符号系统创构出先验的认知主体。从历史本体论的观点来看，这两者是在人类实践的基础上统一起来的，凭借"以美启真"与"自由直观"，人类就能设法窥探宇宙的奥秘，安顿此在人生。正是这个充满偶然性和自发性的活生生的生命，连结着人与宇宙的共在关系。人们因此发现，有必要以"人与宇宙的物质性协同共在"的名义，来建立"物自体"这一形而上学假设。正是这一假设，成为此在人生与人之为人不可或缺的前提。唯有借此假设，才能使人把各种秩序赋予宇宙（自然）成为可能。[2] 尽管此处所说的"各种秩序"在历史、文化概念上各有不同，但它们均倾向于承认人与万物在宇宙整体中所结成的动态性、连续性和重要的互动关系。在这方面，它们看似在物质和形而上学意义上表现出一种共生原则（a prin-

---

[1] 李泽厚：《伦理学纲要续篇》，页142。
[2] 李泽厚：《实用理性与乐感文化》，页53—54。

ciple of symbiosis)。

谈及"天民",这在孟子看来可谓人所能够成就的至高范型。他们实际上是指"天之生此民,使先知觉后知,使先觉觉后觉也"①。另外,他们是可尽天理的经世济民者,其自身担负着使命感,推崇并践行知行合一之道,既是"达可行于天下而后行之者",也是"正己而物正者"。②他们的所知所行,因循的是崇高的"天理"或"道德原则"。在原典儒学那里,"天民"德行高尚,超过"大人",能够知天、用天、配天、事天。但从实用观点看,孟子似乎将"天民"与"仁人志士"等同视之。换言之,"天民"追求的是"仁民而爱物"③的理想。所谓"仁民",是"亲亲"之情外延或推广到社会成员的结果。所谓"爱物",是根据互惠法则关照佑护万物的善行。举例来说,孟子持"仁民而爱物"的观念,特意劝导人们"不违农时,谷不可胜食也;数罟不入洿池,鱼鳖不可胜食也;斧斤以时入山林,材木不可胜用也"。④如此一来,林木与鱼类不仅得到保护,而且能够丰产丰收,人们就能获得充足的生活资源,从而过上善好的生活。反之,滥砍滥捕滥用自然资源,就会导致有害的后果,就会剥夺自然的化育能力。这种不计后果的行为,形同"杀鸡取卵"。

那么,"中国宗教性道德"对于人类生存状况有何其他助益呢?在李泽厚看来,此道德会引致一种"转化性创造",改良性地创造或创立一种新的伦理道德与政治经济体制。因此,可将其当作一种"范导原理",借以适当构建"现代社会性道德"和政治经济体制,使其首先成长在中国,然后逐渐慢慢地普及和适用于全人类。⑤ 也就是说,它们能够用来深化和提升"中学为用",影响和补充"西学为体"。

从目的论上讲,李泽厚依照自己的思路,所追求的目标至少可分为三

---

① Mencius, *The Works of Mencius*, in *The Four Books* (trans. James Legge, Changsha: Hunan Press, 1992), 9.7.
② Mencius, *The Works of Mencius*, 13.19.
③ Mencius, *The Works of Mencius*, 13.45.
④ Mencius: *The Works of Mencius*, 1.4.
⑤ 李泽厚:《人类学历史本体论》,页 140—141。.

个向度。首先,他将"中国宗教性道德"当作"范导原理",将"现代社会性道德"视为"构造原理"。源自中国思想资源的宗教性道德,涉及"三本""五位""五伦""十义"等主要内容,同时关乎人际、身心与天人和谐形态。比较而言,源自西方思想资源的"现代社会性道德",主要是由平等、自由、人权与民主所构成,主要关注的是公正的有效性。① 在实用意义上,"中国宗教性道德"与"度"这一实际操作艺术有关,同时与"情本体"这一哲学基础相联。当其作为"范导原理"时,就有可能如其所期待的那样,有助于范导适当构建"现代社会性道德"。

自不待言,社会生活有赖于多种多样的法则。这些法则源自"现代社会性道德"、法典、形式公正、个体主义、功利主义、自由主义以及恪守"权利优先于善"的公共理性所形成的一座大仓库。它们不是以抽象与机械的方法付诸实施,否则就会引发某种有害的后果,就会将社会交往置于危险之中。因此,要在充分考虑具体情境的情况下,将它们引入社会生活之中,这需要借用源自原典儒学的"中国宗教性道德"予以矫正或调整。它们之所以有助于减少生硬法则所导致的负面效应,就是因为它们更注重和谐而非其他价值观念。在我看来,倘若"中国宗教性道德"能够适应世界各地的不同情境,那就有可能丰富全球伦理准则,有利于促进跨民族或"跨国恩惠"(transnational beneficence)。按照米勒(Richard W. Miller)的说法,"跨国恩惠"的真正诉求,与跨国互动和跨国责任的真正诉求密不可分。如果没有相互依存、相互信任、相互尊重和欣赏每个人生的平等价值这些可资实用的条件,这些诉求就无法得到满足。在部分程度上,上列条件就是共鸣原则与奉献原则的隐性根基。面对这两条原则,真正的践行者理应让前一原则基于后一原则。如此一来,他们就会将这两条原则发挥到极致,从而对人类需要表现出巨大关切和积极反应。②不过,这一道德场域有其局

---

① 李泽厚:《人类学历史本体论》,页391;《伦理学纲要续篇》,页63;《伦理学纲要》,页33、190。
② Richard W. Miller, *Global Justice: The Ethics of Poverty and Power* (oxford: Oxford University Press, 2010), pp. 6, 17-18, 23-25.

限。故此,在大多数情况下,法律保护不可或缺,因为"凭借法律而非私人积极性来贯彻恩惠的诉求,会保护有责任感的人们免受综合性的打击,这种打击来自那些并没有兑现自己恩惠责任的人们"。①也就是说,法律可让富有公心、意在给予的公正和善良之人免受充满私欲、损人利己、试图获取之人的剥夺与坑害。

其次,"中国宗教性道德"有助于建立一个"人性化世界",其特征是人与人之间和谐互动、情理交融。这个"人性化世界"与"物自体世界"并行不悖,其特征是人与自然共在,不乏"理性神秘"。恰如当前社会生活所示,人际关系日渐稀薄化,犹如含氧稀少的高原空气。此类现象具有普遍性,是过度个人主义和缺乏恻隐之心所致。所幸的是,儒学的"关系主义"可在这方面发挥重要作用。它对人的生命、人际关系与社群中家庭式氛围的仁爱关切,会使社会交往与人性情感复杂地交织在一起。当它被奉为适当构建"现代社会性道德"的"范导原理"时,就能用以平衡那种恣意妄为的个人主义,用以支持公共理性与理性化社会秩序。简而言之,儒学的"关系主义"既是道德性的,也是情感性的,既与社会性道德的情感基础重叠,又可将此情感基础予以强化。但是,它无法避免道德与情感两个领域里存在的矛盾和冲突。因此,它需要依照具体的情境和语境予以分析和处理。②

最后,"中国宗教性道德"是以情为基、以人为本,但并不否定理性。在实践中,它要求中和式的情理融合。因此,它可用来抗衡西方主流中过度使用工具理性的问题。今日,在成为问题的人类生存状况与社会生活里,人们时常会看到工具理性的滥用现象,结果在诸多情况下,人就显得过于算计、过于功利、过于自私,这对人际关系和社会互动有害无益。故此,要解决或缓解这类问题,就需要一种替代性方案,这在一般意义上指向"中国宗教性道德",在特殊意义上指向合情合理的"情理融合"。

---

① Richard W. Miller, *Global Justice: The Ethics of Poverty and Power*, p. 212.
② 李泽厚:《伦理学纲要续篇》,页58—62。

在我看来，以上所言作为一种理论视野有其合理性，但仍需要一种前提条件，该条件就是"公正"，此乃"现代社会性道德"建立的根基。换言之，"权利优先于善"的优先性，通常是把公正先行设定为重要门槛。在当下中国，"现代社会性道德"的根基并不牢靠，时常会出现侵犯公民权利和义务的现象。实情若是如此，"中国宗教性道德"就无法在充分意义上发挥"范导原理"的作用，即便道德感或道德意识（良知）被认为植根于中国人的心理意识之中。因此，我比较赞同罗尔斯（John Rawls）提出的"公正即公平"（justice as fairness，或译为"正义即公平"）之说。此说与原初的平等立场和社会契约传统有关。就其特征而言，罗尔斯这样论述：

> 公正是社会制度的首要价值，正像真理是思想体系的首要价值一样。一种理论，无论它多么精致和简洁，只要它不真实，就必须加以拒绝或修正；同样，某些法律和制度，不论它们如何有效率和有条理，只要它们不公正，就必须加以改造或废除。每个人都拥有一种基于正义的不可侵犯性，这种不可侵犯性即使以社会整体利益之名也不能逾越。……所以，在一个公正的社会里，平等的公民自由是确定不移的，由公正所保障的权利，决不受制于政治的交易或社会利益的权衡。允许我们默认一种有错误的理论的唯一前提，就是尚无一种较好的理论，同样，使我们忍受一种不公正，只能是在需要用它来避免另一种更大的不公正的情况下才有可能。作为人类活动的首要价值，真理和公正是决不妥协的。①

的确，公正在实践中涉及一系列主导原则。其中有些原则，就包括构建有序社会的法治、分配基本权利和义务的民主平等、确保个人发展享有平等机会的制度原则，等等。简而言之，公正的本性是社会公正。公正作

---

① John Rawls, *The Theory of Justice* (Cambridge, Mass.: Harvard University Press, 1971), pp. 3-4. 另参阅罗尔斯：《正义论》，何怀宏、何包钢、廖申白译，北京：中国社会科学出版社，1988年，页1—2。

为社会制度的核心德行，关乎最具决定性的方式。正是依此方式，"主要制度从社会合作出发，分配根本权利和义务，决定有利因素的分派"。①在中国目前的社会发展与法制改革中，所有这一切可以说是当务之急。

然而，在构建一个全面意义上的公正社会时，仅从功利主义与自由主义视角出发，将公正概念局限于政治话语是明显不够的。功利主义方法认为，公正就是将功利或福祉最大化。但这会导致两大缺陷：其一，它使公正与权利成为一种算计事宜而非某种原则；其二，它推平所有人类的善，毫不考虑其质性差异，将它们置换成单一性的和等同性的价值尺度。②至于自由主义方法，它将公正视作尊重选择的自由，因此认真对待权利，笃信公正要比算计意味着更多东西。不过，它倾向于接受人们如其所是的偏爱，而不要求人们去质疑或挑战带入公共生活中的那些偏爱与欲望。根据自由本位的理论，"我们所追求的那些目的的道德价值，我们所过的生活的含义和意义，我们所共享的共同生活的质量与品性，都将超出公正的领域"③。因此，就需要第三种方法来深思熟虑公正问题，来仔细研究公正社会与德性修为和共同利益（共同善）如何联系和互动的问题。这代表桑德尔所持的坚定立场。如其所言：

> 我们不可能仅仅通过使功利最大化，或保障选择的自由，就形成一个公正的社会。为了形成一个公正的社会，我们不得不共同推理良善生活的意义，不得不创造一种公共文化以容纳那些难免产生的各种分歧。……公正难免具有判断性。无论我们所争论的是财政援助、紫心勋章、代孕母亲、同性婚姻、反歧视行动、军事服务、首席执行官的工资，还是使用高尔夫代步车的权利等等，公正问题都跟不同的关于荣誉和德性、自豪和认可的观念绑定在一起。公正不仅包括正当地

---

① John Rawls, *The Theory of Justice*, p. 7. 另参阅罗尔斯：《正义论》，页4。
② Michael J. Sandel, *Justice: What's the Right Thing to Do?* (New York: Farrar, Strauss, and Giroux, 2010), p. 260.
③ Michael J. Sandel, *Justice: What's the Right Thing to Do?*, p. 260–261.

分配事物，它还指涉正确地评价事物。①

有鉴于此，具有自由中立性的政治话语或论述，需要借助道德和宗教判断加以补偿或补充。这些判断既涉及用于人格塑造的公民德性，也关乎追求美好生活的共同之善。从积极意义上讲，这种社群主义方法据说具有双重作用，一方面会帮助人们超越那种纠结于自我满足与物质盘算的"沾沾自喜的生活方式"（complacent way of life），另一方面会帮助人们欣然接受一种由政治权利、道德和精神志向等内容所支持的具有更为宏大目的的生活。从消极意义上讲，试图分离公正与权利论证和善好生活论证的做法被视为错误之举，至少有两个原因：第一，在没有解决实质性的道德问题时，要裁决公正与权利问题总是不可能的；第二，即便可能，也许是不可取的。② 基于上述原因，桑德尔得出如下结论：同回避参与政治相比，道德参与政治不只是一种更加鼓舞人心的理想，而且还是一种为公正社会提供的更有希望的基础。③

若将桑德尔的公正立场视为一个整体，我发现这在某种程度上是亚里士多德声音的现代回响。桑德尔本人不仅倾向于强调分配公正与共同利益的关系，而且倾向于坚持公正的目的论与尊称化特性。另外，他揭示出导致"贫乏性公共话语"的根源，认为这种话语"从一个新闻周期转至下一个周期，充斥着各种丑闻、耸人听闻的消息以及日常琐事"。④可以确定的是，对这种话语的流行性肤浅解读，在某些情况下，反过来忽悠、迷惑、控制乃至扭曲了公众舆论。

在这方面，李泽厚对桑德尔的上述立场表示某种支持，因为两人均从政治、目的论、道德与宗教视野出发，设想解决公正所面临的诸种问题。

---

① Michael J. Sandel, *Justice: What's the Right Thing to Do?*, p. 261. 另参阅桑德尔：《公正：该如何做是好？》，朱慧玲译，北京：中信出版社，2011 年，页 296—297。
② Michael J. Sandel, *Justice: What's the Right Thing to Do?*, p. 261.
③ Michael J. Sandel, *Justice: What's the Right Thing to Do?*, p. 269.
④ Michael J. Sandel, *Justice: What's the Right Thing to Do?*, p. 268.

他们的观点得以凸显的原因，就在于他们倾向于将公正而非其他作为实现目标的手段。此外，他们两人都坚持认为，公正原则在实践中具有根本性，但其仍不足以实现人所追求的最终目的。因此，他们都提议将道德与宗教判断作为补充或范导原理，以期确保寻求公共利益的公正社会的全景。颇为不同的是，李泽厚是在东西方文明互鉴的背景下沿着原典儒学的思路前行，桑德尔则是在美国社会现状的背景下沿着亚里士多德的思路前行。此外，李泽厚与桑德尔的不同之处，就在于李泽厚是以人类学历史本体论的名义立论。在李泽厚看来，人是历史存在，人性是人文发展的结果。作为人文的部分成果，道德或伦理不仅指向人应该如何作为的规范与习俗，而且指向人应该如何生成的情理结构和文化心理结构。若将其应用于社会领域中的人类实践，这种人类学历史本体论就会对社会制度的组织和运作产生关联性影响。

综上所述，"和谐高于公正"的假设，是一种层次考量而非价值判断。和谐在原则上以公正为前提条件，主要表现为三种和谐形态，与"中国宗教性道德"密切关联。在李泽厚的"哲学伦理学"架构里[1]，这种道德本身旨在范导适当构建"现代社会性道德"。也就是说，它诉诸情感与信念，以期调协冰冷的推理、僵硬的法律、泛滥的个体主义、过于算计的功利主义，而这些都是构成"现代社会性道德"的要素。

然而，"宗教性道德"与"社会性道德"并不能彼此取代。这两者形成与"文化心理结构"相类似的"心理本体"的主要内容。事实上，李泽厚在有些时候，是以互换方式使用这两个术语，而且确认它们具有同等意涵的。例如，他认为"文化心理结构"仅为人类特有，并从哲学角度将其等同于"心理本体"。因此，人类（即历史整体）的积淀为个体的，理性的积淀为感性的，社会的积淀为自然的。与此同时，人类原本拥有的动物性感官能力已

---

[1] 李泽厚：《伦理学纲要续篇》，页63。

经人化，这意味着已经把自然心理结构转化为人类心理结构。这在事实上就是指"内在自然人化""文化心理结构"与"心理本体"。这些用语或概念之所以质同而名异，是因为它们关乎三个已知的领域，即知（逻辑）、意（伦理）、情（审美）领域。①

在李泽厚的伦理学里，我们会看到"哲学伦理学""哲学心理学""心理本体"与"伦理本体"等概念。这会引发两个疑问：一个是关于"哲学伦理学"与"哲学心理学"之间联系的，另一个是关于"心理本体"与"伦理本体"之间联系的。为了说明这两者，此处引用两段论说以供参考：

> 这便是"人类学历史本体论"与中国传统儒学相融会而成的"自然人化"理论，它追求"极高明而道中庸"，即第一，它将康德的理性绝对主义视作人类伦理本体的建造，并具体化为文化心理结构的塑建。这"心理"并非经验科学的实证研究，仍是哲学假定。第二，它将中国儒学的"仁"的情感性注入这一伦理本体，使"先验"理性具有经验性的操作可能。"实用理性"，亦此之谓。第三，从而为区分今日"宗教性道德"与"社会性道德"提供理论基础。这一理论或应名为"哲学心理学"或"先验心理学"。②

> 宗教性道德即以儒家说的"安身立命"和西方说的"终极关怀"来"范导和适当构建"现代社会性道德。将身体、欲望、个人利益和公共理性向"情"复归，使人从空泛的人是目的（康德）和空泛的人是此在（海德格尔）走向人间世界各种丰富、复杂、细致的情境性、具体性的人。以孔老夫子来消化康德、马克思和海德格尔，奋力走进世界中心。这就是人类学本体论所想探索的。③

---

① 李泽厚：《人类学历史本体论》，页475。
② 李泽厚：《伦理学纲要》，页14—15。
③ 李泽厚：《伦理学纲要》，页195。

我以为，李泽厚的"哲学伦理学"与其"哲学心理学"彼此重叠。他所说的"心理本体"与"伦理本体"也是如此。即便它们在观念上显得不同，但在功能上相互关联，彼此都在寻求类似的目标。另外，它们最终会构成一个本体论问题，与人性完善的成长和人性完满实现的趋向相关。如此一来，它们均涉及"人类学历史本体论"的探索。这种本体论提供了一把大伞似的总称，涵盖了李泽厚思想中长期关切的哲学使命。

主要参考文献

中文类

陈鼓应注译：《老子注译及评介》，北京：中华书局，1988年。

陈鼓应注译：《庄子今注今译》，北京：中华书局，1983年。

中国社会科学院哲学研究所中国哲学史研究室编：《中国哲学史资料选辑》先秦之部，北京：中华书局，1984年。

中国社会科学院哲学研究所中国哲学史研究室编：《中国哲学史资料选辑》魏晋隋唐之部，北京：中华书局，1990年。

崔大华：《庄学研究》，北京：人民出版社，1992年。

董仲舒：《春秋繁露》，上海：上海古籍出版社，1989年。

冯契：《中国古代哲学的逻辑发展》，上海：上海人民出版社，1983年。

冯友兰：《中国哲学简史》，北京：新世界出版社，2004年。

冯友兰：《中国哲学史新编》，北京：人民出版社，1992年。

斐奇诺：《论柏拉图式的爱——柏拉图〈会饮〉义疏》，梁中和、李旸译，上海：华东师范大学出版社，2012年。

复旦大学历史系编：《儒家思想与未来社会》，上海：上海人民出版社，1991年。

冯友兰：《贞元六书》，上海：华东师范大学出版社，1996年。

高柏园：《庄子内七篇思想研究》，台北：文津出版社，1992年。

高亨：《老子正诂》，北京：中国书店，1988年。

古棣、周英：《老子通》上下部，长春：吉林人民出版社，1991年。

郭象注，成玄英疏：《庄子注疏》，北京：中华书局，2013年。

胡经之：《中国现代美学丛编》，北京：北京大学出版社，1987年。

《四书》，杨伯峻今译，理雅各英译，长沙：湖南出版社，1995年。

胡平生、张萌译注：《礼记》，北京：中华书局，2017年。

蒋国保、周亚洲编：《方东美新儒学论著辑要：生命理想与文化类型》，北京：中国广播电视出版社，1993年。

罗尔斯：《正义论》，何怀宏、何包钢、廖申白译，北京：中国社会科学出版社，1988年。

梁漱溟：《中国文化要义》，北京：学林出版社，1987年。

刘述先：《儒家思想与现代化》，北京：中国广播电视出版社，1992年。

李泽厚：《伦理学纲要》，北京：人民日报出版社，2010年。

李泽厚：《伦理学纲要续篇》，北京：三联书店，2017年。

李泽厚：《历史本体论/己卯五说》，北京：三联书店，2003年。

李泽厚：《美学四讲》，北京：三联书店，1989年。

李泽厚：《人类学历史本体论》，青岛：青岛出版社，2016年。

李泽厚：《实用理性与乐感文化》，北京：三联书店，2005年。

李泽厚：《中国古代思想史论》，北京：人民出版社，1985年。

李泽厚：《中国近代思想史论》，北京：人民出版社，1986年。

吕不韦：《吕氏春秋》，上海：上海古籍出版社，1989年。

杨伯峻译注：《论语译注》，北京：中华书局，1988年。

杨伯峻译注：《孟子译注》，北京：中华书局，1988年。

王弼玄：《才性与玄理》，台北：学生书局，1975年。

牟宗三：《中国哲学的特质》，上海：上海古籍出版社，1997年。

牟宗三：《中西哲学之会通十四讲》，上海：上海古籍出版社，1998年。

中村元：《比较思想论》，吴震译，杭州：浙江人民出版社，1987年。

北京大学哲学系美学教研室：《中国美学史资料选编》，北京：中华书局，1981年。

北京大学哲学系美学教研室：《中国哲学思想史》，北京：中华书局，1980年。

钱穆：《孔子与论语》，台北：联经出版公司，1985年。

钱穆：《现代中国学术思想论衡》，北京：三联书店，2006年。

钱穆：《中国思想通俗讲话》，北京：三联书店，2006年。

任继愈：《中国哲学史》，北京：人民出版社，1990年。

桑德尔：《公正：该如何做是好?》，朱慧玲译，北京：中信出版社，2011年。

陕西考古研究所：《西汉京师仓》，北京：文物出版社，1990年。

司马迁：《史记》，长沙：岳麓书社，1988年。

孙武：《孙子兵法》，北京：军事科学出版社，1993年。

唐君毅：《中国哲学原论》，台北：学生书局，1978年。

滕守尧：《艺术与创生》，西安：陕西师范大学出版社，2002年。

王邦雄：《中国哲学论集》，台北：学生书局，1983年。

张载撰，王夫之注：《张子正蒙注》，北京：中华书局，1975年。

王夫之：《庄子解》，香港：中华书局，1976年。

王国维：《王国维文集》，北京：中国文史出版社，1997年。

王明：《道家和道教思想研究》，北京：中国社会科学出版社，1987年。

王柯平：《走向跨文化美学》，北京：中华书局，2002年。

王守谦等译注：《左传全译》，贵阳：贵州人民出版社，1992年。

王孝鱼：《庄子内篇新解》，长沙：岳麓书社，1982年。

杨安仑：《中国古代精神现象学——庄子思想与中国艺术》，长春：东北师范大学出版社，1993年。

张岱年：《张岱年文集》，北京：清华大学出版社，1989年。

张岱年：《中国哲学大纲》，北京：中国社会科学出版社，1982年。

张锴生：《汉代粮仓初探》，载于《中原文物》1986年第1期。

庄子：《庄子》（英汉对照版），汪榕培英译，秦旭卿、孙雍长今译，北京：外文出版社，1999年。

朱光潜：《谈美》，上海：开明书店，1932年。

朱光潜：《文艺心理学》，上海：开明书店，1936年。

朱熹：《四书章句集注》，北京：中华书局，1983年。

西文类

Anderson, Albert et al (ed.), *Mythos and Logos*, Amsterdam & New York: Rodopi, 2004.

Benitez, Eugenio (ed.), *Before Pangaea: New Essays in Transcultural Aesthetics*, Sydney: University of Sydney Press, 2005.

Chan Wing-tsit, *A Source Book in Chinese Philosophy*, New Jersey: Princeton University Press, 1973.

Chan, Wing-Tsit (ed.). *A Source Book in Chinese Philosophy*, New Jersey: Princeton University Press, 1973.

Chen Jingpan, *Confucius as a Teacher*, Beijing: Foreign Languages Press, 1990.

Chuang-tzu, *A Taoist Classic: Chuang-tzu*, trans. Fung Yu-lan, Beijing: Foreign Languages Press, 1989.

Confucius, *Analects of Confucius*, trans. Cai Xiqin and Lai Bo, Beijing: Sinolingua, 1994.

Confucius, *The Analects*, D. C. Lau (trans.), London: Penguin Books, 1979.

Confucius, *The Analects of Confucius*, trans. Cai Xiqin and Lai Bo, Beijing: Sinolingua, 1994.

Creel, Herrlee G., *What Is Taoism?* Chicago and London: The University of Chicago Press, 1970.

Ember, Carol R. & Ember, Melvin, *Cultural Anthropology*, New Jersey: Prentice Hall, 1985.

Fung Yu-lan, *Selected Philosophical Writings of Fung Yu-lan*, Beijing: Foreign Languages Press, 1991.

Graham, A. C., *Disputers of Tao*, Illinois: Open Court, 1991.

Han Fei Tzu, *Basic Writings*, trans. Burton Watson, New York and London: Columbia University Press, 1966.

Harnisch, Sebastian, "China's Historical Self and Its International Role," in S. Harnisch and J.-C. Gottwald (eds.), *China's International Roles: Challenging or Supporting International Order?*, New York and London: Routledge, 2016, pp. 39-40.

He Zhaowu, et al, *An Intellectual History of China*, Beijing: Foreign Languages Press, 1991.

Holy Bible, Nanking: National TSPM & CCC, 2000, Deuteronomy 30.19.

Hsun Tzu (Xunzi), *Basic Writings*, trans. Burton Watson, New York: Columbia University Press, 1963.

Hussain, Mazhar & Wilkinson, Robert (ed.), *The Pursuit of Comparative Aesthetics*, England: Ashgate Publishing Limited, 2006.

Krieger, Silke & Trauzettel, Rolf (ed.), *Confucianism and the Modernization of China*. Mainz: v. Hase & Koehler Verlang, 1991.

Laozi, *Dao De Jing*, trans. Wang Keping, Beijing: Foreign Languages Press, 2008; also see Wang Keping, *The Classic of the Dao: A New Investigation*, Beijing: Foreign Languages Press, 2011.

Legge, James (trans.), *The Four Books*, Changsha: Hunan Press, 1995.

Li Pengcheng, et al (ed.), *The Role of Values and Ethics in Contemporary Chinese Society*, Beijing: Shijie zhishi chubanshe, 2002.

Li Zehou and Jane Cauvel, *Four Essays on Aesthetics*, Lanham, et al: Lexington Books, 2006.

Liu Xiaogan, *Classifying the Zhuangzi Chapters*, trans. William E. Savage, Michigan: The University of Michigan Press, 1994.

Lynn, Richard John (trans.), *The Classic of Changes*, New York: Columbia University Press, 1994.

McCready, Stuart (ed.), *The Discovery of Happiness*, London: MQ Publications Limited, 2001.

Mencius, *The Book of Mencius*, in *The Four Books*, trans. James Legge, Changsha: Hunan Press, 1992.

Miller, Richard W. *Global Justice: The Ethics of Poverty and Power*, Oxford: Oxford University Press, 2010.

Morgan, Michael L. "Plato and Greek Religion", in Richard Kraut (ed.), *The Cambridge Companion to Plato*, Cambridge: Cambridge University Press, 1999.

Mote, Frederick W., *Intellectual Foundations of China*, New York: Alfred A. Knopf, 1971.

Mo Tzu, *Basic Writings*, trans. Burton Watson, New York and London: Columbia University Press, 1963.

Nietzsche, Friedrich. *Aurore*, Paris: Gallimard, 1980.

Northrop, F. S. C., *The Meeting of East and West*, New York: MacMillan Company, 1960, 1st ed., 1946.

Parry, Richard D. *Plato's Craft of Justice*, New York: State University of New York Press, 1996.

Pascal, *Pensées*, Paris: Librairie Générals Française, 1962.

Plato, *Republic*, trans. G. M. A. Crube and revised C. D. C. Reeve, in Plato, *Complete Works*, ed. John M Cooper, Indianapolis/Cambridge: Hackett Publishing Company, 1997.

Plato. *Republic*, trans. Paul Shorey, Cambridge and London: Harvard University Press, 1994.

Plato. *Symposium*, trans. W. R. M. Lamb, Cambridge and London: Harvard University Press, 1996.

Plato, *The Republic*, trans. Paul Shorey, London: William Heinemann LTD & Harvard University Press, 1963.

Plotinus. *The Enneads*, trans. Stephen MacKenna, London: Penguin Books, 1991.

Rawls, John, *The Theory of Justice*, Cambridge, Mass.: Harvard University Press, 1971.

Rosen, Stanley. *Plato's Symposium*, New Haven: Yale University Press, 1987. (Chinese version, trans. Yang Junjie, Shanghai: East China Normal University Press, 2011.

Ross, Stephen David (ed.), *Art and Significance*, Albany: State University of New York Press, 1994.

Sandel, Michael J. *Justice: What's the Right Thing to Do?*, New York: Farrar, Straus and Giroux, 2010.

Schilpp, P. A. (ed.), *The Philosophy of John Dewey*, New York: Tudor, 1951.

Schopenhauer, Arthur. *The World as Will and Idea*, trans. R. B. Haldane and J. Kemp, London: Kegan Paul, 1909

Schwartz, Benjamin I., *The World of Thought in Ancient China*, Cambridge and London: Harvard University Press, 1985.

Shusterman, Richard, *Pragmatist Aesthetics: Living Beauty, Rethinking Art*, Rowman & Littlefield Publishers, 2000.

The Doctrine of the Mean, in *The Four Books*, trans. James Legge, Changsha: Hunan Press, 1995.

The Great Learning, in *The Four Books*, trans. James Legge, Changsha: Hunan Press, 1995.

Toynbee, Arnold and Daisaku Ikeda, *Choose Life: A Dialogue*, Oxford: Oxford University Press, 1977.

Toynbee, Arnold, *Mankind and Mother Earth: A Narrative History of the*

World, Oxford: Oxford University Press, 1976.

Voegelin, Eric, *The Ecumenical Age*, ed. M. Franz, Columbia: University of Missouri Press, 2000.

Wang, Keping, *Haromnism as an Alternative*, Singapore: Palgrave Macmillan, 2019.

Wang Keping, *Rediscovery of Sino—Hellenic Ideas*, Beijing: Foreign Languages Press, 2016.

Wang Keping, *The Classic of the Dao: A New Investigation*, Beijing: Foreign Languages Press, 1998, rep. 2010.

Whitehead, Alfred N., *Adventures of Ideas*, New York: Mentor Books, 1932.

Whitehead, Alfred N., *Modes of Thought*, Cambridge: Cambridge University Press, 1956.

Whitehead, Alfred N., *Process and Reality*, Cambridge: Cambridge University Press, 1929.

Whitehead, Alfred N., *The Aims of Education*, New York: Mentor Books, 1960.

Zhang Dainian, *Key Concepts in Chinese Philosophy*, Edmund Ryden (trans. & ed.), Beijing: Foreign Languages Press, 2002.

Zhuangzi. *The Zhuangzi*, trans. Wang Rongpei, Beijing: Foreign Languages Press, 1999.

主题词索引

A

爱人	253
爱美	120
爱欲	120
爱智	032
爱智创艺	032

B

辩证模式	075
兵强则灭	183
不生不死	132
不敢为天下先	186
不祥之器	176

C

恻隐之心	048
诚	008
慈	185
崇高型仁人	052
辞让之心	048

D

大我	018
大小之辩	145
道	081
德育	211
德治	206
多样统一	028
度	251
独立人格	054
登梯观美	120
顿悟	153

F

法治	268
法制	269
法礼之美	124
反	115
反客为主	211
反者道之动	090
泛爱众	039
范导模式	305
范导原理	331
方便慧	222

福	142

G

各美其美	033
工具理性	016
关系主义	319
国之利器	163
公正	317
广岛核爆	157

H

和	027
和平	155
和而不同	027
和实生物	304
和为贵	028
和谐	036
和谐论	072
和谐社会	028
和谐高于公正	314
互惠性仁爱	040
化蝶	112
化育模式	303
祸	142
祸福相依	143

J

俭	187
激情部分	327

见独	127
阶梯喻说	134
精神自由	094
九层塔喻	217
橘生淮北	212

K

开放性	244
跨文化转换	239
鲲鹏	100

L

乐	142
乐于仁	149
乐感文化	243
礼	027
礼治	210
礼之用	028
理性部分	326
理想人格	108
理性至上	318
理性公正	315
历史意识	246
伦理性	244

M

美	252
美德技艺	325
美自体	121

美人之美	033	人文化成	217
美美与共	033	人之道	081
美善兼备	124	人治	206
民主模式	282	仁	150

N

		仁慈	045
内圣	275	仁德	078
内圣外王	275	仁民而爱物	006
		仁者	040

P

		仁政	209
平等慧	222	融合型转化	282
平衡模式	070	容纳模式	307
		如实慧	222

Q

		弱	182
强	182	弱者道之用	222
亲亲而仁民	054		

S

情操模式	351		
情理不分	279	三本	320
情理结构	323	三才	003
情本体	253	三重性历程	235

R

		"三驾马车"	195
人自然化	015	杀身成仁	053
人道	082	善	016
人格	217	善生	119
人格修养	219	善治	044
人伦	027	善治技艺	326
人际关系	039	上善若水	184
人际和谐	319	舍生取义	053
人类之爱	123	社会性仁慈	045

社会关系	038	天地	003
社会互动	038	天理	018
社会聚集	292	天命	003
神人无功	106	天人合一	002
神性之爱	125	天人和谐	319
圣德	088	天下	010
圣人	004	天下主义	060
圣人无名	106	天之道	081
圣人之道	082	同而不和	029
圣人智慧	088	同则不济	304

W

圣王	275	外生	130
胜而不美	180	外天下	129
身心和谐	319	外王	275
是非之心	048	外物	129
十义	320	文化	033
实用理性	044	文化理想	215
实用智慧	088	无待	100
世界主义	010	无古今	131
恕	044	无为	136
兽类之爱	123	五伦	320
四端	048	五位	320
四个全面	204		
四维	213		

T **X**

		小我	018
悌	042	孝	042
体道	137	效政	282
天道	007	逍遥	100

351

信	244	**Z**	
羞恶之心	048	战争	156
心灵美	124	朝彻	130
形体之美	120	真人	128
贤明领导	273	真知	135
现代社会性道德	332	整合模式	307
Y		至福	153
义	048	至乐	147
艺术教育	229	至乐无乐	147
以德治国	207	至人无己	106
以度劳作	258	至知	128
以度获智	258	治大国	194
以度立美	258	知识之美	125
依法治国	207	准宗教性	247
以美启真	258	自然人化	012
以奇用兵	175	自然无为	174
以正治国	173	自我解放	112
因革之道	203	自由	094
勇德	047	正	173
有待	106	智（知）	047
有用性	244	忠	043
游心喻说	127	中和	311
游心闻道	126	中国宗教性道德	330
宇宙	003	中庸	052
宇宙模式	301	转化型超人	228
欲望部分	326		